上海法学研究

2020
第 3 卷

数字化转型中的法治

/ 上海市法学会 编

上海人民出版社

上海法学研究
SHANGHAI LEGAL STUDIES

目　录

数据权的法律证成及行使边界
　　——以赋权和限权为中心　/李立新　刘　晨 1

数字时代的实质正义挑战与回应
　　——基于社会法的立场　/魏广萍 23

平台经济下大数据"杀熟"的法律规制　/吴立兰 44

构筑信任，链向未来：区块链技术在著作权领域应用现状研究
　　/袁啸昆　袁　玥　向雨心　董秩豪　罗佳音 56

重大突发公共卫生事件背景下人工智能辅助立法的展望
　　/孙伟军　倪时超 91

数据权利边界之廓清　/夏海波 104

从耦合到内聚：人工智能司法应用的挑战与出路　/骁　克 120

智慧司法与法律数据应用问题分析　/韩亚光 130

民法典"数据与网络虚拟财产"条款研究　/刘炼箴 141

企业数据权益和个人信息权益保护机制研究　/杨　眉 161

新型财产险
　　——法定数字货币险的探究　/蔡仁杰 175

个人数据保护法律适用规则构建的基本逻辑　/孙登科 185

大数据时代宏观调控治理法律研究　/黄健傑 205

AI 与大数据的"理想城"：智慧城市合规的基础要点
　　/宁宣凤　吴　涵　刘阳璐　张乐健 218

网络服务提供者安全保障义务探析
——以"网红坠亡"系列案为例 ／陈访雄 234

侵犯公民个人信息的范围、种类、数量的司法认定
／梁晓峰 周宇波 宋亚君 244

智能投顾中的信义义务 ／李 俪 251

数字经济时代下智能投顾监管研究 ／李 航 279

国际贸易体制下数据跨境流动监管之困境 ／肖 雄 294

重大公共卫生事件数据法律保护 ／余圣琪 311

大数据背景下的民事电子送达制度探析 ／谢嫣雯 倪恒英 324

数据权益之内涵划分及归属判断 ／张 翔 338

数据竞争的法律制度基础 ／丁文联 352

电商平台经营者社会责任的内容与实现机制研究 ／林怡婷 362

基于区块链的数字作品发行权用尽研究 ／郭雅菲 376

数据权的法律证成及行使边界
——以赋权和限权为中心

李 立 新　刘　晨 *

内容摘要：数据权利面临诸多法律困难，但都能够予以纾解。数据是一种重要的利益，基于数据利益的独立性、权利保护模式的优越性以及域外数据权利保护的经验性，数据宜从"利益"迈向"权利"，实现数据利益的权利化。在权利保护路径方面，学术界存在"绝对权说""数据权说""知识产权说""权利（力）体系说"之分歧，但这些学说均存在一定的缺陷，宜采修正的"数据权说"，将个人数据利益归于个人，大数据利益归于企业。"数据权"的权利客体是数据信息，个人对数据信息享有专属访问权等多项具体权利，企业对数据信息享有数据资产权和数据经营权。"数据权"兼具人身属性和财产属性。"数据权"的行使存在法律边界，应通过确立"合理使用"规则、引入利益衡平规则以及司法个案衡量等路径进行"限权"。

关键词：数据权　利益权利　赋权限权

2016年工业和信息化部编制的《大数据产业发展规划（2016—2020年）》指出："到2020年，技术先进、应用繁荣、保障有力的大数据产业体系基本形成。大数据相关产品和服务业务收入突破1万亿元，年均复合增长率保持30%左右，加快建设数据强国，为实现制造强国和网络强国提供强大的产业支撑。"[1]依托数据优势，大数据在推动产业发展、经济繁荣等方面不断地为社会创造红利。但与此同时，数据发展的负面效应亦不容忽视。伴随着大数据、人工智能、算法的发展，"未来的世界里，一切都可以数据化，包括人"。[2]正是在这个意义上，不论我们是"自然人"，还是"经济人"，抑或是"社会人"，在数字化社会中我们已然变成"数字人"。[3]人的出行

* 李立新，上海大学法学院副教授；刘晨，上海大学民商法研究中心实习研究员。
① 中华人民共和国工业和信息化部：《大数据产业发展规划（2016—2020年）》，第7页。
② 徐端：《大数据战略：个人、企业、政府的思维革命与红利洼池》，新世界出版社2014年版，第52页。
③ 参见张新宝：《我国个人信息保护立法主要矛盾研讨》，《吉林大学社会科学学报》2018年第5期。

记录、医疗记录、社交记录等都能够被固定化、数据化甚至商业化。譬如,当人们在使用购物软件的时候,我们的浏览信息已经被记录下来,商家可借助推荐技术对用户进行精准广告投放甚至跨 App 式地精准广告投放,打造个性化营销方案。机器智能能够拼凑多维度的信息进而描摹一个人完整的数据画像,人们在大数据时代越来越没有隐私,每个人就像"裸体式"的存在。

《中华人民共和国民法典》"总则编"第 127 条规定:"法律对数据、网络虚拟财产的保护有规定的,依照其规定。"然而,我国尚无专门的数据保护方面的立法,顶层设计仍显不足。在大数据飞速发展的时代背景下,引入"数据权"这一新型权利并以数据权为核心进行具体的制度设计实属必要。

一、数据权利化的法律困境及纾解

在学术界关于"数据"的讨论中,不同学者对"数据"一词的用法不尽一致。有的直接将"数据"等同于"个人信息"来看待,有的则是从最狭义上理解"数据"的具体内涵,最狭义上的"数据"指的是在计算机及网络上流通的在二进制基础上以 0 和 1 的组合而表现出来的比特形式。它自身依赖载体(即通信设备)而存在,同时它亦作为信息的载体,通过代码或程序显示出具体的信息。①本文的"数据"并非专指最狭义上的"数据",而是指"最狭义上的'数据'+信息",亦即数据信息。根据国际标准化组织 ISO 对"数据"的定义,"数据"是指"可进行重复解读的信息表达形式"。②该定义侧重于从形式层面上界定"数据",而本文所言的"数据"则是结合了形式层面的数据及内容层面的信息。数据的权利化面临着诸多的法律难题,在对其进行赋权之前,需要将难题逐个纾解。

(一)民事权利客体:数据权利化之桎梏

"数据"具有以下三大特征:其一,无形性。数据是搭载信息的抽象的比特流,是人的肉眼无法观察到的。无论处于内容层面的信息还是处于

---

① 参见梅夏英:《数据的法律属性及其民法定位》,《中国社会科学》2016 年第 9 期。

② ISO/IEC 2382 2015,载 https://www.iso.org/obp/ui/#iso:std:iso-iec:2382:ed-1:v1:en, 2019-07-06。

载体层面的符号,数据都是无形的。其二,非独占性。数据可以同时被多个主体占有并且不会降低利用价值,可以被共享使用。其三,依附性。数据必须依附于载体(通信设备),而信息需要依附于代码。因此,数据不具有独立性。正是基于数据的上述特征的内在限制,有学者认为数据并非民事权利的客体。①

不可否认,数据具有无形性、非独占性、依附性的特征。但是这并不影响其成为民事权利的客体。首先,作为民事客体的"物"的范畴在当今已经不仅仅局限于有体物,无体物也包括在内。数据虽具有无形性,但是其仍然可以成为民事权利客体。其次,数据虽然可以同时为多个主体享用,但是这不意味着多个主体对数据均享有同样的权利。在数据权属不明晰的情况下,正是数据的非独占性,才会导致数据的滥用。②数据虽可共享,但数据权利的主体特定,他人可以基于契约关系或其他路径获得对数据的占有和使用。再次,我们不应当仅仅关注数据载体的工具价值从而否定数据的独立性,以信息为内容的比特流应当被整体性地看待,而不应割裂数据的载体与内容。以知识产权为例,知识产权亦具有以上特性,但是这并不妨碍"智力成果"能够成为民事权利的客体。有的学者认为,不能将数据类似智力成果作为无形物而成为权利客体。③这种观点其实依旧是建立在将数据载体与内容二分对待基础上所产生的结论。

(二)个人信息权:数据权利化之症结

是否可以脱离内容层面的信息来探讨数据权利?对此学界存在分歧。"可分说"认为,应区分符号层面的数据与内容层面的信息,并在符号层面的数据文件上设定绝对权对其进行保护。④而内容层面的信息可受到个人信息、著作权、商业秘密等方面的保护,没有专门构建一个权利对其进行保护的必要。⑤"不可分说"认为,数据的最大作用在于承载信息,没有

① ③ 参见梅夏英:《数据的法律属性及其民法定位》,《中国社会科学》2016 年第 9 期。

② 参见李爱君:《数据权利属性与法律特征》,《东方法学》2018 年第 3 期;韩旭至:《数据确权的困境与破解之道》,《东方法学》2020 年第 1 期;闫立东:《以"权利束"视角探究数据权利》,《东方法学》2019 年第 2 期。

④ 参见纪海龙:《数据的私法定位与保护》,《法学研究》2018 年第 6 期。

⑤ 参见吕炳斌:《论网络用户对"数据"的权利——兼论网络法中的产业政策和利益衡量》,《法律科学》2018 年第 6 期。

信息的数据通常没有太大意义。①不能将数据与信息分离开来进而抽象地讨论数据上的权利,对自然人数据权利的讨论即讨论自然人以数据形式体现的个人信息权利或者包含个人信息的数据权利。②数据与信息的界分不明会直接导致数据权利与个人信息权利两者之间的界分不明,个人信息权是数据权利化之症结。

我赞同"不可分说",理由有二:其一,如果从最狭义上去理解数据,那么数据仅仅是一串串代码,仅仅是一个个电磁记录或比特流而已,脱离数据所搭载的信息进而讨论数据权利毫无意义。其二,纵观世界各国的立法例,绝大多数国家的个人数据保护立法采取的是"不可分说"。例如:葡萄牙的《个人数据保护法》规定,个人数据即是与数据主体相关的信息。③瑞典亦采取类似的立法。④在坚持"不可分说"的前提下,本文进一步认为,个人数据权利与个人信息权利并非等同。理由有以下三点:其一,从体系解释的角度来看,《民法典》"总则编"第 111 条规定:"自然人的个人信息受法律保护,"而第 127 条规定的是对数据的法律保护。《民法典》"总则编"在"民事权利"一章用不同条款规定了个人信息及数据的法律保护。由此可见,两者从表面上来看是存在区别的。更为重要的是,《民法典》"总则编"第 127 条规定的"数据"未冠以"个人"二字,数据的权益主体不仅仅局限于个人,在数据的利益分享机制中宜考虑企业的利益。其二,《民法典》"总则编"第 127 条的"数据"是与"网络虚拟财产"并列规定的,数据保护更加侧重于对互联网背景下的数字化信息的保护,而个人信息权利并不强调互联网环境这一特殊背景。其三,相较于个人信息权而言,个人数据权的内涵更加丰富多元。此外,伴随着技术的变革,个人数据权会呈现出新的具体内容。本文认为,个人信息与个人数据存在显著区别,个人信息权

①　参见吴军:《智能时代:大数据与智能革命重新定义未来》,中信出版社 2016 年版,第5—6 页。

②　参见程啸:《论大数据时代的个人数据权利》,《中国社会科学》2018 年第 3 期。

③　见葡萄牙《个人数据保护法(1995)》第 3 条规定:"'个人数据'指在不考虑所涉媒介类型的情况下,与已识别或可识别的自然人(数据主体)相关的任何类型的信息。"参见周汉华主编:《域外个人数据保护法汇编》,法律出版社 2006 年版,第 275 页。

④　瑞典《个人数据法(1998)》第 3 条规定:"个人数据:直接或间接地与在世的自然人有关的各种信息。"参见周汉华主编:《域外个人数据保护法汇编》,法律出版社 2006 年版,第295 页。

利与个人数据权利亦不可等同视之。如图 1 所示,"①信息"如果反映的是个人信息,则由个人信息权利进行保护。个人信息既包括传统意义上的纸面化的个人信息,又包括互联网背景下比特流所搭载的个人信息(即"③数据信息")。数据信息与传统纸面化的信息具有很大的不同,数据信息更具有复杂性,宜针对数据信息设定专门的权利进行保护。因此,数据权是基于互联网、大数据时代而产生的新兴权利,其和个人信息权利不能等同。此外,基于"不可分说"的立场,对于纯粹的数据(即"②数据",也就是最狭义的"数据"),因其不具有实然意义上的价值,所以排除在"数据权"所保护的客体之外,亦非本文所讨论的对象。

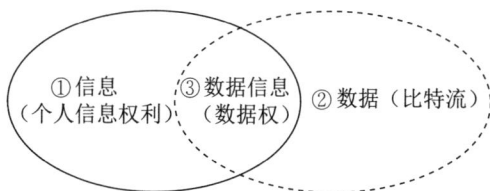

图 1

(三)隐私权:数据权利化之壁垒

大数据在不断地缩小传统隐私观念的范围,同时也给人的隐私保护带来巨大威胁。譬如,2019 年 2 月,京东金融 APP 即被指自动获取用户敏感图片并自动上传。更有甚者,据 2019 年 7 月 8 日《新京报》报道,网络上出售的"最新抓取技术"能够仅在用户点击网页的情形下成功抓取访客的手机号码,用户手机号随即被贩卖,用户在无形中便成为广告营销的对象。①有的数据承载的信息与隐私直接关联,数据与隐私之间的关系模糊会使数据权利化陷入窘境,隐私权无疑是数据权利化之壁垒。一方面,何谓大数据时代背景下的"隐私"难以界定;另一方面,倘若数据能够通过隐私权路径进行保护,则无新设数据权之必要。

其实,在互联网及大数据的时代背景下,数据保护与隐私保护之间的矛盾并非不可调和。有学者称,个人数据保护已进入"后隐私权"时代,应

---

① 参见《网页成盗号陷阱,我的手机号怎么谁都能知道?》,载 http://news.sina.com.cn/c/2019-07-08/doc-ihytcitm0590136.shtml,2019 年 7 月 11 日访问。

当通过借鉴欧盟个人数据保护权的精神对隐私环境发生变化后的信息隐私进行专门保护。[1]而欧洲国家在对隐私数据的保护方面往往设定了更高的要求,他们区分了"敏感数据"和"非敏感数据",因"敏感数据"更多涉及用户隐私权益,所以对"敏感数据"的使用和处理设定了更加严苛的条件。譬如,1996 年意大利颁布的《有关个人和其他主体的个人数据处理的保护法》第 22 条强调对个人敏感数据的处理需要经过数据主体的书面同意这一程序。[2]而我国国家市场监督管理总局、国家标准化管理委员会在 2020 年 3 月 6 日发布的《信息安全技术个人信息安全规范》第 5.4 条亦规定,个人敏感信息之收集需经用户的明示同意且该种明示同意需系在其完全知情的基础上所作出的意思表示。《规范》还对个人敏感信息的判定进行了具体规定及列举。因此,数据和隐私之间的关系并非无法厘清,倘若数据属于隐私的范畴,则要对其进行特殊保护,提高保护的标准。相较于一般数据保护,隐私保护宜定位为一种更高的保护规则。倘若数据非属隐私范畴,则宜通过数据权利路径进行保护。如图 2 所示,数据和隐私之间存在交叉关系,在"隐私数据"这一交叉地带存在数据权利和隐私权利的竞合,当用户的数据隐私遭受侵犯时,用户可以基于其享有的数据权利或者隐私权利追究加害方的民事责任。

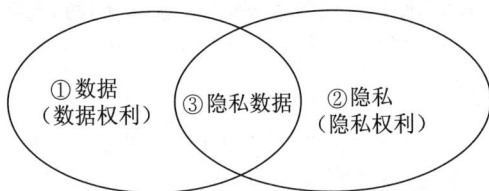

①数据
(数据权利)　③隐私数据　②隐私
(隐私权利)

图 2

---

① 参见刘泽刚:《欧盟个人数据保护的"后隐私权"变革》,《华东政法大学学报》2018 年第 4 期。

② 意大利《有关个人和其他主体的个人数据处理的保护法(1996)》第 22 条规定:"只有当数据主体根据格兰特的批准作出书面同意的情况下,才能处理那些允许对种族或民族起源、哲学或其他的信仰,政治观点,政党、商会、协会的成员资格或带有宗教、哲学、政治或商会性质的组织的成员资格,以及健康状况和性生活进行公开的个人数据。"参见周汉华主编:《域外个人数据保护法汇编》,法律出版社 2006 年版,第 230—231 页。

二、赋权:数据权的法律证成

在数据权利化困境得以纾解的前提下,宜在"数据"上设定一个新型权利"数据权",从而更好地满足当今时代数据保护的需要。

(一)作为"利益"的数据

在大数据时代,无论对个人、企业还是对社会、国家而言,数据都是一种重要的利益。首先,从个人维度看,数据不仅仅关涉自己的基本信息,可能还会关涉个人的隐私。共享单车记录了我们的日常行动轨迹数据;网购火车票记录下了我们的身份和出行数据;网页浏览记录下了我们的偏好数据;医院看病的电子病历记录下了我们的身体健康数据……生活在互联网时代,我们无时无刻不在生产着数据。曾经有一位软件开发者费德里科·萨内尔于2013年2月起便开始收集自己所有的数字轨迹,从网站到聊天记录到照片到GPS数据,到5月的时候已有7GB数据。他准备把积累了3个月的隐私数据卖掉,而且已经成功炒到1 100美元。[①]这足以证明,对个人而言,数据是一种重要的利益,具有很大的价值。其次,从企业维度看,随着数据的价值不断凸显,市场竞争已然从技术竞争转向数据竞争。[②]有的学者甚至主张,企业数据保护走向财产权化新机制已经成为未来的一大趋势。[③]第三,从社会维度看,数据安全关涉社会的稳定,大规模数据泄露事件的发生必然带来社会恐慌,威胁社会安全。最后,从国家维度看,数据关涉一国的主权,数据的跨境流动与国家安全亦存在着重要的联系。正因为数据关涉到国家利益、国家安全,欧盟2016年《通用数据保护条例》(General Data Protection Regulation,GDPR)第五章,在数据的跨境流通方面设定了严格的限制条件。

值得注意的是,数据的利益交织性使得数据的产权界定成为一大难

---

① 参见徐端:《大数据战略:个人、企业、政府的思维革命与红利洼池》,新世界出版社2014年版,第159—160页。

② 参见吴军:《智能时代:大数据与智能革命重新定义未来》,中信出版社2016年版,第138页。

③ 参见龙卫球:《再论企业数据保护的财产权化路径》,《东方法学》2018年第3期。

题。近年来,我国发生多起数据权属纠纷案,譬如"丰鸟数据之争""华为与腾讯用户数据之争"等。有利益即有争夺,有鉴于此,法律应当及时回应实践中的数据产权界定问题。从私法意义上而言,数据的权属配置主要与个人、企业直接关联,而社会及国家之数据利益保护更多地是一个公法层面的问题。本文主要从私法角度探寻数据之权属配置,但是社会公共利益及国家利益仍可构成限制私法上之数据权利的理由。

（二）从"利益"到"权利":数据利益的权利化

耶林认为,权利是一种"法律保护的利益"。[①]但是,并非所有的利益都能上升为权利,通过立法程序将利益上升为权利必须经过正当性的评价。权利的生成程序需要"让权利人作为公民参与权利的创设","无论是利益还是意志,都应是权利人自身评价的结果"。[②]当今社会,绝大多数成员对数据权利具有正当性的诉求,而《民法典》"总则编"第127条规定的数据保护正是回应了实践的需要。

有的学者将民事利益划分为以下三个部分:用民事权利保护的民事利益;法益保护的民事利益;不受民事权利和利益保护的民事利益。而《民法典》"总则编"规定对数据进行保护,但未明确究竟是将其作为民事权利保护抑或是作为法益保护。对此,究竟应如何来进行认定主要有以下三个标准:一是数据利益是否具有独立性。通过对数据权利化困境的纾解,数据利益具有独立性。其与个人信息权利所保护的个人信息利益存在区别,数据权利保护的利益涉及的是数据信息,即互联网、大数据背景下的信息。数据利益亦与隐私利益存在区别,数据利益不强调信息的私密性,而隐私利益往往与个人最不愿意公开的私密信息相关。二是权利保护模式是否具有优越性。倘若将数据利益仅作为法益保护而不将其上升至权利的地位,那么无法实现对民事主体的周延保护。譬如,根据《中华人民共和国民法典》"合同编"第497条之规定,格式条款提供方所提供的"排除对方主要权利"的格式条款无效。倘若不赋予数据利益以权利地位,则无法基于第497条之规定对用户服务协议中的格式条款进行有力的规制,所以

---

① 参见〔德〕卡尔·拉伦茨:《德国民法通论》上册,王晓晔等译,法律出版社2013年版,第279页。

② 彭诚信:《现代权利视域中利益理论的更新与发展》,《东方法学》2018年第1期。

数据利益的权利化有利于更好地保护网络环境中的弱势方。三是在比较法上是否存在权利保护或法益保护的立法例。域外对数据的保护主要采用数据权利保护的模式。譬如,意大利《个人数据保护法》在第 13 条即规定了数据主体的权利;①丹麦 2000 年公布的《个人数据处理法》在第三章规定了数据主体的权利。②欧美国家关于个人数据保护的立法比我国开始得更早,它们已经进入了法律的执行阶段,而我国关于数据权利保护的立法尚且停留在制定阶段。域外权利的保护模式能够为我国提供有利的借鉴。综合以上三个标准,"数据"宜从利益走向权利,实现数据利益的权利化。

（三）权利保护之路径探寻:宜采修正的"数据权"保护模式

如前文所述,数据保护宜采权利保护模式。《民法典》"总则编"第 127 条规定了数据的法律保护,但是对该条中"数据"的理解,虽有不少学者认同权利保护模式,但是对具体的设权方式学界存在不同观点。大体而言,主要有以下几种学说:(1)绝对权说。绝对权说是从最狭义上理解"数据"的内涵,其基于数据与信息可分(即"可分说")立场,主张对符号层面的数据设定绝对权。③(2)数据权说。数据权说认为,数据权包括个人数据权和数据财产权。个人数据权是一种人格权,具体包括数据查询、保密、更正、删除等权利;数据财产权是新型的财产权形态,权利人有权占有、使用、收益、处分自己的数据财产。④(3)知识产权说。《中华人民共和国民法总则(一审稿草案)》即采取"知识产权说",并把"数据信息"列为知识产权的客体类型之一。(4)权利(力)体系说。权利(力)体系说认为,数据权不是一个单独的权利或权力,而是一个多维的权利、权力体系,是由数据主权、数据管理权、数据公民权、数据社会权、数据人格权、数据财产权、被遗忘权等构成的复合型权利(力)体系。⑤

以上观点均存在一定的缺陷。首先,"绝对权说"是基于"可分说"的产

---

① 参见周汉华主编:《域外个人数据保护法汇编》,法律出版社 2006 年版,第 226—227 页。

② 同上书,第 190—193 页。

③ 参见纪海龙:《数据的私法定位与保护》,《法学研究》2018 年第 6 期。

④ 参见齐爱民、盘佳:《数据权、数据主权的确立与大数据保护的基本原则》,《苏州大学学报》(哲学社会科学版)2015 年第 1 期,第 68—69 页。

⑤ 参见吕廷君:《数据权体系及其法治意义》,《中共中央党校学报》2017 年第 5 期,第 82—87 页。

物,它人为地割裂了数据与信息之间的内在联系。如前文所述,脱离内容层面的信息单独谈最狭义上的数据毫无意义。其次,"数据权说"将数据权又细分为个人数据权和数据财产权,而数据财产权的"占有、使用、收益、处分"权能与个人数据权上的数据查询、保密、更正、删除等权利之间存在内涵上的交叉,两者之间边界不明晰。此外,数据财产权之权利主体亦不明晰。第三,知识产权的客体是智力成果,它凝结了人的智慧,而数据未必是智力活动的产物,不能将其作为知识产权的客体。因此,"知识产权说"亦不足取,这也是《民法典》"总则编"不再将数据信息作为知识产权客体之一并对其进行单独规定的重要缘由。最后,"权利(力)体系说"看到了数据利益不仅关乎公民个人,亦关乎公共利益乃至国家主权。但因为"权利(力)体系说"所涵盖的数据权利主体过于多元,且数据权利(力)体系下的各项权利之间缺乏逻辑联系,不利于从私法意义上对数据权进行具体建构。我大体上赞同"数据权说"的观点,即数据权不仅仅包含个人数据权,亦包括数据财产权。在此基础上,需要对数据权说进行一定的修正。一方面,应明确个人数据权的具体内涵;另一方面,应明晰数据财产权的权利主体为企业。因此,本文基于修正的数据权说的立场,试图从私法意义上对数据进行赋权并限权。

（四）数据权的具体设计及私法保护

在明晰权利保护路径系更优选择的基础上,需要更进一步地考量"数据权"的具体设计及私法保护问题。

1. 数据权的具体设计

在数据权的具体设计方面,主要涉及权利主体、权利客体、权利内容、权利属性四大问题。

（1）权利主体

数据权的权利主体直接关涉到数据的法律归属问题,而关于数据的法律归属问题尚存争论。在"华为与腾讯用户数据之争"中,华为的荣耀Magic手机能够通过人工智能技术收集用户的微信聊天数据,并通过对用户聊天数据的分析进行智能化推荐,人机交互能力显著增强。①腾讯主张华为的数据抓取行为构成侵权。其主要理据在于:基于微信服务协议及

---

① 参见王超:《从华为和腾讯数据之争看规范用户数据管理的重要性》,《网络空间安全》2018年第1期,第28页。

用户的同意，用户所产生的数据的使用权归属于腾讯。而华为则主张，所有数据均归属于用户，且华为亦得到了用户数据处理的同意和许可。在这场争议中，数据的法律归属问题成为焦点。

我认为，数据权可以划分为个人数据权以及数据财产权。个人数据之利益归属于个人，个人数据权的权利主体是自然人。而大数据之利益归属于企业，数据财产权的权利主体是企业。首先，个人数据系基于自然人的特定行为或活动而产生，个人数据主要反映的是自然人的信息。个人数据与自然人之间的联系最为紧密，因此自然人应当享有个人数据权。其次，企业通过契约关系（例如：用户协议、隐私政策等）获得对用户数据的收集和使用权限，企业通过合法途径所获得的数据集合是企业自身赖以生存和发展的资源。在收集数据的过程中，企业亦为之付出了大量的人力物力财力。有鉴于此，大数据的权利主体宜配置给企业。一方面，这是对企业收集数据所付出的劳力之认可；另一方面，将大数据之利益配置给企业有利于激发企业的数据创造活力，发掘大数据的真正价值。企业收集到的数据是企业的信息资源，企业亦可以通过商业秘密等对其进行保护。

值得注意的是，企业在数据利益中能够分得一杯羹的前提是企业通过合法渠道进行数据收集，从而使得个人数据汇集转化而成大数据。在此，数据收集手段的合法与否是关键，而合法与否之判断则应重点考察契约关系的达成是否符合"知情—同意"原则的要求。在"华为与腾讯用户数据之争"中，用户数据从根本意义上而言归属于用户个人。用户在使用微信 APP 之前，与微信签订有服务协议，用户将数据使用权部分让渡给腾讯公司。而华为虽声称其亦获得了用户的授权同意，但是华为的"一键式授权"无法让用户知悉自己的数据如何被使用。在这场争议中，用户是个人数据权主体，腾讯能否基于契约获得用户的数据使用权关键在于其拟定的格式条款是否正当，华为能否抓取用户的微信聊天记录关键在于华为是否在保障用户知情权的基础上与用户建立起了契约关系。

此外，政府不宜作为数据权的主体。不可否认，政府最有能力收集公民数据信息，但其不宜成为私法上的数据权主体。政府拥有"数据权力"，它可以基于公共利益目的运用公权力收集个人数据。孟德斯鸠曾言："自古以来的经验表明，所有拥有权力的人，都倾向于滥用权力，而且不用到极限绝不罢休。"①倘若对政府再赋以数据权这一私权利,则不利于公权力与私权利之间的平衡。在数据权利的私法保护中,公权力的介入不应当是通过对政府赋权而介入,而是通过对自然人限权而介入。

(2) 权利客体

数据权的客体是数据信息。首先,按照文义解释,《民法典》"总则编"第 127 条虽然规定的是对"数据"进行法律保护,但这里的"数据"不宜从最狭义上进行理解。按照人们对"数据"的通常理解,数据总是与特定的信息内容相联系。因此,将"数据"解释为"数据信息"不会超出这一词语可能的文义。其次,按照立法解释,《民法总则(草案)征求意见稿》(2016 年 5 月 20 日修改稿)在第 103 条采用的即是"数据信息"这一用语。由是观之,立法者亦认为不能割裂"数据"与信息两者之间的关系。最后,基于"不可分说"的立场,比特流只有搭载了信息才会有一定的价值,单独针对最狭义上的数据(即比特流)进行赋权毫无意义。诚如有的学者所言,脱离信息的数据并非财产权的客体,只有搭载了有意义的内容的数据才能在权利领域中寻得自己相应的定位。②因此,数据权的客体是数据信息。

(3) 权利内容

首先,就个人数据权而言,个人数据权的内涵十分丰富,并且随着时代的发展,它还会呈现出更加丰富的内涵。从域外相关立法来看,GDPR对数据权利规定得较为详尽,我国未来对个人数据权的具体建构上宜借鉴 GDPR 之规定并进行本土化的制度设计。目前,个人数据权至少包含以下几项内容:(1)知情、同意权。即主体有权知晓数据控制人的身份、拟收集的数据类型、数据处理的目的、数据处理的依据、数据处理的方式、数据处理的规则,等等。用户在知情的基础上,有权选择同意或者拒绝数据控制者的数据收集请求。GDPR 第 13 条规定了控制者在进行数据收集时,需要提供控制者的身份、联系方式、数据处理目的及法律基础等信息,其对用户的知情权予以充分的保障。此外,GDPR 第 7 条就同意的条件进行了更加明确的规定。目前,我国由于用户对相关法律知识的欠缺、平台

---

① 〔法〕孟德斯鸠:《论法的精神》上卷,许明龙译,商务印书馆 2012 年版,第 185 页。

② 参见陈甦主编:《民法总则评注》下册,法律出版社 2017 年版,第 882 页。

服务条款冗长模糊等因素,用户的知情、同意权往往难以得到有效的保障。有鉴于此,我国未来应加强对平台服务条款的监管,通过对平台私立规则的重点监管进而保障用户的知情、同意权。(2)专属访问权。即主体对数据的专属访问权,在无正当理由的情形下,他人不能对个人数据进行访问,数据控制者亦不能未经许可随意授权给他人访问。GDPR 第 15 条规定了数据访问权,在个人数据被处理的情形下,数据主体享有知悉权并有权在特定情形下访问个人数据。(3)数据可携权。即主体在技术容许的情况下,有权要求控制者将其个人数据直接传输给另一控制者。①GDPR第 20 条规定了数据可移植性权利,数据可携权增强了个人对数据的控制,同时亦有利于数据的流通。目前,在我国的实践中虽然能够觅得数据可携的影子(譬如 QQ 音乐已开通"导入外部歌单"功能),但是立法层面仍未将这种正当性诉求上升至数据可携权的高度。(4)利用、收益权。基于数据及数据权利的财产属性,数据权主体可以以合法方式对数据进行利用和收益。譬如,个人可以通过与平台签订服务条款的方式让渡自己的部分数据,进而能够换取相应的服务,取得服务之对价。(5)更正权。当个人数据发生错误或者不完整时,主体有权要求数据控制者进行更正。GDPR在第 16 条规定了主体对个人数据的纠正权,且是"无不当延误地纠正",未来我国可以考虑规定更正的具体时限进而督促数据控制者及时地更正有误数据。(6)删除权。即主体对一些不利的或无意义的个人数据,有权要求数据控制者予以断链或删除。GDPR 第 17 条规定了主体的删除权,且针对不必要收集的数据、撤回同意后所收集的数据、被非法处理的数据等,控制者有义务将其删除。

其次,就数据财产权而言,企业数据财产权则更多地类似于一种绝对权,企业有权支配大数据之利益。有学者认为,企业数据财产权具体包括数据资产权和数据经营权两种形态。②一方面,企业有权占有、使用自身的数据资产;另一方面,企业又可以通过所收集到的数据开展一定的经营业务,享有一定的收益、处分权。但是,企业的数据财产权与严格意义上的所

① 参见高富平、余超:《欧盟数据可携权评析》,《大数据》2016 年第 4 期,第 103 页。

② 参见徐实:《企业数据保护的知识产权路径及其突破》,《东方法学》2018 年第 5 期,第 61 页。

有权存在区别,因为企业并不能随心所欲地占有、使用、收益、处分其所收集的数据,企业数据财产权需要受到个人数据权之限制。企业享有数据资产权的前提是企业的数据收集行为未侵害个人的知情、同意权,企业虽享有数据经营权,但企业的数据经营行为亦不能够侵害个人的专属访问权、更正权、删除权等。

(4) 权利属性

数据权具有双重属性,即人身属性和财产属性。首先,就个人数据权而言,其具有强人身属性弱财产属性,数据能够反映人的活动轨迹、身体健康等诸多信息,并且在算法的帮助下,数据能够完整地描摹"用户画像"。诚如有的学者所言,在网络空间,每个人都是"数字化生存",每个人都拥有"数字化人格"。而且这种"数字化人格"极易因为政府监听,网络公司的管理漏洞,市场营销等而曝光。①因此,强调个人数据权的身份属性有利于更好地维护人的人格尊严,尤其是在互联网领域人的人格尊严。其次,就企业数据财产权而言,其具有强财产属性弱人格属性,数据的可转让性、可交易性彰显了数据权的财产属性。我国已建立多家大数据交易所,并且各地方还确立了大数据交易的具体规则,这足以证明数据具有财产价值,数据权具有财产属性。有观点认为数据具有非财产性,这种观点实际上仍然是建立在将数据与信息二分的基础上的。②随着比特流搭载信息的数据交易市场日益繁荣,否定数据及数据权利的财产属性的观点并不足取。

2. 数据权的私法保护

在数据权的私法保护方面,主要涉及合同法保护和侵权法保护两方面的内容。

(1) 侵权法保护

首先,从侵权法上来看,侵权法兼保护数据之人身性及财产性,行为是否构成对数据权的侵害要从侵权的四个构成要件进行判断。一是需要有不法行为的存在。譬如:网络平台过度收集用户信息或将用户信息泄

---

① 参见齐爱民:《拯救信息社会中的人格:个人信息保护法总论》,北京大学出版社2009年版,第28—36页。

② 参见梅夏英:《数据的法律属性及其民法定位》,《中国社会科学》2016年第9期。

露给第三方,这都属于不法行为。二是有损害后果存在。在损害后果方面,侵害个人数据导致的严重精神损害不容忽视。三是不法行为和损害后果两者之间存在因果关系,且这种因果关系要具有"相当性"。四是侵权人主观上具有过错。需要注意的是,个人数据的泄露有的时候是基于系统技术问题所引发的数据泄露,即系统被外部攻击所造成的数据泄露;有的时候是基于人为的泄露,即内部人员的泄露;有的时候前两种情形还会产生互动,内外结合。在这不同的情形下,因为侵权人在主观过错上存在差异,所以责任承担上亦应有所不同。

其次,针对涉及隐私的敏感数据,无论是通过数据权路径抑或是隐私权路径,侵权法都宜对其设定更高的保护标准并施以更为严苛的民事责任。

值得注意的是,目前司法实践中有关数据的纠纷主要是通过反不正当竞争路径进行解决,法院更多的是从维护市场竞争秩序角度对此类案件进行考量。譬如,在"腾讯公司与北京微播视界公司、北京拍拍看看公司不正当竞争纠纷案"中,法院重点判断平台收集、利用数据的行为是否具有正当性。①究其原因,可能是因为目前数据的产权归属尚无定论。但是,在明晰了数据利益的法律归属并引入了"数据权"这一新型权利的前提下,通过侵权法路径解决有关数据纠纷应当成为未来司法实践的常态。

(2) 合同法保护

从合同法来看,合同法主要保护数据之财产性。合同法调整财产的动态流转关系,通过契约约束,一方面有利于促进数据的合法流动,另一方面有利于保障权利主体的数据权利。数据权的合同法保护主要在于对格式条款的法律规制。以作为数据控制者之一的网络平台为例,在用户使用各类 APP 之前,网络服务提供者往往要求用户点击用户服务协议,其中往往涉及数据处理、隐私政策以及大量的关于网络服务提供者的免责条款。一方面,用户相较于平台,明显居于弱势地位,无法与网络服务提供者进行磋商;另一方面,用户要想享受 APP 的服务,又必须同意网络服务提供者拟定的网络服务协议。在明晰了数据权的权利主体及权利内容的

---

① 参见天津市滨海新区人民法院(2019)津 0116 民初 2091 号民事裁定书。

前提下,基于《民法典》"合同编"第497条之规定,如果网络服务提供者在服务协议中排除个人数据权的,那么该条款的法律后果即为无效。

三、限权:数据权行使的法律边界

在"数据权"得以证成的前提下,需要进一步考量权利行使之法律边界。任何权利之行使都不是漫无边际的,数据权的行使亦存在法律边界。

(一)对数据权之行使进行适当限制的缘由

对数据权之行使进行适当限制主要基于以下缘由:第一,公共利益的需要。当数据权利与公共利益发生冲突时,基于公共利益高于个人利益的理念,需要对数据权之行使进行适当限制。第二,促进数据流通以及促进互联网发展的需要。数据只有流动才能真正实现大数据,真正挖掘数据的潜在价值。对自然人赋予数据权不在于让个人控制数据,而在于促进数据的合规流动。第三,政府管理的需要。基于公共管理的目的,政府的"数据权力"可对个人的"数据权利"进行适当限制。第四,维护国家安全、国家主权的需要。数据与一国的国家安全、国家安全相关联,因此需要对数据权之行使进行适当限制。

(二)限制"数据权"之行使的具体路径

限制"数据权"之行使的具体路径较为多元,大体而言,可以通过确立"合理使用"规则、引入利益衡平规则、司法的个案衡量路径对其进行"限权"。

1. 确立"合理使用"规则

首先,在个人数据权的限制方面,他人若对个人数据进行"合理使用"则不构成对个人数据权的侵犯。GDPR第23条对个人数据的合理使用有详尽的规定,譬如,在打击、预防刑事犯罪或对民事诉讼主张强制执行等情形下,个人数据权即受到一定的限制。我国的《信息安全技术个人信息安全规范》第5.6条亦规定在特殊情形下,无需征得主体授权同意即可对个人信息进行收集、使用。譬如,在与个人信息控制者履行法律义务相关时,或者与合法新闻报道所必须时,抑或者涉及国家安全、公共安全时,均适用"合理使用"规则。无论是 GDPR 抑或是我国的《规范》,均规定了数据的"合理使用"规则。"合理使用"规则有助于廓清数据权的法律边界,缓和私权利与公权力以及公共利益之间的冲突。在"章彦明与丁君阳隐私权、名誉权纠纷案"中,法院亦是注意到了这一点。法院在裁判说理中明确表明:"现代社会中,个人与社会始终保持着一定的联系,不可能完全割裂个人的社会属性,而所谓的个人信息、私事或领域也就会不可避免地有一部分关涉他人利益或公共利益。当个人隐私与公序良俗、社会公共利益甚至法律规定产生冲突时,就很可能不再属于隐私权的保护范围或其权利受到一定限制。"①

值得注意的是,虽然个人数据权需受"合理使用"规则的限制,但是这种限制本身亦非漫无边际的。诚如有的学者所言,对个人数据权益之限制需要符合比例原则。限制措施必须基于正当目的,限制手段必须对个人人格损害最小,目的与手段两者必须相当。②

其次,在数据财产权的限制方面,企业亦需要受"合理使用"规则之限制。一方面,企业对数据的利用需要恪守契约之约定;另一方面,企业对数据的分析、利用及再加工需要采取一定的手段将个人数据去人格化、去身份化、匿名化。此外,企业数据财产权亦需要受个人数据权之限制。《中华人民共和国企业破产法》第 38 条规定了破产取回权。如前所述,个人数据权的权利主体属于自然人,因此企业无论系基于契约关系抑或是其他路径收集到的个人数据,在债务人破产之际,权利人基于《破产法》第 38 条规定的破产取回权及个人数据权下的删除权,有权要求债务人企业将数据归还。

最后,"合理使用"规则与后文的利益衡平规则、司法个案衡量之间并非毫无联系,三者之间存在一定的交叉,个案中可能同时运用这三个规则。譬如,在涉及国家安全、公共安全时,根据《规范》第 5.6 条之规定,该种情形下的数据收集和使用无需征得主体之同意,其属于"合理使用"的范畴。同时,基于公共利益、国家利益高于个人利益之理念以及实现个案

---

① 上海市第二中级人民法院〔2018〕沪 02 民终第 10918 号民事判决书。

② 参见张书青:《脚印与路:个人信息保护与大数据权益归属》,《电子知识产权》2018年第 11 期。

正义之要求,运用利益衡平规则和司法个案衡量的结果与运用"合理使用"规则的结果是一致的。

2. 引入利益衡平规则

拉伦茨认为,"权利也好,原则也罢,假使其界限不能一次确定,而毋宁多少是'开放的'、具'流动性的',其彼此就特别容易发生冲突,因其效力范围无法自始确定"。①对此,拉伦茨借"法益衡量"来解决原则冲突及规范冲突的问题。此外,我国学者梁上上先生对日本学者加藤一郎的利益衡量理论进行了修正和发展,其提出利益的四个层次:当事人的具体利益、群体利益、制度利益和社会公共利益。②经由梁上上先生发展的利益衡量理论使得利益层次更加细化,利益衡量更具可操作性且能够在一定程度上限制法官的司法恣意。利益衡平规则的本质即"法益衡量",当数据权与其他权利或者法益发生冲突时,需要对其进行利益衡平。譬如,当数据权与新闻报道真实、自由之间发生冲突时,需要结合具体情形对两者之间的利益进行衡平从而作出判断。在"新京报社与邵一鸣名誉权纠纷案"③中,该案鲜活地展现了数据权、名誉权与新闻报道真实、自由三者之间的紧张关系。该案的基本案情为:邵一鸣系中疾控中心艾滋病首席专家,系性艾中心的研究员。其所在单位性艾中心于 2013 年 10 月 19 日发布的通报中,认定了邵一鸣为通讯作者的论文在使用全国艾滋病防治数据库数据时,未征得数据库管理科室的同意,擅自使用数据库数据进行研究和发表论文,未对形成相关数据做了大量工作科研人员的贡献予以体现,也未按照中心的有关规定审批发表论文。新京报社于 2013 年 10 月 25 日发表的新闻报道使用的标题为《中疾控首席专家邵一鸣被指盗用数据》,以"在权威杂志〈柳叶刀〉发表防艾论文,擅自使用中疾控其他研究团队大量数据,被通报批评"为副标题,并在报道中数次提及邵一鸣"擅自使用他人科研数据""盗用科研数据"。但根据通报的内容,邵一鸣发表的论文使用了全国艾滋病防治数据库的数据,而不是非法使用他人的文字和资料。杂志版论文较网络版论文增加 19 名作者的原因亦在通报中予以体现,意在体现

①　[德]卡尔·拉伦茨:《法学方法论》,陈爱娥译,商务印书馆 2003 年版,第 279 页。

②　参见梁上上:《利益的层次结构与利益衡量的展开——兼评加藤一郎的利益衡量论》,《法学研究》2002 年第 1 期。

③　北京市第一中级人民法院〔2016〕京 01 民终第 6225 号民事判决书。

中心相关科室科研人员对该工作的创造性劳动,而非邵一鸣实施了盗用的行为。邵一鸣以新京报社侵犯其名誉权为由向法院提起诉讼,法院最终认为,新京报社的涉案新闻报道存在部分严重失实,使公众对邵一鸣产生一定误解,造成邵一鸣社会评价的降低,其行为构成侵犯名誉权。在该案中邵一鸣未征得数据库管理科室的同意并擅自使用数据库数据,进行研究和发表论文的行为已然侵犯数据权,但是其积极采取补救措施,增加了有关科研人员作为论文作者,可责性程度降低。故此,邵一鸣的行为不符合"盗用"之标准,新京报社的新闻报道未能客观、真实、准确地反映邵一鸣之行为,报社行为构成名誉权侵权。

个人数据权虽然属于私权,权利主体属于自然人,但是数据亦关乎公共利益。因此,有学者提出,对个人信息的保护应从个人控制向社会控制转型。①知情同意作为个人信息处理之必要条件将使社会价值严重失衡,倘若企业每一次的数据收集行为均需征得主体的同意将会给企业带来不合理之负担,且在某些特定情形下(发生灾害或科学研究等)仍需征得主体同意则成本过高。②数据权的本质仍属于私权,不宜混淆"数据权利"与"数据权力",过分夸大数据权利的公共属性容易导致公权力对私权利侵犯之危险。知情同意应当作为数据处理之常态,仅在特定情形下经由利益衡平才可突破知情同意规则之限制,这是数据利益关涉人格尊严使然。仅当个人数据权之行使与公共利益的维护发生冲突时,基于公共利益优于个人利益的理念,此时数据权之行使应受到限制,但这种限制应当符合"最小侵害原则"及"比例原则"。

3. 司法的个案衡量

立法者无法预见数据使用的不同场景,对个人数据的利用应避免脱离场景进行抽象预判,数据使用之合理与否要结合个案的具体情形进行考量。③结合个案的不同场景,法官对数据权行使的法律边界可以进行自由裁量,但须进行充分的说理和论证,从而实现"场景性公正"。

---

① 参见高富平:《个人信息保护——从个人控制到社会控制》,《法学研究》2018 年第 3 期。

② 参见高富平:《个人信息使用的合法性基础——数据上利益分析视角》,《比较法研究》2019 年第 2 期。

③ 参见张素华、李雅男:《数据保护的路径选择》,《学术界》2018 年第 7 期。

大数据时代信息收集者的核心利益就在于发掘信息的商业价值,[1]而匿名化则是信息收集者常用的手段之一。在匿名化这一场景中,倘若案件涉及的数据属于匿名化数据,基于数据匿名这一特定场景,数据与个人之间的关系因为匿名而被割断,个人就不再对匿名化数据享有个人数据权。譬如,在"朱烨诉百度网讯公司隐私权纠纷案"中,法院认为,百度网讯公司收集利用的是匿名化的数据信息,因此并未侵害朱烨的隐私权。[2]值得注意的是,匿名的本质不在于匿去名称或姓名,而在于匿去具有可识别性的特质(独特性)。匿名是相对的,诚如有的学者所言,匿名在小数据时代尚有可行性,但在大数据时代数据内部的交叉检验将使数据匿名化技术失灵。[3]尽管如此,我们不可否认,相对性的数据匿名处理亦能够对人的人格尊严起到一定的隔离和保护作用。

再如,在"安徽美景信息科技有限公司与淘宝(中国)软件有限公司(以下简称淘宝公司)不正当竞争纠纷案"[4]中,亦关涉到匿名化数据的权益归属问题。在该案中,淘宝公司开发和运营了一款"生意参谋"数据产品,该案的争议焦点之一即是"淘宝公司对于'生意参谋'数据产品是否享有法定权益"。对此,法院认为:"涉案'生意参谋'数据产品所使用的网络用户信息经过匿名化脱敏处理后已无法识别特定个人且不能复原,公开'生意参谋'数据产品数据内容,对网络用户信息提供者不会产生不利影响。且淘宝公司的淘宝隐私权政策已宣布'经去标识化处理的个人信息,且确保数据接收方无法复原并重新识别个人信息主体的,不属于个人信息的对外共享、转让及公开披露行为,对此类数据的保存及处理将无需另行向用户通知并征得用户的同意'。因而,淘宝公司公开使用经匿名化脱敏处理后的数据内容属于上述法律规定的除外情形,即无需另行征得网络用户的明示同意。"我赞同法院的这一观点,主要理由有三:其一,用户点击"同意"淘宝的隐私政策即表明用户已经就该类去标识化的个人信息向淘宝

---

① 参见洪玮铭、姜战军:《社会系统论视域下的个人信息权及其类型化》,《江西社会科学》2019年第8期。

② 参见南京市中级人民法院〔2014〕宁民终字第5028号民事判决书。

③ 参见梅夏英、朱开鑫:《论网络行为数据的法律属性与利用规则》,《北方法学》2019年第2期。

④ 杭州市中级人民法院〔2018〕浙01民终第7312号民事判决书。

公司进行授权,且该项隐私政策条款并不存在合同法上的无效事由,当属有效。其二,去标识化、匿名化的数据附着了淘宝公司智力劳动成果投入,它经过深度加工、开发与系统整合,淘宝公司控制、管理、使用着这些匿名化数据,用户实际上不再对这些匿名化的数据享有个人数据权。其三,也是最为关键的一点是,这些数据已经去身份化、去标识化、匿名化,它与用户的原始数据截然不同且无对应关系。故此,淘宝公司无需另行征得网络用户的明示同意。

此外,在增进消费者福利这一场景化利用中,需要关注数据利用的正面及负面效果。一方面,企业通过数据收集能够方便其开展针对性分析及个性化营销,这在一定程度上具有正面效果,有利于为消费者"量身定制"最优服务,增进消费福利;但另一方面,这也为"歧视性定价""诱导性营销"带来便利,其负面效果亦不容忽视。①因此,司法需要结合个案之具体场景进行个案衡量,不仅应考虑数据利用之正面效果,亦应考虑是否产生了负面效果。譬如,在"李骏杰等破坏计算机信息系统案"②中,数据的违规利用即对消费者产生重大负面影响。该案的基本案情为:2011 年 5 月至 2012 年 12 月期间,李某单独或伙同张学林等人通过 QQ 聊天工具联系需要修改中差评的淘宝卖家,并从被告人黄某等人处购买需要修改的淘宝买家个人信息,冒用淘宝买家身份骗取淘宝账号密码重置后,非法登录淘宝评价系统从而删除、修改淘宝买家的中差评 347 个,从中获利 9 万余元。最终,法院认定李某构成破坏计算机信息系统罪,黄某构成非法获取公民个人信息罪。李某等的行为侵犯了个人的数据权益,从更深层次而言,李某等的行为扰乱了整个互联网环境下的购物秩序。在该案中,淘宝卖家的行为带来的负面影响亦不容忽视。淘宝卖家通过李某等人删改中差评,营造了一种该商品"完美无缺"的假象,诱导消费者进行消费,其行为违背了商业道德,同时也侵犯了给予其中差评的买家之数据利益,损害了消费者的权益。

总而言之,数据权之行使与保护需要考量不同场景的差异性,需注意不同场景利益选择之妥适性,依托司法个案衡量之手段,才能真正实现

---

① 参见姚佳:《企业数据的利用准则》,《清华法学》2019 年第 3 期。
② 杭州市中级人民法院〔2015〕浙杭刑终字第 311 号刑事裁定书。

"场景性公正"。

结　语

　　康德曾言:"人依其本质即为目的本身,而不能仅仅作为手段来使用。"①他一语道破人是理性的动物,人本身具有一种价值,人具有其"尊严"。在大数据时代,赋予自然人以个人数据权,这从根本意义上体现了对人以及人格尊严的尊重,彰显了自由、平等的时代价值。数据权利化的目的并非阻却数据流动进而形成一座座的数据孤岛,其重要目的是要在科技高度发达的当下,鼓励企业通过合法正当途径收集大数据,促进数据的合法合规化流动,进而创造大数据的真正价值。因此,宜赋予企业对大数据之数据财产权。但数据权的行使并非漫无边际,它亦需要受到一定的限制。通过对"数据利益"的赋权与限权,有利于调和数据经济发展与数据安全、国家安全之间的紧张关系。我国目前尚未制定《数据保护法》,而欧美国家对于个人数据保护的立法已经十分成熟。因此,我国一方面宜借鉴欧美国家关于个人数据保护立法的先进经验;另一方面,需要结合中国的实际国情,以"数据权"为核心进行本土化的制度设计。

---

　　①　康德:《道德形而上学》第 2 章。转引自〔德〕卡尔·拉伦茨:《德国民法通论》,王晓晔等译,法律出版社 2013 年版,第 46 页。

数字时代的实质正义挑战与回应

——基于社会法的立场

魏广萍[*]

内容摘要：数字时代的社会法面临数据隐私责任界定与劳动异化加剧的难题、非典型劳动关系与同案不同判的困境、灵活就业者伤病失业风险与社会保险的缺位、数字时代劳动特征与多元利益诉求的失调的实质正义挑战。实质正义挑战的社会法问题包括社会法应对理论供给不足、社会法制度选择合理性质疑、社会法律责任分配失衡等。借鉴数字时代美国、日本、欧洲国家社会法规制的域外经验，重塑社会法领域的实质正义，一是重塑"劳动力要素市场"的社会法伦理基础；二是坚持社会法主体平等保护和待遇原则；三是开拓社会法"价值网"系统规制路径；四是构建社会法外部系统化的规制体系，实现数字时代实质正义的重塑。

关键词：数字时代　实质正义　社会法　平等保护待遇原则　价值网系统规制

数字时代新经济形势发展提速，同时带来经济参与者权益保障的实质正义新挑战。平台经济是数字出现的新经济形势之一，我国在促进新经济形态健康发展方面出台了相关政策，规定互联网平台经济是生产力新的组织方式，是经济发展新动能，对增加就业有重要作用，要为平台、平台内经营者和平台从业人员等权益提供法治保障。[①]除此之外，数字时代的劳动力市场面临诸多对实质正义带来挑战的风险。2020年中共中央、国务院发布《关于构建更加完善的要素市场化配置体制机制意见》，指出我国要从生产要素低质低效向高质高效流动，发挥经济发展变革的质量、效率和动力，构建劳动力要素市场，发挥社会主义市场经济体制优越性；同时进一步分类提出了土地、劳动力、资本、技术、数据五个要素领域改革的方向，明确了完善要素市场化配置的具体举措，对我国数字时代社会法建设具有重要意义。

---

*　华东政法大学社会发展学院博士研究生。

①　如国务院办公厅2019年8月8日发布《国务院办公厅关于促进平台经济规范健康发展的指导意见》(国办发〔2019〕38号)。

数字时代实质正义挑战的社会法分析，不仅要考虑实质正义在实践中的挑战，还需要透过挑战现象透视背后引发的社会法后果，总结社会法法理、制度、法律责任分配中出现的问题，在此基础上向域外借鉴，重塑我国社会法领域的实质正义。本文将数字时代实质正义挑战作为研究视角，对数据隐私、司法裁判、劳动意义、伤病失业等涉及结果公平的挑战具象化分析，阐述了我国社会法对数字时代实质正义保护的理论、规制现状，分析了保护社会法实质正义的必要性，并且通过美国、日本、欧洲国家的社会法、劳动法对此类挑战的规制经验，从社会法伦理、原则、制度构建等多个角度提出重塑的具体建议。

一、数字时代带来的实质正义挑战的具象化

（一）数据隐私责任界定与劳动异化加剧的难题

数字时代助推行业发展和产业升级，数字技术和人工智能的发展使劳动者成为具有强信息属性的个体，具有数据在线的特征。"传统行业最终都会转变为大数据行业，无论是金融服务业、医药行业还是制造业。"[①]技术化与智能化带来劳动者工作场景信息和个人隐私的法律界限模糊。由于劳动关系从属性的判断标准，劳动合同关系不同于传统民事合同关系，劳动关系中的劳动者隐私权保护问题相比于民事主体个人信息权保护问题需要考量的因素更为特殊。其中包括劳动者隐私权与数字时代的企业智能监督管理之间的冲突与平衡，这在一定程度上对社会法保障实质正义理念造成平衡的挑战。实践中雇主在工作车间或劳动者所在的办公桌处安装监控，侵犯部分员工的隐私权的案例多次发生。[②]"劳动管理的智能化，是企业维持生产经营秩序、提高劳动生产率的必然要求和现实选择，但也由此容易侵害劳动者的隐私权，因此需要正确认识和平衡处理企业智能化劳动管理与劳动者隐私权之间的关系。"[③]数字时代算法技术、监

---

① ［英］维克托·迈尔·舍恩伯格、［英］肯尼斯·库克耶：《大数据时代：生活、工作与思维的大变革》，盛杨艳、周涛译，浙江人民出版社2013年版，第188页。

② 参见广东省深圳市中级人民法院（2014）深中法劳终字第4397—4421号民事判决书；广东省汕尾市城区人民法院（2019）粤1502民初912号民事判决书。

③ 田思路：《智能化劳动管理与劳动者隐私权的法律保护》，《湖湘论坛》2019年第2期。

控技术、大数据分析等方面的应用将会使数据隐私的保护愈加难以平衡,实质正义面临愈加复杂且高度技术化的应用场景,多方主体法律责任难以明确。除此之外,还面临着对劳动者的数字化监控级别也在升级,技术化的追踪和监控可能会导致劳动异化加剧的问题。比如,互联网、大数据、物联网技术结合的环卫行业 2.0 时代助推环保产业转型升级;①2016 年亚马逊的超音波手环技术得到申请专利的批准。②这类职场科技的智能应用的确为产业升级转型带来助推作用,但是私人空间与工作空间的重叠,技术传播速度加快劳动控制异化发展。劳动者隐私保护与国家、社会、企业之间利益平衡所面临的技术化难题,在数字时代成为威胁实质正义的巨大挑战。

（二）非典型劳动关系与同案不同判的困境

互联网时代催生的共享经济等新型经济形态,在日益发展的新型用工形态中,部分被概括为非典型劳动关系。"非典型劳动关系是使用从属性不完全或相对较弱的劳动用工形态,其在市场经济的发展过程中逐步衍生并呈现出多样的表现形态。"③平台用工因其灵活、弹性的用工模式,本质上属于非典型劳动关系。数字时代使非典型劳动关系的发展从趋势变为现实,多样化的劳动关系在依托互联网的经济形态中作为劳动关系的重要补充。但实践中社会法部门缺乏对非典型劳动关系的具体规定,导致出现关于平台用工同案不同判的司法判决。各地对于平台用工存在不同的认定标准,现实情况比较混乱且认定理由依据不同面向的考量。实践中法院认定外卖骑手与配送服务公司(第三方代理商)之间存在劳动关系(或事实劳动关系),④此类判决依据见图 1。

---

① 参见《为环卫工人配发"手环":是否侵犯劳动者权益|实务派》,载微信公众号"劳动派",2019 年 4 月 25 日。

② 参见《先把人当机器人,亚马逊员工监控手环专利过关》,载微信公众号"AI 人工智能产业研究",2018 年 2 月 5 日。

③ 田思路:《劳动关系非典型化的演变及法律回应》,《法学》2017 年第 6 期。

④ 参见江苏省苏州市中级人民法院(2019)苏 05 民终 212 号民事判决书;河北省石家庄市中级人民法院(2018)冀 01 民终 9174 号民事判决书;黑龙江省牡丹江市中级人民法院(2019)黑 10 民终 1574 号民事判决书;湖北省武汉市中级人民法院(2019)鄂 01 民终 11783 号民事判决书;四川省成都市中级人民法院(2019)川 01 民终 13646 号民事判决书;南京市秦淮区人民法院(2018)苏 0104 民初 3616 号民事判决书;黑龙江省尚志市人民法院(2018)黑 0183 民初 16 号民事判决书。

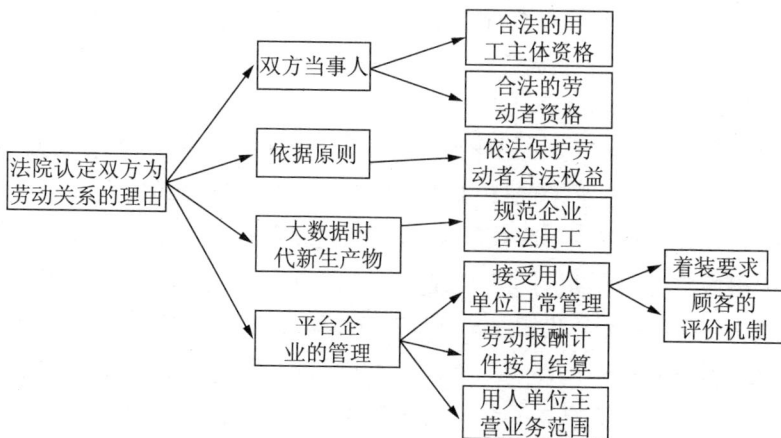

图 1

而法院认定外卖骑手与配送服务公司(第三方代理商)之间不具有劳动关系,①此类判决依据见图 2。

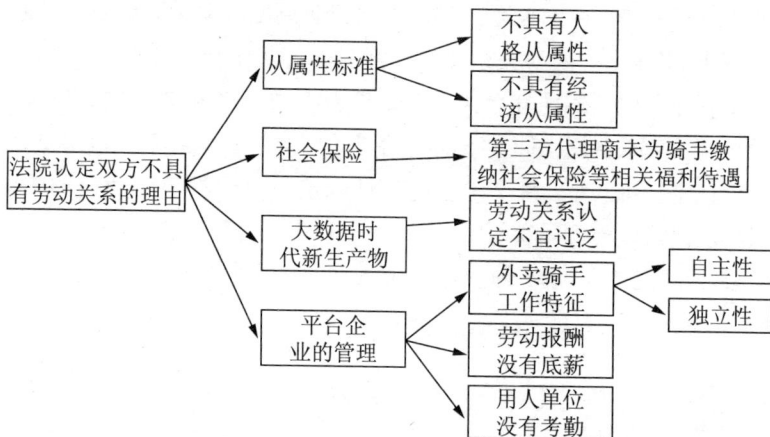

图 2

另外,实践中也存在美团配送员与第三方代理商签订劳务协议,劳动

---

① 参见重庆市第二中级人民法院(2019)渝 02 民终 1741 号民事判决书;福建省福州市中级人民法院(2019)闽 01 民终 4093 号民事判决书;河南省洛阳市中级人民法院(2019)豫 03 民终 556 号民事判决书;河南省濮阳市中级人民法院(2019)豫 09 民终 673 号民事裁定书;山东省青岛市中级人民法院(2018)鲁 02 民终 7370 号民事判决书。

人事争议仲裁委员会裁决双方具有事实劳动关系,一审法院认为双方不存在劳动关系,二审法院认为双方存在事实劳动关系并且劳务合同实为劳动合同的情况。①从司法判决支持外卖骑手与平台之间具有劳动关系或属于民事关系的司法实践来看,法院确认劳动关系会结合劳动关系认定标准、大数据时代、平台管理、社会保险缴纳几方面综合判定。但此类判决中出现几对矛盾,分别是判定标准与主体资格,规范企业用工、保护劳动者与劳动关系泛化,接受管理的特征、报酬、考勤、业务范围等因素之间的协调。而非典型劳动关系在大数据时代发展形态的变化,与数字时代平台经济长期健康发展息息相关,对社会法规制提出紧迫的挑战。

(三)灵活就业者伤病失业风险与社会保险的缺位

数字时代的不确定性导致灵活就业者伤病、失业的风险增加,没有社会保险的灵活就业者如同就业马拉松赛中裸奔的队员。智能化、数据化的技术替代使失业风险持续增加。"在过去一个世纪的美国,工厂和农场的职位数已经从60%降低到现在的6%。在未来的20年,几乎所有的日常的体力和脑力劳动都会被自动化。"②除此之外,我国社会法部门中存在将劳动关系与工伤保险、失业保险捆绑的体制,雇主为具有劳动关系的劳动者缴纳社会保险。司法裁判中将平台为其用工缴纳社会保险作为认定存在劳动关系理由(见图2),根据我国社会法相关法律制度判断似乎并无不妥。但我国劳动法律制度和社会保险法律制度对非典型劳动者缺乏明确的法律规定,呈现出法律制度落后于现实发展的现状,导致主体之间的实质正义受到挑战。同时,从司法裁判层面来看,通过社会保险的缴纳情况判断劳动关系存在与否,逆向推理实际损害了社会法主体获得社会保障的生存权。从平台责任和规范层面来看,第三方代理商对外卖骑手管理的不规范,反而成为其与外卖骑手之间不具有劳动关系的有力证明,长期不规范的操作不利于共享经济的发展。比如,通过 Alpha、无讼等大数据分析裁判文书辅助工具,诸如此类裁判风险会导致雇主在社会保险缴纳、管理规范等方面规避法律规制,对社会法实质正义的实现造成巨大挑战。

① 参见河南省许昌市中级人民法院(2019)豫 10 民终 3125 号民事判决书。
② [美]雷·库兹韦尔:《奇点临近》,李庆诚译,机械工业出版社 2011 年版,第 206 页。

（四）数字时代劳动特征与多元利益诉求的失调

数字时代依托互联网发展出形式多样的经济模式,比如夜间经济、孤独经济、佣人经济、社群经济等,由此催生新兴职业群体和不同形式年龄段的就业。一是劳动意义的个体化面向增强。传统职场中的劳动者追求劳动个体价值感,传统职场外的自由职业者利用自媒体、直播带货等营销形式自力更生同时成为就业岗位的提供者。比如,职场中劳动者出现"反升迁"的职场人形象,①而伴随自媒体、直播、短视频形式的输出型社交兴起,up主、知识生产者、网络主播的出现,都反映出在数字时代劳动的意义发生了根本的改变。二是广义上的劳动过程具有复合性,并将成为数字时代普遍存在的现象。比如,跨界人士、斜杠青年的出现;央视新闻主播与网络主播通过直播帮助湖北地区销售农副产品,②直播销售从广义的劳动形式来看,不属于新闻主播的工作范围,但通过平台技术劳动内容随劳动形式的改变而复合。数字时代使复合工作模式成为可能,一位劳动者同时与不同雇主订立合法的劳动关系,即复合型劳动关系在未来可能成为普遍现象。三是劳动阶段将分布式。随着人工智能推动医学进步人寿命延长,老年人退休后再就业的现象会更加普遍。③因此,数字时代新型职业和劳动形式并喷式出现,形成劳动意义个体化、劳动过程复合性、劳动阶段分布式的劳动特征。个体的作用将会极大地提高,对建立在传统工业时代的社会法法理之下,平衡多元社会关系的实质正义理念形成巨大挑战。

二、实质正义挑战的社会法问题

（一）社会法应对理论供给不足

面对实质正义挑战,我国社会法理论研究薄弱,起步较晚,基础理论

---

① 参见界面新闻:《"反升迁"趋势上升,调查显示仅 9% 雇员想升职》,https://baijiahao.baidu.com/s?id=1648616229470849283&wfr=spider&for=pc,2019-10-28。

② 参见澎湃新闻:《上瘾了! 央视主持人三天两头直播为湖北带货》,https://www.thepaper.cn/newsDetail_forward_6980248,2020-04-15。

③ 长寿人生中需要工作更长时间获得金钱,而就业形势会发生戏剧性的转折,面对不确定性很难作出正确的职业选择,不同阶段的职业只是长寿人生中的组成部分。参见［英］琳达·格拉顿、［英］安德鲁·斯科特:《百岁人生:长寿时代的工作和生活》,吴奕俊译,中信出版社 2018 年版,第 29—67 页。

研究争鸣较多,学术共识较少且社会法内涵不明确。社会法基础理论研究分为三种主流观点,一是将社会法理解为广义社会法、中义社会法、狭义社会法或泛义社会法。①根据我国学术界关于社会法概念的主流观点,可以发现学者对于各维度的社会法概念下具体相对应的内容,存在不同层面的理解(见图3)。二是将社会法是否作为第三法域的观点曾在学术界形成过理论争鸣。②学术界也存在不同意见,社会法作为第三法域是从法域的角度理解社会法,回避了法律体系和法律部门的划分标准,会扰乱传统法学框架和法学基本共识;同时,学术界也认识到作为第三法域的社会法研究发展遇到困境,其理论宏观抽象,缺乏对现实法律的指导意义。③三是社会法产生于对传统市民法的修正,以保障生存权作为社会法的逻辑起点,以保护弱者权益来实现实质正义为目标。④我国社会法中实质正

---

① 从公法、私法二元对立出发,广义社会法是调整社会给付权利义务关系的法律规范的总称,狭义社会法是调整具体社会给付权利义务关系的法律规范的总称;从广义的社会法体系与社会政策体系相对应,国家、社会、个人三元视角的社会法属性是其区分于其他法律部门的特征,狭义社会法被理解为作为独立法律部门的社会保障法;中义社会法或理解为官方公布的社会法,或是其范围被设定在第三法域的社会法与狭义社会法之间;泛义社会法是与自然法、实在法相对应的法学理念。参见张守文:《社会法论略》,《中外法学》1996年第6期;杨士林:《试论我国社会法的基本范畴》,《政法论丛》2012年第6期;董保华:《"广义社会法"与"中义社会法"——兼与郑尚元、谢增毅先生商榷》,《东方法学》2013年第3期;竺效:《法学体系中存在中义的社会法吗?——社会法语词使用之确定化设想》,《法律科学》2005年第2期;程信和:《关于社会法问题——兼论开展人口法研究》,《南方人口》1996年第3期;竺效:《祖国大陆学者关于"社会法"词语之使用考》,《现代法学》2004年第8期。

② 关于社会法是否作为独立法域及其对我国法律体系所发挥的价值,学者观点包括将社会法作为法域理解,有助于探寻劳动法、社会保障法等法律部门的关系,其属于第三法域是法律社会化的主要工具,是平衡社会关系、保障国家经济运行和加强对社会干预而产生的法,社会法学科框架下将广义社会法作为第三法域有助于突破框架。参见王为农:《社会法的基本问题:概念与特征》,《财经问题研究》2002年第11期;董保华:《"社会法"与"法社会"》,上海人民出版社2015年版,第66页;董保华:《社会法研究中"法律部门"与"法律理念"的关系》,《法学》2014年第2期。林嘉:《论社会保障法的社会法本质——兼论劳动法与社会保障法的关系》,《法学家》2002年第1期;赵红梅:《私法社会化的反思与批判——社会法学的视角》,《中国法学》2008年第6期;竺效:《祖国大陆学者关于"社会法"词语之使用考》,《现代法学》2004年第8期。

③ 参见冯彦君:《中国特色社会主义社会法学理论研究》,《当代法学》2013年第3期。

④ 社会法以社会为本位,作为新兴的实定法域,关注社会弱势群体权益保护生存权,将不同的法律规范尤其是从近代私法规范中引申出来的原理进行整合,实现实质正义和社会福祉。参见本页注③,冯彦君文。

义这一理念的形成,受到日本学者的影响。桥本文雄的"法的社会化论"理论指出传统市民法的自由、平等是抽象的,社会法源于对传统市民法的修正;沼田稻次郎进一步提出以"生存权"为基础的社会法论;加古佑二郎认为社会法保护的对象包括经济上的弱势者和处于从属地位的劳动者,而民法保护的主体属于一般的"法人格"。①大须贺明认为,"生存权的目的,在于保障国民能过像人那样的生活,以在实际生活中确保人的尊严;其主要是保护帮助生活贫困者和社会的经济上的弱者,是要求国家有所'作为'的权利"。②学术界关于社会法基础理论研究,更多的是作为一种学者的学术观点提出,其概念、性质、范畴、体系等均缺乏共识。实质正义作为社会法核心价值的理念,无论是将社会法看作第三法域或者非第三法域,实质正义的核心价值均在学术界具有共识。"社会法的理念和功能可包括如下:保护社会弱者,促进社会实质正义。"③实质正义在数字时代受到诸多挑战,在劳动过程个体化、复合化的特征下,社会法法律制度僵化、标准化,其理论不足使社会法价值理性呈现弱化趋势。

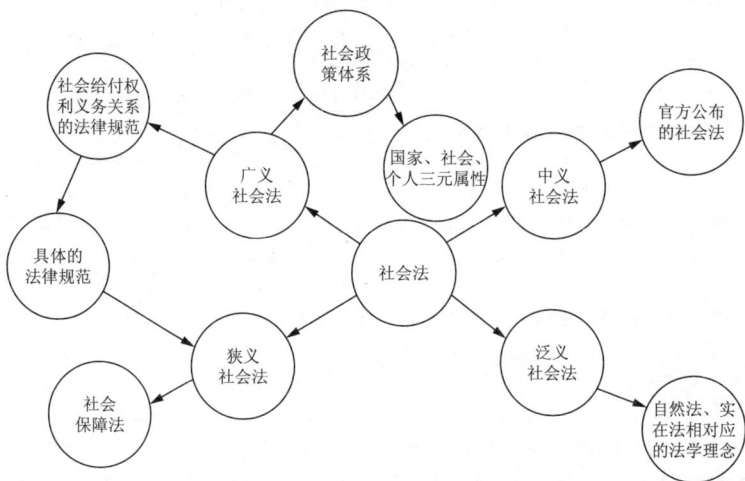

图3

① 转引自:田思路:《日本"社会法":概念·范畴·演进》,《华东政法大学学报》2019年第4期。

② 〔日〕大须贺明:《生存权论》,林浩译,法律出版社2001年版,第16页。

③ 参见上页注③,冯彦君文。

（二）社会法制度选择合理性质疑

1. 社会法法律部门制度构建滞后

数字时代实质正义的挑战是传统社会法领域问题未解决造成的。比如,劳动关系认定问题在数字时代受到新型就业形式的冲击,具体判定标准掺入技术因素更为复杂。劳动法律制度保护标准劳动关系,对于数字时代的灵活用工现象不能有效规制,使非典型劳动关系规制介于社会法与民法之间,个案裁判中双方当事人法律关系存在差异。司法实践中平台用工的案例被判为劳动关系适用劳动法保护,法院认定为雇佣关系通过民法规制,具有一定经济从属性的雇佣关系不能实现社会法上的实质正义。学界对于互联网平台用工的法律规制问题有过探讨,①目前并未形成定论。现有劳动立法明显表现出难以适应互联网经济,需要及时革新劳动法、社会法法理。②灵活用工趋势、新型劳动形态、非典型劳动关系背后需要考量社会法保障,实质正义理念在大数据时代面临新的挑战。数字时代的企业与传统企业不同,平台基于算法实现的控制化与劳动者劳动过程的自主化、碎片化鲜明冲突,导致依据传统劳动法法理规制平台用工出现困境。同时,劳动关系与工伤保险的捆绑导致平台用工未能被认定为劳动关系,不能进入工伤保险范围。

2. 社会虚拟场景增加与社会法调整范围缩小悖论

虚拟场景在人们生活中增加,从应然角度来看,社会法调整的法律关系范围突破实体关系的限制,发展至虚拟场景之中。"信息技术革命与历次技术革命的一个根本不同,就是打造了前所未有的物理空间—电子空间、现实生活—虚拟生活的交融同构生态,突破了物理空间上的生产生活

---

① 平台用工关系仍可被包容进入注重实质从属性的传统从属性的判断标准,未完全脱离既有的劳务给付方式。参见谢增毅:《互联网平台用工劳动关系认定》,《中外法学》2018年第6期;王天玉:《互联网平台用工的合同定性及法律适用》,《法学》2019年第10期。互联网平台用工属于非典型劳动关系,涉及是由社会法视角下劳动法加以保护,还是以劳动法作为特别私法背景下,或是作为雇佣关系纳入民法保护的争论。参见李干:《试论劳动法的社会法特质》,《中国劳动关系学院学报》2019年第4期;沈建峰:《劳动法作为特别私法——〈民法典〉制定背景下的劳动法定位》,《中外法学》2017年第6期;谢增毅:《民法典引入雇佣合同的必要性及其规则建构》,《当代法学》2019年第6期。

② 参见秦国荣:《网络用工与劳动法的理论革新及实践应对》,《南通大学学报》(社会科学版)2018年第4期。

限制。"①但从实然角度来看,社会法领域的法律制度规制范围却因为无法纳入虚拟场景,其调整范围缩小。为了规制劳务外包、劳务派遣等劳动形态的发展,社会法领域的法律制度政策更加严格地限定了劳动关系的范围,避免泛化的同时也导致社会法可适用的法律关系范围限缩。同时在司法裁判中不同于社会法的民法裁判思路裁判劳动法案件,劳动仲裁庭的取消,劳动法案件作为民事案件审判,都会进一步影响规制范围。由此产生社会关系日益复杂,而社会法调整法律关系范围限缩的社会法后果。

我国社会法传统领域的价值核心是实质正义,在修正市民法形式平等而实质不平等的基础上发展,注重工具理性与价值理性的平衡。社会法及其子法律部门法劳动法、社会保障法等在效率与平等的价值选择之中起平衡作用。从我国劳动法的实践及学界评价来看,劳动法、劳动合同法强调监管,但监管过度会制约经济发展,导致市场发挥作用的效率价值降低。

3. 社会法面向数字时代个体化缺乏制度合理性

数字时代社会法领域个体劳动具有复合化特征,智能化导致就业两极化,一方面个体劳动被机器替代,另一方面个体劳动的不可替代性增强。无论两种极端发展速度如何,都将导致个体劳动的复合化,即多种劳动关系并存,或劳动关系与非典型劳动关系、劳动关系与雇佣关系并存于同一个体的情况。面向这种法律制度的供给不足,智能表现为灵活流动且在线的个体,是数字时代劳动者最大的特点。数字时代网络社会的新劳动现象,缺乏调整灵活就业的法律制度。现有制度忽视社会法制度建构与主体行为模式的相互依赖性,缺少必要制度的建构。制度设计关注社会法中社会人的福利,大数据时代新社会现象背后新的社会人,比如外卖骑手和灵活用工人员等,他们也需要社会法对其福利有所考量和关注。公正理论中制度的作用至关重要,在获得社会公正的过程中制度与行为模式相互影响,在制度和行为皆不完善的现实中纠正不公正,制度选择是公正的核心要素,通过提高人的自由和福利来实现正义。②基于主体的行

---

①　马长山:《智能互联网时代的法律变革》,《法学研究》2018年第4期。

②　[印]阿马蒂亚·森:《正义的理论》,王磊、李航译,中国人民大学出版社2012年版,第70—74页。

为特征选择一种与其适应的制度设计，才能真正实现对于社会法实质正义的保障。大数据时代社会法实质正义的偏离，没有实现结果公平，追根溯源最重要的是制度设计的问题，这是制度设计与社会法发展中新产生的法律现象发展不协调导致的，比如，共享经济发展劳动，法律对灵活用工却缺乏规制。

（三）社会法法律责任分配失衡

1. 法官裁判的参考点依赖

参考点依赖影响法官裁判，导致传统企业与平台企业之间法律责任的不平衡。平台作为网络时代的企业，与传统企业应有不同的规制视角，在平台责任、与劳动者、社会互动中其各自的责任不同。实际上，目前是使用当前的劳动法、社会保障法这一套标准化体系来衡量数字时代新出现的企业责任。司法裁判中法官的决策容易受到所处位置带来的参考点依赖的影响，根据行为经济学创始人丹尼尔·卡尼曼的"前景理论"，在判断概率时人们所奉行的原则，往往发挥巨大的作用，并且人们不愿意自找麻烦地将自己不知道的事情作为重要因素考量。[1]参考点决定了人感受到实质正义的不同，相比于劳动关系受到劳动法、社会保障法的规制，平台用工参考存在劳动关系的劳动者待遇缺乏实质正义。参考点依赖在司法裁判中对法官裁判的影响包括，将标准劳动关系作为参考点带来的观察位置会限制正义诉求。克服位置带来的正义诉求局限，需要"拓宽评价的信息基础"。[2]从全方位的社会视角，而不是个人，从整个社会来讲，关注那些未曾受过关注的群体，大数据时代社会法上新的群体，保障他们的权益以实现社会公平。

2. 平台与个体的责任分配不合理

平台企业与平台工作者之间责任不平衡，通过代码控制实现对平台用工的直接或间接规制，使其主动工作，流动性高的灵活就业实质上提高了平台用工的流动性，若作为长期职业发展，而非短期兼职，会使在平台用工关系中个人承担责任和风险加重。在不能被认定为劳动关系的案例

---

① 参见［美］迈克尔·刘易斯：《思维的发现：关于决策与判断的科学》，钟莉婷译，中信出版社 2018 年版，第 123—140 页。

② 参见第 32 页注②，阿马蒂亚·森书，第 157 页。

中,劳动者要自行承担全部的责任。这是社会法实质正义受到挑战的另一后果。"平台通过颇具吸引力和趣味性的计酬机制和实时评分机制,实现了对劳动者工作过程的实质性控制。这种控制渗透入劳动者的工作环境、工作方式及工作时间等多个方面,使劳动者自主或被动地对平台规则产生认同,最终形成了与平台合作的结果。"[1]在平台与平台用工的责任分配方面,不能纳入社会法规制将造成个人承担责任过重。

算法权力下的平台责任属于企业承担的适度的社会责任。平台用工的责任转移借助于劳动外包的平台形式。劳动法对用人单位与劳动者之间有明确的法律规定,但在平台用工中由于缺乏法律规制,平台用工实践中被认定为劳动关系的情况各地法院裁判不一致。"各国第三类劳动者制度的创设,是以一种类型化的路径,向无法被(完全)归类为雇员和自雇佣劳动者的劳动者群体,提供或扩展劳动保护。"[2]企业被认定为用人单位就承担劳动法责任,平台企业不能认定有劳动关系的,不必承担社会责任以及对平台工作者的责任。企业在两种身份自由转换过程中,规避法律责任,造成传统企业与平台企业在社会责任、对员工责任方面的差异。传统企业与数据型企业在对员工数据控制方面的隐私侵犯程度不同,对数据的利用程度也不同,同一方面在不同类型的企业中可能会被认定为合法或违法,社会法对劳动者隐私侵权的不同类型缺乏相应的法律规制。这是实质正义受到挑战的社会法后果。

理论不足的现实困境,社会法自身概念内涵的边界模糊性,导致虽然学术界认同劳动法、社会保障法等法律部门属于我国七大法律部门社会法之下,但其内涵的模糊性仍为部门法的研究展开带来困境,数字时代表现为实质正义受到挑战。社会法法律部门之下的制度构建与数字时代的经济发展形势、标准的法律制度和非标准的劳动形态发展之间出现鸿沟,反映出工具理性与价值理性的现实脱节。责任分配不平衡更是社会法制度政策以及监督执行的问题。这些社会法问题与数字时代实质正义的挑战互为因果,技术进步的发展使之亟待社会法领域规制措施。

① 吴清军:《分享经济下的劳动控制与工作自主性——关于网约车司机工作的混合研究》,《社会学研究》2018年第4期。
② 肖竹:《第三类劳动者的理论反思与替代路径》,《环球法律评论》2018年第6期。

三、数字时代的社会法域外经验

（一）美国

美国的标准劳动合同是劳动力市场调整的结果,符合实施失业保险的稳定经济措施之后的社会结构,但在数字化时代这种结构也伴随着巨大挑战。与我国社会保障法相似的是,美国的失业保险措施旨在帮助从事长期全职工作的标准劳动者,不适用于以低工资、时间不确定和短期工作为特征的非标准劳动力。基于美国的现有失业保险制度无法满足不断增长的非标准劳动力的需求,针对美国这项制度的改革具有以下建议:各州甚至应考虑放宽标准,以容纳受停工负面影响最大、抗风险能力最脆弱的群体,例如合同工;国家加强制度设计,信息机构向工人介绍失业保险以及获得保险利益的过程,通过广告促进制度的应用,同时雇主也具有以系统的方式通知所有工人的义务;政策制定者应努力提高独立承包商的经济安全性,打击企业对员工的错误分类,保证执法人员仔细检查雇主的分类;平衡各州拥有的强大的失业保险法律权力,走向真正全国性的失业保险系统。[1]

（二）日本

日本面临着工业 4.0 时代产业结构的升级变化,其国内的雇佣就业的多元化形态,受到雇佣双方主体随着经济发生改变的影响。日本制造业范围内的城堡在 1985 年《劳动者派遣法》出台以后急速增加,90 年代后期开始,大企业把大量的正式员工替换成承包工,产业分布集中于运输业、IT 产业和制造业,从派遣发展到承包。[2]日本社会除此发展之外,仅签订无固定期限劳动合同的员工才被视为劳动者,否则无论其劳动形态如何,与雇主签订何种形式的合同,都不属于正式劳动者,导致日本法律适用上的差异。日本学术界重视法律上的待遇差异问题,通过制定《关于短时间

---

① See Jeremy Pilaa, Reforming Unemployment Insurance in the Age of Non—Standard Work, Harvard Law & Policy Review, Vol. 13, pp.328—356.

② 参见田思路、贾秀芬:《契约劳动的研究——日本的理论与实践》,法律出版社 2007年版,第 47—57 页。

劳动者雇佣管理改善法》对短时间工作的劳动者予以保护。其中规定雇主在雇佣短时间劳动者时应交付书面文书,对待遇的考虑事项进行说明,同时规定了禁止歧视、提供教育培训和福利厚生设施、向正式职工身份转换的三个原则。①同时,日本在劳动者派遣和劳务外包的法律方面也作出了调整和规定。1985年制定的《劳动者派遣法》在1990年至2015年间进行过多次修改:派遣公司实行常用型派遣和登录型派遣,两者统一实行许可制,并制定新的许可基准;日本实行将职业介绍与劳务派遣相结合的介绍预定派遣制度;日本派遣业务的范围不断扩大,适用领域原则上自由,例外通过负面清单禁止;派遣时间放宽,但坚持派遣为临时性就业,以及防止派遣代替常规雇佣。②

（三）欧洲国家

罗马尼亚在20世纪70年代出现非标准劳动、非典型劳动、个体经营、非正式工作等学术概念,发展至今形成一种新型不稳定工作的劳动形态。罗马尼亚面对实践中灵活劳动引发的不稳定工作者权利保障、工作范围的劳资合意、劳动法领域的立法改革、缺乏工会组织进行集体谈判,导致对雇员不利的处境,其立法在一定程度上影响了不稳定工作的某些方面。2012年劳动法修正案规定,5人(不论其国籍归属)以上的工作,不签订个人劳动合同属于违法行为,可处以3个月以上2年以下有期徒刑或罚款;2017年8月首次从规范不稳定用工的角度修订《劳动法》;而后依据《欧洲远程办公框架协议》,颁布2018年81号法令,对远程办公作出相关规定,其初始草案将规制范围限制在劳动关系中。③罗马尼亚虽然颁布法律修正案,但并没有始终如一地奉行具体的保护措施。从2018年关于远程劳动规定来看,立法倾向局限于标准化的劳动关系。法律制定的目标未能实现,由于罗马尼亚移民、非法劳工抢占就业市场的因素存在,其社会保险提供安全保障的能力更加堪忧。

斯洛文尼亚的非典型劳动者保护问题也是近来国内劳动法学术界争论的热点问题。与我国相同,斯洛文尼亚的劳动法保护标准劳动关系,即

---

① 参见田思路主编:《外国劳动法学》,北京大学出版社2019年版,第255页。

② 参见注①,田思路书,第256—257页。

③ See Raluca Anderco, Precarious Work: Legislative Challenges, Perspectives of Law and Public Administration, Vol. 8, pp.149—157(2019).

劳动合同保证了雇员处于标准的雇佣关系中,因此这种灵活性只有在非典型劳动关系中才能实现市场的自发规律。斯洛文尼亚也存在通过民事合同掩盖变相劳动关系的情况,比如需要短期工人的雇主有时会签订服务协议或提供受版权保护的作品的协议。①斯洛文尼亚的劳动法规授予雇员以非标准形式的雇佣(固定期限、兼职、代理),与处于标准雇佣形式的雇员享有同等保护,并且还提供了最低限度的保护;固定期限劳动合同在斯洛文尼亚劳动关系中是一种常见的形式,虽然被视为不稳定的雇佣形式,但仅受固定期限雇用的雇员也被包括在斯洛文尼亚四项社会保险计划中,满足条件后有权提取保险金;非正规就业形式的雇员和个体经营者(包括虚假的个体经营者和经济受扶养者)被包括在所有四个社会保险计划中,并基于缴纳的缴费也享有这些保险产生的所有权利,根据民法合同和学生推荐书从事工作的个人仅包括在养老金和健康保险中。②

四、社会法领域的实质正义重塑

(一)重塑"劳动力要素市场"的社会法伦理基础

数字时代社会法实质正义的重塑,从社会法伦理角度应当以促进经济发展,促进就业稳定为目标。社会法伦理应当回应时代要求。不同的社会法伦理之上会形成不同的价值选择。数字时代的实质正义不是绝对的公平,而是在经济发展就业稳定之上的实质正义。"从本源角度看,伦理构成了法律与道德的社会关系及其规范观念形成的基础。"③可以说社会法伦理对于社会法领域的价值选择、制度构建、执法监察等都发挥原点指引和为技术性法律规范的发展提供指导的重要作用。同时,社会法伦理是基于我国社会以及社会法发展现状和实践中问题的真实反馈,必然受到社会生活和经济发展等方面的全局观的指导。劳动力要素的市场化配置

①② See Darja Sencur Pecek, Social Protection of Workersin Non—standard Forms of Employmentin Slovenia, Zb.Prav.fak.Sveuc.uRij., Vol.39, br4(Posebnibroj), pp.1561—1599(2018).

③ 秦国荣:《劳动关系法律调整的伦理要求与法治内涵》,《东南大学学报》(哲学社会科学版)2018年第4期。

模式,高效率强动力加快市场调节,实现经济高质量发展。经济发展是基础建设的根本动力。劳动法将具有人身隶属性的劳动关系按照组织共同体,劳资双方承担各自的伦理义务转化为法律规范,但调整关系最重要的规则是企业内部规范与劳动契约。可以说社会法领域的法律关系带有强烈的社会属性,因此,在回应数字时代的实质正义时,社会法伦理应当在维护经济发展就业稳定的前提下,回应这种社会性要求,政府、社会、企业、个体协同发力,实现实质正义。

(二)坚持社会法主体平等保护和待遇原则

数字时代平等的保护要求越来越强,因此社会法领域的立法应该坚持主体平等保护和待遇原则,即平等尊重个体职业选择,为不同劳动形态个体提供公平的社会保险待遇,对社会弱势群体提供社会救助。

首先,平等的保护原则就是平等地尊重每个人选择职业的自由和权利,尊重职业选择自主性,并通过社会保障最大限度地保障每个人获得社会救济机会的平等。社会法主体在法律部门内调整结果公平,都应纳入社会法给予保护。数字时代新兴职业与各种经济形态的职业者,应该与传统经济形态、传统企业放在同一纬度考量,社会法对其的保护在劳动待遇保障和社会保障方面应该实现结果公平的目标,实现实质正义。对于各种不同的生活方式,只要本人自愿且不伤害他人,国家就不应干涉。“公民享有受国家保护的人身权利和免受国家干涉的人身权利,政府可能必须在这两类权利之间进行选择。”①但是社会法应当在中立选择的基础上,给予平等的保障,这就是社会法平等保护原则的内涵。具体来说,劳动法领域扩大保护范围,或者单独立法。社会保障法通过健全制度、增加灵活用工、纳入工伤和失业保障等措施,给予他们平等的保护。

其次,平等待遇原则不是给所有劳动形态个体在制度设计上的平均分配,而是在纠正形式和实质正义的基础上,有差别地提供给不同职业者隐私保护、劳动保护、社会保险保护等方面的待遇,实现最终的结果公平实质正义。不仅仅是立法,之外的福利政策也应考虑保护弱者。在罗尔斯正义论中表述为适合于最少受惠者的最大利益,基于机会公平平等条件

---

① [美]罗纳德·德沃金:《认真对待权利》,信春鹰、吴玉章译,中国大百科全书出版社1998年版,第255页。

下的机会开放。①机会公平要实现结果上的公平,需要立法以外的多种制度配合,社会舆论监督,社会组织多元参与,借助大数据时代的工具实现互补。

（三）开拓社会法"价值网"系统规制路径

价值网系统规制路径在"价值网"概念基础上提出。"价值网"即随着技术、产业、市场内外部因素的发展,企业的发展需要形成一种新的网络组织,通过发展互补性扩充市场,形成相互强化的战略控制系统。②价值网系统规制路径的内涵是指,社会法领域每一部法律都好比一条单独的价值链,需要法律部门的衔接配合形成对数字时代有效的社会控制。在相互关联的社会法子法律部门之间,以及与社会法关联的法律,比如与民法之间,形成相互联动协调配合的能力,从而提高社会法整体的规制效果。价值网系统规制路径包含三个层面的理解:一是社会法子法律部门之间相互配合,关联交叉,以人为本;二是社会法理论与民法理论、经济法理论、法理理论、法社会学、法哲学跨界融合,弥补理论的缺陷,为数字时代平台和人工智能发展提供社会法理论支撑;三是比较法的视角借鉴,法律移植与融合的价值网融合,法律的多元融合是法律的发展目标,而全球人类命运共同体,在数字时代面临的问题具有同质性。

首先,劳动法、社会保障法发挥社会福利的保障作用,与慈善法三方联动,分别扩大主体、立法范围,负责社会保障和社会救助,实现三方差异互补的三角稳定关系。在社会法价值网系统规制中,将平台用工作为单独的部分,扩大放入社会法法律制度之中,同时社会保障制度将灵活就业造成的弱势群体的保障权益纳入安排,慈善法对社会救助部分的制度安排给予支持。将现在实践中散落的社会法规制方法和民法规制方法的相关条款进行重整,单独制定平台用工的法律规定,确定保护平台用工的基本原则、宗旨以及法律权利义务、责任、适用范围等具体规定,使其在社会法框架内得到有效规制。同时在社会法法律部门确定各子法律部门一直

---

① 参见［美］约翰·罗尔斯:《正义论》,何怀宏等译,中国社会科学出版社1988年版,第79页。

② 参见［美］斯莱沃斯基等:《发现利润区》,凌晓东等译,中信出版社2003年版,第180页。

相通的权利保障、实质正义理念标准,做到各法律部门中实质正义保障的平等。然后确立相互配合的各部门法之间的监督执法机制,保障新职业新社会法主体能够在社会法制度框架内得到权利救济,并且权利义务形式受到公共理性的监督。最后是提高司法机关对价值网规制系统的法治思路的适用思维,摆脱因参考点位置依赖同案不同判的司法裁判困境,实现地域性的实质正义。加强法学内部各学科的知识融合,加强法学学科与其他学科的知识融合,唯有如此,法学才能形成知识有机关联的学科体系,才能真正融入社会科学知识系统。①关联交叉增强政策制度的指导性和实效性。加强法律部门之间的配合,比如社会法与民法之间的制度法理的相互借鉴,劳动法属于社会法,但不妨碍制度选择中的理论借鉴。回归到实质正义价值、公平理念的法学理论在根本上是相通的。数字时代的社会法实质正义需要遵循以人为本的发展理念。

其次,社会法理论与民法理论、经济法理论、法理理论、法社会学、法哲学跨界融合,从研究范式角度来看,需要结合法教义学、②社科法学、③矩阵宏观法学、④领域法学⑤等多种法学研究范式,在法律部门分类的基础上,积极融合,开阔视野,进行交叉研究。数字时代社会法面临的问题是复杂的。社会法自身基础理论薄弱是制约劳动法、社会保障法等法律部门阻碍发展的关键。比如,劳动者违法解雇工资问题的规制就涉及《劳动法》

① 参见王利明、常鹏翱:《从学科分立到知识融合——我国法学学科 30 年之回顾与展望》,《法学》2008 年第 12 期。

② 朱苏力指出传统教义法学的缺失,可以说踏出了第一步;第二步是要找到替代方案,找到更好、更有说服力的方法论,为法学界的工具箱更新武器配备。必要时应当让证据来说话,在后果中权衡价值和利益得失。参见熊秉元:《论社科法学与教义法学之争》,《华东政法大学学报》2014 年第 6 期。

③ 现代西方主流理论多从理性人的构造出发,把它作为一切认识的前提;近年来西方理论界本身已对这种"启蒙现代主义"提出多种质疑,在社会学领域,布迪厄又提出了以实践为根据的理论设想;传统为我们指出走向从实践出发的社会科学和理论。参见黄宗智:《认识中国——走向从实践出发的社会科学》,《中国社会科学》2005 年第 1 期。

④ 从矩阵宏观法学的学科地位看,它不属于自然科学、社会科学和人文科学中任何一种,正是一个"襟三江而带五湖"的独立学科。参见郑永流:《重识法学:学科矩阵的建构》,《清华法学》2014 年第 6 期。

⑤ 领域法学,是以问题为导向,以特定经济社会领域与法律有关的现象为研究对象,融经济学、政治学和社会学等多种研究范式于一体的整合性、交叉性、开放性、应用性和协同性的新型法学理论体系、学科体系和话语体系。

《劳动合同法》《合同法》等规定。"为保障违法解雇期间劳动者的工资,应对我国相关法律进行完善,尤其是在民法典编纂背景下,着力构建保障劳动者违法解雇期间工资的体系化制度,以为司法实践提供指引。"①因此,社会法价值网的构建需与其他法律部门形成合力。

第三,社会法研究的全球化多元价值融合的系统性思维。法律的多元融合是法律的发展目标,而全球人类命运共同体,在数字时代面临的问题具有同质性。各国法律虽然在法律价值上的追求、理念上存在巨大差异但是风险面前全球化的交流更是必不可少。"法的一体化是指法律的制定、适用、遵守、效力突破民族国家界限,从某一主权国家扩大为多个甚至世界各个国家和地区的发展趋势,随着高新科技的发展,尤其是经济的全球化趋势、法的一体化逐渐成为发达国家发展的方向。"②

（四）构建社会法外部系统化的规制体系

1. 建立全局观贯彻落实中央政策

实质正义的实现还需要政策的贯彻执行,中央的政策具体落实到各级各地的政策执行中。社会保障制度在各地的政策安排存在差异性,劳动关系在各地的待遇具体认定也存在差异。数据时代我们面临更大的风险,而数字时代的传播力度能够更加大范围地让人感知到细微的实质正义。因此,数字时代更需要各级各地紧密贯彻配合,保持法律制度与政策执行的一致性,合理配置系统的各个要素实现实质正义。

2. 社会法体系化规制与平台软法结合

社会法领域法律制度的硬法监督必不可少,在构建劳动法律制度和社会保障法律制度、慈善法等法律制度的同时,需要助推平台规则对自身的软法规制。法律的确定性和稳定性在数字时代仍然是法律的重要特征。构建一体融合的社会法法律制度对其子部门法予以法律原则性的指导,为未来新的经济形态新职业的发展提供原则性指导。数字时代发展已经超出法律制度可以规制的范围和速度,社会法作为根本性的指导还是有必要的。虽然变化之快存在种种问题,比如不能全面覆盖问题,但建

---

① 喻术红、程凌:《法解雇期间劳动者所得之性质与范围——兼论民法典相关制度之构建》,《河北法学》2019年第12期。

② 王霞:《简论法律发展中的冲突、交融与一体化》,《西北大学学报》(哲学社会科学版)2001年第3期。

立社会法法律规则仍然有它存在的价值。同时作为我国七大法律部门之一,建构社会法法律制度也是符合我国法律部门设置的重要一环。在硬法治理的基础上,需要充分考虑数字时代平台经济发展的内在特质,平台依托互联网人工智能,更多发挥行业自律发挥正确引导作用,绝非发挥法律和政策的强制干预力。"一个有上进心和知识渊博的人群通常比受过训练的物质人群要强大得多。"①应给予新型行业正确的发展方向和科学助推。

3. 技术化手段拓宽社会法救济路径

社会法领域的规制设计为了适应数字时代的发展,应当回应这种技术化的要求。谈到人工智能的发展,不免让人联想到强人工智能时代的种种对人类造成的种种风险隐患,从现在弱人工智能时代开始法律应当顺应技术化发展趋势,同时遵循社会法伦理。"随着全球数据处理系统变得全知全能,'连接到这个系统'也就成了所有意义的来源。"②社会法为了实现实质正义,应当遵循技术化路径,增强法律系统拓展救济路径发展。发挥防控风险和救济的重要作用。法律规制"代码化",③或者法律规制算法化,都是我们未来探索的有益路径。

结　　语

数字时代劳动者作为强信息个体,其数据隐私责任与劳动异化、互联网平台用工中同案不同判、灵活就业者伤病失业风险与社会保障制度构建、数字时代劳动意义个体化、过程复合性、阶段分布式的特征与多元利益平衡等实质正义挑战,带来诸多社会法问题,应对挑战的社会法理论供给不足,社会法制度价值弱化、子法律部门滞后于数字时代发展、社会法虚拟场景增加与调整范围缩小存在悖论、社会法制度设计对基于现实的

---

① 互联网思想:《世界向何处去|〈人类简史〉尤瓦尔·赫拉利新作〈冠状病毒之后的世界〉》,载微信公众号"雪窦山全球智库论坛",2020 年 3 月 28 日。

② [以色列]尤瓦尔·赫拉利:《未来简史:从智人到神人》,林俊宏译,中信出版社 2017 年版,第 351 页。

③ 参见第 32 页注①,马长山文。

个体化面向缺乏制度合理性等制度构建问题,以及传统企业与平台企业、平台企业与平台工作者、多元主体之间受位置参考依赖性影响导致法律责任分配不平衡的社会法后果。不同国家在数字时代面临的问题具有相似性,结合我国面临的挑战和问题,参考别国的制度构建,应重塑我国的社会法法律制度。数字时代社会法领域要重塑实质正义,首先,要重塑复合"劳动力要素市场"的社会法伦理,以促进经济发展,促进就业稳定为目标。其次,坚持社会法主体平等保护和待遇原则,平等的尊重职业选择,保障平等的社会救济权利,有差别的提供劳动保障待遇。第三,通过社会法"价值网"系统规制路径,实现社会法体系内法律部门之间的相互搭建和衔接,开拓法律视野交叉研究,多元研究方法总结全球经验。最后,构建社会法外部系统化的规制体系,以全局观贯彻落实中央政策,使社会法体系化规制与平台软法相结合。数字时代的技术发展迅猛,同时意味着风险的伴生。在价值网系统规制基础上,打造独特的社会法救济路径,通过社会法价值网实现动态性规制是值得进一步研究的问题。

平台经济下大数据"杀熟"的法律规制

吴立兰[*]

内容摘要：大数据"杀熟"作为特殊的价格欺诈行为，其行为模式分为直接和间接影响价格两种类型。电子商务平台的双边市场属性和算法的隐蔽性相结合，产生了大数据"杀熟"现象。大数据"杀熟"的规制难点在于信息不对称加剧、消费者成为信息孤岛、个性化服务发展边界不明、营业自由限制规范缺失。为了有效应对大数据"杀熟"对于平台经济的冲击，需要完善消费者信息商业化利用的收集和使用规则，健全大数据"杀熟"公力救济机制和平台自律机制，共同促进平台经济持续健康发展。

关键词：电子商务 大数据"杀熟" 消费者信息保护 平台自律机制

一、大数据"杀熟"的现状分析

（一）性质界定

在《电子商务法》颁布之前，学者对于大数据"杀熟"的性质便存在争议。"杀熟"作为日常用语概念，在平台经济兴起之前便存在于传统线下销售领域。学者对于大数据"杀熟"性质的争议主要存在价格歧视和价格欺诈两种观点。

经济法领域涉及价格歧视的规定。经济学基于不同的定价依据，将价格歧视分为不同的类型，完全价格歧视能够实现精准的差异化定价。学者认为随着平台经济的发展，平台能够描绘出精准的"用户画像"，实现消费者之间的信息隔离，因此大数据"杀熟"作为一种一级价格歧视手段被广泛采用。[①]但价

---

* 中国政法大学民商经济法学院硕士研究生。

① 参见郑智航、徐昭曦：《大数据时代算法歧视的法律规制与司法审查——以美国法律实践为例》，《比较法研究》2019年第4期。

格歧视观点理论上的障碍为不同学科的概念是否必然等同,概念的内涵和外延是否存在差异。《价格法》和《反垄断法》涉及相关规范,《价格法》明确禁止经营者不当价格行为,但涉及价格歧视的行为对象是其他经营者。由此可知,《价格法》中的价格歧视是针对"其他经营者"而言的,根据文意解释不能当然涵括消费者。《反垄断法》在认定经营者具有垄断地位的基础上,要求不得在交易条件上实行区别对待,但经营者可以举证证明具有合理情形以对抗价格歧视指控。法律保护对象为"交易相对人",因此消费者可以受到《反垄断法》中价格歧视行为的保护,但法律适用的前提条件需要认定"市场支配地位"。部门规章结合相关市场特殊性,对特定领域市场支配地位的认定作出了特别规定。根据《禁止滥用市场支配地位行为暂行规定》,互联网领域垄断地位的认定需要考虑互联网经济的新特点,结合市场准入、退出和基础设施建设来认定。经营者具有市场支配地位也限制了价格歧视的规制范围,同时经营者还可以提出正当理由的抗辩。

民法领域主流观点为价格欺诈说。欺诈导致当事人利益关系的失衡,因此不同的构成要件主张体现出不同的利益倾向。在规范性法律文件层面,司法解释尝试对欺诈的内涵进行界定。[①]学者认为,经营者基于"故意"实施的大数据"杀熟"行为,与消费者内心真意相悖。[②]《消费者权益保护法》基于实质正义的立法理念,细化权利义务分配规则,符合市场经济条件下不同主体的区分保护要求。平台经济中的大数据"杀熟"行为实质上违反了经营者明码标价的义务。传统商业交易中的标价能够实现价格公开,同一时间同一商品的消费者能够支付相同的价格。电子商务交易中,消费者成"数据孤岛",一般难以发现价格区别,因此经营者大数据"杀熟"的行为损害了消费者的公平交易权。认定大数据"杀熟"属于价格欺诈的法律后果是可以适用惩罚性赔偿的规定,消费者可以获得超过实际损失的经济激励。大数据"杀熟"关键在于经营者利用熟客的信任获取

①　最高人民法院《关于贯彻执行〈中华人民共和国民法通则〉若干问题的意见》(试行)第 68 条:"一方当事人故意告知对方虚假情况,或者故意隐瞒真实情况,诱使对方当事人做出错误意思表示的,可以认定为欺诈行为。"

②　参见邹开亮、刘佳明:《大数据背景下价格歧视行为的法律规制》,《安阳工学院学报》2018 年第 1 期。

更多的利润,损害了消费者的权益。①关于消费者的知情权范围是否包括经营者与其他消费者的交易价格存在争议,但消费者由于陷入认识错误而支付了高于相同条件消费者的价格,符合欺诈的认定标准。

（二）行为模式

《电子商务法》是否对大数据"杀熟"进行规制在解释论上存在争议,目前法律条文仅对电子商务经营者提供搜索结果的行为进行规制,但实践中关于大数据"杀熟"的类型有不同的规定。

目前公开的裁判文书中没有运用《电子商务法》第18条第1款的案例,涉及大数据"杀熟"争议的案件作为侵权和合同纠纷审理。在刘某、北京三快科技有限公司侵权责任纠纷案中,②刘某通过"美团外卖"平台下单同样套餐配送费为4.1元,当日一新注册用户订购同样套餐且收货地址相同,配送费为3.1元。刘某认为平台存在大数据"杀熟"的欺诈行为,主张平台承担500元的最低赔偿额。法院经审理认为根据平台提供的后台日志,配送费是动态调整的,刘某与同事的下单时间不一致,因此不支持其诉讼请求。在平台经济下对于平台进行大数据"杀熟"的证明非常困难,尤其是涉及服务的定价标准不一致的情形。传统线下交易的"杀熟"可以通过价格比较证明。上海凡彩包装有限公司与叶菁承揽合同纠纷案中,③叶菁委托上海凡彩包装有限公司制作包装,但经过同样原材料与淘宝、其他制作公司售价比较,叶菁认为上海凡彩包装有限公司存在"杀熟"嫌疑。法院经审理认为上海凡彩包装有限公司无法证明争议的加工款,因此支持叶菁拒绝支付不合理的报价。

《电子商务法》第18条第1款的立法目的并不是限制定向提供搜索结果的行为,因为定向提供结果便利了交易行为,有利于节约交易成本,但法律需要规制的内容是搜索的产品或服务结果应当具有非针对性的内容,价格应当具有普遍性。从解释论来看,第18条第1款规制的重点是"尊重和平等保护消费者合法权益"。因此,大数据"杀熟"的行为模式呈现

---

① 参见孙善微:《大数据背景下价格欺诈行为法律规制——以大数据"杀熟"为例》,《北方经贸》2018年第7期。

② 参见湖南省长沙市中级人民法院(2019)湘01民终9501号民事判决书。

③ 参见上海市第一中级人民法院(2016)沪01民终13728号民事判决书。

出多变的特点。2019 年 10 月 8 日,文化和旅游部颁布的部门规章征求意见稿明确提到大数据"杀熟"行为。[①]在"相同条件"且"同一产品或服务"的前提下,不能仅根据消费者的个性化差异而设定不同价格。部门规章对于大数据"杀熟"的具体化没有超过价格差异的规范,但实质上的大数据"杀熟"可以分为直接影响价格的行为和间接影响价格的行为,[②]通过享受的权益、售后服务等的区别对待,间接影响价格的行为也侵害了消费者的合法权益。

二、大数据"杀熟"的成因探究

(一)平台的双边市场属性

不同于传统的单边市场,电子商务平台经营者连接具有不同利益倾向的双方主体,且主体之间的需求呈现出对应性,[③]将双边用户吸引到市场中进行交易。在传统市场,不同客户群体之间互不影响,经营者根据需求制定价格策略。双边市场具有显著的交互性,产品和服务的价值与消费者数量增长情况成正比。电子商务平台经营者通过构建交易基础环境、畅通买卖双方交易协商机制来提供网络服务。经济学关注的重点在于连接双边用户的平台经济行为。随着平台经济的发展,电子商务平台不仅在定价上区别于单边市场,平台在收取交易费用的同时也收集了大量的信息。

个人信息收集、处理和使用的专门化立法缺位,相关规范分散且缺乏统一的标准。《消费者权益保护法》通过设定基本原则条款、细化经营者具体义务内容和明确侵权法律后果,从行为模式指引和法律责任威慑的角度强制性保护权利。但在数字经济时代,消费者对于个人信息的权利边

---

① 《在线旅游经营服务管理暂行规定(征求意见稿)》第 16 条:"在线旅游经营者不得利用大数据等技术手段,针对不同消费特征的旅游者,对同一产品或服务在相同条件下设置差异化的价格。"

② 参见张国栋:《大数据"杀熟"的是是非非》,《法人》2018 年第 6 期。

③ 参见吴汉洪、孟剑:《双边市场理论与应用述评》,《中国人民大学学报》2014 年第 2 期。

界仍缺乏明确的界定。《电子商务法》对于个人信息的保护主要规定了转引性规范,因此不能弥补原有法律的不足。电子商务平台经营者在收集大量数据且没有严格使用程序限制的情形下,很有可能超越授权范围使用个人信息,使得大数据的原始提供者反而成为大数据不当使用的受害者。电商平台发展到一定规模,平台内的双边主体对在网络交易中形成的稳定关系依赖程度加强,平台对于退出成本较低一方会采取不同的营销策略,确保其稳定在平台经济环节。①

（二）算法的隐蔽性

有学者认为,大数据"杀熟"的表象是消费者权利的侵害,算法权力被经营者滥用才是大数据"杀熟"的实质,因此大数据"杀熟"的解决最终要实现算法权力的多元共治。②算法改变了决策方式,并且对其运行过程中价值的中立性存在质疑,由于算法偏见而导致的"杀熟"问题在电子商务领域广泛存在,算法会设计高频用户的定价高于一般和新用户的程序。③"不加限制的数据利用更可能产生破坏市场秩序的结果。"④

《电子商务法》重申不同交易环境下知情权的具体要求,明确义务主体公示相关信息的义务。随着交易的复杂性增加,消费者知情权的边界在理论上愈发存在争议。电子商务平台经营者的算法通常作为商业秘密进行防御性保护,并不公开。公开透明的差别定价行为并不违法,经营者拥有根据不同情况自主定价的权利。但是经营者针对个人或群体的歧视性定价应当受到法律规制。技术中立原则受到普遍认可,但算法及其决策程序不可避免地受到设计者和使用者价值诉求的影响。另一方面算法智能化程度不断提高,在初始利益驱动下能够不断强化平台和经营者的利益倾向,以剥夺消费者剩余实现经营者利益最大化。⑤算法黑箱加剧数

<hr>

① 参见李剑:《双边市场下的反垄断法相关市场界定——"百度案"中的法与经济学》,《法商研究》2019 年第 5 期。

② 参见廖建凯:《"大数据杀熟"法律规制的困境与出路——从消费者权利保护到经营者算法权力治理》,《西南政法大学学报》2020 年第 1 期。

③ 参见姜野:《算法的规训与规训的算法:人工智能时代算法的法律规制》,《河北法学》2012 年第 12 期。

④ 韩旭至:《数据确权的困境及破解之道》,《东方法学》2020 年第 1 期。

⑤ 参见李侠:《基于大数据的算法杀熟现象的政策应对措施》,《中国科技论坛》2019 年第 1 期。

据歧视,消费者不了解技术运行和规范结果的运算原理,却需要受到决策后果的约束。

三、大数据"杀熟"的规制难点

(一)信息不对称的加剧

《消费者权益保护法》基于"实质正义"理念调整单方商务行为。消费者在电子商务领域的知情权需要受到特别保护。电子商务交易具有虚拟性、非直接接触性,传统交易中市场主体不断磋商合同内容的行为模式不适用于线上交易,消费者对于平台内经营者制定的价格也没有议价权。基于交易效率考量,《电子商务法》规定了行为能力推定规则,保障电子商务交易的安全和便捷。消费者依据经营者展示的图片和其余消费者评价决定交易行为。为了弥补消费者由于不完全信息所受损害,法律规定了网络购物消费者的有期限反悔权。消费者的反悔权作为知情权的延伸,给消费者对不符合其要求的商品七天无理由退货的权利,但对于交通、旅游等领域的大数据"杀熟",消费者无法采用反悔权维护权益。[1]《电子商务法》的立法重点在于规范平台经营者的行为。电子商务平台经营者相较于传统经营者而言经济实力进一步增强,与消费者之间的信息不对称加剧。平台服务协议和交易规则对经营者有强制约束力,体现为经营者的违法违规行为会受到平台的"处罚"。学者对于平台的性质、平台处罚权与行政处罚的关系充满争议,但平台实质上的优势地位已经对传统《合同法》规则的交易带来了挑战。随着大量经营者和消费者的参与,平台构建的交易市场需要平台规则予以治理,平台面对众多的消费者只能采取统一告知程序、告知内容的方式完成信息披露义务。消费者对于特定交易信息的了解需要花费更高的成本,因而也导致了电子商务交易中消费者成为"信息孤岛",容易被经营者"杀熟"。

(二)个性化服务的发展

电子商务交易以其便捷、高效的特点迅速成为主要的消费方式。电

---

[1] 参见钱玉文:《消费者权利变迁的实证研究》,法律出版社 2011 年版,第 116 页。

子商务经营者依靠大数据分析能够实现比线下销售更精确的个性化营销。由于移动互联网的集群效应非常明显,消费者对于特定电子商务平台具有明显的依赖性,因为数据高度集中,平台在大数据分析的基础上不断发展个性化定制服务。①个性化服务作为营业自由的重要内容,法律并不予以禁止,但越来越多的个性化服务可能潜在地损害消费者合法权益。

电子商务平台的服务内容多样,淘宝、京东和拼多多都将其服务分为基础性服务和升级服务,针对不同的服务类型要求消费者提供不同的信息。在消费者提供信息的基础上,电子商务平台可以通过大数据分析提供个性化服务。由于个性化服务考虑的内容具有综合性,消费者无法通过"货比三家"确定经营者是否存在"杀熟"行为。营业自由是商事法律的基本原则,从"成本—收益"角度来看,必要范围之外的限制会增加营业成本;从制度关联性角度来看,法定必要范围之外的限制会对企业组织形式和营利活动的创新、资本结构产生负面影响。②我国尚未制定《商事通则》,关于营业自由的论述多存在于学理中。根据《合同法解释(一)》第 10 条的规定,经营者超越经营范围订立的合同原则上有效,由此改变了《民法通则》对于当事人在核准经营范围内从事交易的规定。电子商务经营者实施大数据"杀熟"的行为损害了社会公共利益,因此其营业自由的边界应当受到限制,但我国还没有一般性关于营业自由限制的强制性规定。

四、大数据"杀熟"的规制建议

(一)加强消费者信息权利保护

《个人信息保护法》尚未颁布,我国消费者信息保护请求权基础散见于不同的法律规范之中。大数据"杀熟"是电子商务经营者收集消费者信息和行为数据后超越合理使用范围所为之行为。有学者认为大数据"杀熟"是数据不当使用以至于侵犯消费者合法权益的情形,与前端的个人信

---

① 参见李飞翔:《"大数据杀熟"背后的伦理审思、治理与启示》,《东北大学学报》(社会科学版)2020 年第 1 期。

② 参见朱慈蕴:《营业规制在商法中的地位》,《清华法学》2008 年第 4 期。

表 1　典型电子商务平台信息收集规则①

		淘 宝	京 东	拼多多
注册协议	准入	注册代表授权	注册代表授权	注册代表授权
	管理	1. 保护:个人信息 2. 强制授权:非个人信息	1. 强制同意:接收促销信息 2. 征求同意:设备自带功能的服务	1. 强制同意:保留使用习惯信息 2. 平台权利保留
	退出	留存信息	1. 删除 2. 匿名化	1. 删除 2. 匿名化
隐私政策	收集	1. 强制授权:基础会员服务 2. 自主授权:附加会员服务;账号增强保护功能	1. 强制授权:实现购物需要的功能 2. 自主授权:扩展功能	1. 强制授权:无法与特定个人直接建立联系的信息和数据 2. 自主授权:扩展服务
	使用	1. 无须通知同意:个人信息去标识化后使用 2. 强制同意:个性化服务,可排除 3. 事先同意:具体用途超出授权同意范围;基于特定目的使用;信息非来源于平台	1. 强制同意,不可排除:去标识化后用户数据库的商业化利用 2. 强制同意,可排除:个性化服务 3. 事先同意:未载明的用途、特定目的	1. 无需通知同意:个人信息去除特定标识的保存及处理 2. 强制同意:个性化服务,可排除

息收集行为无关。②消费者是商业数据的最初来源,电子商务环境下数据被越权集中的风险上升。我国典型电商平台的信息规则趋于一致。为了具体规定消费者信息的收集和使用内容,电子商务平台经营者在注册协议之外单独规定隐私政策。隐私政策中区分不同信息进行不同程度的保护,对于去标识化、脱敏的个人信息商业利用不予以保护,对于个人信息

---

① 信息来源于淘宝、京东、拼多多官网。

② 参见高富平、王苑:《大数据何以"杀熟"? ——关于差异化定价法律规制的思考》,《上海法治报》2018 年 5 月 16 日第 B6 版。

的个性化服务都规定了可予以排除的强制同意规则,超越隐私政策范围的使用目的则需要取得消费者的事先同意。通过分析典型电子商务平台经营者对于消费者个人信息的保护,大数据"杀熟"的规制首先需要完善消费者信息权利保护体系。

信息收集应当完善"告知与许可"制度。美国对于个人信息保护采用分散式立法体例,我国也应当在《电子商务法》中加强对于消费者个人信息的保护。电子商务经营者收集信息应当遵守必要范围限制原则。《消费者权益保护法》规定了收集、使用信息的一般义务,但是义务的落实缺乏配套的细化规定。部门规章细化了个人信息安全保护要求,个人信息控制者在信息处理环节的相关行为受到约束。在直接或者间接收集个人信息、收集不同类别个人信息时,个人信息控制者负有不同的告知义务。对于个人信息商业化使用的权利争议,我国法律规范也没有明确具体的权利归属规范,而是将消费者和经营者区分为个人信息主体和个人信息控制者。①消费者作为信息的初始来源,应当加强其在信息收集中的权利保护。学者对于去标识化后的商业信息权利归属存在争议,但一致认为对于消费者"告知与许可"的保护力度不得降低。正如学者所言,交易过程中利益的分配是持续的,利益真空地带并不存在,法律的调整也不应该有缺位。②电子商务交易中,消费者进入平台交易需要点击同意注册协议,注册协议中概括同意的内容应当予以严格限制,否则消费者的信息安全难以得到保障。

信息使用应当明确监督者和责任者。美国和欧盟对于数据使用的规制呈现出不同的立法态度。2011 年美国提出《互联网反追踪法案》,规定为了确保消费者对个人信息的主导地位,企业不应当利用类似"爬虫技术"的功能追寻用户浏览历史,避免互联网时代个人信息被完全共享。③虽然《互联网反追踪法案》未获得通过,网络服务提供者采纳了其中添加"不

---

① 2020 年修订《信息安全标准个人信息安全规范》(GB/T35273-2020)。3.3:"个人信息主体 personalinformationsubject:个人信息所标识或者关联的自然人。"3.4:"个人信息控制者 personalinformationcontroller:有能力决定个人信息处理目的、方式等的组织或个人。"

② 参见李侠:《基于大数据的算法杀熟现象的政策应对措施》,《中国科技论坛》2019 年第 1 期。

③ 参见周慧:《美国网络广告的法律治理》,《环球法律评论》2017 年第 5 期。

要追踪"按钮的规定。个人信息共享具有其正当性,作为企业数据产业的来源,深度挖掘技术推动了数字经济的发展。我国《网络安全法》对于个人数据处理的前提条件为"主体同意"。欧盟《一般数据保护条例》则较为全面地考虑了利益冲突时的法律选择问题。《一般数据保护条例》在《欧盟数据保护指令》的基础上规定基于商业发展所需的市场营销为正当利用情形。原则上数据主体的权利和自由属于信息保护冲突的优先顺位,但公权力机关基于职责利用个人信息为例外情形。①《一般数据保护条例》区分主体进行差异化责任配置,控制者承担更多责任。我国对于数据商业化使用的权利界定不明,对数据使用长期处于事后监管状态。为了应对电商平台交易中大数据被不正当地用于"杀熟"的现象,应当监督大数据运用的过程。信息使用的再许可和转让链条过长,应当设立大数据监督平台,加强监管部门之间的协作,明确信息收集者的举证责任。②

（二）健全大数据"杀熟"责任体系

《电子商务法》明确违法提供"针对性搜索结果"的法律责任为行政处罚。《电子商务法》将执法主体规定为"市场监督管理部门",因此部门职责不清的问题无法得到解决。根据检索,目前依据第 77 条进行行政处罚的案例仅为经营者搭售行为。从大数据"杀熟"的行政处罚来看,法律规定了最高限额为 50 万元的罚款。对于电子商务平台经营者而言,50 万元的行政罚款不能起到威慑作用。为了保护消费者合法权益,需要完善大数据"杀熟"责任体系。

健全公力救济机制。我国法律欠缺经营者大数据"杀熟"的民事法律后果。根据大数据"杀熟"的性质界定,大数据"杀熟"属于经营者欺诈行为,适用《消费者权益保护法》关于惩罚性赔偿的规定。消费者实体权利的实现需要程序机制的保障。从诉权的行使来看,大数据"杀熟"具有小额多数的特点,因此消费者衡量诉讼成本和收益后会放弃诉权。应当明确大数据"杀熟"民事责任实现机制,公益诉讼制度在大数据"杀熟"中也应当发

---

① 参见商希雪:《超越私权属性的个人信息共享——基于〈欧盟一般数据保护条例〉正当利益条款的分析》,《法商研究》2020 年第 2 期;韩旭至:《数据确权的困境及破解之道》,《东方法学》2020 年第 1 期。

② 参见胥雅楠、王倩倩、董润、汪辛怡、吴峥:《"大数据杀熟"的现状、问题与对策分析》,《金融纵横》2019 年第 1 期。

挥作用,《民事诉讼法》应当完善惩罚性赔偿公益诉讼的内容,将惩罚性赔偿金用于维护消费者集体权益。从举证责任来看,电子商务交易中消费者的弱势地位进一步加剧,应当采用因果关系举证责任倒置原则对消费者进行倾斜性保护。为了保障电子商务的发展,消费者对于大数据"杀熟"行为的主张应当完成初步举证,但需要简化损害结果的证明。由于经营者距离关键证据更近且技术壁垒阻碍了消费者的获取,①消费者举证的难度增加,因此应当将因果关系的证明分配给电子商务经营者。对于严重的大数据"杀熟"行为,《电子商务法》应当提高行政处罚力度,明确经营者刑事责任。

完善平台自律机制。电子商务平台经营者在交易中处于特殊地位,公示的基础规范对于平台经济中的交易主体均具有约束力。《电子商务法》规定了平台的监管权力和责任,电子商务平台经营者应当利用技术优势,细化大数据"杀熟"的主要行为方式,制定细则对不同的行为方式予以监督。行政处罚作为典型的事后监管方式,不能及时应对大数据"杀熟"带来的挑战。电子商务平台经营者运用平台规制权,对经营者的大数据"杀熟"行为施加"处罚",并予以公示。对于平台内经营者实施大数据"杀熟"的处罚,应当借鉴平台服务协议和交易规则的公示要求,公示在"首页显著位置"。电子商务经营平台涉及大数据"杀熟"行为的规制,要区分平台在不同情形下所起的作用。电子商务平台经营者的注册协议中规定了必要信息共享的内容,但没有辅之以平台违反义务的责任约束,使得权利义务配置失衡加剧。《电子商务法》规定平台主观或客观知晓经营者侵权行为时的介入义务,并辅之以连带责任的威慑。部门规章仍未将大数据"杀熟"行为明确规定在平台经营者的明知责任中。电子商务平台经营者通过公开的新闻报道、消费者投诉等方式知道或者应当知道平台内经营者进行大数据"杀熟",应当及时采取断开链接、暂停服务等措施,待经营者恢复公平交易价格后继续提供服务。通过改进大数据"杀熟"平台自律机制,能够对平台内经营者和平台自身形成更加有效的约束。

---

① 参见朱程程:《大数据杀熟的违法性分析与法律规制探究——基于消费者权益保护视角的分析》,《南方金融》2020年第2期;韩旭至:《数据确权的困境及破解之道》,《东方法学》2020年第1期。

结　　语

我国缺乏大数据"杀熟"内涵界定的明文规范,其性质在学理上也充满争议。价格歧视说限制了大数据"杀熟"的规制范围,不利于消费者权益保护,因此价格欺诈说更具有合理性。经营者的大数据"杀熟"行为违反了实质上的"明码标价"义务,使得相同交易条件下的消费者受到不同对待。学者对于《电子商务法》第18条第1款的理解存在争议,但大数据"杀熟"规制的重点在于"尊重和平等保护消费者权益",定向提供搜索结果仅作为典型类型予以规制,实践中大数据"杀熟"的行为模式具有多样性。平台经济下电子商务平台的双边市场属性和算法的隐蔽性催生出了大数据"杀熟"现象。从主体角度来看,平台连接双方交易主体,汇聚的信息总量庞大。从技术角度来看,算法自动化决策加剧了算法黑箱现象,消费者只能被动接受算法结果。大数据"杀熟"规制的难点在于经营者和消费者信息不对称加剧、消费者地位进一步弱化,个性化服务发展边界不明、法律规制不清。为了避免大数据"杀熟"对于消费者权益的侵害和平台经济的冲击,需要从大数据"杀熟"的本质即消费者信息权利保护出发,明确消费者信息商业化收集和使用的规则。出于电子商务平台经营者特殊法律地位的考量,在大数据"杀熟"规制中平台应当加强自律机制建设,约束自身和平台内经营者的行为,共同构建良好的平台经济秩序。

构筑信任，链向未来：区块链技术在著作权领域应用现状研究

袁啸昆　袁　玥　向雨心　董秩豪　罗佳音[*]

内容摘要：数字经济下，著作权治理面临诸多痛点，区块链技术具有广阔应用前景。本文基于实证研究，从确权、交易、维权三大应用场景具体切入，对"区块链＋著作权治理"进行全流程分析。现有实践中，区块链技术改造著作权治理模式，依托联盟链形成了半中心化的多元共治体系，有利于提高审判效率、激发原创动力、促进知识传播。为深化其应用，未来需进一步提升区块链的可信度与互联度，增强版权服务灵活性，探索现有著作权制度回应路径，构建更完善的原创生态。

关键词：区块链技术　多元共治　著作权确权　版权交易　著作权维权

一、导　　论

（一）研究缘起

2018 年，我国数字版权产业规模达 7423 亿元，版权产业已成了国民经济新增长点。但在作品创作空前繁荣、作品传播高度数字化的局面下，传统版权治理体系仍相对落后。

一方面，数字版权产业发展快速。平台原创者和独立原创者不断涌现；作品形式越加丰富多样，短视频、网络文学、插画摄影等数字作品市场增长迅猛；受众范围日益扩大，大众对作品的使用需求不断增加。另一方面，数字版权治理体系落后。著作权登记确权的数量、效率与行业的发展速度和规模极不匹配，作品登记与中心化的交易模式成本高、

---

　*　袁啸昆，中国人民大学法学院 2017 级本科生；袁玥，中国人民大学法学院 2017 级本科生；向雨心，中国人民大学法学院 2017 级本科生；董秩豪，中国人民大学法学院 2017 级本科生；罗佳音，中国人民大学法学院 2017 级本科生。

耗时长、效率低；侵权监测与证据保全机制较为滞后；相关法律在引导价值判断的确定性、安排权利义务的合理性、权衡成本收益的可行性上尚有欠缺。加上侵犯数字版权的成本低廉、手段隐蔽，数字版权保护仍然面临版权确权难、版税结算难、侵权监控难、维权取证难等问题。例如，受疫情影响，原定于 2020 年春节上映的电影《囧妈》改为在线播放。字节跳动花费 6.3 亿元购得其版权，在头条系 App 免费播放。但《囧妈》上线 11 分钟后，首条侵权链接便出现。截至 2020 年 6 月 8 日，侵权链接数已达 51107 条。由此可见，当下著作权治理体系难以解决网上盗版的多发性和分散性问题，在维权时面临效率困境。

2020 年 4 月，国家发改委将新型基础设施分为信息基础设施、融合基础设施、创新基础设施三类。① 区块链是信息基础设施的重要组成部分，与 5G、物联网和人工智能等基础设施相互赋能，共同完善我国数字经济领域的信任与协作机制。② 习近平总书记在中共中央政治局第十八次集体学习时指出，要把依法治网落实到区块链管理中，用区块链技术创新数字经济模式，建设网络强国。③ 党的十九大报告指出，要提高社会治理社会化、法治化、智能化、专业化水平。著作权治理体系同样需要与智能化的区块链技术深度融合，全面提高著作权确权、交易、维权等环节的管理和服务能力，激励知识财产的生产，④ 促进著作权产业的繁荣。因此，区块链技术为建设智能化、社会化的著作权治理体系带来新契机。试点"著作权 + 区块链"的深度融合，以点带面示范推广，有利于鼓励政府部门、行业协会、龙头企业参与著作权区块链生态建设。

互联网业内正尝试用区块链赋能版权服务：参与者既有原本、纸贵、小犀智能等初创企业，也有百度、爱奇艺等大型互联网公司。例如，中国版权保护中心联合新浪、京东、迅雷发布了中国数字版权唯一标识（DCI）标准联盟链。⑤

---

① 国家发展改革委 4 月新闻发布会实录，https://www.ndrc.gov.cn/xwdt/xwfb/202004/W020200420465025588472.docx，2020-06-08。

② 严斌峰：《用规模化应用拉动区块链"新基建"》，《中国电子报》2020 年 4 月 28 日第 5 版。

③ 参见李拯：《区块链：换道超车的突破口》，《人民日报》2019 年 11 月 4 日第 5 版。

④ 参见陈永伟：《用区块链破解开放式创新中的知识产权难题》，《知识产权》2018 年第 3 期。

⑤ 中国版权保护中心 DCI 介绍，http://www.ccopyright.com.cn/index.phpoptionid=1126，2020-04-12。

百度与北京互联网法院"天平链"对接,上线版权区块链原创图片服务平台"图腾",使得存证数据具备法律效力。①以爱奇艺为首的原创内容生产平台提出了针对"本平台原创作者"的区块链解决方案。原本、纸贵、小犀智能等初创型企业则为更广泛的用户群体提供基于区块链的原创存证、许可交易、侵权救济②等方面的服务。据12426版权监测中心不完全统计,2019年中国在网络版权确权、交易、维权方面的版权服务市场规模约为1000亿元。③业界在区块链版权服务上的尝试囊括文字、图片、视频等作品类型,拓宽了与版权局、互联网法院等著作权治理主体的合作渠道。

区块链是一次民事司法的生产力革命,能把法官从事实认定难题中解放出来。④针对互联网著作权诉讼中电子数据取证、存证、认证难题,杭州、北京、广州三家互联网法院分别搭建了"司法区块链""天平链""网通法链"等电子证据平台,积极探索"区块链+司法"模式,以区块链技术存储了海量电子证据,提升了著作权纠纷解决效率。⑤2018年9月,最高人民法院在司法解释中承认了区块链存证的法律效力,允许法官通过区块链技术或存证平台的认证来确认电子证据的真实性。⑥截至2019年10月,全国22家法院、公证处、司法鉴定中心等机构建设了27个节点,逾1.94亿条数据上链存证固证,取证核验。⑦

(二)技术原理

1. 区块链的定义与分类

2008年,中本聪首次表述了链(Chain),提出了区块链的思想。⑧之

---

① 参见中国信息通信研究院、可信区块链推进计划:《区块链白皮书(2019年)》2019年10月,第32页。

② 参见清华经管学院区块链金融研究中心:《区块链在版权保护领域的应用》2018年12月,第11页。

③ 12426版权监测中心:《2019年中国网络版权监测报告》,https://mp.weixin.qq.com/s/Xnx3kf3uce3VqAgvjaOjTg,2020-04-20。

④ 史明洲:《区块链时代的民事司法》,《东方法学》2019年第3期。

⑤ 刘品新:《论区块链存证的制度价值》,《档案学通讯》2020年第1期。

⑥ 参见《最高人民法院关于互联网法院审理案件若干问题的规定》(法释〔2018〕16号)第11条第2款。

⑦ 参见中华人民共和国最高人民法院编:《中国法院的互联网司法》,人民法院出版社2019年版,第18页。

⑧ See Satoshi Nakamoto, Bitcoin: A Peer—to—Peer Electronic Cash System.

58

后，一些人把各种加密货币采用的"公共账本"思想归纳为区块链（Blockchain）。狭义的区块链是一个分布式的共享账本和数据库，[①]能按时间顺序以链条的方式组合数据区块，并以密码学方式避免篡改或伪造，安全地存储简单的、有先后关系的、能在系统内验证的数据。广义的区块链则由多种技术整合而成，指用加密链式区块结构来验证与存储数据、用分布式节点共识算法来生成和更新数据、用自动化脚本代码（智能合约）来编程和操作数据的去中心化基础架构与分布式计算范式。[②]本文主要介绍广义"区块链技术"的应用。区块链有公有链、联盟链和私有链三种形态，为保护著作权而搭建区块链平台时，常用前两种。公有链向社会所有人开放，只要接入此链都可以在上面发送交易，所有成员均可参与共识，这类区块链实现了完全去中心化；联盟链向联盟内的成员开放，在联盟内部首先会制定多个预选节点为记账人，预选节点决定区块链的共识，其他节点只能接入区块链负责交易，这类区块链是部分去中心化的；私有链仅仅向个人或团体内部开放，此种区块链的隐私保护性较高。[③]

2. 区块链的关键技术

区块链的关键技术包括哈希算法、时间戳、链式结构、P2P 网络、智能合约和非对称加密等，以下分别予以介绍：

哈希算法（常用 SHA256 算法）有不可逆性和抗碰撞性。一旦改动电子数据，其生成相应的哈希值必然变动，当事人也几乎不可能伪造另一份哈希值相同的数据。通过验证哈希值，就可验证当事人提供的电子数据与上链的电子数据是否一致。

时间戳（Timestamp）是一个能够表示一份电子数据在一个特定时间点已经存在的完整的可验证的数据。在区块链系统中，每笔交易都会被自动盖上时间戳，以证明某电子数据在特定时间点已完整存在。多个交易被打包成区块时，各区块也会被盖上时间戳以按时间顺序连接。

利用哈希指针，链上各区块按时间顺序从创始区块到当前区块依次连接，形成一条记录了完整数据历史的长链（见图1）。链式结构使区块链

---

① 李拯：《区块链，换道超车的突破口》，《人民日报》2019 年 11 月 4 日第 5 版。

② 参见袁勇、王飞跃：《区块链技术发展现状与展望》，《自动化学报》2016 年第 4 期。

③ 参见何蒲、于戈、张岩峰、鲍玉斌：《区块链技术与应用前瞻综述》，《计算机科学》2017 年第 4 期。

具有较高的透明度和安全性,任意数据都可通过链式结构顺藤摸瓜地追溯。[1]

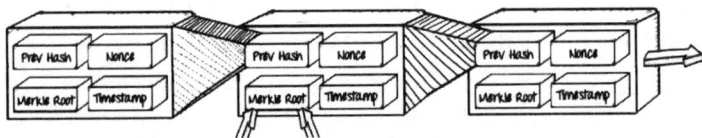

图 1　链式结构示意

P2P(Peer—to—Peer)意为"点对点"的对等计算,是区块链的底层网络技术,决定了区块链去中心化的特点。节点间可以直接通信,无需第三方参与(见图 2)。由于没有中心化的服务器,P2P 网络具有耐攻击的特点,整个网络系统的运行不会因某一节点被攻击而瘫痪。

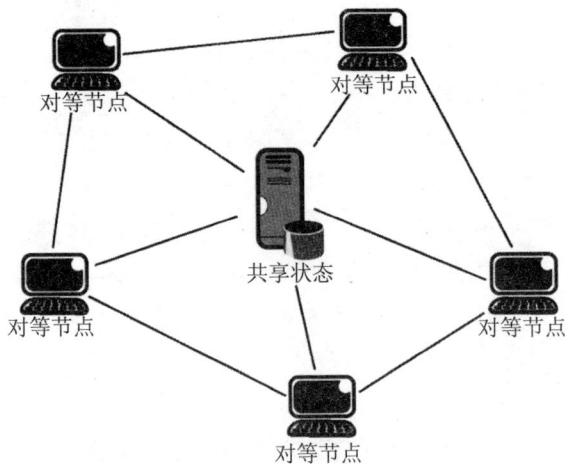

图 2　P2P 网络示意

智能合约是一套以数字形式定义的承诺(Promises),包括合约参与方可以在上面执行这些承诺的协议。在区块链上写入类似于"if—then"语句的程序,当预先编好的条件被触发时,程序自动触发支付及执行合约中的其他条款。

---

[1]　袁勇、王飞跃:《区块链技术发展现状与展望》,《自动化学报》2016 年第 4 期。

非对称加密技术可用于身份验证。创建账户时,系统由加密算法产生一对公开的公钥和保密的私钥,验证身份时,发送者 A 用自己的私钥将信息加密后发送给 B,B 用 A 的公钥解密,若解密结果与发送信息一致,则可确定信息由 A 发送。[1]

由于每个人都参与共识过程,[2]无需依赖中介机构,加上时间戳难以人为操纵,集去中心化、不可篡改、安全性高、可以追溯等优势于一身的区块链技术实现了"去信任化"的信任:即去除第三方的信任背书,建立点对点的信任关系(见图 3)。

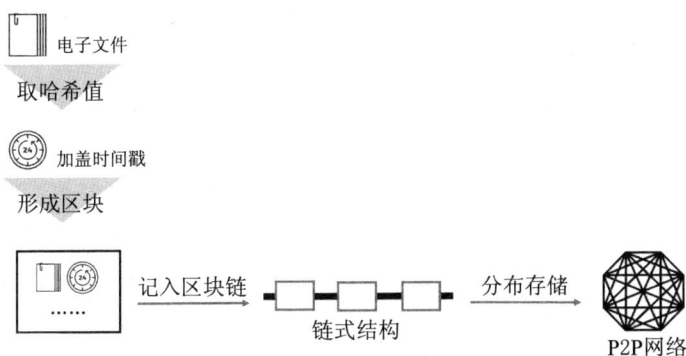

图 3　区块链技术存证流程

(三) 文献综述

就新兴技术整体而言,学界主要探讨了互联网空间下的技术治理与传统治理模式。技术治理有别于以国家为核心的法律治理。郑智航认为,正确处理两者关系,形成二元共治结构,是提升中国网络治理水平和能力的前提。[3]在共治结构中,马长山认为要塑造高度自主的精细化治理秩序,促进执法司法智能化发展。[4]张吉豫认为智能社会治理要贯彻信息合法高效流通原则,算法权力与公权力、私权利平衡原则和"共建共治共

---

① 此处主要以利用该技术进行数字签名为例,若加密信息,情况相反,加密的密钥是对方的公钥,解密的密钥是自己的私钥。

② 在公有链中所有成员参与共识,在联盟链中只有部分预选节点参与共识。

③ 郑智航:《网络社会法律治理与技术治理的二元共治》,《中国法学》2018 年第 2 期。

④ 参见马长山:《智能互联网时代的法律变革》,《法学研究》2018 年第 4 期。

享"的理念。①

就区块链技术具体而言,郑戈认为区块链促生的"分布式可验证数据库"和"智能合约"有改变技术与法律的边界、形成社会治理新模式的潜质。②对于区块链与现有制度的关系,凯文·沃巴赫认为,区块链和法律的本质都是信任机制,通过法律代码化与代码法律化的融合治理才能解决两者各自的治理局限性。③刘炼箴和杨东认为,去中心化和中心化各有其价值,政务的改造、运行与维护仍需借力于政府机构,以此形塑双维管理体系,构建平台型政府。④

随着基于区块链的第三方平台保全电子证据的方式⑤逐渐普及,各互联网企业也开始尝试"区块链+著作权"。近年来学界梳理、反思了两者的综合应用。

对于确权,学者肯定了区块链在作品登记中的作用。早期,徐珉川曾设想区块链可超越现有登记制度,建立新的确权框架。⑥周恒认为,应回归民法中权利表征的基本原理及区块链作为"手续"的基本属性。⑦张颖指出,区块链下的著作权登记制度应构建公私合作登记模式、明确登记服务提供商的法律责任、强化变更登记规则。⑧

对于交易,区块链和智能合约有助于知识产权交易简化流程、提高效率、降低成本。⑨孟奇勋认为,其应用能进一步调和我国著作权交易与现有

① 参见张吉豫:《智能社会法律的算法实施及其规制的法理基础——以著作权领域在线内容分享平台的自动侵权检测为例》,《法制与社会发展》2019年第6期。

② 参见郑戈:《区块链与未来法治》,《东方法学》2018年第3期。

③ 参见[英]凯文·沃巴赫(Kevin Werbach):《信任,但需要验证:论区块链为何需要法律》,林少伟译,《东方法学》2018年第4期。

④ 刘炼箴、杨东:《区块链嵌入政府管理方式变革研究》,《行政管理改革》2020年第4期。

⑤ 雷蕾:《从时间戳到区块链:网络著作权纠纷中电子存证的抗辩事由与司法审查》,《出版广角》2018年第15期。

⑥ 参见徐珉川:《知识产权的"去中心化"——比特币与登记制度》,《科技与法律》2014年第3期。

⑦ 参见周恒:《论区块链技术在著作权制度中的法律定位》,《科学经济社会》2019年第2期。

⑧ 参见张颖:《区块链技术驱动下的著作权登记制度变革》,《图书馆论坛》2019年第12期。

⑨ 参见华劼:《区块链技术与智能合约在知识产权确权和交易中的运用及其法律规制》,《知识产权》2018年第2期。

制度的冲突。但臧志彭认为,由于社会资本不均等、信息不对称,区块链难以彻底改变中心化的著作权交易模式,出版部门等中心机构仍发挥重要作用。①

对于维权,区块链提供了著作权侵权证据保全新思路。杨东认为,区块链存证使数据脱离了纸质文本的"形式束缚"与第三方中介的"效力依附"。②刘品新认为区块链存证难以完全解决电子证据真实性问题,但肯定了互联网法院的司法区块链在解决该问题上的积极作用。③刘学在呼吁,区块链电子证据存证作为一种法律工具,应理性回归其工具价值。④

目前学界讨论角度繁多,或从技术出发,或关注法理回应,或基于治理转型。但总体上有三个局限较为明显,在回应这些局限性的基础上,本文进一步拓展了区块链著作权治理的研究。

首先,关注理想应用,缺乏实证研究。现有研究多是基于技术原理对应用场景进行推演分析,缺乏对区块链版权服务商实践经验的总结反思。即便是涉及应用案例的举例,也多为简要概括或是关注国外成熟应用,对国内区块链服务的行业现状研究仍不够深入。

其次,关注技术实施,尚需制度回应。现有研究多关注技术本身的应用以及基于区块链技术对新制度的建构。但是,仅有少数学者从既有的著作权制度出发考量区块链在其中的位置。因此,尚需进一步分析著作权治理框架的弹性空间,以更好回应现实。

最后,多采单点研究,忽视多元协治。现有研究多将"确权—授权—维权"三环节割裂开,未能充分从模式化视角反思区块链在著作权治理中发挥的整体作用。此外,现有研究多关注单个主体(如版权服务商、法院)的行为,未能细化探讨区块链技术影响下著作权治理所涉主体所形成的多元互动关系。

---

① 参见臧志彭、崔煜:《嵌入社会网络的技术:区块链在著作权交易中的应用再检讨》,《同济大学学报》(社会科学版)2019年第1期。

② 参见杨东、徐信予:《区块链与法院工作创新——构建数据共享的司法信用体系》,《法律适用》2020年第1期。

③ 参见刘品新:《论区块链存证的制度价值》,《档案学通讯》2020年第1期。

④ 刘学在、阮崇翔:《区块链电子证据的研究与思考》,《西北民族大学学报》(哲学社会科学版)2020年第1期。

二、区块链技术+著作权的三大应用场景

（一）著作权确权

《伯尔尼公约》正式确立了著作权自动保护原则，[①]我国《著作权法实施条例》第6条也规定："著作权自作品创作完成之日起产生。"但在现行制度下，作品本身无法完整展现著作权权属状态。这导致了两大难题：其一，为保障交易安全，交易相对人不得不耗费更高成本识别作品权属状态；其二，作品被侵权时，权利人难以迅速证明作品权属，必须寻求额外证据。为方便交易识别和维权举证，引入"权利表征"佐证作品的权利状态实有必要。

不同于专利权与商标权，著作权语境下的"确权"不产生权利，只确认已发生的权利事实（"何人"在"何时"对"何作品"享有著作权），并形成权利表征。在登记制度下，"确认"所形成的登记记录即为作品著作权的权利表征，它借由"公示公信"原则发挥作用：首先，公示的权利表征便于交易人核查，为侵权纠纷提供权属证明；其次，权利表征由具有公信力的主体提供、记录，第三人可以信赖其真实性。但权利表征在客观上仅反映"何人"在"何时"对"何作品"的权利进行了登记，还需依公示公信原则将其初步"推定"为作品的真实权利状态。

根据《作品自愿登记试行办法》，我国实行作品自愿登记制度。公示上，权利表征由中心化数据库记录、管理并有偿对外开放；公信上，登记服务由版权公共服务机构等中心化权威机构提供，受国家公信背书。调研发现，为弥补传统登记服务缺陷，出现了DCI[②]登记保护模式，两种登记手段在统一的中心化登记制度下并行（见表1）：

---

① 《伯尔尼公约》第5.2条规定："享有和行使这些权利不需要履行任何手续，也不论作品起源国是否存在保护。"

② DCI（Digital Copyright Identifier）意为"数字版权唯一标识符"。在以DCI为基础的数字版权公共服务模式下，中国版权保护中心为数字作品分配DCI码、DCI标，颁发作品登记电子证书，建立起可信赖、可查验的安全认证体系，实现内容创作发布即确权、版权授权结算在线化、版权维权举证标准化。

表 1　既有确权模式比较

	传统作品登记	DCI 登记
作品类型	我国著作权法第三条规定的各类作品	针对数字化的作品
登记机构	区分作品登记机关和办理机构,前者为国家、地方版权局具体委托办理业务的机构(包括版权交易中心、版权协会等)	由中国版权保护中心(国家版权局所委托的业务办理机构)统一提供
所需证明材料	身份证明、权属证明、作品样本、创作说明书、授权书(委托申请情形)	身份证明、权属证明、作品样本、创作说明书
登记流程	通过登记办理机构,线上/线下提交申请,线下审核、登记	通过第三方合作平台向中国版权保护中心在线登记
审查方式	初步审查、形式审查	
权利表征	纸质版和电子版作品登记证书(同等法律效力)	DCI 编码、DCI 标识、电子版作品登记证书
证明内容	初始权利归属、权利的流转情况	
证明效力	"初步证明"的效力,可基于相反证据推翻	
针对数字作品登记的缺陷/优势	耗时长、流程烦琐、单件费用高、容易形成重复登记	全程在线办理业务、效率更高、费用有所压缩、嵌入第三方平台以对接前段登记需求

通过调研小犀智能、原本、纸贵等具有代表性的区块链版权服务商,我们发现,基于自身技术特点,区块链在实质上发挥着"登记形成权利表征"的作用。

首先,登记形成权利表征:公示和公信两方面分析。公示方面,用户将数字作品上传至平台,平台生成作品的哈希值,将其与作者信息、创作时间等一并打包上链,广播至各节点储存;公信方面,区块链技术固有的不可篡改性能确保上链登记信息的可信度,无需依赖版权行政管理机构的国家公信力。因此,与现有登记手段相比,区块链在发挥中心化组织的登记和公示功能时更为社会化。

同时,与传统作品登记模式和DCI登记模式相比,区块链确权具有效率更高、费用更低、隐私保护更充分三大比较优势。首先,区块链确权程序便捷,能满足确权者即时、批量确权认证的需求。其次,区块链确权费用低廉,能降低确权成本。再者,区块链确权能运用"零知识证明",①消除确权者对泄露隐私与商业秘密的担忧。

其次,记录作品权利信息:以"原本"的确权流程为例。基于对"原本"的调研,我们发现区块链的不同技术特性可从作品的内容、归属、存在三个方面证明作品权利信息的真实性。

通过哈希算法录入作品内容后,系统会生成不可逆的、唯一的数字摘要,原作品仍然保存于本地,仅需将哈希值和其他附属权利信息上链。在验证时,若有关作品的哈希值与链上存储的哈希值一致,即可证明该作品就是被上传至链上的作品原件。作品一旦上链发布,便会产生一对公钥、私钥。公钥随着原创作品一起发布;私钥则被发送到上传者的私人邮箱,平台不保存私钥。在验证时,仅需在平台上输入作品的数字指纹以及相应的私钥便可进行匹配。由国家授时中心对作品发布的时间进行认证,形成可信时间戳,用于证明作品的创作完成、发布等重要时间节点。时间戳随其他权利信息一起保存于区块链上,保障时间记录信息的透明性和准确性。

第三,区块链技术与作品登记制度的结合。尽管区块链确权和两种传统登记手段的作用相似,但区块链版权服务商提供的"确权"服务仅是一种第三方证明,缺乏直接的制度依据。因此,单纯的区块链确权认证认可度有限。为提高其认可度,区块链版权服务商与公权力机构开展了各类合作:

一是"小犀智能"模式:区块链确权+公证。小犀智能与公证处合作,确权认证的同时在线公证,用户在区块链上登记作品后,能同时获得平台的存证证书和公证书。但该模式只重视上链电子证据本身的证明力,与目前的作品登记制度脱钩。

二是"纸贵"模式:区块链确权+传统作品登记。纸贵与陕西省版权局

---

① "零知识证明"是密码学基本概念之一,是指证明者在不向验证者提供任何实质信息的情况下,使验证者相信某个结论是正确的。在这里指权利人无需向验证者提供作品内容,却可以证明该作品的存在。

合作,用户在平台存证后可另行申请由纸贵代办的作品在线登记,获得平台的电子存证证书和版权局的纸质作品登记证书。该模式将区块链技术与传统作品登记手段结合,但仍有耗时长、费用高的缺陷。

三是"版权家"模式:区块链确权 + DCI 登记。版权家区块链存证平台嵌入 DCI 登记服务,用户在平台存证后可在线办理 DCI 登记,获得 DCI 编码、标识和电子版作品登记证书。该模式充分利用 DCI 体系在数字版权登记上的优势,节约了时间和金钱。

比较以上三种模式可见,区块链确权在事实层面并未替代作品登记制度的作用,而更多地发挥着"预登记"或"初步登记"作用。首先,权利人可通过各区块链版权服务商及时固定、认证权利事实;其次,区块链确保上链预登记后、正式登记前,作品权利信息不被篡改。因此,目前的作品登记制度具有充分的弹性空间,在此空间,区块链可发挥作为技术信任工具的优势,区块链版权服务商可在权利人与作品登记机关之间发挥中介作用。

作为国家版权局指定的版权公共服务机构,中国版权保护中心联合各大互联网平台建设了 DCI 联盟链,邀请区块链版权服务商作为存证节点加入 DCI 版权公共服务体系。这一公私合作的登记服务模式既能保持各服务商的独立性,又能实现信息流通与服务共享;提高了权利人用第三方平台登记和存证的积极性、版权服务商的市场认可度、作品自愿登记率,有助于版权行政管理机构将登记服务与文化市场需求对接。

最后,第三方认证与原创证明的既有张力。权威机构或者可信技术只能记录登记人在特定时间登记的具体行为,不能证明登记人与实际权利人或原创者确为同一人,故第三方确权认证与原创证明之间存在既有张力。在用区块链确权时,恶意上链的虚假信息反而会干扰事实的认证:实质相似的作品上链后能获得不同哈希值,仅凭数字代码无法确认上链前作品的独创性。

尽管第三方认证与原创证明的既有张力依然存在,但区块链仍能帮助"创作"与"确权"相互对接。对创作者来说,基于区块链本身依时间顺序进行链式存储的特点,创作者可利用区块链从头至尾地记录整个创作过程,实现文件上传人与实际创作者之间的"强一致性"。对平台来说,平台自身在用户上传作品后、作品上链前可增加"原创审核"环节,利用大数据与人工智能比对技术评估上链内容的原创性,如果上传的作品与库内其他作品高度相似就无法发布;对侵权人和实际权利人来说,区块确权认证的结果具有"双重性质":既可能"证明"侵权人对作品主张的"正当权利"。也可能在实际权利人有其他综合证据充分证明权属的情况下反证侵权人的主观恶意。

(二)著作权交易①

确权能明确作品权属,方便版权需求方与真正权利人进行交易。交易能通过综合应用区块链技术降低授权成本,提高授权效率,弱化侵权可能性,变侵权为合法使用。

版权交易是由版权人将对作品拥有的部分或全部财产性权利通过许可、转让等方式授权或让渡给作品使用者的行为。②版权交易内容包括:专有或非专有的许可类型、许可的权利类型、行使权利的时空限制等。抽象而言,版权交易主要涉及三大问题:其一,权利人的适格性,即对标的作品权属的认证与公示;其二,权利人与潜在需求者之间的对接,即版权内容的分发与推广、授权的途径和效率;其三,总的作品使用情况,即交易记录的明晰。

既有版权交易包括私人直接授权和中介机构介入两种模式。其中,在私人直接授权模式中,版权人与使用者一对一订立合同,确定双方具体的权利行为(见图4)。

图 4　一对一交易模式

在中介机构介入模式中,版权交易中介机构充当版权人和实际使用者之间的"提供者"(见图5)。版权人授权著作权集体管理组织、互联网内容平台等中介机构发行作品,利用其平台流量提升作品知名度。中介加密内容后将作品出售给消费者,收益按协议分成。

---

① 本部分按行业用语习惯以"版权"代称"著作权"。

② 冉从敬、何梦婷:《云环境下的版权交易模式及其知识产权风险》,《图书馆论坛》2018年第7期。

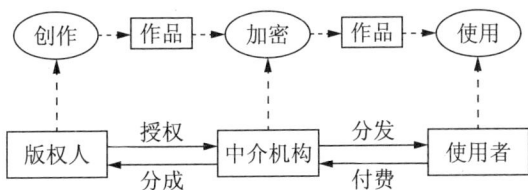

图5 中介机构介入的交易模式

我国版权交易模式的发展历程呈现"私人授权—集体管理—新私人授权"的回归趋势。起初,私人授权模式下的版权交易成本过高,交易双方难以接受。之后,集体管理组织模式虽理论上降低了交易成本、促进了作品传播,却因使用费设置不科学,利润分配不平衡、垄断地位效率低,交易成本不降反增。我们经调研发现,既有版权交易模式有四大痛点:

其一,权属不清晰。海量"孤儿"作品难以确定其权利人,侵权作品的泛滥以及认证登记的缺乏使得需求者对意向作品"正盗难辨"。

其二,交易效率低、成本高。版权需求方需耗费大量搜寻成本对接权利人或中介机构。版权交易要经过登记、评估、展示、交易等环节的漫长过程,对于时效性较强的作品非常不利。而在著作权集体管理组织介入的模式下,其"叠床架屋"的特点实际上也为版权交易创设了门槛:一方面,使用者为了取得一个作品中细分的多种作品和权利许可而辗转多家集体管理组织,增加了使用和创作的搜寻成本;另一方面,使用者经过与多个集体管理组织进行逐一许可谈判,可能导致最终作品使用或创作累积成本过高。

其三,版权流转与使用情况模糊。基于作品的非物质性与可再现性,作品一旦以某种方式予以发表、传播,这就意味着著作权人很难监督与控制已发表作品的后续传播与利用,难以知晓被授权人的实际使用情况。

其四,小微作品交易门槛高。一方面,自媒体原创作者常因高额的登记费用和烦琐的登记程序而怠于登记,难以证明自己是著作权人。另一方面,平台提供商在版权收益分成和版权定价方面都占据绝对的主导权,创作者与平台之间存在着严重的信息不对称,交易过程不透明,难以从网络平台获得版权收益。

区块链技术下的新私人授权模式是指著作权人利用智能合约技术设

定"授权要约",将其与作品同步上链。使用者满足授权要约规定的条件，就可直接完成交易，获得作品使用许可。

以"原本区块链＋原创保护和自助交易平台"（以下简称"原平台"）为例（见图6），作者上传作品后先要选择授权许可模式，设置智能合约的具体内容；其次要支付认证和上链费用；认证后即可获得 DNA 编号、存证书并在社交平台上分享作品。

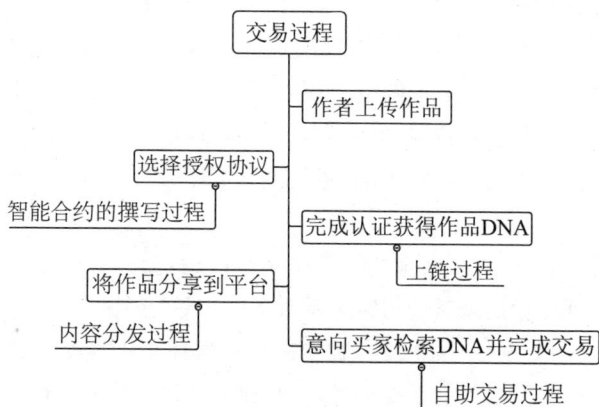

图6 "区块链＋版权交易"流程

若需获得特定作品的授权，潜在版权需求者可从作品内置的 DNA 编码中读取授权方式，自动跳转至该作品的授权页面；或在"原本平台"手动检索作品 DNA 编号并跳转。若需寻找某一主题的原创作品，需求者可在"原本平台"直接依关键词搜索该主题，付费后获得授权。

第一，智能合约：交易的前置。

在"原本平台"上认证作品前，作者需在附条件免费共享的"知识共享许可协议"（CC 协议）和付费的"商业许可协议"间选择一种授权协议的类型，这相当于智能合约的撰写过程。随后作者可对特定选项进行个性化设置，如 CC 协议可选择是否允许作品被改编、商用；商业许可协议可设置授权价格。①完成认证后，智能合约和作品信息会一同上传到区块链。

---

① "原本"允许用户在特定时间内对作品实施商业许可，并在特定时间经过后转为知识共享许可。

第二,DNA 标签:作品的商品标签。

上链认证后的作品会被"原本平台"赋予唯一的 DNA 标签,其中有作者预设的转载授权协议,当作品被分享到微博等社交媒体时会自动附上该标签(见图 7)。DNA 标签相当于作品的商品标签,让版权交易自助化、持续化、高效化。无论潜在买家在何处看见此作品,只要点击其 DNA 标签就能回溯到授权页面进行交易。

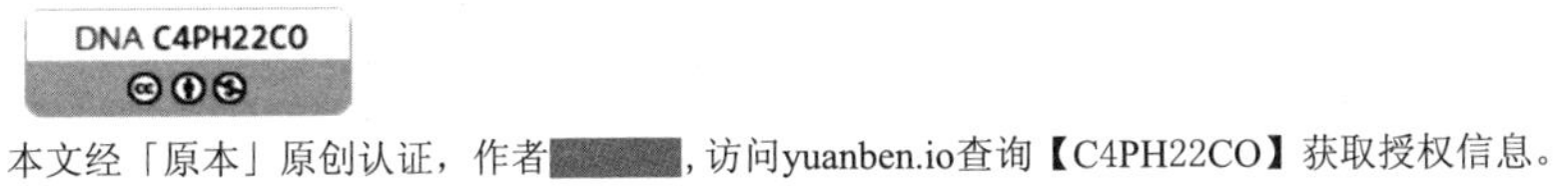

DNA C4PH22CO
⊜❶❸

本文经「原本」原创认证,作者███████,访问 yuanben.io 查询【C4PH22CO】获取授权信息。

图 7　认证文章后携带的 DNA

第三,分布式记账:可追溯式分发。

作品上链后,每笔交易皆可追溯,传播路径清晰可循。"原本平台"开发的鹰眼转载监测系统能实时反馈每篇认证作品携带 DNA 的正规授权传播情况与非正规侵权传播路径,也能每周给客户发送作品传播路径检测报告。

版权交易的目的是以经济利益激励原创作品持续输出,实现版权生态正向循环。因此,平台既要有一定的原创作品基数,又要充分引流需求、提高作品曝光度。经调研,我们发现实践中有两种思路:

第一,"原本平台"模式:与行业联盟深度合作。

初创型第三方区块链版权平台用户基数小,故需寻求外界合作。"原本平台"与主流媒体、大型机构合作成立了"中国财经媒体版权保护联盟",利用其大量优质原创内容给自己的作品库扩容,让需求者可固定地在"原本平台"进行一站式交易,也让著作权人新发布的作品自动被推送至平台的 B 端客户。

第二,"百度图腾"模式:借自有用户流量与媒体矩阵,以平台 Token 激励创作交易。

大型互联网企业有大量固定用户,可在提供区块链版权服务时通过发行 Token 来奖励对系统有贡献的作者。Token 是基于区块链的可流通、可增值的数字化权益凭证及其分配机制。[1]在智能合约时代,各类

---

① 杨东:《"共票":区块链治理新维度》,《东方法学》2019 年第 3 期。

Token 对应各种链上交易的资产。发行 Token 能鼓励平台内部创造文化价值,让大型区块链版权服务商充分利用自身用户基础与已有产品构建原创版权生态。

百度图腾模式下,百度的新老用户均可申请账号,上传原创图片,公平地获取由区块链产生的 Token 图腾积分。原创者上传图片的数量越多,质量越高,积分越多。用户可用积分兑换权益,提高作品曝光度,增加交易机会,通过授权许可获得更多经济收益,从而形成提高原创作者继续创作和上传作品积极性的正向循环。

新私人授权模式能够提高交易效率。版权人可一站式在线完成作品的确权认证与授权协议的制定,潜在需求方可利用由区块链生成的数字指纹回溯作品权属,通过智能合约一键完成交易,省去对接、磋商、批准的时间。同时,它还能降低交易成本。在应用区块链技术的版权交易模式中,版权上链几乎不需要支付版权登记、评估、中介费用,其成本主要是平台在交易过程中所收取的手续费。除此之外,它还可以明晰作品流向。区块链透明记录了每笔许可交易的情况,版权人可清晰掌握。同时,对于未被授权的作品传播也可以被快速识别并采取维权措施。最后,它还可以助力小微作品变现。个体原创者可便捷地在平台上自助上传认证作品,设置交易意愿。同时,平台能够对接海量内容转载商,助力优质作品的分发与交易,让每一个小微作品都有机会被看见。

智能合约的载体是程序,表彰的是当事人达成的、可自动执行交易的合意。人类语言与程序语言在转换时常有偏差,当事人真实意思可能无法被充分表达。由于智能合约不可撤销,一旦触发代码程序中预设的条件,智能合约便会自动执行,导致强制缔约。

具体而言,"原本平台"的交易模式有以下缺陷:

首先,版权人需提前选择授权方式,确定交易价格,这种预设的单方意思表示可能限制双方意思自治。"原本平台"只有"知识共享许可协议(CC 协议)"和"商业许可协议"两种授权模式,无法涵盖所有版权交易的特殊情况。

其次,这两种模式一经选择就无法修改。①例如,若许可人最初选择了

---

① 特殊:在商业模式设定的价格有效期到期以后会自动转为知识共享许可协议。

知识共享许可协议,后来又改变想法,即使征得受要约人同意,也不能撤回之前的授权或更换成商业协议。

最后,由于缺乏沟通机制,交易双方无法约定具体的授权细节。这类智能合约在性质上属于授权要约,根据《合同法》第20条规定,受要约人对要约的内容作出实质性变更的,要约失效。若作品使用人欲以超出授权要约的方式、范围使用作品,或想改变付费方式、使用价格等,就是实质性地变更了要约内容,属于合同法中的"反要约",而非承诺,此时使用人须重新进入一对一协商程序与著作权人订立合同。但用户方与需求方沟通方式的缺失客观上为合同的成立和合同条款的细化创设了门槛。

（三）著作权维权

数字技术的发展使得低成本、高效率、大规模地复制、传播作品成为可能。这一方面方便了知识的共享,使得每一个人均可成为原创者并传播自己的作品;但另一方面,网络著作权保护也面临新的挑战,在线侵权作品的泛滥不仅侵害了权利人的正当利益,也打击了作者的原创积极性。

近年来,随着著作权执法力度的加大,以及内容分享平台内部著作权保护机制的完善,在线作品侵权情况呈现出以下特点:

其一,在线作品侵权情况改善明显,被侵权作者占比和篇均被侵权量皆下降。但主流平台中原创内容被侵权比例依然较高(见图8、图9)。[1]

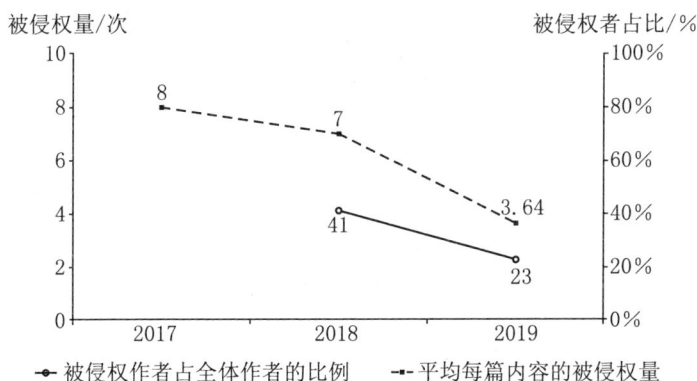

图 8　侵权情况明显改善

①　参见维权骑士:《2019 年度内容行业版权报告》2020 年 3 月。

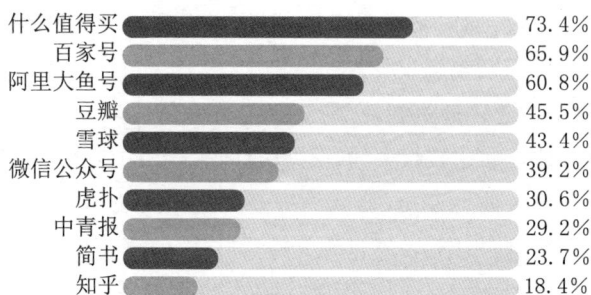

图9　原创内容被侵权发生数据占比

其二,从侵权作品类型来看,被侵权的图文作品最多,电影及类电作品次之,短视频等新型作品侵权受到广泛关注(见图10)。①

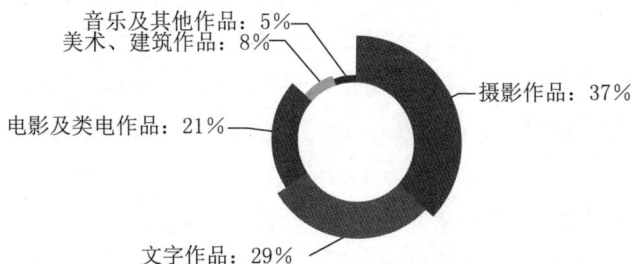

图10　不同平台内容侵权量/次

其三,从侵权载体来看,打击盗版的专项执法行动使得大型盗版网站数量有所下降。但同时,基于内容分享平台的小主体侵权量占据主要地位。而随着平台内部著作权保护的完善,跨平台、跨网站的侵权现象进一步凸显(见图11、图12、图13)。②

其四,从侵权行为方式来看,基于去中心化的传播平台,侵权行为隐蔽、灵活,传播速度快、范围广。传播内容通常能被发布者迅速删除,因此其侵权行为具有极强的瞬时性,且事后难以被查实,这给具有高度时间敏感性的内容造成巨大侵害。

从著作权人维权的过程视角来看,权利的救济路径可表现为"发现侵

① 参见北京互联网法院:《北京互联网法院审判白皮书》2019年9月。

② 参见北京互联网法院:《北京互联网法院审判白皮书》2019年9月;维权骑士:《2019年度内容行业版权报告》2020年3月。

权行为—保全相关证据—采取维权措施"三个阶段：

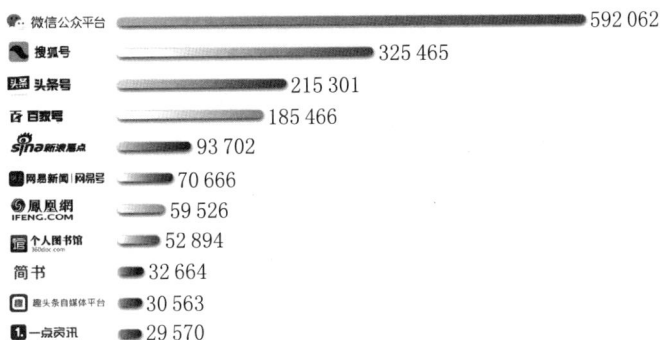

图 11　不同平台内容侵权量/次

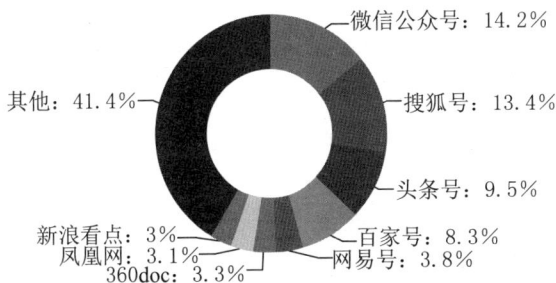

图 12　微信公众号被侵权内容流向

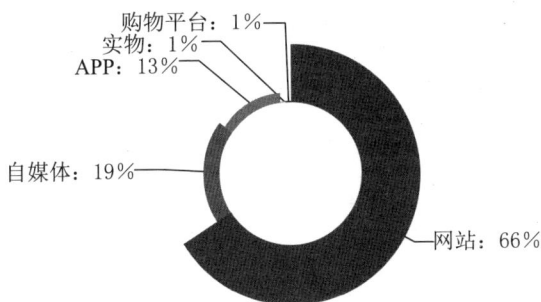

图 13　侵权载体类型

第一，侵权监测筛查环节。

区块链技术作为一种整体解决方案与大数据、人工智能等新技术相联系，"后台监测＋人工筛查"的模式得以建立，这使得区块链版权服务公司打破了监测的范围局限、服务对象局限以及精准度的局限(见图14)。

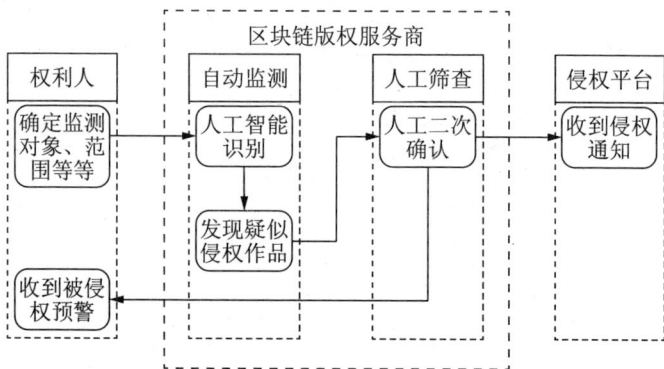

图14 "自动监测＋人工筛查"模式图

一方面,利用大数据可将各大网站平台内容纳入对比库,并实时更新;权利人可根据自身需求确定监测的范围(自媒体平台、大型门户网站等)。而基于图像和文本的人工智能识别技术被广泛应用于对比过程中,部分平台还实现了全类型作品的对比分析。对监测对象的识别分析结果形成相似度,在超过用户自行设置的相似度阈值时,系统便自动抓取标记。

另一方面,监测系统初步筛取出疑似侵权作品后,后台人工会结合内容来源、时间、授权情况进行二次确认,避免机器误判。若该作品高度疑似侵权,则向用户发布预警、向侵权网站或平台发出通知。

借助新技术,著作权侵权监测可为各类著作权主体服务,实现全天候、在线化、实时化、跨平台预防侵权,能够更为有效地降低短时侵权行为消费作品热度;著作权人可通过平台,自主、高效地处理疑似侵权内容,并决定是否采取下一步措施。同时,大数据、人工智能、云计算等的应用降低了监测的成本,使得监测服务能够面向更多需求方。

第二,证据收集、固定环节。

针对侵权行为,基于现行"通知—删除"制度,著作权人可通过版权公司通知网络服务商删除侵权内容。但在可能带来严重后果的侵害情形中,对侵权证据进行实时保全十分重要。

网络环境中著作权侵权行为具有虚拟性、隐蔽性和无时空限制性,相关的电子数据亦有易灭失、易篡改、依赖于技术等特点。既有的证据保全方式多依赖中心化权威机构,难以及时获取、保存侵权电子证据,并且消耗的时间、金钱较多,容易导致权利人在纠纷中欠缺举证能力或举证不理想(见表2)。

表2　传统证据保全方式

证据保全方式	自行取证	公证保全(主要途径)	诉前保全
主体	被侵权人自己	公证机构	法院
流程	通过截图、录屏等方式自行取证	根据规范取证流程收集、保存证据	向法院申请进行诉前保全证据
法院认可度	低	高	高
缺陷	难以确保取证规范度,难获法院采信	时间、地点固定,保全不及时,证据易灭失;单件花费高,难满足批量存证	裁量权在法院,时效性低

针对这类网络著作权侵权行为的证据保全,区块链技术提供了新的途径(见表3):

表3　区块链技术存证

取证	静态取证	通过网站 URL 抓取静态网页内容,对侵权结果状态进行取证
	动态取证	动态证据固化(尤见于视频侵权的情形)/记录取证过程本身
存证	流　　程	侵权电子数据——哈希值+时间戳——上传区块链——系统反馈存证证书 *向网络服务商发送的侵权通知函、预警函等文件也可以作为辅助性证据同步上传至区块链保存
认证	流　　程	对比:保存本地的侵权电子证据之哈希值 v.据存证证书所载区块链位置找到存链哈希值 若二者匹配,则代表该证据未被篡改

相较于传统证据保全方式,利用区块链实现侵权证据保全有四大优势:一是自动取证、存证,在侵权人删除内容、证据灭失之前及时保全证据;二是区块链的分布式存储以及防篡改、防抵赖特点能够确保数据上链后的完整、真实;三是区别于单点式证据,区块链本身即为依据时间顺序进行链式储存,在对侵权行为进行持续记录的同时,即可形成相关的证据链

条;四是成本极低,尤其满足了报社、图片社等具有批量取证存证需求的客户(见表4)。

表4 "中海义信权证链"取证、存证成本

证据包流量	文 字	源图片	网 页	音 频	视 频
源文件	1M/10万字	5M/张	600KB-1M	4M/首	50分钟/200M
电子证书	1.1M	1.1M	1.1M	1.1M	1.1M
10G	9 000份/4 700张(含源文件)	1 600张	5 000份	2 000首	存证40个视频
50G	4.5万份/2.35万份(含源文件)	8 000张	2.5万份	10 000首	存证200个视频
每份证据单价	0.3—0.7元/份	1.6—2.0元/份	0.5—0.6元/份	1.5元/首	65—80元/份

第三,维权环节。

在互联网著作权纠纷中,当事人主要通过三种途径以期解决纠纷:一是双方协商达成和解,例如在平台中"私信""私戳"侵权用户;二是在平台上进行申诉,此时则引入平台自身的著作权保护机制进行调解;三是在侵权人拒不停止侵权、造成较大损害时,向法院提起诉讼。[①]在前两种纠纷解决途径中,区块链证据(即相关的电子认证证书所记载的数据指纹、存证编号等信息)能够更为有力地提升权利人的"议价能力"。一些大型原创内容平台(如微信公众号、淘宝)均支持在申诉时提交这类证据进行证明。

在提起民事诉讼的情形下,基于传统的取证存证方式,互联网著作权维权情况并不理想:对权利人而言,传统方式维权周期长、成本高,但最终判赔额度并不乐观,一定程度上打击了权利人维权主动性。对法院而言,网络著作权侵权案件的区域集中态势十分明显且增长迅速。海量的网络著作权侵权电子证据给法官带来较大审查、裁判的压力。在著作权侵权纠纷案件数量攀升的情况下,案件审理的效率与效果受到制约。对侵权

---

① 本文着眼于著作权民事纠纷的解决,对与著作权相关的行政、刑事案件不作另行讨论。

人而言,监测与证据保全的滞后使得侵权人可以迅速删除侵权页面,并逃避追踪。违法成本与经济效益之间的悬殊进一步"加剧"了侵权行为。

区块链在著作权保护中的应用突出体现为第三方版权服务公司的崛起。在最新一项调查中,在被侵权后,有近九成的自媒体作者选择通过第三方著作权服务平台进行维权(见图15)。①

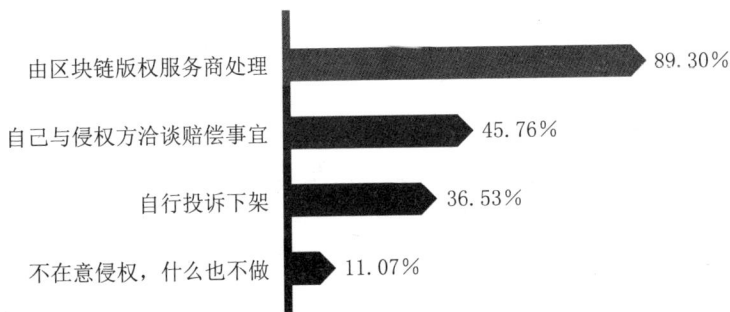

由区块链版权服务商处理　89.30%
自己与侵权方洽谈赔偿事宜　45.76%
自行投诉下架　36.53%
不在意侵权,什么也不做　11.07%

图 15　自媒体作者维权方式

就业务层面而言,区块链著作权机构提供一站式服务,不仅可以代用户向侵权主体发送通知;同时,也与相关知识产权律师团队进行合作,为有诉讼维权需求的用户提供法律咨询服务,帮助用户利用手中的区块链证据积极维权。

就技术层面而言,确权与侵权环节的区块链存证有助于用户证明著作权权属以及侵权行为的发生;同时,结合"互联网+审判"的司法实践,类似案件可实现线上受理,相关区块链证据则直接线上提交,并呈法官进行在线审理。

三、著作权场景下区块链存证应用之探究

上述确权与维权场景的核心在于区块链存证:前者为确权存证,由用户将本地数字作品上传至平台并固定于区块链上;后者为侵权存证,是将抓

① 维权骑士:《2019 年度内容行业版权报告》2020 年 3 月。

取到的网络著作权侵权行为在区块链上固证(包括取证和存证两个步骤)。

互联网著作权纠纷中,当事人提供的大量电子数据常常是关键证据;由于电子数据具有易被篡改、易灭失的特点,对这类证据真实性的认定尤为繁复。如前所述,传统证据保全方式通过中心化的权威机构以及规范的程序来确保电子数据的证明力,而区块链则是基于自身防篡改的技术特性来确认上链电子数据的真实、未被篡改。

2018年9月,最高人民法院出台的《关于互联网法院审理案件若干问题的规定》指出:"当事人提交的电子数据,通过电子签名、可信时间戳、哈希值校验、区块链等证据收集、固定和防篡改的技术手段或者通过电子取证存证平台认证,能够证明其真实性的,互联网法院应当确认。"①《规定》明确认可互联网法院审理中,区块链技术在证明电子数据真实性上所能发挥的作用。2019年新修订的《最高人民法院关于民事诉讼证据的若干规定》中增加了判断电子数据真实性所应考虑的因素,包括取证存证主体的适当性、硬软件环境安全性以及取证存证方法的可靠性等。②同时,该规定认可了对于中立第三方平台记录保存的电子数据,人民法院可以确认其真实性。③梳理最新司法规定可知,第三方著作权机构所进行的区块链存证在能够证明电子数据的真实性的情况下将为法院所认可,但这一技术并不能当然地证明诉争电子数据的真实性,还需法院结合电子数据真实性审查的一般标准进行综合判断。

（一）区块链存证的真实性风险

抽象而言,在区块链存证中,电子数据的真实性可分别从"上链前真实性"以及"上链后真实性"来分析。④结合上述司法规定及调研情况,在著作权保护场景中,区块链存证仍然存在着"真实性风险":

就上链后真实性而言,一般情况下,区块链自身即可实现"技术自证",通过对哈希值的比对来证明数据是否有改动。但是,其防篡改特性主要

---

① 《最高人民法院关于互联网法院审理案件若干问题的规定》第11条,此处所指区块链应狭义地理解为"由分布式计算机网络构成的去中心化的数据库",与电子签名、时间戳等技术并列。

② 《最高人民法院关于民事诉讼证据的若干规定》第93条。

③ 《最高人民法院关于民事诉讼证据的若干规定》第94条。

④ 参见刘品新:《论区块链存证的制度价值》,《档案学通讯》2020年第1期。

得自链式结构以及分布式去中心化存储下的共识机制,而实际中仍有"伪区块链"的存在——即共识节点不可信或有利益关联。此种情况下,技术的防作恶性难以保证。在节点可信、防篡改特性得以保证的情况下,"区块链技术可以保障电子证据的载体及载体上存证副本的真实性,但载体的真实和副本数据的真实,无法决定电子数据本身的真实"。

因此,区块链存证主要地面临着证明电子数据上链前真实性的困难。在确权存证中,作品是由用户在本地进行上传且经由其签名,此时上链前电子数据本身的真实性较容易判定,问题的焦点转为上传人是否"真实"地享有对该上传作品的权利。①在侵权存证中,对侵权页面的抓取实际上是产生相关电子数据副本的过程,此时上链副本的真实性无法充分地证明副本与诉争电子数据本身的一致性,即诉争电子数据是否客观真实存在。在此情况下,仍需对电子数据产生、流转的过程进行额外的证明,主要包括:取证系统是否在安全的硬软件环境中,真实地经由互联网进入涉嫌侵权页面并客观地抓取了著作权侵权行为。这要求取证过程的清洁、规范、客观、真实(例如计算机的清洁性、互联网连接的真实性、取证程序的标准性)。

可见,尽管区块链技术一定程度上便利了对电子数据真实性的认证,但是法庭调查也可能变得更为复杂。一方面,当事人可能需要对证据收集、固定全过程进行举证证明,否则即面临着证明风险;另一方面,法官仍然需要对这类电子证据的生成、存储、提交的全流程进行审查,扮演"鉴定人"和"审判官"的双重角色。

(二)实际应对措施

调研发现,为充分提升区块链认证电子数据真实性的能力,区块链版权公司主要从平台内部建设以及外部合作两方面进行改进:

1. 内部建设

平台版权链引入可信机构作为节点参与共识,如著作权局、公证处、司法鉴定中心、研究机构等,确保共识机制的可信度以及上链数据的不可篡改。同时,平台对取证流程进行了规范化处理:在目前缺乏行业统一标准的情况下,参照公证处的取证流程设计平台自身的取证规范,并经过第三方机构(如司法鉴定中心)予以评估认证;取证过程中,首先确保环境清

---

① 前文已对确权认证与原创证明的张力进行了讨论。

洁,同时将交互过程产生的所有文件一并打包上链;取证结束后,前述操作中的代码可供随时审核,必要时,作为见证节点的司法鉴定所还能出具相关鉴定报告。

2. 外部合作

区块链版权公司与公信机构结合,以确保证据的法律效力。总结而言,主要有两种模式:

第一种是区块链版权公司与公证处合作,公证处作为一个重要的可信节点加入平台的联盟链。有的模式下,公证处仅作为见证节点,有公证需求的用户可通过平台在线申请出证,经公证后取得公证书。有的模式下,区块链版权服务商作为一个节点直接加入由公证处搭建的"公证链",数据上链的同时完成在线公证,其存证证明同时具有区块链存证平台以及该公证处的认可。

推动这一结合的重要因素是公证机构自身行业升级的需求:将证据保全这一传统主营业务推向在线化、电子化。而区块链著作权平台在与公证处的合作中实现了国家公信机构的背书:经依法公证的证据即应直接被法院作为事实认定的根据。[1]由此,上链的证据在法律效力上获得了超越一般的区块链存证证据的优势性。此外,这类证据具有更为广泛的认可度:考虑到不同地区的法院对于区块链存证机制的认识程度可能不同,与公证处的结合可以为当事人避开这一法律上的风险点。

第二种是区块链版权公司参与法院主导的司法联盟链。三大互联网法院均设立了自己的区块链司法存证平台,[2]本文基于对北京互联网法院"天平链"项目的调研进行分析。

该联盟链的节点包括一级节点和二级节点。重要公信机构(包括法院、公证处、司法鉴定所、科研单位)作为一级节点参与联盟链的共识、数据校验与记录;互联网企业与第三方区块链平台作为二级节点,仅接入数

---

① 《最高人民法院关于民事诉讼证据若干规定》第94条规定,经公证的电子数据法院应当确认其真实性,但有相反证据足以推翻的除外;电子数据由记录和保存电子数据的中立第三方平台提供或者确认的,人民法院可以确认其真实性,但有足以反驳的相反证据的除外。

② 分别是:北京互联网法院"天平链";杭州互联网法院"司法区块链";广州互联网法院"网通法链";其中,"原本平台"与杭州互联网法院、广州互联网法院达成区块链技术合作,成为互联网法院电子取证平台第三方数据服务提供方。

据,但不参与共识。

节点的接入与运行受到严格管理和监督:区块链著作权公司若希望加入二级节点,则需要通过(北京互联网法院)对其技术、经营资质等方面的评审。就技术测评而言,主要包括对接入平台的系统安全性、电子数据合规性、区块链安全性的评审。即便加入联盟链后,(北京互联网法院)仍会对各节点实施动态管理,①不符合标准的会被定期剔除。

这种模式以法院为主导,搭建了可信电子证据区块链(联盟链),同时又结合了互联网审判的已有建设实现了证据保全与案件审理的一站式解决(见图16):侵权行为发生后,版权平台进行取证,并将证据包在天平链上直接存证,或通过自有区块链跨链存证到天平链,天平链返回存证编号。纠纷发生后,当事人在互联网法院的电子诉讼平台进行网上立案,同时在线提交诉状、用户身份验证信息、侵权证据源文件以及包含区块链存证编号的文件。天平链系统对源文件数据生成哈希值后与天平链后台相应的上链数据进行验证,若验证结果显示涉案证据自存证至司法区块链后,未被篡改,则返回验证成功的信息。

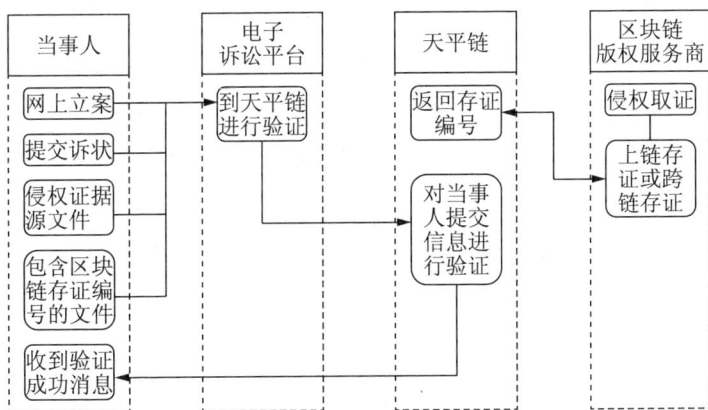

图16　天平链存证流程图

这类同步存证于司法区块链的侵权证据优越于普通的区块链存证,在后台验证成功的情况下,可直接为法院所认可。其主要原因在于,行政、

---

① 接入平台需每年进行信息安全等级保护复查;每两年接受(北京互联网法院)复审。

司法机构等可信节点参与共识，避免了数据被篡改的可能性；法院对接入节点的审查和动态管理确保了取证流程和取证环境的合规性，进而确保了电子证据的上链前后的真实性及其证明力。对于法官而言，这一设计可有效辅助法官进行证据认定，缩短审判周期，提高审判效率，给予著作权人更迅捷的救济。①

总结而言，区块链著作权存证基于两个着力点来规避存证的真实性风险：一方面，从电子数据的系统性原理出发，②在确保证据提取、保存流程的规范性的基础上，将内容数据、附属信息、关联痕迹打包一并上链。另一方面，寻求国家公信对存证机制的"加持"，或是使存证同时具备公证效力，或是加入法院主导的联盟链。前一种结合下，电子数据的证明效力具有一定的"超然性"；后一种结合中，电子数据经验证可获得法院直接认可，但其信任域则较为局限于法院联盟链各节点之间。在实践中，尤其是在涉及跨区域、标的额较大的著作权侵权纠纷时，权利人出于诉讼策略的考虑，仍倾向于通过公证渠道以获得"双保险"。

四、既有研究之反思

（一）过程视角：区块链整合"确权—授权—维权"的三权闭环

"确权—授权—维权"是数字经济时代下著作权保护的三大环节。以前，这三个环节相互割裂，分别依赖于不同的中心化机构，各主体间信息流通不畅。因此，著作权的行使与救济容易处于滞后、模糊状态，一个环节的缺位可能给其他环节造成影响。例如，初始权利登记的不充分会影响交易安全、维权质量；而交易过程中许可情况与权利变动的模糊同样给确权和维权带来不便。

----

① 互联网著作权纠纷案件地域集中态势显著，对北京互联网法院的研究具有典型意义。

② 参见刘品新：《论电子证据的理性真实观》，《法商研究》2018年第4期。任何电子证据的产生均不是孤立的事件，而是由一系列命令或程序遵循一定的技术规则所得到的系统性产物；电子证据的载体或设备不仅会记录涉案的内容数据，而且会记录有关附属信息和关联痕迹。

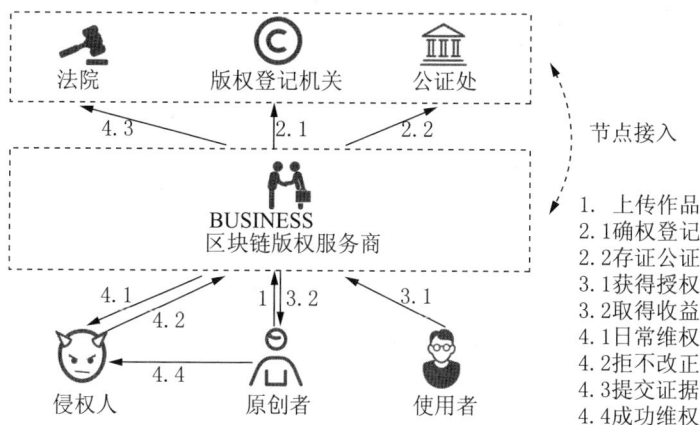

图 17 "区块链＋著作权保护"全流程图

在区块链平台上,确权、授权、维权三个环节的联系十分紧密:对于确权和维权,作品的创作过程事实和著作权侵权行为事实能及时上链存证,避免篡改,在纠纷发生时发挥验证作用;对于授权,作品确权生成的数据指纹方便了交易方对作品权利信息的追溯,智能合约的应用使著作权许可自动化、在线化、透明化;同时,对每一笔许可交易的记录也使权利人能更快辨别授权使用行为与侵权行为,及时采取救济措施。

区块链整合新旧技术,形成了一套综合性解决方案:它既和数字签名、智能合约、时间戳等既有技术相互配合,建立起基于技术本身而不依赖第三方信任组织的记录与认证机制;又与大数据、人工智能等高新技术密切协作,拓宽版权服务内容。在区块链的整合之下,信息在三权闭环间高效、可信地双向流动,提高了著作权的行使与保护水平。

(二)主体视角:区块链为著作权制度下五大社会主体赋能

一是作品权利人视角:权利自治,创意变现。

过去,著作权人多依赖第三方机构行使和维护权利,耗时长,成本高。如今,区块链平台扁平化的架构使权利人转被动为主动,实现权利自治与更为直接的创意变现。作品完成第一时间上传至平台登记确权,通过预设智能合约条款实现自动化许可交易,同时,权利人可基于后台实时监测结果进行快速存证,并通过司法区块链高效维权。以技术替代人工极大降低权利人的管理成本,增加交易机会,因此,小微作品的权利人会有更强的动力进行创作,独立自主地行使和维护权利。

二是作品使用人视角:便利授权,规避风险。

互联网时代,平台和个体有海量的作品使用需求,却难以准确找到作品权利人、快速达成许可交易。利用区块链技术,使用人可轻松追溯其权利人,并在智能合约的帮助下即时达成交易,规避了不清楚作品权利状态或未经许可使用作品带来的侵权风险。同时,区块链上众多原创作品在平台作品库中形成规模效应,让更多使用人能自助检索大量作品,满足个性化需求,获得批量化许可。

三是版权局视角:制度互补,服务增效。

尽管版权局推出了针对数字版权的 DCI 体系,在基于自愿的作品登记制度下,数字作品的登记率仍不能与蓬勃发展的内容产业相匹配。由于行政机构人力、物力有限,版权局将登记服务内嵌于第三方机构,第三方区块链确权存证发挥"预登记"的作用,并与版权局进行跨平台对接。这不仅节省时间与费用,还将登记服务延伸至文化市场前端。此外,版权局主导建设的 DCI 版权联盟链既能充分利用区块链版权服务商的服务能力,又可对接既有版权行政管理体系,统一行业标准。

四是法院视角:辅助审判,速裁纠纷。

司法区块链有利于规范各节点电子数据取证、存证程序,确保所存证据的法律效力。司法区块链跨链对接区块链版权服务商后,权利人在链上的确权与侵权存证则自动同步存储至法院后台。在互联网著作权纠纷中,当事人在线提交存证信息,法官即可基于后台验证结果快速认证。区块链证据能进一步提高法官认定证据的效率,让其有更多时间和精力解决疑难纠纷,优化司法资源配置。

五是区块链版权服务商视角:跨界对接,良性循环。

对于纯粹的区块链版权服务商,在区块链去中心化的模式下,企业可以对接各类权利主体、管理机构,为用户提供综合、清晰、便利的版权服务。而对于业务领域更广的大型互联网内容平台,平台可为自有用户和内容定制服务,并通过 Token 机制规范对作品的引流、曝光,激励平台进行原创,形成良性生态循环。

(三)制度视角:半中心化模式下著作权的多元共治体系

完全去中心化的公链模式虽有很强的不可篡改性,却在实现共识时效率偏低,消耗大量资源,且可能造成数据库膨胀,影响公链正常运行;完全中心化的私链模式仅类似"内部分布式数据库",可信度会受质疑。

根据调研,纸贵、原本等区块链版权服务商普遍以联盟链为技术架构,引入数量有限的可信节点,在确保联盟链可信度的同时提高上链数据的处理效率。半中心化的联盟链模式确认了节点的资质、按需区分了不同节点的权限。例如,共识节点参与联盟链的管理和共识,而信息节点仅接入信息,不参与共识。节点自身所在的区块链通过跨链技术与联盟链相连。通过此方式,著作权行政管理机构、公证机构、司法鉴定机构、法院、著作权集体管理组织和区块链版权服务商等主体均能参与著作权确权、交易、维权的过程,在信息共享的基础上形成复合式协同治理网络。

区块链技术自证的特点一定程度上发挥了过去中心化的国家权威机构在著作权治理中的作用。从调研结果看,由于行业标准不统一、技术认可度不广泛等因素,目前区块链技术仍一定程度依赖与公证处等传统公信机构合作以增进自身的可信度。调研也显示,现有的著作权治理框架仍有充分弹性回应区块链技术带来的改变——关键在于传统的中心化机构组织(如行政、司法机构与社会化组织)要积极介入,开展合作,发挥组织、引导、维护作用。

中心化权威机构组织介入以区块链保护著作权的新模式有四大优势:其一,确保技术合规、节点可信,实现技术和算法权力的可控;其二,将区块链对接现有著作权管理的制度体系,利用第三方主体提供更为精细、灵活的服务;其三,发挥中心化机构的统筹、协调功能,促进标准的统一,破除不同的区块链"信任域"间的信息壁垒;其四,利用国家机构的示范力放大区块链的社会效益,带动社会各主体参与,推动技术红利向更基层的原创者、消费者渗透。

(四)目的视角:推动网络基建、激励作品创作、促进知识传播

著作权治理的目的在于保护权利行使,鼓励作品创作与传播。从前述过程、主体、制度三个视角可见,区块链是一种独特的信任架构,也是信息时代的"新基建"。它串联起版权产业的三大环节、五大主体,根本作用在于将著作权的法律实施与技术治理相结合,推动著作权保护由"侵权限止"转向"交易励进",[1]塑造一个更为安全、高效、有活力的版权生态环境。

---

① 参见叶姗:《著作权保护的现代发展:从侵权限止到交易励进》,《河北法学》2009年第4期。

在这一生态中,让创作者更有动力,让传播更有渠道,让每一份付出都有回报,让公众的生活更有质量。①

五、展望与建议

在让区块链技术为各主体赋能的同时,需注意到,在这一过程中,区块链的应用仍有提升空间。其一,原创/侵权事实与链上数据之间的映射关系依旧存在真实性风险;其二,智能合约在著作权许可交易中发挥的作用仍有限,难以满足权利人与使用人之间更为灵活的交易需求;其三,尚未依托区块链有效建立起规模化、生态化的作品市场,技术普及度有待进一步提高。基于前一部分对调研成果的反思与重构,本组认为未来应进一步突出法治化与智能化并进融合,尤其强调协同治理的区块链网络的构建。在这一网络中,传统著作权治理框架内的机构、组织应更为积极地发挥引导、示范作用,在用区块链技术为既有治理手段赋能的同时,带动治理模式下各社会主体,让信息更为规范、有效地流通,以提升整体治理效果。进一步地,结合实证研究中发现的局限,我们认为可从技术、服务、运营、制度四层面展望区块链在著作权中的应用。

(一)技术层面

可信区块链是开展应用的基础,具有效率优势的联盟链模式难以在理论上完全去除其不信任因素。构建可信联盟链,一方面需区块链行业在探索中达成共识,形成不同应用场景下的技术标准;另一方面,区块链版权服务商还应加强对节点的筛选、取证存证之技术和流程的规范和提升系统整体的安全性。未来,各可信区块链之间可用跨链技术进行对接,打破联盟链信任域的局限性,避免单个联盟链因过大而影响效率,增进各链信息的流通与认证,提升协同效能,实现"链链相连"。

(二)服务层面

目前,在确权环节仍存在侵权人重复上链的隐忧,距"作品完成即确权"的设想仍有一定距离。未来,版权服务平台可一方面加强与原创内容

---

① 参见 https://mp.weixin.qq.com/s/8CPxCXvwe-gLgVYk0X6xT4w,2020-04-23。

平台的联系,实现作者创作过程的链上记录和创作完成的一键认证;另一方面,在确权上链环节前置查重环节。此外,还需完善针对侵权作品上链的平台申诉机制。

根据用户需求设置更多样化的授权许可条款,设立权利人与被许可人之间更畅通的联系渠道,允许交易双方对许可协议进行变更并在链上记录。此外,在涉及著作权转让、质押的情形中,应进一步便捷初始权利信息变动的登记上链。

（三）运营层面

一是借互联网流量和 Token 机制建平台原创生态。区块链版权服务商需扩大辐射的范围群体,建立起以确权维权为基础,以版权运营交易为核心增长点的商业模式。例如,加强与大型内容平台或者媒体联盟合作,形成规模化的用户与作品基数,同时,通过 Token 机制完善内部激励,加大对优质作品的引流、曝光力度,促进作品的创作、上传与交易。

二是加强版权宣传力度,鼓励个体原创者的参与。大量原创作者集中在内容平台,多数区块链版权服务商也主要与平台等 B 端用户对接。未来可加强对个体原创者的宣传,提高作者原创意识,鼓励 C 端的著作权人用区块链技术保障合法权益,让权利人与著作权治理网络之间的互动更积极主动。

（四）制度层面

一是促进版权链与 DCI 体系的对接,提高作品登记率。发挥版权链确权存证的"预登记"作用,将各区块链版权服务商纳入版权局 DCI 体系,鼓励权利人将作品上链之后在线办理跨平台的 DCI 登记,将版权登记服务延展至文化产业。二是促进集体管理制度的技术革新,增强许可便利度。我国集体管理组织当前的缺陷在于基础薄弱、技术落后,针对的作品类型单一,申请和许可程序与信息时代快捷高效的要求相差甚远。一方面,可利用区块链使作品管理与许可在线化、透明化;另一方面,可参考美国等国经验,建立"跨类型作品检索平台",整合作品资源,降低交易中的搜寻、对接成本。三是促进版权链与司法证据链对接,提升维权效率。有必要将互联网法院对区块链技术的赋权性试验在各地区法院进一步推广,完善区块链存证中电子证据的认定规则和配套的专家辅助人制度,提升举证、质证、认证的效率,充分发挥区块链在解决互联网著作权纠纷中的作用。四是以监管沙盒模式降低监管成本,鼓励服务创新。中心化权威机构所建设的联盟链可借鉴金融科技领域的监管沙盒机制,允许区块链版权服务商在限定条件下用市场中的真实用户测试新产品,分类监管,严进严出,只保留必要干预。这样不仅有利于筛选可信节点,保护消费者,也可让风险防控张弛有度,推动各类版权服务的聚合,同时还有利于节约监管成本,为初创企业减轻资金压力,①促进版权产业链上核心企业与中小企业协同创新。②

① 参见邓建鹏、李雪宁:《监管沙盒的国际实践及其启示》,《陕西师范大学学报》(哲学社会科学版)2019 年第 5 期。
② 参见张路:《区块链技术应用对产业链协同创新的作用机理》,《学习与实践》2019 年第 4 期。

重大突发公共卫生事件背景下人工智能辅助立法的展望

孙伟军　　倪时超[*]

内容摘要:2020年,新冠肺炎疫情席卷全国,这是一次重大突发公共卫生事件对国家治理能力的大考,现有的疫情防控法律法规基本运行有效,提供了坚实的法治保障。但是,涉及重大突发公共卫生事件的法律法规存在衔接、协同、滞后与欠缺等问题,需要修改完善。人工智能与法律的结合是社会发展的客观趋势,目前,人工智能在立法领域的应用还存在制度、数据、技术、认知等方面的问题与难点。本文提出将人工智能辅助立法作为系统工程来建设,将立法辅助平台建设、制度供给、人才培养、技术发展等作为子工程,通过大数据应用、法律知识图谱构建、机器学习等推动各子工程建设,以此提升人工智能辅助立法的能力,从而完善相关法律法规。

关键词:重大突发公共卫生事件　人工智能　立法

2020年,新冠肺炎疫情席卷全国,这是新中国成立以来发生的传播速度最快、感染范围最广、防控难度最大的一次重大突发公共卫生事件,是国家治理体系和治理能力面临的一次大考。2020年2月14日,习近平总书记在中央全面深化改革委员会第十二次会议上讲话强调,要强化公共卫生法治保障,全面加强和完善公共卫生领域相关法律法规建设,认真评估传染病防治法、野生动物保护法等法律法规的修改完善。2020年2月24日,全国人大常委会法工委发言人、研究室主任臧铁伟在答记者问时表示,要聚焦防控工作中的薄弱环节,坚持问题导向,补短板、强弱项,修改完善疫情防控相关法律。国家层面已经明确提出研究健全相关立法修法问题,适时启动相关立法工作。此次疫情防控在国家层面直接相关的法律法规主要是《传染病防治法》《突发事件应对法》《突发公共卫生事

---

* 孙伟军,上海市司法局,公职律师;倪时超,上海市公安局二级警司。

件应急条例》等，现有涉及重大突发公共卫生事件的法律法规基本运行有效，提供了重要的法治保障。但是，我们也要看到，在相关法律法规衔接、下位法与上位法的协同等方面还存在一定的问题。人工智能在司法、执法等领域已有一定的应用，但在立法应用上还存在制度、数据、技术、认知等方面的不足。在人工智能迅速发展的时代，将人工智能应用于立法是客观趋势。

一、人工智能的兴起与选择

（一）人工智能概况

人工智能，最早由美国计算机科学家约翰·麦卡锡及其同事在1956年的达特茅斯会议上提出，"让机器达到这样的行为，即与人类做同样的行为"可以被称为人工智能。与人类做同样的行为，包括推理、判断、解释、证明、思考、学习等。人工智能，已被越来越多的国家所重视，并广泛运用于诸多领域。

（二）人工智能与法律结合是必然选择

1. 运用人工智能是社会发展的客观趋势

近年来，人工智能发展迅速，在诸多产业化、商业化项目中得到广泛应用，语言技术、图片识别技术等已经融入每个人的日常生活。许多国家已经将人工智能作为国家战略进行部署，全球在人工智能领域的竞争愈发激烈。美国于2018年成立国家人工智能特别委员会，并于2019年7月发布新一轮《国家人工智能研究与发展战略规划》，进一步推动人工智能的发展。德国于2018年发布《德国人工智能战略要点》，进一步将工业4.0与人工智能进行融合。

2018年10月31日，在中共中央政治局第九次集体学习时，习近平指出，要深刻认识加快发展新一代人工智能的重大意义，加强领导，做好规划，明确任务，夯实基础，促进其同经济社会发展深度融合，推动我国新一代人工智能健康发展。在经济由高速增长向高质量发展的阶段，在国际竞争日益激烈的环境下，人工智能已经成为新一轮发展各方抢占的制高点。

2. 法治政府建设需要人工智能的力量

十八届四中全会通过的《关于全面推进依法治国若干重大问题的决定》指出,坚持法治国家、法治政府、法治社会一体建设,实现科学立法、严格执法、公正司法、全民守法,促进国家治理体系和治理能力现代化。法律是治国之重器,良法是善治之前提,立法在促进国家治理体系和治理能力中具有重要的地位。人工智能,对于促进"科学立法"将发挥日益重要的作用。

2017 年,国务院印发《新一代人工智能发展规划》,为人工智能应用于行政管理、司法管理、城市管理、环境保护等热点难点问题,推动社会治理现代化提出了展望与要求。"智慧城市""智慧政务""智慧社区"等人工智能化应用,已成为法治政府建设的重要组成部分。[①]2020 年 3 月 31 日,习近平在浙江考察期间来到杭州城市大脑运营指挥中心,观看了"数字治疫"等应用展示。杭州城市大脑运用人工智能等前沿技术让城市变得更聪明,着力推动法治政府建设,人工智能正在逐步进入法治政府建设的各个环节,成为推动治理体系和治理能力现代化的重要力量。

3. 人工智能与法律存在内生契合性

人工智能,让机器与人类做同样的事情,模拟人的推理、判断、解释、证明、思考、学习等,这需要逻辑性。法律是具有高度逻辑性的学科,应当被视为科学技术的一部分,而不是独立在外的学问。法学必须向其他社会科学和自然科学开放,吸纳其他学科的知识和认识人类活动的方法。[②]法学通过说理来解释问题并解决问题,法律推理、法律论证、法律解释等都建立在高度的逻辑基础之上。因此,两者是具有内生契合性的,存在互相借用其方法的操作路径。早在 1985 年,钱学森在全国首次法制系统科学讨论会上的讲话就提出了将人工智能应用于法学和法制的可行性,通过系统工程的方法,以电子计算机来代劳人类进行逻辑推理,从而应用于法学和法制。[③]通过发挥逻辑上的这种共性,将法律人思考的问题与解决问题的方法融入人工智能应用,让人工智能"像法律人一样思考",让这种共

---

① 袁曾:《人工智能有限法律人格审视》,《东方法学》2017 年第 5 期。

② 王利明:《法学应当步入知识融合时代》,《北京日报》2019 年 9 月 2 日第 15 版。

③ 钱学森:《现代科学技术与法学研究和法制建设》,《政法论坛》1985 年第 3 期。

性可以在同一轨道上运行，考虑到事物的两面性，加以合理的规制，从而让人工智能辅助于法律人。

（三）人工智能在法律领域运用的现状

人工智能已在司法、执法等领域得到广泛应用。[①]例如，上海的"206"系统，即刑事案件智能辅助办公系统，自 2017 年 2 月 6 日起，通过人工智能推进以审判为中心的诉讼制度改革。该系统运用人工智能技术，通过制定统一适用的证据标准指引、证据规则指引，建立跨越公检法司机关的工作平台，打通公检法司的"数据孤岛"，形成工作衔接机制，有效防范冤假错案的产生。再如，2016 年浙江的"云上公安·智能防控"在全国率先提出大数据规划，着力打通数据壁垒；并编制出台《浙江省公安标准化工作管理办法》，实现浙江省公安标准规范的统一管理。这些应用大大提升了工作的效率，有效节省了人力物力，在排除人为因素及地方（部门）差异的模式下促进了公平正义。

在立法领域，人工智能的应用还相对较少。例如，上海人大常委会引入立法智能辅助系统，精准吸纳代表审议意见，实现了审议意见智能化分析，大大提升了工作效能。再如，自 2014 年 9 月起，天津市人大常委会法工委借助人工智能进行备案审查并使之不断完善，从而大大提高了工作效率。六届全国人大常委会委员长彭真指出，立法就是要在矛盾焦点上砍一刀。立法是对权力和利益进行合理分配，同时，也是挖掘痛点和难点，力求用细和实的规则来避免风险和问题，每一步都是艰辛的过程。现有人工智能应用立法只涉及立法工作艰辛复杂过程中的一小部分，属于浅表层的应用。

二、此次疫情中所暴露出的相关法律法规问题

（一）涉及重大突发公共卫生事件法律法规之间的衔接问题

当不同的法律规定之间出现不一致的时候，会导致法律适用的无所

---

① 参见潘庸鲁：《人工智能介入司法领域路径分析》，《东方法学》2018 年第 3 期；程凡卿：《我国司法人工智能建设的问题与应对》，《东方法学》2018 年第 3 期；吴习彧：《裁判人工智能化的实践需求及其中国式任务》，《东方法学》2018 年第 3 期。

适从。例如,《突发事件应对法》第 49 条规定,自然灾害、事故灾难或者公共卫生事件发生后,履行统一领导职责的人民政府可以采取下列一项或者多项应急处置措施。但是,《传染病防治法》第 42 条规定,传染病暴发、流行时,县级以上地方人民政府应当立即组织力量,按照预防、控制预案进行防治,切断传染病的传播途径,必要时,报经上一级人民政府决定,可以采取下列紧急措施并予以公告。可见《突发事件应对法》与《传染病防治法》在有关规定上,出现了不一致。

这种衔接上的不一致,一定程度上反映的是立法信息数据上的不对称与不衔接。

（二）涉及重大突发公共卫生事件法律法规在下位法与上位法层面的协同问题

法律位阶揭示着法律规范在整个法律体系中的纵向地位,此次疫情暴露出相关下位法与上位法的协同问题。例如,《传染病防治法》与《传染病防治法实施办法》、《国境卫生检疫法》与《国境卫生检疫法实施细则》在有的条款上存在不协同,需要进一步加强。另外,2015 年 3 月,《立法法》进行了修改,赋予了设区的市在城乡建设与管理、环境保护、历史文化保护等方面的地方立法权,地方立法的主体通过这次修法增加了 274 个。新冠肺炎疫情涉及卫生防疫、道口管理、环境保护、劳动保障等多个领域,立法主体的增加无疑对相关领域在下位法与上位法层面的协同提出了新的课题。

下位法与上位法的协同是保持整个法律法规“生态体系”健康的必然要求,更是立法部门工作协同方面的客观需要。

（三）相关制度存在的滞后性与欠缺问题

社会是动态发展的,但是法律需要一定的稳定性,不可能时刻反映社会的变化,法律的滞后性是法治无法回避的问题。例如,《传染病防治法》第 39 条规定,拒绝隔离治疗或者隔离期未满擅自脱离隔离治疗的,可以由公安机关协助医疗机构采取强制隔离治疗措施。但是该规定针对的仅仅是隔离治疗,对于疫情防控中,出现的“居家隔离”“隔离医学观察”等情况,不在规范范围内。《突发公共卫生事件应急条例》第 44 条规定,“在突发事件中需要接受隔离治疗、医学观察措施的病人、疑似病人和传染病病人密切接触者在卫生行政主管部门或者有关机构采取医学措施时应当予以配合;拒绝配合的,由公安机关依法协助强制执行"。虽然,该规定涵盖了"隔离医学观察"的范围,但是对于"居家隔离"这个范畴还是没有覆盖。另外,在道路管控、社区防疫、外籍人士治疗收费等方面也暴露出了相关法律法规的滞后与欠缺问题。

制度上的滞后与欠缺,一方面是社会的动态发展所要面临的问题,另一方面则提醒着我们要充分吸纳社会动态发展过程中新情况新问题新形势反映的对于法律法规修改完善的意见建议。

三、人工智能应用于立法的问题与难点

(一) 关于制度层面

1. 制度供给不足

人工智能的发展涉及诸多领域,每个细分领域具有自身的规则,提出的立法要求也不尽相同。[①]在十三届全国人大第二次会议上大会发言人在回答记者问时表示,全国人大常委会已将一些与人工智能密切相关的立法项目,如数字安全法、个人信息保护法等列入立法规划。国务院《新一代人工智能发展规划》提出,建立保障人工智能健康发展的法律法规和伦理道德框架。国家层面对于人工智能立法已有明确的计划,但目前来看,人工智能立法依然处于摸索中,相关的制度供给不足,只是在个别法律法规中设定了少量的浅层的相关规定。例如,《电子商务法》第18条第1款规定,电子商务经营者根据消费者的兴趣爱好、消费习惯等特征向其提供商品或者服务的搜索结果的,应当同时向该消费者提供不针对其个人特征的选项,尊重和平等保护消费者合法权益。这是对大数据应用的合理限制,避免"算法合谋"损害消费者利益。因此,人工智能立法依然是一项艰巨的任务。

2. 立法的困境

"凡事预则立,不预则废",科技的发展在法治的保驾护航下才能够健康发展,二者齐头并进才可以实现平衡。面对人工智能的迅速发展,法律

---

① 参见季卫东:《人工智能时代的司法权之变》,《东方法学》2018年第1期。

制度显得有些不足,导致相关领域无法获得稳定的法律保护预期。面对人工智能这一新事物,如何立法是摆在我们面前的一大难题。如果立法过于超前可能会阻碍人工智能的发展,反之则可能造成系统风险。如果出台一部总括性的法律可能束缚其发展,反之则可能会造成相关制定的欠缺。因此,在如何把握立法的适度性以及单项法和综合法的立法选择等问题上需要进一步研究。

(二)关于数据层面

数据是立法的基础和必需品,立法工作者需要在掌握大量数据的前提下进行决策。

1. 数据来源不足

对于立法工作者而言,没有数据不仅将失去发言权,还将丧失合法性。数据存在于社会、政府部门、网络等诸多媒介中,对于立法工作者而言,他们自身所能获得的数据是有限的,往往依赖于数据的掌握者或者提供者,这种依赖会导致立法工作者获得的数据在数据的量和性质层面产生偏离,从而影响决策。

2. 数据的共享不足

当前,地方人大、政府部门之间以及中央与地方之间存在着数据壁垒,数据的共享与归集还缺乏有效的衔接机制与共享平台建设,容易形成"数据孤岛"。这使立法工作者不能及时了解掌握重要领域的信息,相关法律法规数据库仍然存在更新不及时、内容不全面等问题,容易造成数据掌握层面的不充分、不完整。

3. 数据结构化不足

数据的量并不直接决定质,数据的积累并不直接提升立法的效能,数据背后的规律、演绎、关系等才是数据的核心信息,也就是数据只有被进行结构化处理后才能实现从量到质的转化。就法律法规本身而言,上位法与下位法的规定在抽象与具体之间存在着区别,同位法之间对于同一问题的表述不尽相同,这也给构建数据的结构化造成困难。

4. 数据具有非中立性

数据源自社会,而社会中存在部门利益、非理性、非正义等现象,这造成数据的非中立性,有的数据还存在"恶意"。如何对数据的非中立性进行处理,以此获得中立的数据,这是数据给我们带来的又一道难题。

（三）关于技术层面

1. 数据的分析能力有待加强

数据的分析可以形成预测辅助决策，即对事物的发展进行研判与推理。当前，处于"弱人工智能"时代，虽然数据的分析能力已有一定的发展基础，但是距离强智能化分析还有一定的距离，在立法领域的数据分析技术更是处于起步摸索阶段。

2. 算法的"黑箱"（black box）

算法的可解释性是我们更好地掌握和控制人工智能的基础。[1]但是，在人工智能输入与其输出的答案之间，存在着我们无法看到的输出的原理和过程，这被称为"黑箱"。即使算法给我们进行了解释，也会因为知识系统、认知能力的局限性等因素而无法理解，这就对立法工作者如何判断答案的准确性造成困难。所以，只有把握了算法的可解释性才可以把握工作的主动性。

3. 技术发展的矛盾

技术的发展给予了人类巨大的福祉，但是，技术的发展给个人隐私权、信息安全、知识产权保护等方面也带来了巨大的挑战，如何去治理相关问题成为技术发展上的矛盾。技术的不确定性向如何将人工智能应用于立法并实现正确价值判断，使其符合立法精神提出了更高要求。

（四）关于认知层面

1. 思维的固化

对于认识事物，我们有一套自己的思维体系，当新的事物出现时，我们首先会用这套体系进行思考，这就是思维上的固化。有的人觉得硬件智能化就是立法智能化了，认为立法需要保持稳定性，但是社会是动态发展的，法的稳定性是相对的，要解放思想。

2. 人才的问题

立法是一项专业性极强的工作，人工智能应用于立法，要求法律的专业性，要求涉及立法项目的专业性，更需要具备人工智能领域的专业性，专业性的叠加复合才可以避免视觉与判断上的盲点。目前，虽然国内多

---

[1] 华宇元典法律人工智能研究院：《让法律人读懂人工智能》，法律出版社 2019 年版，第 383 页。

所高校建立了人工智能法学院,实践中往往出现法律与技术的脱节,懂法律的不懂技术,懂技术的不懂法律,距离"人工智能＋法学"复合型人才要求还有较大的距离。

3. 决策的偏差

立法不存在标准答案,立法是在一次次发现问题并解决问题的过程中作出平衡的行为。立法工作者是带有感情的,会基于不同的偏好而作出不同的决策,面对大量的数据,选择与判断容易受到偏好的影响,偏好则会受到利益、认知、专业、情绪等因素的影响。所以,人工智能应用于立法的这一决策基于偏好也可能出现偏差。

四、推进人工智能辅助立法的对策

建设人工智能辅助立法系统工程,以此推进人工智能辅助立法。这是一个系统工程,由立法辅助平台建设、制度供给、人才培养、技术发展等子工程构成,子工程之间是相互连接、相互促进的。例如,立法辅助平台的建设需要技术发展的支持,立法辅助平台建设又会影响制度建设的发展。

（一）总体定位

以"科学立法、民主立法、依法立法"为基本原则,以制度为保障,以数据为原料,以技术为工具,以人的发展为核心,推进人工智能应用于立法,充分发挥人工智能的优势,用先进的技术服务于立法工作者。

（二）发展目标

建设人工智能辅助立法系统工程,完善各个子工程,通过大数据应用、法律知识图谱构建、机器学习等技术提升应用能力,对立法全过程进行升级改造,对立法的立项、起草、征集意见、审议、审查、清理等各个环节进行辅助、强化,提升人工智能辅助立法的能力,从而完善相关法律法规。

（三）推进人工智能辅助立法平台建设

1. 建立人工智能辅助立法平台

平台的应用示意如图1。通过网络爬虫（Web Crawler）等技术采集信息汇入数据库,这里的数据库包括法律法规、司法、执法、经济等子数据库,数据库中的信息通过法律知识图谱等技术转化为人工智能可以读懂的语言即结构化数据,数据及立法工作者的指令通过机器学习转化为产品即可以辅助立法的有价值的输出。

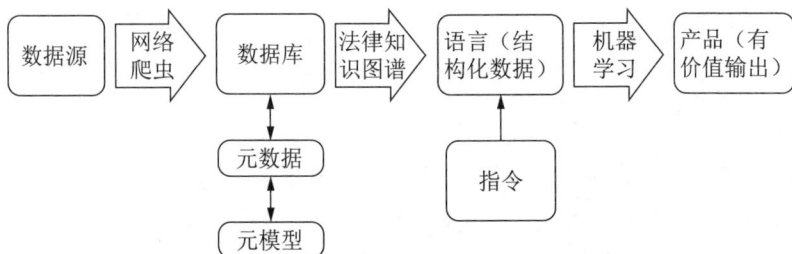

数据源 → 网络爬虫 → 数据库 → 法律知识图谱 → 语言（结构化数据）→ 机器学习 → 产品（有价值输出）

数据库 ↕ 元数据 ↕ 元模型

语言（结构化数据）← 指令

图1　人工智能立法辅助平台应用示意

该平台可以实现以下功能:一是数据的"全"。将涵盖国内外法律、法规、规定、案例、判例以及司法、执法等方面的数据存入这个库中,并根据需求对其实时更新,从而满足立法工作者的需求。二是搜索的"准"。现行的搜索方式一般使用"关键词",这里要实现的是"要素"式搜索。例如,立法工作者告诉人工智能需要查找涉及疫情防控隔离的相关法律法规条款,系统就会找出《传染病防治法》《突发公共卫生事件应急条例》等法律法规中的相关条款,即使相关表述上存在差别,也可以实现。三是给予"提示"。人工智能会及时提示立法工作者关键信息。例如,下位法与上位法的协同问题,如《传染病防治法》与《传染病防治法实施办法》的相关协同。例如,立法草案中语言的歧义问题,如新冠肺炎疫情防控中基层发挥了重要的作用,"社工"一词具有"社区工作者""社会工作者"的区别。还可以做的是,将重要意见建议等提示立法工作者。四是找出立法所要解决的核心问题。立法的过程是一个逐步挖掘痛点和难点的过程,力求用既细又实的规则来避免风险和问题。寻找痛点和难点是一个复杂而又艰辛的过程,人工智能可以帮助立法工作者找到核心问题。例如,针对此次新冠肺炎疫情防控中的逆行者——医护人员,鉴于医闹、伤医等问题,建立健全医护人员权益保护法律法规是客观需要,那么立法的核心问题是如何建立健全授益性规范、保障性规范与惩戒性规范等,人工智能可以辅助立法工作者找到相关痛点与难点,结合大数据应用提出意见建议。五是评估优化。立法需要具有一定的前瞻性,立法后需要开展合理的评估。通过合理的运算、建立模型等辅助评估优化。六是互相成长。人工智能通过自我深度学习、强化学习并在运行过程中不断提升智能化水平来辅助立法,及时应对新情况、新问题、新形势。立法工作者在人工智能辅助的应用模式下,在知识、认识、思维等方面也同步提升。

2. 推进大数据应用

数据是立法的基础信息,需要提升大数据应用能力。一是打通数据的壁垒。从内部层面统一数据的载体、形式、标准。①从外部层面实现数据共享,通过权限的设定,打通人大机关与政府部门、司法机关等的数据共享。同时,引入市场作为数据供给方。二是扩展数据的来源。通过网络爬虫等技术,自动从网页、App 等载体上抓取相关信息。三是加强元数据(Metadata)构建。所谓元数据即描述数据属性的信息,反应数据的事件、对象和关系。有了元数据,就可以为数据的关系分析打下基础,反应数据的问题,及时掌握数据的问题与变化。通过元数据推进元模型建立,推动数据的治理(见图 2)。四是建立结构化数据。人工智能可以读懂结构化的数据,这需要通过法律知识图谱构建来实现。

图 2　数据、元数据、元模型关系图

3. 深化法律知识图谱构建

知识图谱(Knowledge Graph),即将所有不同种类的信息连接在一起,将复杂的内容通过知识抽取、关系梳理、图像绘制而显示出来,描述实体、对象及其之间的强关联。法律知识图谱构建的过程也就是将法律人思考问题和解决问题的方法纳入人工智能,将逻辑判断、法律推理等融入人工智能,从而将数据库中的数据转化为人工智能能够读懂的语言。

4. 加强机器学习的应用

机器学习(Machine Learning),即模拟人类的学习行为,不断重新组

---

① 参见韩旭至:《数据确权的困境及破解之道》,《东方法学》2020 年第 1 期。

织已有的知识结构从而使之不断改善自身的性能。机器学习是人工智能的前沿技术，是实现智能化应用的核心。①通过自我更新式成长，处理立法工作者相关指令，分析相关数据。具体应用可以是，解决不同法律法规之间的衔接问题，以"打包"的方式将法律法规中有关规定衔接起来。例如，对《突发事件应对法》《传染病防治法》提及的相关衔接问题，提出"打包"式的修改完善建议。具体应用可以是，解决上位法、下位法之间的协同问题，以"众智"的方式，对不同领域的上位法、下位法进行有机的协同。例如，此次疫情涉及卫生防疫、道口管理、市容环境、劳动保障等多方面，对涉及中医药、公路管理、劳动保障等方面法律法规的立法修法提供全方位的建议。具体应用可以是，对相关法律法规的滞后性与不足之处提供修法建议。例如，对于疫情下导致传染病传播、流行，给他人人身财产造成损害的行为，依法纳入信用记录给予刑事处罚等建议。通过机器学习应用发挥参谋助手作用，将数据输出为有价值的"产品"，服务于立法工作者。

（四）加强制度的供给

加强人工智能立法，为人工智能应用于立法提供必要的制度保障。立法过程中需要体现以人为本的法治理念，体现科技服务于人类的改革理念，以及循序渐进的实用价值主义。鉴于人工智能作为新生事物，人工智能立法可以有"三个考虑"。一是考虑采取"成熟一个、制定一个"的策略。即先进行单项立法，再进行综合立法。设立的条款不宜过于复杂，应将复杂的问题细化分解为一个个子问题再进行研究并加以解决。二是考虑将人工智能立法任务进行分派。发挥好立法工作部门、实际部门、专家学者、市场等方面的作用，发挥他们的各自优势。三是考虑学习借鉴。可以学习借鉴其他社会科学与自然科学领域的经验与方法，可以在个别领域区域先行先试，从而使人工智能立法体系不断完善。

（五）加强人才建设及技术发展

加强推进人才建设及技术发展这两个子工程。在人才建设方面，以"人工智能＋专业化"为培养目标，加大复合型人才的培养力度，鼓励立法工作者使用人工智能，从认知上确定人工智能辅助立法，并从制度和机制上进行保障，如设立容错机制等。鼓励高校推进课程改革和设置，推动高

---

① 参见季卫东：《人工智能时代的司法权之变》，《东方法学》2018年第1期。

校和立法工作部门、实际部门的合作。在技术发展方面,加大人工智能关键技术的升级,鼓励市场参与科技研发和标准体系建设,建立与应用相适应的数据共享、效果评价、行业准入规则等。

结　语

总之,人工智能的发展将为立法工作提供更为有效的支持,并对立法全过程进行升级改造,从而提升"良法善治"的能力。将人工智能辅助立法作为一个系统工程来建设,完善立法辅助平台建设、制度供给、人才培养、技术发展等子工程,人工智能辅助立法必将更好地推进国家治理体系和治理能力现代化,相关法律法规也将更完善。

数据权利边界之廓清

夏海波[*]

内容摘要：廓清数据权利边界是保护数据权利关联主体的重要前提,对宽泛而不加甄别分类的数据"统一保护"并不可取。按照数据生长周期划分数据阶段从而识别每个阶段的数据形态是界定数据权利的基点。本文把数据分为四个阶段,分别是挖掘(采集)阶段、储存(汇编)阶段、处理(清洗)阶段、使用(交易)阶段。通过对前三个阶段数据形态的剖析、对应阶段数据权属的法理分析,以及对数据使用者侵权"使用"数据的行为方式的双面探讨,本文提出"内部以数据分阶段确定权属"为主、"外部以侵权'使用'数据行为判断"为辅的数据权属厘清方式,以期有助于廓清数据权利边界。

关键词：数据 信息 权利 边界 侵权

一、问题的提出

在大数据时代背景下,数据含有非常大的经济价值,是企业重要的无形资产,故又可以被称为"新时代的石油"。数据不是一段简单的代码,而是一种社会、经济、政治、文化的重要资源。[①]一个企业无论其规模大小、创建历史长短,都或多或少拥有数据,而在愈发激烈的市场经济竞争中,这些数据对企业有着独特的价值。根据数据的生长周期可以分为四个阶段:挖掘(采集)、储存(汇编)、处理(清洗)、使用(交易)。原生数据的来源是个人可识别的特征或个人的行为轨迹,所以,目前对于数据的保护都是基于"人"的角度而展开的,其中最具代表性的是2018年5月25日欧盟出台的《通用数据保护条例》(GDPR)。当然,企业也会采取各种与用户签订《授权协议》

---

* 上海汉盛律师事务所高级合伙人,法律硕士。

① 参见闫立东：《以"权利束"视角探究数据权利》,《东方法学》2019年第2期。

的方式承诺自己对仅在用户授权范围内正当地使用数据。然而,当用户的数据权被侵犯的情况实际发生时,法院往往因为数据权利范围的界定而苦恼,主要表现在:(1)现行法律体系下并未对数据和信息涵盖范围及区别作出明确界定,致使发生纠纷时无法认定被侵犯的是数据权还是信息权;(2)"个人数据""海量数据""大数据"概念易混淆;(3)数据易储存、复制及再生的特点,致使难以认定侵权行为发生时数据权利的归属;(4)数据的容量大、来源类型多、经手人员或企业过多等的特点为数据保护增添了难度。

数据权利是一种新型的民事权利,①它和知识产权一样存在着保护与限制需协调、平衡的问题,对于"'强数据'需'强保护'"以及"'弱数据'需'弱保护'"的理念应当慎重考虑。在数据保护中需要协调多方利益,不能因保护数据而限制数据的发展。故各方若能厘清数据权利的边界,其利益冲突或许就不会发生。但数据的发展永远在立法之前,法律的滞后性导致数据权利边界难以确切划分。一味地与用户或大数据公司签订《授权协议》以获取数据使用权并不能代表这些合规方式行之有效。

故此,企业若想切实维护其自身所持数据的利益,绝不能将厘清数据权利边界问题推后至法院,否则很可能因为前面的保护漏洞而功亏一篑。所以,务实的态度应是:企业在数据持有伊始尽可能廓清数据权利边界,做好数据合规体系架构建设,并将其贯彻到数据合规企业战略中去,以期在数据纠纷发生时取得主动性。同时,因为数据权利边界不清主要是因为企业与原始数据个体、公共利益等多方存在诸多利益冲突,所以,企业在保护其所持有的数据利益过程中,需高度重视各方可能会出现的利益冲突,尽力厘清各方冲突中的争议焦点。就我所掌握的资料来看,欧盟的《通用数据保护条例》、美国加利福尼亚州颁布的《2018年加利福尼亚州消费者隐私法》及司法实践等都对数据的生长周期形成较为成熟的规则,可以为我们廓清数据权利边界提供借鉴。

二、内部基点:"三阶段"数据权属确定的法理基础

数据相较其他动产或不动产有着显著的不同,数据难以借助公示制

---

① 参见李爱君:《数据权利属性与法律特征》,《东方法学》2018年第3期。

度确定相应的主体与客体。相反,不动产以登记的方式公示了权利的边界,①动产以有形实体交付公示了权利边界,①知识产权除商业秘密以秘密性作为其价值所在,著作权以发表方式公示了权利的边界,专利权和商标权以核准方式公示了权利的边界。而数据来源及后续处理的交错复杂在侵害行为真正发生时才有可能划分出权利的界限。故此,廓清数据权利边界是保护数据权利关联主体的重要前提。

一般而言,大数据时代背景下数据的生长周期分为四个阶段:挖掘(采集)、储存(汇编)、处理(清洗)、使用(交易)。因此,确定与证明数据属于哪个阶段是廓清数据权利的基点。然而,实践中企业往往忽略数据所处阶段,没有对数据生成阶段进行充分研究,本着用户已经"同意授权"的观念,将所有的信息放任使用。所以不少企业难免在数据保护方面漏洞百出,故要廓清数据权利的边界,"三阶段"的确定是首要任务。

(一) 数据挖掘(采集)阶段——个人数据

1. 数据挖掘(采集)阶段的确定

数据挖掘(采集)阶段是指从特定数据生产环境或不同的数据源中获得的原始数据。这一阶段获得的原始数据多是零散无序、识别性高、应用价值低的数据,多表现为自然人的姓名、性别、民族、联系方式、家庭住址、工作单位等"强数据"以及运动轨迹、购物记录、行车路线、上网痕迹、位置定位等个人偏好或行动方面的"弱数据"。无论是"强数据"还是"弱数据",此时的数据表现多为自然人的自有属性或因其行为而自动产生与自然人有着强烈的关联。故此,自然人在日常生产行为过程中,往往会产生大量的个人数据,该阶段的数据权利关联主体为自然人。

2. 个人数据权属确定的法理基础

数据主体作为万数之源的创造实体,是数据保护的核心。各国基于对数据个人进行人格权保护的立法工作,主要有两种保护模式:一是基于传统的隐私权保护的美国模式,科技的发展不断扩大隐私权的范围,隐私权的客体是数据背后的人格权益,基础在于保护公民的人格尊严;二是基于个人数据自决的德国模式,在大数据背景下公民数据自决的权力逐渐削弱,其客体也是数据背后的人格权益,基础在于保护公民的人格尊严和

---

① 参见梁慧星:《民法总论》,法律出版社 2007 年版,第 151—156 页。

人格发展的自由。前者注重事后救济,而后者更注重事前预防。①

美国个人数据保护以隐私权为其权利基础,以个人人格不受侵犯为保护目的,即美国的隐私权制度根植于个人的人格尊严。②隐私权涵盖了人们生活的诸多方面:第一,隐私权可以保护人们创造性思维需要的独处生活;第二,隐私权可以让人们的生活变得更加独立;第三,隐私权保护人们的财产有所保障,使得公权力不会任意对人们进行干扰。③美国重视表达和信息自由的价值,认为人们合法获得的真实信息的表达应当全部受到绝对的保护。故,美国的隐私权理论是自由主义思想影响下的产物,是以个人主义为分析切入点,强调在政治和法律安排上防范公权力侵犯人权的制度,个人获得对抗国家和社会的权利。④

德国个人数据保护以个人数据自决权为权利基础。个人数据自决权源自个人人格自治的理念,属于人格权利,其期望保护的是一种人格利益。就像最初的隐私权一样,个人数据自决权并没有法律上的明文规定,其确立都是从法院的判例中演化而来。1983 年,德国联邦宪法法院提出了"个人信息自主"的概念和"权利保护理论",认为信息个体有权反对其个人资料被无限制地收集和使用。⑤信息自决权理论认为,"个人对其一切具有识别性的个人信息的收集、处理和利用享有决定权和控制权",即"我有权决定何时、何地、以何种方式传递有关我的信息"。⑥这就意味着信息主体要对数据的获取、处理过程完全知情和充分参与,即享有处分的知情权,以及同意或拒绝、修改和删除等权利。如果个人失去了对个人信息的支配权,那么个人的人格尊严、平等、独立、自由的人格利益将会荡然无存。

---

① 参见杨张博、王新雷:《大数据交易中的数据所有权研究》,《情报理论与实践》2018 年第 6 期。

② 参见齐爱民:《美国信息隐私立法透析》,《时代法学》2005 年第 2 期。

③ 参见[美]艾德曼、肯尼迪:《隐私的权利》,吴懿婷译,当代世界出版社 2003 年版,导论第 1—2 页。

④ 参见王秀秀:《大数据背景下个人数据保护立法理论》,浙江大学出版社 2018 年版,第 53 页。

⑤ 参见陈绚、李彦:《大数据时代的"个人电子信息"界说——权利衍生的比较法研究》,《国际新闻界》2013 年第 12 期。

⑥ 参见胡文涛:《我国个人信息隐私权保护法律存在的问题及思考——以与互联网企业利益平衡为视角》,《云南师范大学学报》(哲学社会科学版)2016 年第 6 期。

所以，德国个人数据自决权虽起于隐私，但未止于隐私，其通过法院判决逐渐确立了与隐私权一样的特别人格权——"个人数据自决权"，它们的上位概念都是一般人格权。主张者希望通过重塑"个人信息自决权"这一"新型权利"，限制个人高度敏感的"强信息"无限制的被交流，以重新构造个人对自身的个人信息控制权。①但实际上，此种绝对权利理论在欧洲进行了一定的修正，大多数国家数据保护体系的构建是基于隐私权的司法实践，即将个人数据中涉及个人隐私的信息部分归入民法隐私权的保护范围。

经过上述比较不难发现，英美法系的隐私权和大陆法系的一般人格权，两者对于人格尊严、人格独立的保护有异曲同工之妙。

我国应当以一般人格权作为我国个人数据保护的法理基础。众所周知，德国与美国的法律体系不同，分属于大陆法系和英美法系，故两国在私法制度上存在着本质的不同。美国的判例法系中没有与大陆法系中相对应的人格权概念，而在大陆法系的德国民法中也没有与英美法系中相同外延以及功能的隐私权制度。隐私权在英美法系中指的是在西方文化背景下界定人性时不受到某种公权力入侵的权利，是对个人人格自由及尊严的保护。②而大陆法系的隐私权早已被承认为一项具体的人格权。大数据时代背景下，个人数据不同于个人隐私，个人数据与个人隐私的外延不相同，故对个人数据的保护不能仅限于隐私保护的利益。③因此，中国正在进行的个人数据保护立法，应该立足于中国既有的法治环境土壤，尊重本国的社会文化与价值，选择一般人格权作为个人数据保护立法的权利基础。

一般人格权不仅对具体人格权有一般的涵盖作用，同时也是人身权中一项独立的基本民事权利。④一方面，一般人格权为应对社会变迁及科技发展等大环境的变化，派生出了各种各样的具体人格权；另一方面，由

---

① 参见杨芳：《个人信息自决权理论及其检讨——兼论个人信息保护法之保护客体》，《比较法研究》2015年第6期。

② 参见杨佶：《论个人信息的法律保护》，《吉首大学学报》（社会科学版）2009年第1期。

③ 参见王毅纯：《论隐私权保护范围的界定》，《苏州大学学报》（法学版）2016年第2期。

④ 参见杨立新：《人身权法论》，人民法院出版社2006年版，第445—480页。

于一般人格权具有抽象和高度概括性的特色,亦可成为人身权中最具抽象性、典型性和基础性的基本人格权。一般人格权具有解释功能、创造功能及补充功能,[①]而一般人格利益是民法理论中最接近个人数据保护之精神性人格利益的上位概念,能完整概括个人数据保护的法益。个人数据保护的法益是因科学信息技术发展所产生的一种独立新型的精神性人格利益,只有借助一般人格权的三个基本功能,才能引领一般人格利益涵盖个人数据上承载的所有精神性人格利益。

(二)数据储存(汇编)阶段——海量数据[②]

1. 数据储存(汇编)阶段的确定

数据储存(汇编)阶段是指对海量数据的储存和管理,而这些海量数据的储存和管理者一般为政府或者企业(以下简称"数据控制者")。[③]数据控制者将挖掘或者收集到的个人数据进行简单的预处理,即数据控制者将海量数据中一些无意义的数据剔除,并根据后阶段数据处理(加工)的需要将海量数据进行有规则的储存、汇编、管理。数据控制者在海量数据的收集过程中,投入了大量的技术和管理成本,所以该阶段的数据权利关联主体为数据控制者。数据控制者对于该阶段的海量数据享有占有、使用、收益、处分(经原个人数据主体同意)的权利。

2. 海量数据权属确定的法理基础

目前,越来越多的企业或者机关单位斥巨资挖掘(采集)个人数据,如果完全限制其对海量数据的使用或者放任其他第三人使用,则可能会打

---

① 参见蒋涛:《关于一般人格权的民法价值及其立法发展》,《山西大同大学学报》(社会科学版)2009年第4期。

② 很多人认为数据经过一定量的积累(海量数据/巨量资料)就是大数据,其实大数据与海量数据在概念上存在很大的差别。大数据通常是海量的,而对于海量的数据,如果现有的一般技术不能够管理和处理,则还称不上是大数据。从英文翻译的角度来看,"Big Data"翻译为"大数据",而"Massive Data"、"Large—Scale Data"或"Vast Data"则翻译为"海量数据/巨量资料"。故此,本文认为"Big"应该解释为数据关联复杂度、价值尺度、发掘难度。正如国内某学者认为"大数据"之"大"的意义在于:人类可以"分析和使用"的数据在大量增加,通过这些数据的交换、整合、分析,人类可以发现新的知识(衍生数据产品),创造新的价值。参见涂子沛:《大数据:正在到来的数据革命,以及它如何改变政府、商业与我们的生活》,广西师范大学出版社2013年版,第57页;熊春泉、聂佳龙:《大数据时代的中国法治建设——一种立法视角的分析》,中国政法大学出版社2017年版,第99—100页。

③ 参见马建刚:《检察实务中的大数据》,中国检察出版社2017年版,第21页。

击这类数据控制者的信心,提高企业或者政府对海量数据的存储和管理成本。因此,放松对数据流通的束缚,促进数据流通的安全与快捷,仍然任重而道远。在实践中,对于海量数据的保护并不是一道单项选择题,而是可以根据不同情况受到多项法定权利保护的多项选择题。根据中国法律,被侵权人除了可以主张《中华人民共和国著作权法》中的著作权外,还受商业秘密权、合同债权和反不正当竞争的保护。

从现有的中国法律体系出发,对海量数据的法律保护制度设计类似于《著作权法》第14条①对数据库的法律保护。数据控制者对海量数据存储(汇编)之后形成具有独创性的数据产品可以获得我国《著作权法》的保护。《著作权法》第14条的规定与《世界知识产权组织版权条约》第5条以及《与贸易有关的知识产权协定》第10.2条相同,并无实质上的差异。从以上法律和国际条约规定可知,我国《著作权法》所保护的汇编作品可以由电话号码、地址信息、公司名称、交易行情、股票走势等不能单独构成作品的信息、数据或其他资料汇编组成,这一点可使著作权保护在理论上延伸至数据。

然而,海量数据的汇编作品虽然在其结构和编排体例体现作者的独创性,但这种汇编作品未必具有保护价值。海量汇编数据的结构与数据如同蓄水池与水,决定数据真正价值的是数据内容本身而不是结构,例如:同一城市地区内的电影票信息按电影放映时间、电影票价高低、优惠力度、电影院名称排列都可以,但实质上都是同一个数据集合,没有保护的价值。此外,会计行业的财务报表类数据库结构在逐步标准化和统一化,如财务报表,也使对数据结构的保护失去意义。而在大数据检索技术被普遍运用的情况下,数据库的结构也随时进行着增减变化。因此,汇编作品并不能覆盖很多有价值的数据库,以汇编作品版权模式保护海量数据有先天不足,可能会致使立法本意与法律实践产生南辕北辙的效果。

数据控制者如果对于海量数据的存储(汇编)的预处理未达到最低创造性要求,则无法获得财产规则下著作权模式的保护。比如在上海澳托

---

① 《著作权法》第14条:"汇编若干作品、作品的片段或者不构成作品的数据或者其他材料,对其内容的选择或者编排体现独创性的作品,为汇编作品,其著作权由汇编人享有,但行使著作权时,不得侵犯原作品的著作权。"

克数字仪器有限公司、特福隆集团有限公司与罗托克控制有限公司侵犯著作财产权纠纷案中,①法院认为:"汇编若干作品、作品片段或者不构成作品的数据或者其他材料,对其内容的选择或者编排体现独创性的作品为汇编作品。罗托克控制公司未能举证证明系争的3张数据列表中的数据在选择、编排方面具有独创性,因此,系争的3张数据列表不构成汇编作品。"对于无法达到法律规定最低独创性水平的汇编数据,数据控制者可以对其收集的信息以商业秘密的形态加以保护,以保障对海量数据商业利用的市场秩序。

《中华人民共和国反不正当竞争法》第10条第3款规定,当技术信息和经营信息满足秘密性、保密性、实用性时可以作为商业秘密保护。目前,司法实践中对商业秘密权利边界的认定更倾向宽泛化,主张商业秘密权保护数据的案例亦呈现增多趋势。在广州润亮财税咨询服务有限公司、程红亮与北京新网数码信息技术有限公司广州分公司等人侵犯著作权纠纷、侵害商业秘密及其他不正当竞争纠纷案中,②首先,法院认为本案系争的客户名单涉及的联系方式、客户交易习惯、交易意向等内容有别于公共渠道获得的信息,满足商业秘密具有秘密性的特点。其次,原、被告之间签订的《保守商业秘密协议书》和《劳动合同》有效,故法院认为原告对其客户名单等经营信息采取了相应的保密措施,满足商业秘密具有保密性的特点。最后,原告主张权利的经营信息能够给原告公司带来一定的经济效益,使原告公司具有较强的竞争优势,满足商业秘密具有实用性的特点。因此,法院认为原告公司的客户名单符合商业秘密的法律构成要件。

此外,对于既不满足《著作权法》对独创性的要求又不符合商业秘密的案件中,以不正当竞争对海量数据进行保护往往是原告和法院的首要选项,即法院在裁判时从实现数据保护和商业利用之间的平衡角度出发,对无法达到法律规定最低独创性水平的汇编数据给予前期肯定,以保障其海量数据商业利用的市场秩序。例如:在上海霸才数据信息有限公司与北京阳光数据公司技术合同纠纷案中,③法院认为,SIC实时金融信息

---

① 参见上海市高级人民法院(2009)沪高民三(知)终字第6号民事判决书。

② 参见上海市高级人民法院(2011)沪高民三(知)终字第100号民事判决书。

③ 参见北京市高级人民法院(1997)高(知)终字第66号民事判决书。

是一种新型的电子信息产品应属电子数据库,本质上是特定金融数据的汇编,但在数据的编排和选择上并未达到《著作权法》所要求的独创性,不构成《著作权法》意义上的作品。但是作为特定金融数据的汇编者,对数据的收集、编排进行了投资,承担了投资风险同时也获取了收益。故此,特定金融数据的汇编者对于其投资及由此而产生的正当利益应当受到法律保护。[1]正由于《反不正当竞争法》具有高度抽象性和宽泛化解释的弹性,故其能够对成文法静态保护的权利形成兜底的动态保护。

(三)数据处理(清洗)阶段——大数据

1. 数据处理(清洗)阶段的确定

数据处理(清洗)阶段是指企业或政府(以下简称"大数据生产者")利用分析方法或工具对数据进行检察、变换和建模并从中提取价值,即在海量数据的基础上对其进行"云计算",由此产生的新的数据产品称之为衍生产品。[2]此时,由于海量的个人数据已被大数据生产者清洗和数字化,此时的衍生数据产品中的人格属性被剥离,不再涉及个人数据所有权的问题,大数据的财产性价值凸显。该阶段的大数据生产者对大数据产品享有所有权,这是对其智力成果的肯定,同时也顺应大数据产业发展趋势,满足大数据时代数据保护规则建构的要求。

2. 大数据权属确定的法理基础

在普通法的传统里,"捕获规则"是伴随着野生动物资源、石油资源以及相应监管法律制度发展过程中的一项重要产权制度,美国各州普遍采用该规则。"捕获规则"也称为"无限采掘权规则"。著名的皮尔逊诉波斯特案(Pierson v. Post),[3]围绕野生动物的财产权利归属这一问题而展开。波斯特主张适用"可能捕获标准",即具有合理成功机会且正在追赶猎物的猎人已经充分实施了产生所有权的"占有"行为,皮尔逊则主张适用"实际捕获标准",即野生动物所有权应归属于第一个捕获或杀死它的自然人。本案二审法院推翻了一审法院的判决,最后确立了野生动物实际捕

---

① 《反不正当竞争法》第 2 条规定:"经营者在市场交易中,应当遵循自愿、平等、公平、诚实信用的原则,遵守公认的商业道德。本法所称的不正当竞争,是指经营者违反本法规定,损害其他经营者的合法权益,扰乱社会经济秩序的行为。"

② 参见马建刚:《检察实务中的大数据》,中国检察出版社 2017 年版,第 21 页。

③ See Pierson v. Post,(1805)3 Cai. R.175.

获标准,即只能通过占有的方式取得其所有权。因此,捕获规则奖励的是成功者而不是努力者。①

无独有偶,在佩德罗石油公司与阿普兰德资源有限公司一案中,②审判法院对"捕获规则"适用于自然资源作了如下阐释:"捕获规则"适用于土地所有人在非故意或非恶意的情况下,有权获取其地下可移动矿产而无需对相邻土地所有人承担任何责任,即使获取地下可移动矿产的行为可能侵犯相邻土地所有人对该矿产享有的所有权权益。因此,近代以来,许多文明国家对自然资源从土地的母体分离后的权属问题单独采用主权者控制下的"许可—取得"模式,替代将自然资源作为土地组成部分而被土地先占者一并先占的私有化模式,以及将自然资源作为土地孳息而被土地物权人一并取得的私有化模式。③著名学者盖尤斯(Gaius)从自然理性的视角出发,主张无主物的所有权归先占者取得,涵盖范围包括陆海空范围之内的一切可能被捕之物。④

"捕获规则"对应的捕获所有权同样适用于大数据。数据生产者对海量数据进行加工、清洗、处理后而得的各种衍生数据产品(诸如数据库、数据报告或数据平台等),对其享有占有、使用、收益和处分的财产权益。⑤

第一,数据信息如同野生动物、水流、石油、天然气,是一种可流动的资源。数据的复制性强、易传播等特性充分说明了数据信息能从一个储存介质上转移到另一个储存介质上。大数据"云计算"的作用下获得的衍生数据产品可以被形象地理解成数据生产者最先"捕获"并实际占有和控制的产品,是数据生产者的"战利品"。

第二,新数据产品是数据生产者的劳动成果。新数据产品并非原始

① 参见[美]翰·G.斯普兰克林:《美国财产法精解》(第2版),钟书峰译,北京大学出版社2009年版,第28页。

② See Melissa M. Potapova. Recent developments in texas and united statesenergy law, Texas Journal of Oil, Gas, and Energy Law, 2008, 3(1): 94—116.

③ 参见张力:《先占取得的正当性缺陷及其法律规制》,《中外法学》2018年第4期。

④ 参见[古罗马]盖尤斯:《法学阶梯》,黄风译,中国政法大学出版社1996年版,第100页。其原文表述为:"不仅那些通过让渡归我们所有的物品因自然原因而为我们所取得,而且通过先占先前不归任何人所有的物品(比如陆地、海洋或天空中被抓获的物)亦归我们取得。"

⑤ 参见龙卫球:《数据新型财产权构建及其体系研究》,《政法论坛》2018年第4期;龙卫球:《再论企业数据保护的财产权化路径》,《东方法学》2018年第3期。

天然之物,对其进行挖掘、存储、处理以及数据价值实现皆有赖于数据生产者前期大量的人工干预和巨额的资本投入。[①]这种新数据产品的获得如同自然资源,若想要获得这些资源,则必先付出一定的劳动,才有可能将这些资源"私有化"。基于数据多栖性的特点,数据生产者将新数据产品"私有化"后,并没有损害数据信息初始的数据源。[②]

第三,"捕获规则"给予数据生产者积极正向且有效的激励。众所周知,大数据产业是一个人力和资本双密集的行业,通过"捕获规则"确定数据生产者的所有权一方面可以遏制第三方搭便车的行为,鼓励数据生产者对数据挖掘、存储、处理等行为的长期投资;另一方面,"捕获规则"在法律层面增加了确定性,有助于大数据交易和大数据的商业化再利用。不仅如此,"捕获规则"下的数据所有权将数据生产者的实际控制转化为法律控制,大大提升了数据的开放程度与可得性,进而促进数据的自由流通。可资作证的是,欧盟《关于数据库的法律保护的指令》(Directive 96/9/EC on the legal protection of databases)在赋予那些不受著作权法保护但又有实质性投资的数据库以特殊权利的同时,特别允许第三人亦有权自由运用权利人公开数据库中属于单纯事实部分的数据。[③]

三、外部关键点:侵权"使用"数据行为的 判断与证明——数据使用(交易)阶段

数据催生了信息新时代,但人们在获取种种便利之时,也冒着数据被非法泄露的风险。实践中,各国司法部门从企业或单位外部入手,规制数据使用者对数据侵权"使用"的行为。对于侵权"使用"数据行为的判断,存在很多难点,我国国内实务经验尚少且缺乏系统的理论研究。下文将以数据使用(交易)阶段为视角,分析数据使用者侵权"使用"数据的行为方式,以期有助于厘定数据权利边界。

---

① 参见韩旭至:《数据确权的困境及破解之道》,《东方法学》2020 年第 1 期;龙卫球:《再论企业数据保护的财产权化路径》,《东方法学》2018 年第 3 期。

②③ 参见许可:《数据权属:经济学与法学的双重视角》,《电子知识产权》2018 年第 11 期。

2018 年 8 月，微信平台出现了一张黑客出售华住酒店集团 5 亿条客户数据的截图，全部用户数据信息的打包价为 8 个比特币，折合人民币约 38 万元。实践中，个人数据交易是对个人数据最直接的一种利用行为，也是目前对个人数据保护最大的威胁。个人数据交易主要有三种形式：一，数据控制者将个人数据信息作为"商品"销售给第三人；二，各个数据控制者之间互换各自收集的个人信息；第三，关联企业之间的共享或者因公司组织并购而取得的个人数据。

《中华人民共和国刑法》第 253 条、《中华人民共和国刑法修正案（七）》、《中华人民共和国刑法修正案（九）》对侵害公民个人信息犯罪作了明确规定，分别是出售、非法提供公民个人信息罪和非法获取公民个人信息罪，凡是达到法定刑事责任年龄的自然人或任何单位均能以前述罪名追究刑事责任。

在大数据信息背景下，我国《刑法》有针对性地明确侵害个人信息违法犯罪行为，强化情节界定，表明了我国在尊重人权和公民个人数据信息保护上所作出的努力，具有重要意义。

数据收集者若将数据集用于单位内部实验、个人数据信息商业化或其他超越限制领域的用途，可构成侵权"使用"。著名的网络书店亚马逊曾特别开辟一个名为"采购圈（Purchase Circles）"的专区，在该专区公布亚马逊书店关于书籍、CD、录像带的排行榜。亚马逊书店系根据历年来曾上网消费的约一千万笔客户购买的书籍加以分析整理，并依地区、国家、非营利团体、私人公司、大学等等进行分类，个别统计销售排行榜，并开放给所有在线者查询。①

早在 1995 年，欧盟议会与欧盟理事会公布的《关于涉及个人数据处理的个人保护以及此类数据自由流通的第 95/46/EC/号指令》（以下简称"95指令"）赋予了数据主体反对数据控制者以商业化目的对个人数据进行处理和利用的权利。《通用数据保护条例》也规定数据主体享有拒绝权，即在数据处理者合法处理数据的情况下，数据主体依然能够拒绝，且该权利应当被明确地引起数据主体的注意，清晰地与其他信息分开说明。但数据

---

① 参见李科逸：《业界动态》，《资讯法务透析》1999 年 11 月，第 10 页。

主体的拒绝权有一定范围的合理限制,并不能拒绝数据控制者所有的合法处理行为。[①]

《中华人民共和国网络安全法》作为我国网络安全领域的首部法律,规定了对个人信息的保护,统一了"个人信息"的定义和范围,确立了个人信息收集和使用的合法正当原则、知情同意原则、目的限制原则、安全保密原则和删除改正原则,规定了相关主体的个人信息保护义务,也规定了违反个人信息保护的法律责任。其中,第41条规定了网络运营者收集、使用个人信息时应当事先经过被收集者同意,并明示信息的使用目的和范围。

因此,网络书店亚马逊在未经网络使用者或消费者同意的情况下开辟"采购圈"专区,收集、处理、使用,甚至公开其个人书籍,置消费者的个人尊严于不顾,本质上构成侵犯消费者的一般人格权。数据主体在接受服务或者交易的过程中,提供必要的数据信息只允许用于提供服务的目的,未经数据主体同意,个人数据被用于其他目的即为不正当的利用。

在"腾讯诉抖音"一案中,QQ/微信的个人头像属于个人用户授权腾讯单独使用以及允许腾讯与第三方(抖音)使用,虽抖音和多闪为关联公司,但被授权的第三方没有权利再授权给"第四方"(多闪)等使用。腾讯在起诉抖音时,履行其保障个人用户数据安全的合同义务,是其承担企业责任的表现。[②]

因此,数据收集者若要将个人数据直接给到其关联方(为同一实际控制人),减少数据收集的成本,亦可认定为直接侵权"使用"。

《中华人民共和国宪法》第40条规定了通信自由与通信秘密受法律保护,通信自由权所保护的利益是个人私生活和表现行为的自由。公民的通信自由当然包括通过电子邮件进行通信的自由,但并不意味着可以滥用此种权利而随意地发送宣传单或电子广告信,如《中国电信垃圾邮件处理暂行办法》以及《中国互联网协会反垃圾邮件规范》对于垃圾邮件就有明确的责任规定。

数据收集者利用个人数据处理分析后引诱数据主体作出相关行为也可以认定为直接使用。2012年,查尔斯·杜希格(Charles Duhigg)曾在

---

① 京东法律研究院:《GDPR评述及实务指引》,法律出版社2018年版,第61—62页。
② 参见天津市滨海新区人民法院(2019)津0116民初2091号民事判决书。

《纽约时报》上发表过一篇小文章《公司如何了解你的秘密》，这篇文章的亮点是一个父亲的故事，主要讲述的是一位父亲来到一家商店，抱怨商店给他的高中女儿寄来了婴儿用品折扣券。几天后，父亲打电话向商店经理道歉，原来他十几岁的女儿怀孕了，她只是还没来得及告诉她父亲！商店是怎么知道这个女孩怀孕的，她甚至还没告诉她爸爸？简单来说，通过观察人们的购物习惯，对客户的历史购买记录进行分析和预判，商店和许多其他零售商可以对人们的生活作出精准的预测，进而向客户发送相关推销广告，引诱客户进行消费。①

　　如上所述，数据收集者利用数据主体的个人数据信息及消费信息向数据主体滥发宣传单或者电子广告信是最常见的样态，除此之外，我国法律对于个人数据信息的保护规定，还零散地分布在各个法律规范中（见下表），被侵权的数据主体需要结合自身情况进行甄别，鉴定数据收集者是否利用自己的个人数据引诱自己作出相关行为。

与信息相关的法律汇总

法　　律	发布日期	相关条款
中华人民共和国律师法	2017 年 9 月 1 日	第 38、48 条
中华人民共和国电子签名法	2015 年 4 月 24 日	第 15、27、34 条
中华人民共和国邮政法	2015 年 4 月 24 日	第 7、35、36、76 条
中华人民共和国居民身份证法	2011 年 10 月 29 日	第 6、13、19、20 条
中华人民共和国统计法	2009 年 6 月 27 日	第 9、25、37、39 条
中华人民共和国护照法	2006 年 4 月 29 日	第 12、20 条
中华人民共和国传染病防治法	2004 年 8 月 28 日	第 12、68、69 条
中华人民共和国执业医师法	1998 年 6 月 26 日	第 22、37 条
中华人民共和国商业银行法	1995 年 9 月 10 日	第 6、29 条

　　数据收集者超期使用个人数据也可构成侵权"使用"。数据主体有权要求数据控制者无不当延迟地删除其个人数据的制度和立法源起于欧

---

① See Duhigg C. How companies learn your secrets，https：//www.nytimes.com/2012/02/19/magazine/shopping—habits.html.

洲。2014 年 5 月 13 日,欧洲法院在 Google Spain,SL,Google Ine. v.
Agencia Espanola de Proteccion de Datos (AEPD), Mario Costeja
Gonzale 案中认定,如果与个人信息有关的搜索引擎结果是不准确、不适
当、(与目的)不相关或者是超范围的,会给数据主体造成偏见性影响,数据
主体有权要求相关信息不再为公众知晓,不再列入搜索结果。[1]在我国"任
甲玉与百度"一案中,法院也强调"任甲玉依据一般人格权主张其被遗忘
权应属一种人格利益,该人格利益若想获得保护,任甲玉必须证明其在本
案中的正当性和应予保护的必要性"。[2]

可资作证的是,欧盟《通用数据保护条例》第 17 条规定:个人数据的收
集和处理已不再必要的、数据主体撤回同意或同意到期的、数据主体行使
反对权的、个人数据被非法处理的、根据成员国法定义务必须删除的、根
据《条例》第 8.1 条所述的社会信息服务而收集的。以全球大数据企业领
头羊的 Google 公司为例,每年要收到数以万计的数据主体删除其个人信
息的请求。故此,Google 公司专门成立了专家组和删除组,两组人员专门
负责去审核这些数据主体的申请并对其个人信息予以回复、查询、删除。[3]

综上,个人数据在初期的披露、处理和使用价值可能较高,但随着时
间的推移,此类数据的披露、处理和使用价值会逐渐降低,此时继续公开
此种数据的价值要远远低于该数据可能对数据主体带来的不利影响,则
此时应赋予数据主体要求将该数据予以删除的权利。

结　　语

本文根据数据的生长周期把数据分为四个阶段,分别是数据挖掘(采
集)阶段、数据储存(汇编)阶段、数据处理(清洗)阶段、数据使用(交易)
阶段。

---

①　See Thomas Margoni:IRIS:Legal Observations of the European Audiovisual Ob-
servatory,ISSN—e 1023—8565,No.6,2014,páge 3—4.

②　参见北京市第一中级人民法院(2015)一中民终字第 09558 号民事判决书。

③　参见周林彬、马恩斯:《大数据确权的法律经济学分析》,《东北师大学报》(哲学社会
科学版)2018 年第 2 期。

数据挖掘（采集）阶段、数据储存（汇编）阶段和数据处理（清洗）阶段是廓清数据权利的基点。数据挖掘（采集）阶段采集的是最原始的个人数据，其对应的权利主体是原始数据主体；数据储存（汇编）阶段存储、汇编及管理是由大量原始个人数据积累而成的海量数据，其对应的权利主体是数据控制者；数据处理（清洗）阶段是基于海量数据，通过"云计算"的预测和分析作用得到的高价值衍生数据产品。不同阶段对应着不同的数据实体，也对应着不同的权利主体。

在实际数据应用中，不同阶段的数据都有被泄露和侵犯的可能性，并且此阶段的数据控制者可能会对彼阶段的数据进行违法侵权"使用（交易）"，进而对彼阶段的数据权利关联主体造成侵害。三个阶段的数据也可能受控于同一个数据控制者，形成"数据垄断"。而在数据使用（交易）阶段，数据控制者侵权"使用"数据行为是数据权利边界的外部关键点。

迄今为止，无论是立法还是司法对数据权属问题都并没有作正面的回应。希望本文提出的内部以"数据分阶段确定权属"为主、外部以"侵权'使用'数据行为判断"为辅的权属厘清方式，能为厘清数据权利这一问题作出有益的探索。

从耦合到内聚：人工智能司法应用的挑战与出路

骁　克[*]

内容摘要：人工智能在司法领域的应用是制度与技术的耦合。人工智能技术与司法实践的深度融合是实现司法现代化的必由之路，对构建司法文明、推进司法进步、完善和发展中国特色社会主义司法制度发挥着重大作用。当前，人工智能在司法应用中存在技术固有局限性、数据资源不足、算法偏见和黑洞、信息安全等重重挑战，但人工智能在司法领域的应用是新一轮科技革命和产业革命的大趋势，在明确其功能定位的前提下，完善人工智能在司法领域应用的硬件基础和人才基础，方能切实做到以人工智能助推司法现代化。

关键词：智能司法　算法　信息安全　司法与技术

人工智能是让计算机完成人类心智能做的各种事情，[①]是一门研究使用计算机来模拟人的某些思维过程和智能行为（诸如学习、推理、思考等）的新型学科。[②]司法与人工智能的结合与发展紧密结合，尤其是人工智能的算法对法律与事实的推理能力历来是智能司法的主要内容。司法与人工智能的有机结合有一个过程。其经历过人机简单结合到逐步深入发展阶段，从简单学习到深度学习的过程。[③]在此过程中，人工智能对司法实践的影响日益深刻，特别是伴随着中国的法治建设进程，人工智能正以一种革命性的方式深层次地嵌入并重塑中国的司法实践。[④]

---

* 华东政法大学法律学院博士研究生，上海市高级人民法院干部。

① ［英］玛格丽特·博登：《人工智能的本质与未来》，孙诗惠译，中国人民大学出版社2017年版，第3页。

② 吕玉赞、焦宝乾：《法律逻辑的拓展研究——以新型交叉学科为背景》，《上海政法学院报》2019年第1期。

③ 程凡卿：《我国司法人工智能建设的问题与应对》，《东方法学》2018年第3期。

④ 参见潘庸鲁：《人工智能介入司法领域路径分析》，《东方法学》2018年第3期；季卫东：《人工智能时代的司法权之变》，《东方法学》2018年第1期；吴习彧：《裁判人工智能化的实践需求及其中国式任务》，《东方法学》2018年第2期。

一、人工智能在司法领域的应用场景

目前,人工智能在中国司法实践的应用场景主要在于人民法院的智慧法院和人民检察院的智慧检务建设。

(一) 智慧法院

最高人民法院非常重视智能司法建设。2015年7月,最高人民法院提出要大力加强信息化建设。①目前,"智慧法院"的应用主要体现在三个方面:一是信息化助力司法为民,各级法院设置了网上立案、网上缴费、网上证据交换、网上开庭、电子送达五大电子诉讼标准模块,最大限度地降低了当事人的往返法院成本。二是信息化辅助审判执行,人工智能平台为法官办案提供类案推送、法条推送、量刑参考推送、法律文书自动生成、智能分析裁判文书差错等功能,辅助法官办案,实现审判工作的智能化,提高办案质量和效率。三是信息化辅助司法管理,运用人工智能技术,司法管理一改依靠院庭长人工盯案子的传统模式,实现了庭审自动巡查、司法风险动态防控、全程审判监督和人财物等各方面的全方位自动化管理。

(二) 智慧检务

运用大数据人工智能推动检察领域改革,实行智慧检务,为我国检察机关重点工作。《检察大数据行动指南(2017—2020年)》明确规定:"充分应用大数据及智能语音等相关现代科技手段,服务检察核心工作,进一步规范司法行为,破解司法不公、效能不足等问题,提升司法公信力。"到目前为止,基于智能语音云平台开发的检务智能输入法、智能会议系统、讯问系统、双语系统等以智能语音为核心的系列智慧检务产品,其应用范围已覆盖全国检察机关。②

---

① 2015年7月最高人民法院院长周强在全国高级法院院长座谈会上的讲话。

② 何昕航:《法律人工智能对检察类职业的挑战与应对》,《新西部》2018年第17期。

二、智能司法建设的重大意义

发展智能司法在我国具有必要性和可行性，并为司法现代化提供持续动力机制。

（一）智能司法建设必然性

1. 有助于推动司法体制改革的深化

党的十八大以来，党中央作出全面深化改革的战略部署，深化司法体制改革是重中之重。十八届三中全会提出推进法治中国建设、深化司法体制改革的主要任务。十九大报告作出"深化司法体制综合配套改革"的重大战略部署，其中就包含司法与科技（包括人工智能）的融合。十九届四中全会进一步作出"坚持和完善中国特色社会主义制度、推进国家治理体系和治理能力现代化"的部署，人工智能、区块链等前沿技术被提升到前所未有的高度，被视为推进国家治理体系和治理能力现代化的有力的重要手段，制度与技术的深度融合为深化司法体制改革、助推司法现代化提供了良好契机与远景展望。

2. 服务人工智能发展作为国家战略的需要

近几年，我国提出将智能司法作为发展人工智能的重要内容。具体到司法领域，提出要大力推进的"智慧法院"建设、积极打造"智慧检务"等举措。2017年，国务院印发《新一代人工智能发展规划》，将人工智能的发展上升到国家战略高度，其中要求司法服务等领域应广泛应用人工智能技术。尤其是，智能服务机器人、智能语音交互系统、深度学习和应用等技术的发展，为智能司法提供了技术支持。而智能司法通过相关算法的改良和提升，使我国人工智能成为国家发展战略一个不可缺少的内容。

（二）人工智能推动司法现代化的可能性

1. 大数据奠定了数据基础

数据是战略资源，是人工智能应用的基础。随着互联网的飞速发展，在线数据变得异常丰富，多来源、实时、海量、多类型的数据可以从不同的角度对现实进行更为逼近真实的描述，为人工智能的落地应用奠定数据源基础。例如,上海高级人民法院研发的"上海刑事案件智能辅助办案系统"把大数据、人工智能等新技术嵌入刑事案件办案系统中,辅助办案人员对证据审查、检验,发挥提示、把关、监督作用,减少司法任意性,防范冤假错案,确保侦查、审查起诉的案件事实证据经得起法律的检验。①该智能辅助办案系统,为人工智能刑事司法应用提供了强大的信息数据资源支持和保障。

2. 云计算提高了计算能力

云计算的核心内容就是通过互联网平台,在网站上提供快速且安全的云计算服务与数据存储,让每一个终端都可以使用网络上的庞大计算资源与数据中心。②云计算可划分为基础设施即服务、平台即服务和软件即服务。借助云计算的基础设施、平台和软件,能最大限度地收集、分析和归纳海量信息,提高对管理对象的自动识别和监控能力,高效地搭建统一的司法架构体系,提升法院系统的审判管理能力和效率。在云计算技术支撑下,司法共享平台可以实现各级各地法院和检察院内部的资源共享,最全面地集约现行法律、法规、政策及国内外判例,建立大型法律资源数据库,扭转各地各级司法部门分散开发、孤立发展的局面。同时,共享平台还能实现司法系统与外部即社会公众的互通有无,加强公众对司法的监督,推动审判公开,扩大法律宣传教育,最大程度的保证法律效果和社会效果的统一。

3. 深度学习造就了核心引擎

深度学习是当今机器学习领域核心内容,其不断自我优化学习的能力超越了传统认知模式,尤其是在图像处理、自然语言、音频识别等方面展现了惊人的优势。再加上借助卷积神经网络、循环神经网络、对抗神经网络知识的发展,更使得深度学习算法具备了一定的可自我学习的能力,得到了社会广泛的关注。③大部分法律文书具有固定格式框架,因此基于深度学习的手写汉字识别技术可对固定格式部分着重进行样本训练,提高手写文书识别的准确率。在传统的法庭中,法庭上出现的每一句话都

---

① 崔亚东:《司法科技梦:上海刑事案件智能辅助办案系统的实践与思考》,《人民法治》2018 年第 18 期。

② 罗晓慧:《浅谈云计算的发展》,《电子世界》2019 年第 8 期。

③ 徐雪珂:《深度学习在智慧司法中的应用研究》,《电脑知识与技术》2018 年第 14 期。

需要书记员记录下来,出现错漏等种种问题在所难免。目前,深度学习的语音识别技术可直接将庭审语音转换为电子版庭审笔录,语音识别率增加到了98%,可识别方言达23种,甚至超过人类识别的正确度。利用深度学习算法对各种证据(包括电子文档、手写文字、图片、影像等)、庭审记录、法律法规条文和裁判文书等进行智能识别、信息提取和建立逻辑,可以预测案件的审判结果,为审判人员提供参考价值。

（三）有力地推动了司法现代化

1. 防范冤假错案,确保公正司法

案件事实不清、证据不够确实充分是冤假错案产生的主要原因。对此,智能司法在此过程中,在某种意义上可以最大程度上减少冤假错案产生。人工智能可以根据案件内在逻辑联系,设计形成统一证据规则和证据标准指引,避免因为人的差异对证据认定偏差,进而影响事实的认定。单一证据一旦出现瑕疵,人工智能系统就会自动提示并阻断该证据通过审核,除非办案人员作出说明或者继续补正,这样从源头上就杜绝了违法证据和瑕疵证据进入系统;另外,基于大数据和深度学习人工智能系统还可以将证据内容的核心要素进行自动抽取,并进行矛盾性和逻辑性比对和判断,以验证证据链是否完整、闭合和符合逻辑以及证据之间有无矛盾。

2. 缓解案多人少,提高审判质效

人民法院受理案件数量逐年上升,案多人少矛盾已成为影响和制约人民法院发展的瓶颈问题之一。在不增加人员编制的情况下,向科技要力量、要效率是主要出路。智能司法,能够运用云计算和深度学习能力,来尽量客观和理性地进行相关证据的收集、整理和推理等,以便最大化减少操作中的人为的不规范甚至违规操作的做法,改变传统的单一的案件管理模式让机器司法实现对办案各流程节点的全方位监督管理,避免办理案件中可能存在的操作不规范的问题。在案件的立案、证据提交、开庭及结案等环节中,大量自动化、智能化办公办案设施设备的引入,相当于为法官配备了一名人工智能助理,可以将法官从大量事务性、辅助性工作中解放出来,集中精力从事审判核心业务,大大提升审判工作效率,防止诉讼拖延,有助于及时实现公平公正。

3. 助推司法公开,提升司法公信

审判流程、庭审活动、裁判文书、执行信息四大公开平台建设,拓展了司法公开广度深度。①公众可以通过全方位、互动式、智能化的司法公开体系对法院工作进行了解、评价,在司法与民意的互动中,让正义看得到、摸得着、可衡量,充分保障人民群众的知情权、参与权、表达权和监督权,提升司法公信力。通过对办案全流程进行全程录音、全程录像、全程留痕,智能实现对审判权力运行的全程、实时、自动监督管理,规范司法行为,减少司法任意性,压缩"人情案、关系案、金钱案"生存空间,倒逼法官强化自律,防止司法腐败。

三、智能司法的挑战

智能司法由于受到人工智能发展的限制,其自身并不是完美的,正如有光的地方也有影子一样,其自身发展中也面临着挑战。具体而言:

(一)人工智能技术本身固有的局限性

任何技术均有其局限性,尤其是目前仍处于弱人工智能阶段的相关应用系统,仍然存在许多技术问题需要解决。目前人工智能技术在司法领域暴露出来的缺陷来自其自身的机械性。具体而言,有这样几个方面:一是,从自然语言自身而言,自然语言语义多变性和句式的复杂性,尤其是如何理解具体个案中精确含义还存在一定的难度。二是价值判断的难题。智能裁判主要是模仿司法裁判者,按照事实和规范相关逻辑进行推理,然而,在此过程中,裁判者具有一定的主观价值判断在所难免。关键是如何对其进行合理化规制。司法机器人能否进行相关案件的价值判断,以及如何来对待这种价值判断,一直是智能司法领域的难点。最后,如何发挥智能裁判者的自由裁量权也是一个难点。司法在判案过程中并不是机械地适用法律。尤其是法律存在空白或漏洞的时候,需要法官凭借其审判经验及思维理性,通过行使自由裁量权作出自主的判断,以人的柔性弥补法律刚性的不足,实现情理法的有机统一。然而,在此情形下,智能裁判能否进行自由裁量则不无异议。

---

① 胡道才:《如何让人民群众在每一个司法案件中感受到公平正义》,《人民法院报》2018年12月12日,理论周刊版。

（二）司法数据资源开发不足

大数据的积累为智慧司法建设提供数据量支撑。智能司法运用算法对数据形成智能分析、预测、预警和决策等功能。现阶段数据库的真实性、准确性和全面性尚存不足。导致数据"失真"问题的原因可能有两个：一是数据壁垒，各个数据持有者不能真正互通有无。二是数据不完整，如数据公开不全面。

（三）算法存在黑洞和偏见

算法的内部逻辑结构，在一定的条件下或一定的领域内不为人们所掌握和理解。算法从接受输入数据到输出运算结果之前，会有一个令外界难以知悉的"黑箱"，[1]算法就是在这一黑箱进行自动化的数据处理与分析，即算法的"不透明性"。在智能司法的过程中，出现这种情形就可能导致对相关裁判结果的不信服。还有算法偏见，即智能司法产品研发人员极有可能将个人的主观偏见嵌入算法之中，加之算法使用数据不充足、不全面或质量不高，极有可能导致算法偏见或歧视，带来相关的伦理问题和社会风险问题。

（四）法律与技术复合型人才短缺

法学与计算机是两个完全不同的学科，从司法实践来看，精通法学和计算机学科专业知识能力的司法人员极为紧缺。推动司法领域的人工智能化，既要求司法人员能够掌握一定的以人工智能为核心的计算机科学技术，也要求科技公司对司法系统结构和司法运作规律有深刻的理解和认识。在智慧法院建设的大浪潮中，合作建设中的突出问题就是司法人员和技术人员的沟通障碍。一方面，司法人员不懂技术，很难把"公平、正义、效率"等法律价值以及法律条文、事实和证据等拆解成机器训练学习所需的知识要素；另一方面，技术人员不懂法律，无法向司法人员解释其服务内容。针对我国法律人工智能复合型人才短缺问题，北京大学法律人工智能实验室、法律人工智能研究中心日前已成立，清华大学计算法学工程硕士已经开始招生，致力于为法律与人工智能行业发展提供智力支持，但仅靠一两所高校的力量无疑是势单力薄的。[2]但是，复合型法治人才短缺的问题短期内尚无法解决，人才培养工作任重而道远。

---

① 孙占利：《智能机器人法律人格问题论析》，《东方法学》2018年第3期。
② 王渊、吴双全：《"互联网＋"时代法学教育变革研究》，《高教探索》2019年第7期。

（五）信息安全存在隐患

信息和数据安全问题是人工智能发展中的一大难点。智能司法必然涉及网络互联互通、数据共用共享，甚至于网上立案、送达、质证和庭审，大量的公民个人隐私、商业秘密和国家机关的信息等数据资源在网上被传输、储存和共享，这些司法数据时刻存在被不法分子非法获取、交易和滥用的风险，从而威胁到诉讼参与人的隐私安全，甚至引发司法信任危机。

四、人工智能司法应用的发展定位与路径完善

（一）明确人工智能在司法实践领域的功能定位

哲学家康德有言："人是目的而非手段。"[1]那么就智能司法而言，智能产品是手段而非目的。人工智能不是人类智能，因此人工智能在司法领域应当定位于司法人员的辅助工具。[2]智能科技发展的初衷，是利用先进技术替代人类的重复性劳动，而非人类本身。这同样也适合智能司法领域。即运用智能技术来提升审判效率，最大化实现司法公正。但绝不是以此来否定人类司法者的主体地位。可以预见，未来应更多将人工智能应用于处理技术性、辅助性工作，如法庭记录、数据传输、文书检索、证据查找等方面，以帮助法官处理机械性、重复性、技术性工作，提高司法效率。法官作为审判者的主体地位依然不能替代。

（二）完善人工智能在司法应用领域的硬件基础

1. 构建系统完备的司法数据库

司法数据库建设是智能司法发展的前提和基础。司法数据库建设还面临不少挑战和阻力。如数据所有者区域界线、部门界线没有被打破，司法数据整体上仍处于"碎片化"的状态，因此有必要构建现代化的统一司法数据库。司法数据的统一是一项复杂的工程。要想实现司法数据真正的大统一，不是简单的内部局域网络的融合，还需要政策支持与法律保障，构建跨地域、跨部门、跨专业大数据共享机制，推动数据开放共享。

---

① ［德］康德：《实践理性批判》，韩水法译，商务出版社 2003 年版，第 95 页。
② 程凡卿：《我国司法人工智能建设的问题与应对》，《东方法学》2018 年第 3 期。

2. 构建全面的算法审查与公开机制

我国当前司法实践中人工智能的功能与价值主要在于确保司法人员主体性的前提下提供辅助性、工具性支持，算法并非作出司法裁判的决定性因素。[①]但是算法偏见和算法黑洞极易发生，严重影响司法裁判的公正，因此需要中立的第三方或监管机构对于算法进行审查。可以成立由法官、检察官、律师以及包括机器学习、社会学、伦理学、法学、经济学等多领域专家构成的具有较高独立性的算法审查委员会，在司法人工智能系统投入使用前和系统自我学习不断深入后，对相关算法进行必要的伦理和法律审查，尽可能地确保算法的合法性与公正性。

（三）夯实人工智能司法应用领域的人才基础

1. 加速培养精通法律与人工智能技术的复合型人才

法律人才培养模式应当对人工智能司法应用的新常态有所呼应，法律领域的教育、培训应开展交叉学科教学，人工智能"不仅涉及到计算机科学，而且还涉及脑科学、神经生物学、心理学、语言学、逻辑学……以及信息论、控制论和系统论等许多学科领域"，[②]因此需要"增设计算机原理、信息数据基础、网络社会学、网络政治学等相关课程，提升人才培养的多元复合性"。[③]法律人才要强化对人工智能技术的学习和理解，培养利用大数据技术在司法领域分析问题、解决问题的思维和方法，使人类智能和人工智能得到有效融合，更好地为审判工作服务，同时对算法规则的编制者也能够起到更好的监督作用。

2. 强化法官与人工智能技术的良性互动

人工智能在司法领域的使用率较低，要推广人工智能技术的应用，需要加强法官与人工智能技术之间的认知和互动。[④]法院应当通过组织法官

① See Bryant Walker Smith, Automated Vehicle Are Probably Legal in the United States, Spring, 2014, 1 Tex. A & ML. Rev. 411, pp.2—6.

② 廉师友：《人工智能技术导论》，西安电子科技大学出版社 2002 年版，第 1 页。

③ 马长山：《面向智慧社会的法学转型》，《中国大学教学》2018 年第 9 期。

④ 参见季卫东：《人工智能时代的司法权之变》，《东方法学》2018 年第 1 期；潘庸鲁：《人工智能介入司法领域路径分析》，《东方法学》2018 年第 3 期；程凡卿：《我国司法人工智能建设的问题与应对》，《东方法学》2018 年第 3 期；蔡一博：《智能辅助：AI 下民商事办案系统的建构——以裁判思维与要件标注为切入点》，《东方法学》2018 年第 3 期；吴习彧：《裁判人工智能化的实践需求及其中国式任务》，《东方法学》2018 年第 2 期。

培训、建立考评机制、印发使用手册等方式提高法官对人工智能技术的了解，改变法官对人工智能的偏见与误解。与此同时还应当加强职业再教育和培训。比如，安排司法工作人员到人工智能科技公司进行交流学习，了解人工智能的基本原理和前沿技术，同时也鼓励科技公司邀请法学专家或经验丰富的法官为科技人员举办讲座，让他们了解基本的法律知识和法官的办案流程和逻辑。

智慧司法与法律数据应用问题分析

韩亚光[*]

内容摘要：人工智能作为"智慧法院"的重要组成部分，已经在司法程序的多个环节崭露头角，其正在重构包括法院在内的整个中国法律行业。而重构的前提是解构，为了让计算机能够"理解"什么是法律，我们需要通过数据化的方式对案件事实、庭审过程、裁判文书等法律问题进行解构，构建全流程的法律数据体系。目前，包括数据质量、数据失真、数据歧视、数据安全等法律数据的应用问题已经成为限制法律人工智能进一步发展的瓶颈。本文希望能以法律数据与司法活动的交叉点切入，从人民法院的视角出发，寻求化解法院数据体系与法律人工智能之间紧张关系的路径。

关键词：数据质量　数据失真　数据歧视　数据安全

在 21 世纪的第二个十年里，伴随着大数据时代的到来，人工智能迎来了第三次发展浪潮。人工智能技术不仅改变了传统的社会生活方式，也对社会治理模式提出了新的挑战。作为社会治理体系中的重要环节，人民法院早已站在时代变革的风口浪尖。2015 年 7 月，最高人民法院首次提出了"智慧法院"的概念。在 2016 年发布的《国家信息化发展战略纲要》和《"十三五"国家信息化规划》中，智慧法院建设均被列为重点项目。最高人民法院院长周强亦提出，要努力攻克以人工智能为核心的一批关键技术，大力推动人工智能在司法领域的应用。[①]在案多人少的大背景下，充分利用新一代人工智能在大数据处理方面的优势，切实提高司法审判效率，是人民法院消解案件增长带来的压力，满足人民群众日益增长的对优质司法服务需求的必然选

＊　苏州市吴中区人民法院执行局审判员，二级法官。

① 《最高人民法院党组书记、院长周强 2019 年 11 月 8 日在最高人民法院网络安全和信息化领导小组 2019 年第二次全体会议上的讲话》，https://www.chinacourt.org/article/detail/2019/11/id/4624079.shtml，2020-04-20。

择,也是人民法院应对社会治理模式创新挑战的有力回答。

以发展的眼光看,人工智能在法律行业的进一步应用已是大势所趋。但就现状而言,我国法律人工智能在发展过程中不充分、不平衡的问题还十分突出,不仅与国外顶尖的法律人工智能产品相比还有相当差距,[①]其相关产品也落后于国内同时期交通、医疗、金融、娱乐等领域的同类产品。我国法律人工智能发展的落后既有人才、技术、资金方面的短板,又有法律、理念、观念方面的制约,但最主要的原因还是我国法律数据应用体系长期以来不充分、不平衡的发展现状。

得益于广袤的国土、众多的人口、统一的体制,我国在大数据的产生方面具有天然的优势。特别是近年来,随着在信息化发展及信息基础设施建设方面投入的不断加大,我国在大数据的流动、存储、使用、分析等方面的优势也在不断凸显,人民法院也在这一历史进程中受益匪浅。目前,四级法院所掌握的海量案件信息与司法判例已经成为一座蕴含着巨大价值、有待开采的金矿,这也为法律人工智能能够在司法领域大显身手打下了坚实的数据基础。

一、法律数据的质量问题

在影响人工智能分析结果的诸多因素中,数据是决定性的要素,其不仅是人工智能分析的逻辑起点,更是深度学习和自我修正中的参照。从某种意义上说,数据质量的高低直接限定了人工智能发展和应用的空间。

数据质量还可以细分为数据的"质"和数据的"量"。简单来说,数据的"质"是指数据对客观真实的还原程度;而数据的"量"则是指数据的数量及多样性情况。总的来说,数据越客观、越多样、时效性越强、数量越多,其质量就越高,也更能满足人工智能深度学习的需要。

---

① 在美国,人工智能技术已经开始规模化地应用于审前保释或判后假释的风险评估;在加拿大,ROSS人工智能律师已经能够识别人类的自然语言,并向客户提供高效、准确的法律意见。

（一）法律数据的质量决定了知识图谱的构成

与过去基于程序设计的推理型人工智能不同，新一代深度学习型人工智能是通过对大数据的学习来"认知"问题的，其"思考"的模式不是线性的逻辑推理，而是网状的发散关联。这个发散的网状结构又有一个专门的概念——知识图谱。知识图谱是通过将应用数学、图形学、信息可视化技术、信息科学等学科的理论和方法与计量学引文分析、共现分析等方法结合，并利用可视化的图谱形象地展示学科的核心结构、发展历史、前沿领域以及整体知识架构达到多学科融合目的的现代理论。[①]对于法律行业来说，人工智能的法律知识图谱可以通俗地表述为——一个经过了数据化解构的法律关系模型。

法律知识图谱的形成是建立在人工智能对法律数据不断学习的基础之上的。法律数据的质量越高，其对应的知识图谱就越准确清晰；反之，则相应的数学模型就失去了意义。

人工智能的网状"思维"模式，看似没有清晰的逻辑推理步骤，但实际是借助了知识图谱中大量经过多次逻辑推理所得出的结论，这更像是一种经验。对于法律人，特别是法官来说，这种经验并不陌生。在对案件进行心证的过程中，法律人经常会用到经验。从某种程度上讲，这种基于生活和法律实践所获得的经验在人工智能技术条件下，得到了一个可以被量化甚至可视化的数学模型。霍姆斯大法官"法律的生命不在于逻辑，而在于经验"的经典论述在人工智能知识图谱框架下得到了一种另类的解读。

（二）法律数据的质量决定了人工智能分析的可靠性

人工智能的分析结论要想达到足够的可靠性，就必须保证其所分析的数据真实准确、总量充足、种类丰富。只有当足够多的数据从多个维度共同指向知识图谱中的某个区域时，其分析结果的可靠性才有保障。这是基于统计学原理而得出的结论，对人工智能也同样适用。事实上，统计学分析和人工智能深度学习的差别就在于，后者在样本覆盖率、样本数量、样本类型以及样本时效性等多个方面，都对前者呈现出碾压态势。正

① 百度百科关于知识图谱的定义，https：//baike.baidu.com/item/%E7%9F%A5%E8%AF%86%E5%9B%BE%E8%B0%B1/8120012?fr＝aladdin，2020-04-20。

因为如此,人工智能的分析结论相较于统计分析结论才具有更强的可靠性和精准度。

我们还应该注意到,人工智能的深度学习理论主要还是以过去的数据为基础,并试图解决未来的类似问题,但类似问题在不同时期或会有不同的解决方案。①因此,在法律数据的使用方面,不仅要考虑历史中积累的存量数据,同时还要更加重视具有较强时效性的增量数据,通过对不同时期数据的权重系数进行调整来实现法律适用稳定性与发展性的统一。

二、法院数据的失真问题

截至2020年4月20日,中国裁判文书网上公开的法律文书已经超过9 098万篇,虽然这个数字看上去很大,但如果以人工智能深度学习的标准来分析,这些裁判文书所提供的法律数据的质量并不算高,存在一定的数据失真问题。

什么是数据失真?简而言之就是数据与客观真实之间存在偏差。数据失真大致可以分为两类:一类是由于客观因素造成的数据失真,譬如:作为判决书形成基础的庭审笔录,因书记员记录能力不足而造成的与实际庭审内容的偏差。事实上,对于绝大多数的书记员来说,要求其一字不落地记录下庭审中发生的所有信息是一种奢求,这也是很多重大案件中,要采用两名书记员同时记录的重要原因。在我处理的一起离婚案件中,女方当庭指责男方"在外面鬼混",而男方则辩称"我是有分寸的",但在庭审笔录里,书记员却将男方的辩称记载为"我鬼混是有分寸的",这一记录明显不是男方的本意,如该记载被引入判决书,将很有可能成为男方自认不忠的证据,并对判决结果产生重大影响。

数据失真的另一种情况则是由法官的主观因素造成的。譬如:法官在制作判决书的过程中,对诉讼中形成的各种数据信息进行了主观或带有偏好性的取舍。法官作为裁判文书的作者,大都希望采取一种既简单

---

① 参见何帆:《我们离"阿尔法法官"还有多远?》,《浙江人大》2017年第5期。

高效又符合阅读和逻辑习惯的撰写方式，来归纳案件事实，阐明法律关系。裁判文书作为法官审判思维的映射，不仅受到文书体量的限制，同样被文字表达本身所约束，因此不可能展示案件的全部细节，以及法官心证的完整过程，这也是很多案件看似是"同案"但结果却大相径庭的重要原因。

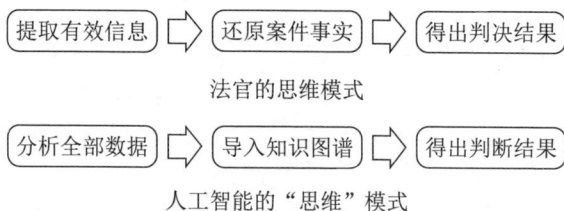

提取有效信息 ⇨ 还原案件事实 ⇨ 得出判决结果

法官的思维模式

分析全部数据 ⇨ 导入知识图谱 ⇨ 得出判断结果

人工智能的"思维"模式

在这里，人与人工智能之间的"思维"差异得以展现。对于人类来说，引导我们思维的不是数据，而是承载数据信息的载体；但对于人工智能来说，"理解"载体是困难的，其只能对载体所承载的数据进行分析。从深度学习理论来看，法律人工智能的工作原理并非对法官思维过程进行的复制和还原，而是试图通过对案件数据的分析得出与法官相同的判断结果。对于人类法官来说，数据失真问题或许可以通过法官的生活和审判经验来进行校正，但对于法律人工智能来说，如果其所学习和分析的数据失真度过高，那么在算法的叠加和放大效应下，运算结果将变得难以预料。

数据失真问题的解决需要通过人工智能技术的进一步发展来实现。一方面，以庭审语音录入系统为代表的人工智能技术可以最大限度地避免庭审笔录中存在的漏记、错记问题，让人工智能可以直接获取最原始的庭审数据；另一方面，法律人工智能的大数据分析模式，已经摆脱了传统裁判文书中的逻辑叙事方式，其作出的裁判结果同样具有较强的说服力。

三、法院数据的多样性不足问题

从人工智能的角度来看，审判过程中出现的任何信息都有可能是知识图谱中的一环,并与审判结果之间存在或多或少的关联。①庭审中,诉讼参加人的语气、声调,书证纸张的新旧程度、笔迹,证物的大小、质地等信息都有可能对案件的审判结果产生影响。而在法庭之外,能够对审判结果产生直接或间接影响的数据信息则更加丰富。如果人工智能学习的对象仅仅是一份份裁判文书,那么其在处理法律问题时的局限性将不可避免。

(一)法院数据多样性的纵向深入

如果把法官看成一台机器,那么其在审判过程中所展现出的数据感知的能力将非常惊人,不但包括对基于视觉的视频、图像、文字及对诉讼参加人庭审举止的分析,也包括对基于听觉的音频、陈述及对诉讼参加人语气语音语调的评判,还包括对基于触觉的证物的材质、手感等。但对这些类型信息的采集和数据化解构,目前尚不属于法院信息的采集范畴。如确有必要,一些信息的可信度必须通过评估鉴定的形式被加强后才能作为心证的依据,比如:心理评估(测谎)、笔迹鉴定等。

而人工智能在理论上可以兼容多种类型法律数据的采集和分析功能,从面部动态抓取到语音语调分析,从实时心理评估到数据共享平台,这些"黑科技"在即将到来的人工智能 + 5G 时代都有可能成为智慧法院的有机组成部分。未来,法律人工智能不但能更好地辅助法官进行庭审和文书撰写,同时其所展现出的审判理念和审判形式也将改变法院的组织构架,乃至我们对审判的传统认知。

值得注意的是,对于法官来说,因受制于人类的自然条件,对数据的感知能力会有一个上限。但对于人工智能来说,其采集和分析数据的能力将随着科学技术的进步而不断加强,且不存在理论上的上限。设想一下,这些庭审中产生的数据被人工智能系统性地采集、分析,并进一步地量化、重组,甚至还可以通过可视化的形式进行建模。这种多维度、立体式、可视化的审判模式必然会深刻改变社会对于法院功能的理解。

---

① 相关研究,参见季卫东:《人工智能时代的司法权之变》,《东方法学》2018 年第 1 期;潘庸鲁:《人工智能介入司法领域路径分析》,《东方法学》2018 年第 3 期;程凡卿:《我国司法人工智能建设的问题与应对》,《东方法学》2018 年第 3 期;蔡一博:《智能辅助:AI 下民商事办案系统的建构——以裁判思维与要件标注为切入点》,《东方法学》2018 年第 3 期;吴习彧:《裁判人工智能化的实践需求及其中国式任务》,《东方法学》2018 年第 2 期。

（二）法院数据多样性的横向拓展

1. 打破智慧法院与智慧城市之间的数据藩篱

如果说，法院数据在纵向发掘还是在传统司法模式上的探索，那么打通智慧法院和智慧城市之间的数据藩篱便可以看成法院数据在横向上的拓展。

智慧城市和智慧法院都取得了阶段性成果，但两者之间的数据共享却极不畅通。其中的原因大约有两个：第一，司法数据具有一定的敏感性，不便全部提供给智慧城市数据库；第二，多地的智慧法院建设未能与智慧城市同步规划，双方也未能建立起统一的信息采集、存储和使用标准。而随着智慧城市和智慧法院发展水平不断提高，这种信息鸿沟所带来的弊端也越发明显。如果信息共享问题得不到解决，那么智慧法院将成为智慧城市中的一座"信息孤岛"。这种规划上的短板及其所可能产生的不利后果须引起我们的高度重视。智慧法院只有实现与智慧城市的同步规划、统一标准，充分利用智慧城市在数据、平台及应用等方面的成果，才能更好地实现社会公平正义、服务地方经济高质量发展。

2. 大数据平台的集约效应

在万物互联的"物联网"时代，大数据平台所产生的集约效应，使法官几乎可以做到"发现"即"事实""判决"即"执行"，这将对传统司法模式产生极为深刻的影响。

在审理方面，江苏省内公检法系统联合打造的"套路贷"案件检索系统在辅助法官审理涉"套路贷"、涉职业放贷人案件中已经发挥了重要的作用。过去法院对涉嫌套路贷及职业放贷当事人的甄别十分困难，除非是某个当事人较短时间内在某一家法院甚至是某一个法官名下出现多个案件时才会被察觉。而"套路贷"案件检索系统打破了旧有的数据壁垒，其不仅能统计某个当事人在江苏省内一定时期里所有特殊类型案件，还能关联到其因为寻衅滋事、非法拘禁等特殊原因受到行政及刑事处罚的全部数据，并综合案件的具体信息，比如当事人的年龄、涉案标的大小、被告是否出庭等因素，提供相应的风险等级评估报告供审理法官参考。

在执行方面，浙江高院已经在探索利用法院掌握的大数据，对涉案被执行人进行画像的机制，其所涉及的数据内容包括人口、婚姻、金融、政务、电商、信用、社交等45项。相关画像全方位评价了被执行人的身份特质、行为偏好、资产状况、信用历史，并以多维度、全方面地展现被执行人的状况，帮助执行法官制定更具有针对性的执行方案。

另外值得一提的是，目前一种由网络交易平台发起和确立的在线争议解决机制（Online Dispute Resolution，ODR）已经在一定程度上实践了人工智能在集约数据平台下对裁决的辅助决策，需要引起法律人的关注。在线上交易的场景下，掌握着全部交易数据的交易平台借助交易前与买卖双方签订的合同获得了裁判者的地位。当纠纷产生时，人工智能通过对交易数据的读取实现对整个交易过程的全景式分析，并快速得出处理结果。ODR的优点在于，一方面，交易平台可以快速还原交易的各个细节，从而避免了传统法律程序中冗长的举证质证环节；另一方面，第三方支付机制和交易保证金制度，使得交易平台在执行自己的裁决时，几乎不存在"执行难"的问题。未来，智慧法院审判也可吸取借鉴ODR模式中的经验，提高案件的审执效率。

四、法院数据中的数据歧视问题

公民的平等权，是一项宪法权利，贯穿于整个民事司法审判的全过程。数据歧视，与其说是一个人工智能问题，倒不如说是人类自身的这一"顽疾"在法律数据中的投影。数据歧视的产生，正是由于现实世界中客观存在着大量歧视性的思想和行为。在司法领域，如果法官或诉讼参加人不能避免因为种族、性别、地域、宗教等因素带来的歧视性观念，那么要求以学习人类数据起家的法律人工智能做到"不偏不倚"无疑是一种苛求。数据歧视的可怕之处在于，这些歧视性的数据是近乎随机地分布在浩渺的法律数据之中，这就导致了其不可避免地会进入法律人工智能的知识图谱，并成为人工智能算法的一部分。

大数据是一面镜子，镜中人就是人类社会自身。在目前的社会环境和技术条件下，由于认定标准的缺失，歧视性数据的问题恐怕很难在短期内被解决。即便是社会形成了对歧视性数据的认定准则，对庞大的法律数据进行甄别也是一件吃力不讨好的事情，因为甄别行为的加入很容易

"污染"原始数据,甚至可能产生新的、更深层次的数据歧视。因此,如何在数据的甄别和真实之间进行抉择将是法律人工智能所要面临的一项长期考验。①而法律人所能给出的方案就是,尽可能地形成对歧视数据的认定意见及制定对原始数据影响更小、更完美的数据甄别方法,使人工智能的"歧视率"在一定时期和一定范围内维持在大多数人的接受范围之内。

五、法院数据中的数据安全问题

大数据的特点决定了其必须面对并回应来自国家安全、个人隐私和商业秘密等方面的挑战。任何关于大数据应用的分析都不能脱离对数据安全的讨论,否则就是不周延甚至是无意义的。

（一）裁判文书公开带来数据安全问题

目前我国所采取的裁判文书全网公开制度在世界范围内并无先例,其可能带来的数据安全风险值得注意。我国现有的司法解释对裁判文书公开进行的禁止性规定仅仅停留在涉调解、涉密、涉隐私、涉未成年人等方面。②但从这些限制性规定本身可以看出,该制度的设立者对于信息案件及隐私保护的观念已经落后于时代,未能充分意识到大数据公开可能带来的安全风险。即使所有的上网文书都严格按照司法解释的规定,屏蔽了特定信息,但文书披露出来的信息量仍然非常丰富,足以支持多方位、多角度的分析。比如,对某地区一定时期内所有的金融类案件进行统计,就可以基本判断该地区的经济发展情况,而如果统计的区域更大时间更长,加之与其他领域的数据进行比对,我们甚至还可以分析出政府的某些决策机制及其对经济发展的影响。又比如,对某一法官所出具的所有裁判文书进行统计,不单单能分析其个性化的裁判尺度,甚至可以得出该法官对某类型案件或某些当事人的偏好。借助大数据分析,裁判对象或

---

① 参见韩旭至:《数据确权的困境及破解之道》,《东方法学》2020 年第 1 期;龙卫球:《再论企业数据保护的财产权化路径》,《东方法学》2018 年第 3 期;徐凤:《人工智能算法黑箱的法律规制——以智能投顾为例展开》,《东方法学》2019 年第 6 期。
② 《最高人民法院关于人民法院在互联网公布裁判文书的规定》(2016 年)。

将比裁判者本人更熟悉自己,这将是一个多么"有趣"的情景。①

值得一提的是,十三届全国人大常委会已将制定个人信息保护法列入立法规划,立法机关同有关方面在深入总结现行法律实施经验的基础上,对个人信息保护立法的有关问题进行研究论证。未来,裁判文书公开机制将更加有法可依。

(二)数据管制与数据使用之间的紧张关系

出于安全目的而对法律数据采取的管制措施是一把双刃剑。表面上看,数据安全确实在一定程度上得到了保障;但更深一层来看,任何数据管制行为都将不可避免地破坏法律数据的原始状态,并给人工智能的深度学习造成阻碍。因此,如何实现两者之间的平衡,需要我们进一步思考。

人工智能应用中产生的问题,可以在人工智能进一步发展的过程中得到解决,该项技术既可以成为构建数据联通的桥梁,也能够成为保卫数据安全的卫士。未来,在云技术的支持下,包括法律数据在内的各种城市数据可以统一存贮于安全级别较高的智慧城市公共数据中心。在数据使用模式上采用点对点模式,即用户提出需求后,由法律人工智能直接在公共数据中心对相关数据进行处理,并将结果定向反馈给用户,尽可能避免数据和数据使用者产生交集。

江苏省苏州市法院系统开发的电子送达模式就是一个很好的例子。送达时,法院只需将需送达的法律文书交给送达系统,该系统就可以向其

---

① 据 BBC 报道,一种名叫 Case Cruncher Alpha 的法律人工智能"机器律师"与伦敦的 100 名律师就"基于数百个 PPI(付款保护保险)错误销售案例事实来判断索赔与否"的法律问题展开比赛,结果"机器律师"法律 AI 以 86.6%的准确率领先于律师的 66.3%。弗吉尼亚理工大学学者通过数据驱动结构的机器学习分析了美国最高法院以往作出的裁判,并以此预测未来的判决。其 AI 通过对裁判文本的仔细分析,计算每个在裁判中出现的与争点相关的语词,并权衡其在争点中的权重,进而透视每个大法官对争点关注的强弱程度,再结合大法官的投票行为,挖掘文字表述的实际意义。最终 AI 不仅能够更好地发现不同大法官的裁判立场与观点,预测其未来投票趋势,还可以更清楚地表明谁是裁判决策中的摇摆者与妥协者,甚至大法官们在哪些问题上更容易妥协也一清二楚。基于此 AI 可以预测最高法院未来的裁判,其准确率达到了 79.46%。此外,美国芝加哥的伊利诺伊理工大学与南得克萨斯法学院利用 1791 年至 2015 年的美国最高法院数据库,合作开发了一种算法,该算法再现了从 1816 年到 2015 年美国最高法院法官的 28 000 项决定和 240 000 次投票,正确率分别达到 70.2%和 71.9%,这高于法学家 66%的预测准确率。参见左卫民:《热与冷:中国法律人工智能的再思考》,《环球法律评论》2019 年第 2 期。

掌握的当事人的所有联系方式,包括经常居住地、手机、邮箱、即时通信平台等,进行电子送达。当事人只要点击任意一条信息,送达即视为完成。在整个送达过程中,法院都没有直接接触当事人的任何数据。

总而言之,作为法律数据的"生产者"和"使用者",人民法院只有在法律法规允许的范围内进一步发挥主观能动性,处理好法律数据在现实应用中存在的问题,实现对法律数据资源安全有序的开发使用,才能真正缓解法院数据体系与法律人工智能发展之间的紧张关系。

民法典"数据与网络虚拟财产"条款研究

刘炼箴 *

内容摘要:《民法典》第 127 条是关于数据和网络虚拟财产保护的指引性规定。虽然该条只是一个引致条款而无实际规范内容,但却为后续具体法律规范的建构提供了一个兼容度极高的制度接口。从体系解释来看,该条位于"民事权利"章,其规定的数据和网络虚拟财产就其性质而言在"主体—权利—客体"这一逻辑链条中只能属于客体,且数据和网络虚拟财产可能是本章规定的任何一种民事权利的客体。不同利益主体对数据权益的享有范畴与属性存在差异,数据权益已不再只是单纯的一种权利,而是不同权利集合而成的权利束。司法实务中涉及的数据权益类型主要包括个人数据权益和企业数据权益。学术界对网络虚拟财产的概念与法律性质界定各异,司法实务中多只承认其具有财产属性或价值。司法实务中涉及的网络虚拟财产纠纷类型主要包括网络用户与网络服务提供者之间的纠纷以及用户之间的纠纷。总体而言,我国对数据与网络虚拟财产保护的立法与司法实践正处于发展的初级阶段。

关键词:数据网络 虚拟财产 信息安全 保障义务

一、规范性质与规范目的

《民法典》第 127 条规定:"法律对数据、网络虚拟财产的保护有规定的,依照其规定。"该条是关于数据和网络虚拟财产保护的指引性规定。一方面,该条旨在适应信息时代涉数据和网络虚拟财产纠纷逐渐增多且日益复杂的趋势,信息的保护不容忽视,[①]通过制度供给加强对数据和网络虚拟财产的保护;另一方面,鉴于数据和网络虚拟财产的概念范畴、保护范围、权利属性、权利和义务内容等较为复杂,理论和实践中对这些问题存在较大争议,因此该条未对上述内容作具体规定。虽然该条只是一个引致条款而无实际规范内容,但为后续具体法律规范的建构提供了一个兼容度极高的制度接口,其意义不容

---

* 中国人民大学未来法治研究院、助理研究员。

① 参见李爱君:《数据权利属性与法律特征》,《东方法学》2018 年第 3 期;王轶:《民法典之"变"》,《东方法学》2020 年第 4 期。

忽视。"法律对数据、网络虚拟财产的保护有规定的"在解释上既包含该法其他条文可能的规定,也包括其他法律可能的规定;既包括已有的相关法律规定,也包括将来的相关法律规定。

二、立法历史与体系定位

中国法学会民法典编纂项目领导小组和中国民法学研究会组织撰写的中华人民共和国民法典·民法总则专家建议稿(征求意见稿)第108条曾规定:"网络虚拟财产视为物,受法律保护。"鉴于民法学术界和实务界对将网络虚拟财产视为物的规定争议太大,中华人民共和国民法典·民法总则专家建议稿(提交稿)第110条仅规定:"网络虚拟财产受法律保护。"

民法总则(草案)一审稿将数据和网络虚拟财产分别规定为知识产权客体[①]和物权客体[②]。由于各方意见对数据和网络虚拟财产的概念范畴、保护范围、权利属性、权利和义务内容等存在较大争议,[③]且为避免由于过分突破物权法的一些范畴和扩大知识产权的保护范围引发体系混乱的风险,民法总则(草案)二审稿将数据和网络虚拟财产从知识产权客体和物权客体的条文中移出,单独设置一条对两者进行规定(第124条),并沿用

[①] 民法总则(草案)(一审稿)第108条第2款:"知识产权是指权利人依法就下列客体所享有的权利:……(八)数据信息;(九)法律、行政法规规定的其他内容。"

[②] 民法总则(草案)(一审稿)第104条:"物包括不动产和动产。法律规定具体权利或者网络虚拟财产作为物权客体的,依照其规定。"可见,网络虚拟财产并不当然地属于物权客体,而是只有法律明确规定为物权客体的网络虚拟财产才能取得物权客体的资格。立法者在此处采取了一种"物权客体法定"的立法模式,即由立法者来决定哪些网络虚拟财产能够成为物权的客体。

[③] 针对数据的主要意见有:1.对于数据信息的保护,应当着眼于数据信息所承载的对象,分析其对应的权利类型,综合运用物权、债权、著作权、商标权、隐私权等进行保护,不宜都作为知识产权。2.建议将"数据信息"规定在民事法律关系的客体之中,不规定在知识产权客体之中。3.建议只规定加工后的数据信息,排除原始数据信息。4.能够成为数据专有权的,是经过加工的衍生数据,建议将"数据信息"修改为"衍生数据"。5.将"数据信息"修改为"数据库"。针对网络虚拟财产的主要意见有:1.互联网的高速发展在便利人们生活的同时,对个人隐私、个人信息也造成了严重威胁,建议进一步明确网络虚拟财产的性质。2.网络虚拟财产的财产属性毋庸置疑,但究竟属于何种财产权利客体,应待司法实践与法学研究进一步提炼,建议将"网络虚拟财产"修改为"其他无形物"。3.网络虚拟财产权利不符合物权的特征。参见李适时主编:《中华人民共和国民法总则释义》,法律出版社2017年版,第395页。

至正式通过的民法总则与民法典中，即为《民法典》第 127 条规定。

"民法总则"第五章"民事权利"包括第 109—132 条，数据及网络虚拟财产的规定位于人身权、物权、债权、知识产权、继承权、投资性权利、民事权益兜底性规定之后，弱势群体民事权利的特别保护、民事权利取得方式和民事权利行使规定之前。鉴于第 109—125 条已经对法定的人身权和财产权进行了列举，第 126 条又对所列权利以外的其他民事权益作了兜底性规定，因此可以认为"民法总则"有关权利类型的建构在第 109—126 条已经完成。位于第 126 条以后的条款即便规定了民事权益，在体系解释上也只能将其涵摄于第 109—125 条所列权利类型以及第 126 条关于其他民事权益的兜底性规定中，而不可能构成一项新的法定权利。"民法总则"融合了直接明示权利（权益）和以规定权利客体的方式间接规定权利（例如第111 条个人信息、第 115 条物权客体、第 123 条知识产权客体）两种权利立法模式，第 127 条便属于以规定客体的方式间接规定权利的情形。因此，《民法典》第 127 条规定的客体即数据和网络虚拟财产也只能是第 109—126 条之间某类权利的客体，也就是说在理论上数据和网络虚拟财产可能是任何一种民事权利的客体。[①]

"民法总则"第 111 条规定了个人信息受法律保护。根据《网络安全法》第 76 条第 5 款的规定，个人信息是指"以电子或者其他方式记录的能够单独或者与其他信息结合识别自然人个人身份的各种信息，包括但不限于自然人的姓名、出生日期、身份证件号码、个人生物识别信息、住址、电话号码等"。数据与信息联系密切，两者的关系将在下文详述。

三、规范内容的理论分析

（一）数据（兼论与信息的关系）

数据与信息最早出现在信息通信领域，不属于法学的传统概念。因此若将其纳入法学研究的范畴，就需要借助源生学科的相关理论和知识进行概念移植和理论分析。唯此才不至于破坏其与源生学科的兼容性，

---

① 参见瞿灵敏：《虚拟财产的概念共识与法律属性——兼论〈民法总则〉第 127 条的理解与适用》，《东方法学》2017 年第 6 期。

并能使法学研究有所可依、有的放矢，同时这也有助于更好地理解数据的本质及其法律性质。

　　学界关于数据与信息的关系已有多种学说，其中最广为人知的是美国管理思想家罗素·艾可夫提出的 DIKW 体系（Data-Information-Knowledge-Wisdom）。DIKW 体系把人类的知识体系分为四个不同层级，即数据、信息、知识和智慧，这四者呈逐级上升的形式分布在一个金字塔形的层次体系中。具体而言，数据产生于最原始的观察和量度行为中，是人类对客观世界事物的数量、属性、位置及其相关关系和运动过程观察记录的抽象表示，数量巨大、关系不明；而通过对数据进行加工等操作所获得的具有逻辑、能对客观世界产生影响、有意义的内容为信息；在行动中有效地运用信息，对信息进行归纳、总结、提炼，可得到知识；而智慧则是在知识的基础上，通过经验积累逐渐形成对事物的深刻认识、远见，最终以精准的判断力体现出来。①在传统环境语境下的数据，与文字、图像、声音等一样，只是众多信息载体中的一种，以数字体现。在新兴的电子通信环境下，包括文字、图像、音视频等在内的所有信息呈现形式最终都需要借助于电子数据才能实现显示、储存和传输，亦即数据成为一种更基础的信息载体。

　　关于数据法律性质的争论，主要集中在其能否成为民法上的客体。有学者论述了数据缺乏民事客体所要求的确定性（或特定性）、独立性、稳定性（利益表彰功能的现实基础），认为其不符合传统德国民法对客体的界定。②有的学者则论述了数据具有客观性、价值性、可控性，符合成为法律关系客体的条件。③从体系解释来看，本条位于"民事权利"章，其规定的数据和网络虚拟财产就其性质而言在"主体—权利—客体"这一逻辑链条中只能属于客体，且数据和网络虚拟财产可能是本章规定的任何一种民事权利的客体。例如，数据所记载的信息可能是自然人的身份信息，可能是某类电子权利凭证、电子合同，也可能是商业秘密等知识产权客体；当特定数据属于"自然人合法的私有财产"时，其也可以成为继承权的客体

---

　　①　See Ackoff R L., From data to wisdom, Journal of applied systems analysis, Vol.16，No.1，1989，pp.3—9.

　　②　参见梅夏英：《数据的法律属性及其民法定位》，《中国社会科学》2016 年第 9 期。

　　③　参见李海敏：《从数据本质看数据的法律性质》，《金融创新法律评论》2018 年第 1 辑，第 108—109 页。

("民法总则"第 124 条)。因此,数据权益是一项复杂的复合型权利束,其法益兼具财产性利益与人格性利益。但是,该条将数据与网络虚拟财产并列的术语表达方式暗示这两者在权利属性上根本的一致性,即该条所规制的数据主要是数据财产,这一点刚好能与"民法总则"第 111 条规制的个人信息实现基本区分。个人信息与数据虽然同时具备财产要素和人身要素(这也是两者容易混淆的原因),但实际上却各有侧重。在定性上,个人信息权属于人格权,应该采用收缩式的立法,虽然认可个人信息权与经济价值的密切关联,但应该谨慎立法,防止人格权被过度商品化。在定性上,民事主体对数据享有的权利属于财产权,应该采用开放式的立法,明确数据作为民事权利客体的地位,进一步细化数据的利用、交易规则。①

数据相关的利益主体分为个人、企业、其他组织与国家,不同的利益主体对数据权益的享有范畴与属性又存在差异。网络用户除可以主张立法承认的隐私权之外,还可主张个人数据自决权(包括个人数据访问权[知情权]、个人数据更正权、个人数据限制处理权、个人数据可携带权、个人数据删除权和被遗忘权等②);企业则可以主张对其收集、整理的数据拥有财产权。由此可见,数据权益已不再只是单纯的一种权利,而是不同权利集合而成的权利束。③

(二)网络虚拟财产

网络虚拟财产并非是作为一个法律概念而诞生的,法学学者对其的研究存在"自说自话""定义偏好"④现象,往往习惯于先对网络虚拟财产给出自己的概念界定,再"在定义的脊背上建立理论"⑤。

---

① 参见冯源:《〈民法总则〉中新兴权利客体"个人信息"与"数据"的区分》,《华中科技大学学报(社会科学版)》2018 年第 3 期。

② 参见 2018 年 5 月 25 日欧盟出台的《通用数据保护条例》(General Data Protection Regulation,GDPR)。

③ 参见李晓宇:《权利与利益区分视点下数据权益的类型化保护》,《知识产权》2019 年第 3 期。

④ 许多争论的原因和焦点往往是由概念的歧义和使用语言的不当所引起的,人们时常用相同或类似的词语代表不同甚至相反的观念,有的学者甚至改变概念的公认内涵。法学家们往往对追求各种绝对正确的定义有过度的热情,对"完善"的定义所抱有的期望超出了定义本身所能发挥的功能。参见张文显主编:《马克思主义法理学——理论与方法论》,吉林大学出版社 1993 年版,第 108—109 页。

⑤ 哈特(H.L.A.Hart)语,参见张文显主编:《马克思主义法理学——理论与方法论》,吉林大学出版社 1993 年版,第 109 页。

关于网络虚拟财产的本质,主要存在以下观点:

(1)网络 + 电磁记录:网络虚拟财产是虚拟的网络本身以及存在于网络上的具有财产性的电磁记录。①

(2)数据:虚拟财产的真实表现形式是二进制的电子数据,而非屏幕显示出的信息,它属于技术和工具范畴,并非信息本体。②

(3)信息:虚拟财产是指在网络环境下,模拟现实事物,以数字化形式存在的、既相对独立又具排他性的信息资源。③虚拟财产在本质上是由数据代码记录并存储的以数字化形式表现的信息。④

(4)行为:网络服务提供者向权利人提供的具有专属性质的服务行为。⑤

关于网络虚拟财产的法律性质,主要存在以下观点:

(1)物权说:该说认为,网络虚拟财产是一种特殊的物,是物权客体,应受物权法规制。⑥网络虚拟财产包括网络虚拟动产和虚拟不动产,比特币、游戏装备等属于网络虚拟动产,网站、网络店铺等属于网络虚拟不动产。⑦

(2)债权说:该说从运营商与用户之间存在服务合同关系出发,认为网络虚拟财产本质上从属于一种债权关系。网络虚拟财产权利人在行使权利时必须得到网络运营商的技术配合,受到服务器状态的限制,即网络虚拟财产权利人不管是基于自己的网络游戏劳动获取的网络虚拟财产,还是基于与网络运营商或者其他网络用户之间的网络虚拟财产买卖合同而获取的网络虚拟财产,其在行使相关网络虚拟财产权利时必须通过与

---

① 参见杨立新、王中合:《论网络虚拟财产的物权属性及其基本规则》,《国家检察官学院学报》2004 年第 6 期。该观点被北京市第二中级人民法院(2017)京 02 民终 4209 号民事判决书所采用。

② 参见梅夏英:《虚拟财产的范畴界定和民法保护模式》,《华东政法大学学报》2017 年第 5 期。

③ 参见林旭霞:《虚拟财产权性质论》,《中国法学》2009 年第 1 期。

④ 参见张文显主编:《马克思主义法理学——理论与方法论》,吉林大学出版社 1993 年版,第 78 页。

⑤ 参见陈甦主编:《民法总则评注》,法律出版社 2017 年版,第 885 页。

⑥ 前引注①,杨立新、王中合文,第 3 页;前引注③,林旭霞文,第 97 页。

⑦ 参见杨立新:《民法总则:条文背后的故事与难题》,法律出版社 2017 年版,第 325 页。

网络服务合同和软件授权使用合同的配合方能实现。网络虚拟财产在行使方式上的特殊性使得其无法脱离债权的类型归属,不能上升为支配性的物权。①

(3) 知识产权说:该说认为,网络虚拟财产应属于智力成果,列入知识产权范畴,但该说内部也存在分歧。有的意见认为,网络虚拟财产属于网络游戏软件开发者的智力成果,应为著作权范畴。玩家购买或通过游戏活动获取网络虚拟财产,实际上是获取著作权中的使用权。有的意见认为,玩家在游戏过程中耗费了大量的时间和精力,其中伴随着智力性的劳动投入,因而获取的虚拟财产是玩家的创造性智力成果,应当对其享有知识产权。②

(4) 新型民事权利说:该说认为,网络虚拟财产具有虚拟性、预先设定性、一定程度的复制性、交易空间的特定性等特点,且无法以客观的形态表现出来,既不属于债权、物权,也不属于知识产权,目前的权利类型不足以规制这一新兴的权利,应当设定一个全新的权利类型即网络财产权,指民事主体通过网络活动在特定网络环境中享有的能够自由处分的具有一定经济价值的权利。③

(5) 新型法益说:该说认为,虚拟财产不属于物权,不完全属于债权,也不能构成新型民事权利。虚拟财产应作为数据"操作权限"这一新型法益进行范畴界定。④

(6) 多元权利客体说:该说认为,虚拟财产在本质上是由数据代码记录、存储并以数字化形式呈现的信息,其法律属性取决于信息的内容,而用一数据代码记录的信息可能包含了不同的内容,这些不同的内容分别对应着不同的权利。因此虚拟财产权并不具有单一权利的品性,而是由不同权利主体的不同权利构成的权利束。⑤

(7) "一权两制"说:该说认为,在网络虚拟财产权的内部法律关系(网

---

① 参见王雷:《网络虚拟财产权债权说之坚持——兼论网络虚拟财产在我国民法典中的体系位置》,《江汉论坛》2017年第1期。
② 参见石杰、吴双全:《论网络虚拟财产的法律属性》,《政法论丛》2005年第4期。
③ 参见黄兴辉:《论网络财产权及其法律保护》,山东大学2008年硕士学位论文。
④ 前引第146页注②,梅夏英文。
⑤ 前引第143页注①,瞿灵敏文。

络服务提供者与网络用户之间的相对性法律关系)中,网络用户享有的网络虚拟财产权应被视为一种以网络服务提供者为相对方的债权,网络虚拟财产权的权利内容,以及网络服务提供者和网络用户之间的权利义务安排,均是以双方当事人达成的用户服务协议为制度基础的;但在网络虚拟财产权的外部法律关系(网络虚拟财产权人与除网络服务提供者以外的其他第三人之间形成的法律关系)中,网络虚拟财产借由各种在外观上具有较强独立性的权利表征(如账号密码)而获得对世性效力,权利人可依据物权规则对其网络虚拟财产实施占有、使用、收益和处分行为,并获得相应的法律保护。①

法院在民事裁判中本着司法实用主义的态度,不对网络虚拟财产的法律性质争议作判断,多只承认其具有财产属性:

(1)李宏晨诉北京北极冰科技发展有限公司娱乐服务合同纠纷案。②一审法院认为:"关于丢失装备的价值,虽然虚拟装备是无形的,且存在于特殊的网络游戏环境中,但并不影响虚拟物品作为无形财产的一种获得法律上的适当评价和救济。玩家参与游戏需支付费用,可获得游戏时间和装备的游戏卡均需以货币购买,这些事实均反映出作为游戏主要产品之一的虚拟装备具有价值含量。"

(2)于静诉孙江泰合同纠纷案。③二审法院认为:"网络虚拟财产,是指由存储于网络服务器上的电磁记录所代表的,为某一特定网络用户所控制,由相关网络服务商代为保存的并存在于网络虚拟空间的虚拟财产。目前网络虚拟财产的类型主要包括游戏账号等级、虚拟货币、虚拟装备(武器、装甲、药剂等)、虚拟动植物、虚拟 ID 账号及游戏角色属性等。"此外二审法院通过论述虚拟财产具有有用性、稀缺性、可控制性三个特点,认定"虚拟财产具有法学意义上的财产权性质,并在现实社会生活中在玩家与运营商之间或玩家与玩家之间等较为广泛地通过交易体

---

① 前引第 146 页注⑤,陈甦书,第 886—887 条。

② 北京市第二中级人民法院〔2004〕二中民终字第 02877 号民事判决书,载国家法官学院、中国人民大学法学院编:《中国审判案例要览》(2010 年民事审判案例卷),中国人民大学出版社 2011 年版,第 186—190 页。

③ 北京市第二中级人民法院〔2009〕二中民终字第 18570 号民事判决书,载国家法官学院、中国人民大学法学院编:《中国审判案例要览》(2010 年民事审判案例卷),中国人民大学出版社 2011 年版,第 186—190 页。

现其货币价值"。

3. 张戈与北京华清飞扬网络股份有限公司网络侵权责任纠纷。[1]再审法院认为:"虽然虚拟财产以数据形式存在,但由于其具有一定价值,虚拟财产的主体可以在一定条件下使用、处分该财产,甚至可以因其所具有的特殊财产属性而在一定情况下因交易行为而给虚拟财产权利主体带来经济利益。本案中,张戈的个人的账号在缺乏明确依据的情况下被网络游戏公司封停长达一年之久,不仅构成网络服务合同的根本违约,更使其财产权益等受到了侵害。"

网络虚拟财产在刑事司法裁判中也被确认具有财产价值,有的法院进而确认虚拟财产属于游戏者的私人财产,游戏者对其享有所有权:

1. 上海市黄浦区人民检察院诉孟动、何立康网络盗窃案。[2]法院认为:"茂立公司付出对价后得到的Q币和游戏点卡,不仅是网络环境中的虚拟财产,也代表着茂立公司在现实生活中实际享有的财产,应当受刑法保护。……一旦失窃便意味着所有人丧失了对这些财产的占有、使用、收益和处分的全部财产权利。"

2. 广东省广州市天河区人民检察院诉颜亿凡盗窃案。[3]二审法院认为:"该装备(游戏装备)虽然仅是存在于电脑网络和游戏程序之中的电磁记录,但却是游戏者投入了时间、精力和金钱后获取的劳动成果。该劳动成果可通过售卖的形式来换取现实生活中的货币,因此虚拟财产和现实生活中的货币是紧密关联的,具备了商品的一般属性,既有价值又有使用价值,理应得到与现实生活中的财产同等的保护,属于刑法的调整范围。""虚拟财产不是游戏系统本身就存在的,它是游戏者通过脑力劳动并伴随着金钱和时间的投入而取得,是游戏者通过脑力劳动触发游戏程序创造出来的,因此,游戏者理应对其创造出来的虚拟财富享有所有权。由于游戏者可以通过售卖、赠予等方式享有对虚拟财产的占有、使用、收益和处

---

① 北京市高级人民法院(2018)京民申2813号民事裁定书。

② 上海市黄浦区人民法院(2006)黄刑初字第186号刑事判决书,《最高人民法院公报》2006年第11期。

③ 广东省广州市中级人民法院(2006)穗中法刑二终字第68号刑事裁定书,载国家法官学院、中国人民大学法学院编:《中国审判案例要览》(2007年刑事审判案例卷),人民法院出版社2008年版,第279—289页。

分等权利,虚拟的财产可以在游戏者之间进行自由流转,为每个游戏者独立控制和占有,因此虚拟财产属于游戏者的私人财产。"

四、司法观点的实证分析

(一)数据权益的主要类型

1. 个人数据权益

在淘宝(中国)软件有限公司与安徽美景信息科技有限公司不正当竞争纠纷①中,一审法院就网络运营者与网络用户对于网络用户信息、原始网络数据、数据产品的权利边界作了详细阐述:

其一,网络运营者与网络用户之间系服务合同关系。网络用户向网络运营者提供用户信息的真实目的是为了获取相关网络服务。网络用户信息作为单一信息加以使用,通常情况下并不当然具有直接的经济价值,在无法律规定或合同特别约定的情况下,网络用户对于其提供于网络运营者的单个用户信息尚无独立的财产权或财产性权益可言。

其二,鉴于原始网络数据,只是对网络用户信息进行了数字化记录的转换,网络运营者虽然在此转换过程中付出了一定劳动,但原始网络数据的内容仍未脱离原网络用户信息范围,故网络运营者对于原始网络数据仍应受制于网络用户对于其所提供的用户信息的控制,而不能享有独立的权利,网络运营者只能依其与网络用户的约定享有对原始网络数据的使用权。

其三,网络大数据产品不同于原始网络数据,其提供的数据内容虽然同样源于网络用户信息,但经过网络运营者大量的智力劳动成果投入,经过深度开发与系统整合,最终呈现给消费者的数据内容,已独立于网络用户信息、原始网络数据之外,是与网络用户信息、原始网络数据无直接对应关系的衍生数据。网络运营者对于其开发的大数据产品,应当享有自己独立的财产性权益。

---

① 杭州铁路运输法院(2017)浙 8601 民初 4034 号一审民事判决书,浙江省杭州市中级人民法院(2018)浙 01 民终 7312 号二审民事判决书。

2. 企业数据权益

（1）财产所有权

财产所有权作为一项绝对权利，如果赋予网络运营者享有网络大数据产品财产所有权，则意味不特定多数人将因此承担相应的义务。是否赋予网络运营者享有网络大数据产品财产所有权，事关民事法律制度的确定，限于我国法律目前对于数据产品的权利保护尚未作出具体规定，基于"物权法定"原则，不宜认定网络运营者对数据产品享有财产所有权。①

（2）竞争性财产权益

1）数据权益纳入反不正当竞争法保护范畴的法律依据

《反不正当竞争法》第2条规定："经营者在生产经营活动中，应当遵循自愿、平等、公平、诚信的原则，遵守法律和商业道德。本法所称的不正当竞争行为，是指经营者在生产经营活动中，违反本法规定，扰乱市场竞争秩序，损害其他经营者或者消费者的合法权益的行为。本法所称的经营者，是指从事商品生产、经营或者提供服务（以下所称商品包括服务）的自然人、法人和非法人组织。"该条是对不正当竞争行为的总则性规定。在经营者侵犯他人数据权益的行为无法纳入《反不正当竞争法》第二章所列举的不正当竞争行为的调整范畴时，应适用该款规定对被控不正当竞争行为予以评价。②

在山东省食品进出口公司、山东山孚集团有限公司、山东山孚日水有限公司与马达庆、青岛圣克达诚贸易有限公司不正当竞争纠纷③中，最高人民法院认为适用《反不正当竞争法》第2条认定构成不正当竞争应当同时具备以下条件：（1）法律对该种竞争行为未作出特别规定；（2）其他经营者的合法权益确因该竞争行为而受到了实际损害；（3）该种竞争行为因确属违反诚实信用原则和公认的商业道德而具有不正当性或者说可责性。而在北京微梦创科网络技术有限公司与北京淘友天下技术有限公司等不正当竞争纠纷④

---

① 参见淘宝（中国）软件有限公司与安徽美景信息科技有限公司不正当竞争纠纷，杭州铁路运输法院（2017）浙8601民初4034号一审民事判决书。

② 参见淘宝（中国）软件有限公司与安徽美景信息科技有限公司不正当竞争纠纷，浙江省杭州市中级人民法院（2018）浙01民终7312号二审民事判决书。

③ 最高人民法院（2009）民申字第1065号民事裁定书，载《最高人民法院公报》2011年第10期（总第180期）。

④ 北京市海淀区人民法院（2015）海民（知）初字第12602号一审民事判决书，北京知识产权法院（2016）京73民终588号二审民事判决书。

中,二审法院认为基于互联网行业中技术形态和市场竞争模式与传统行业存在显著差别,为保障新技术和市场竞争模式的发展空间,在互联网行业中适用《反不正当竞争法》第2条更应秉持谦抑的司法态度,在满足最高法确立的上述三个条件之外还需满足以下三个条件才可适用:(1)该竞争行为所采用的技术手段确实损害了消费者的利益,例如:限制消费者的自主选择权、未保障消费者的知情权、损害消费者的隐私权等;(2)该竞争行为破坏了互联网环境中的公开、公平、公正的市场竞争秩序,从而引发恶性竞争或者具备这样的可能性;(3)对于互联网中利用新技术手段或新商业模式的竞争行为,应首先推定具有正当性,不正当性需要证据加以证明。

2)侵犯数据权益行为构成不正当竞争的要件①

a. 权利人对涉案数据产品享有竞争性财产权益:以淘宝公司为例,"生意参谋"数据产品系淘宝公司的劳动成果("生意参谋"数据产品中的数据内容系淘宝公司付出了人力、物力、财力,经过长期经营积累而形成),能为淘宝公司带来了可观的商业利益与市场竞争优势。

b. 当事人双方存在竞争关系:反不正当竞争法规制的对象不仅包括同业间的竞争行为,也包括跨行业间的竞争行为。市场竞争优势主要取决于市场主体所提供的商品或服务对于消费者的吸引程度,市场主体只要使用了不正当手段,吸引了更多消费者的消费关注或破坏了他人对消费者的吸引力,即落入反不正当竞争法规制的范围。具体而言,在网络经济环境下,只要双方吸引争取的网络用户群体存在此长彼消的或然性对应关系,即可认定为双方存在竞争关系。

c. 被诉行为具有不正当性:判断一种行为是否构成不正当竞争需要进行利益平衡,在具体案件中认定不正当竞争行为,要从诚实信用标准出发,综合考虑涉案行为对竞争者、消费者和社会公众的影响。②未经批准便将他人市场成果直接为己所用,从而获取商业利益与竞争优势的行为,明显有悖于公认的商业道德,属于不劳而获"搭便车"的不正当竞争行为。技术本身虽然是中立的,但将技术作为不正当竞争的手段或工具时,该行为

---

① 参见淘宝(中国)软件有限公司与安徽美景信息科技有限公司不正当竞争纠纷,杭州铁路运输法院(2017)浙8601民初4034号一审民事判决书。

② 参见北京微梦创科网络技术有限公司与北京淘友天下技术有限公司等不正当竞争纠纷,北京知识产权法院(2016)京73民终588号二审民事判决书。

即具有可罚性。

d. 权利人因被诉行为遭受了损失：权利人通过数据产品已获取商业利益，而侵权数据产品实质性替代了原数据产品，导致权利人的交易机会流失，损害了权利人的商业利益，因此权利人因被诉行为遭受了损失。

类似案例还有上海汉涛信息咨询有限公司与爱帮聚信（北京）信息技术有限公司不正当竞争纠纷。①

（3）商业秘密（属于竞争权益）

《反不正当竞争法》第9条第4款规定："本法所称的商业秘密，是指不为公众所知悉、具有商业价值并经权利人采取相应保密措施的技术信息、经营信息等商业信息。"可见商业秘密具有秘密性（不为公众所知悉）、价值性（具有商业价值）和管理性（采取保密措施）三个要素，司法实践中法院普遍认可将符合商业秘密三个要素的企业数据作为商业秘密加以保护。②

（4）知识产权

如前所述，民法总则（草案）一审稿将数据规定为知识产权客体，但由于争议最终"民法总则"第123条所列举的知识产权客体中没有保留数据。实践中有企业对经营网站的数据主张著作权，法院认为并非所有数据内容都能构成作品，需判断其是否符合法律对作品的"独创性"等要求，并结合证据进行逐一甄别。③

（二）网络虚拟财产纠纷的主要类型

在既有的网络虚拟财产民事纠纷中，主要存在网络用户、网络服务提

---

① 参见北京市海淀区人民法院（2010）海民初字第24463号一审民事判决书，北京市第一中级人民法院（2011）一中民终字第7512号二审民事判决书。

② 例如浙江省衢州万联网络技术有限公司与周慧民等侵害商业秘密纠纷，上海市第二中级人民法院（2010）沪二中民五（知）初字第57号民事判决书，上海市高级人民法院（2011）沪高民三（知）终字第100号民事判决书，载《最高人民法院办公厅印发2012年中国法院知识产权司法保护10大案件、10大创新性案件和50件典型案例的通知》（法办〔2013〕44号）。又如仇刚、上海派若特国际贸易有限公司与派诺特贸易（深圳）有限公司侵害商标权及不正当竞争纠纷，上海市浦东新区人民法院（2013）浦民三（知）初字第483号一审民事判决书，上海市第一中级人民法院（2014）沪一中民五（知）终字第82号二审民事判决书。

③ 例如上海汉涛信息咨询有限公司与爱帮聚信（北京）科技有限公司侵害著作权纠纷，北京海淀区人民法院作出的（2008）海民初字第16204号一审民事判决书，北京市第一中级人民法院（2009）一中民终字第5031号二审民事裁定书，北京市海淀区人民法院（2010）海民初字第4253号民事判决书。

供者(运营商)和第三人(其他网络用户)之间在网络虚拟财产权(益)的取得、转让和保护等环节的利益协调,这属于民法问题中的价值判断问题,以往对这些利益关系进行协调的主要手段是要求网络服务提供者对网络用户承担较为严格的安全保障义务。现实中发生的网络虚拟财产民事纠纷大多是网络游戏经营者与网络游戏参与者(玩家)之间发生的纠纷,并以"网络服务合同纠纷""网络侵权责任纠纷"等案由予以归类。

1. 网络用户与网络服务提供者之间的纠纷

在网络服务提供、使用过程中,网络服务提供者不仅负有按约定保障网络服务正常运行并提供安全使用环境的义务,亦负有不因故意或过失导致用户的虚拟财产被侵犯的义务。用户也负有遵守网络服务合同与规则的义务和不破坏网络服务的正常运行以及不侵犯其他用户合法权益的义务。[①]

(1) 网络服务提供者实施的管理行为导致用户虚拟财产损失

此类纠纷源于网络空间中用户的行为自由与网络服务提供者管理权限之间的冲突与博弈。例如网络游戏经营者为维护公平的游戏秩序,认为玩家可能有私服、外挂、非法装备、利用游戏漏洞等行为,而采取冻结、删除虚拟物品甚至封停游戏账号的行为。此种情况下网络游戏经营者需要证明玩家有违反网络服务合同的行为且自己采取的限制措施有合同依据或法律依据,同时需给予玩家一定的申诉权利,否则应承担不利后果。[②]

在田毅与广州网易计算机系统有限公司网络侵权责任纠纷[③]中,法院认为网络游戏中虚拟财产侵权应适用过错责任归责原则,玩家应对以下事项负有举证责任:①自己就是网络游戏中虚拟财产的使用权人。②已按照游戏规则付费购买或通过奖励模式等正当途径获得相应的虚拟财产。③存在虚拟财产受损或丢失等事实。④网络游戏服务提供者对虚拟财产丢失存在主观过错。⑤网络游戏服务提供者实施了侵害其虚拟财产的行为。侵权行为与损害结果之间存在因果关系。

---

① 参见张戈与北京华清飞扬网络股份有限公司网络侵权责任纠纷,北京市第二中级人民法院(2017)京 02 民终 4209 号民事判决书。

② 例如骆某诉上海某有限公司网络服务合同纠纷案,上海市浦东新区人民法院(2011)浦民一(民)初字第 26562 号民事判决书。

③ 广州市天河区人民法院(2018)粤 0106 民初 14468 号民事判决书。

根据责任竞合原理,网络服务提供者实施的不当管理行为可能同时构成违约与侵权,但受损的用户只能选择请求其承担违约责任或者侵权责任。若当事人仅提出赔偿请求而未明确赔偿请求所依据的法律关系性质,法院应向当事人释明,要求当事人明晰其所主张的法律关系的性质。[①]

根据用户的诉讼请求与法院的认定,网络服务提供者实施不当管理行为的法律后果(或者说用户的救济手段)包括解除对虚拟财产的冻结、封停等措施,赔偿合理损失。但司法实践中对用户是否可以主张金钱赔偿存在分歧。在张戈与北京华清飞扬网络股份有限公司网络侵权责任纠纷[②]中,二审法院对原告张戈的损失进行了酌情考虑,判令被告北京华清飞扬网络股份有限公司于本判决生效之日起15日内赔偿张戈20万元。而在王玺赢与深圳市腾讯计算机系统有限公司网络侵权责任纠纷[③]中,法院强调:"被告的该过错行为导致原告的游戏账户内的网络游戏虚拟货币受损,侵犯了原告的财产权,应向原告游戏账户返还扣除的相应网络游戏虚拟货币。原告主张被告向其赔偿扣除的网络游戏虚拟货币等值的人民币,无事实和法律依据,且根据文化部关于网络游戏的相关监管规定,网络游戏运营企业不得向用户提供网络游戏虚拟货币兑换法定货币或实物的服务,故原告的该主张有突破相关监管规定之嫌,本院对原告的该诉讼请求不予支持。"

(2)网络服务提供者未尽到安全保障义务导致用户虚拟财产损失

若网络服务提供者未保证网络系统、服务器和程序的安全性能,其安全环境低于一般安全技术保障水平或服务合同约定水平,造成用户的虚拟财产受损,则此种情况系因网络服务提供者未尽到安全保障义务,故其应承担相应责任。但有两个例外:其一,若用户对自己的虚拟财产未尽到安全保护义务(例如未对自己持有的账户密码相关信息进行加密并保密,防止外泄)造成虚拟财产损失,此种情况系用户自身原因而网络服务提供者无法防范,则网络服务提供者应当免责。其二,若因第三人原因造成虚

---

① 例如张戈与北京华清飞扬网络股份有限公司网络侵权责任纠纷,北京市第二中级人民法院(2017)京02民终4209号民事判决书。

② 北京市第二中级人民法院(2017)京02民终4209号民事判决书。

③ 深圳市南山区人民法院(2018)粤0305民初13778号民事判决书。

拟财产损失(例如第三人利用网络技术非法入侵),而网络服务提供者已事先尽到合理限度的安全保障义务和事后尽到必要的协助义务,则网络服务提供者应当免责。①

要点:① 关于网络服务提供者承担的安全保障义务是属于法定义务还是合同义务。合同义务论者认为网络虚拟财产只是网络服务提供者基于网络服务合同向用户提供的一系列服务行为,因此当用户因网络虚拟财产受损而向其主张权利时,实际上是要求网络服务提供者继续履行合同义务,而非侵权法上的安全保障义务。法定安全保障义务所保护的对象应是用户在使用网络服务过程中的其他合法权益,而非据以形成网络虚拟财产的服务本身能够得到完全履行,且此种安全保障义务的法律性质是基于合同所产生的附随义务。②法定义务论者认为由于虚拟财产的依赖性特征、运营商的技术优势、网络协议的格式化等原因,在侵权法上确立运营商对虚拟财产的安全保障义务尤其重要。③

尽管理论上可以将部分安全保障义务解释为合同法上的附随义务,但是从我国立法的实践来看,法律、行政法规规定了各种具体情况下经营者承担的安全保障义务,而合同法却没有(也不可能)对此作出明确的列举性规定,因此将经营者对服务场所(物理或虚拟)安全保障义务原则上确定为法定义务比较妥当,符合我国现行法律、法规所建立起来的模式。安全保障义务的性质以法定义务为原则,并不排除在特别情况下具有约定义务的性质,这些特别情况包括:第一,法律没有规定相应的安全保障义务,而当事人之间的合同对此进行约定;第二,当事人之间约定的安全保障义务高于法律规定的要求;第三,经营者单方承诺的安全保障义务高于法律规定的要求,相对人默示方式接受这种承诺。④在上述三种情况下,当事人之间的相关纠纷可以按照其约定或者单方承诺处理,安全保障义

---

① 例如姜永国与上海盛大网络发展有限公司网络服务合同纠纷上诉案,上海市第一中级人民法院(2009)沪一中民一(民)终字第 3341 号民事判决书。

② 前引第 146 页注⑤,陈甦书,第 889—890 页。

③ 参见林旭霞、杨垠红:《论运营商对虚拟财产的安全保障义务》,《福建师范大学学报》(哲学社会科学版)2008 年第 5 期;陈芳:《虚拟空间之安全保障义务研究——以互联网服务提供商的视角》,《武汉大学学报》(哲学社会科学版)2014 年第 1 期。

④ 参见张新宝、唐青林:《经营者对服务场所的安全保障义务》,《法学研究》2003 年第 3 期。

务因而具有约定义务的性质。①

② 网络服务提供者比用户具备更优越的举证能力,因此网络服务提供者若主张网络虚拟财产的毁损、灭失是用户自身原因造成的(或是用户自己转让的),其应负有以下举证责任:一是对网络服务运行过程中与损害事实相关联的内容进行举证,并对这一事实过程予以合理解释;二是证明自己的行为正当,提供有安全保障的服务运行环境,采取了谨慎的行为,履行了运营义务,没有侵害用户的合法权益。若网络服务提供者已达到相应的证明标准,用户需对其主张进一步提供证据,否则承担不利后果。②

③ 网络服务提供者违反安全保障义务的法律后果(或者说用户的救济手段)主要是由网络服务提供者通过技术操作恢复用户的虚拟财产。③

(3) 网络虚拟财产继承纠纷

2011 年,辽宁省沈阳市的徐先生因车祸不幸去世,其妻王女士向腾讯公司要求继承徐先生生前在 QQ 邮箱中保存的信件和照片以留作纪念,因此要求腾讯公司提供徐先生 QQ 账号的密码。然而腾讯公司援引《腾讯服务协议》(含附件《QQ 号码规则》),根据"QQ 号码的所有权属于腾讯,QQ 号码使用权仅属于初始申请注册人。未经腾讯许可,初始申请注册人不得赠与、借用、租用、转让或售卖 QQ 号码或者以其他方式许可非初始申请注册人使用 QQ 号码"的约定,拒绝了王女士索要 QQ 账号密码的请求。④

---

① 实践中亦有法院从消费者权益保护法的角度来解释网络服务提供者的安全保障义务,例如韩林诉上海盛大网络发展有限公司娱乐服务合同纠纷案,河南省开封市鼓楼区人民法院(2005)鼓民初字第 475 号民事判决书。该案法院认为"原告韩林与被告上海盛大网络发展有限公司形成了娱乐服务合同关系。同时,原告作为消费者,其权益受消费者权益保护法保护。……运营商有义务保护消费者对该账户及账户内物品的完整和独占"。

② 参见如下案例:1.李宏晨与北京北极冰科技发展有限公司娱乐服务合同纠纷上诉案,北京市第二中级人民法院(2004)二中民终字第 02877 号民事判决书。2.韩林诉上海盛大网络发展有限公司娱乐服务合同纠纷案,河南省开封市鼓楼区人民法院(2005)鼓民初字第 475 号民事判决书。3.马杰诉上海盛大网络发展有限公司网络服务合同纠纷案,江苏省江阴市人民法院(2007)澄民一初字第 37 号民事判决书。4.张坤弦诉上海盛大网络发展有限公司网络服务合同纠纷一案,(2011)沪一中民一(民)终字第 2499 号民事判决书。

③ 参见如下案例:韩林诉上海盛大网络发展有限公司娱乐服务合同纠纷案,河南省开封市鼓楼区人民法院(2005)鼓民初字第 475 号民事判决书。

④ 参见贾娜、吴桂青、唐靓:《数字遗产:"轻轻地"我来了》,《法制日报》2011 年 10 月 21 日第 5 版。

王女士虽未向法院提起诉讼,但此事引起了对网络虚拟财产继承的争议。2012年,24岁淘宝网店主去世亦引发网店能否继承的争议。[1]为解决这一问题,淘宝网于2013年4月推出网店"过世过户"规定。目前淘宝网店符合相关条件的可以继承,网易邮箱可对家属提供密码重置协助,微博符合条件的可将账号移交家属,但均要求家属申请并提供相关证明材料(例如原用户死亡证明、申请人与原用户的关系证明等)。[2]学术界亦基本认可虚拟财产可以继承。[3]

2. 用户之间的纠纷

(1) 用户之间的合同交易纠纷

例如,一方不履行或不适当履行给付网络虚拟财产或对价的义务。

要点:关于用户之间的虚拟财产交易的效力问题。许多网络服务提供者都在网络服务合同中宣称虚拟财产归其所有,并禁止用户与网络服务提供者之外的任何第三人进行虚拟财产交易,此时就会产生用户之间的虚拟财产交易是否有效的问题,该问题的核心在于网络服务提供者的禁售条款是否合法、有效。

首先,前文所述的虚拟财产物权说系用户之间交易的基础法律理由。其次,网络服务合同是网络服务提供者单方拟定的,用户与网络服务提供者就合同条款无磋商的可能,此时合同相关条款属于格式条款的范畴。依据《合同法》第40条关于"提供格式条款一方免除其责任、加重对方责任、排除对方主要权利的,该条款无效"的规定,对于禁售条款原则上应认定无效,除非用户采用了作弊等程序。因为该限定违反了公平原则,单方面限制了用户主要权利。而且从网络游戏产业角度看,虚拟财产交易正是网络游戏业兴盛的原因之一。从市场经济的商品特性看,在市场经济中,任何试图通过限制单方的交易权利来阻挠该方行使财产的商品特性都是徒劳的;网络服务提供者在自己从事着虚拟财产交易的同时,又单方禁止用户与第三方的虚拟财产交易,以此规避可能产生的风险和法律责任,这对用户和第三方均是显失公平的。从现实交易状况和技术条件看,

---

① 参见罗提:《虚拟财产法律存空白网络遗产如何能继承》,《华西都市报》2012年12月17日;晏耀斌:《淘宝遗产》,《中国经营报》2012年8月19日第4版。

② 参见《数字资产该如何继承》(下),《法制日报》2019年9月5日第5版。

③ 参见梅夏英、许可:《虚拟财产继承的理论与立法问题》,《中国法学》2013年第6期。

网络服务提供者通过禁售条款和现有技术,是无法控制大量真实存在的虚拟财产交易的。所以为了平衡双方利益、促进网络游戏业繁荣发展,禁售条款原则上应认定无效,用户与用户,甚至用户与虚拟财产交易商的虚拟财产交易应为有效,受让方有权取得虚拟财产的权益。①

（2）用户之间的侵权纠纷

如某用户在未经其他用户同意的情况下擅自将其他用户控制的虚拟财产进行转移,造成其他用户损失,从而构成侵权,数额或情节达到犯罪标准的依刑法处罚,而民事责任包括返还原物、赔偿损失等。②

要点是关于虚拟财产的估价问题。以盗窃虚拟财产为例,通常涉案物品的价值是依照最高人民法院、最高人民检察院关于办理盗窃刑事案件适用法律若干问题的解释进行认定,该解释明确规定了盗窃数额的具体计算方法。但由于网络虚拟财产系新兴事物,该规定尚未涉及。有学者提出了一些确定虚拟财产价值的方法,例如按上网费用和游戏费用来估价、按被告人与玩家之间交易价格来定价、按销赃价格认定等,但这些方法都存在一定缺陷,影响了估价结果的合法有效性。③在广东省广州市天河区人民检察院诉颜亿凡盗窃案④中,法院采纳了网易公司提供的对案涉虚拟装备的价格认定。该案中网易公司有预先设定、资料完备的估价机制,并根据游戏服务器的记录,参照同期游戏玩家交易情况估算装备价值,虽说这种方法不是最完备,但也是在现有条件下最客观真实的方法。

---

① 例如于静诉孙江泰合同纠纷案,北京市第二中级人民法院(2009)二中民终字第18570号民事判决书,载国家法官学院、中国人民大学法学院编:《中国审判案例要览》(2010年民事审判案例卷),中国人民大学出版社2011年版,第186—190页。又如中国电信股份有限公司厦门分公司、赖孝君电信服务合同纠纷,厦门市中级人民法院2018闽02民终3796号民事判决书。

② 例如韩某与李某某返还原物纠纷,深泽县人民法院(2018)冀0128民初881号一审民事判决书、石家庄市中级人民法院(2018)冀01民终13196号二审民事判决书。又如张明生与李柏超占有物返还纠纷,哈尔滨市香坊区人民法院(2018)黑0110民初5010号民事判决书。

③ 具体论述参见国家法官学院、中国人民大学法学院编:《中国审判案例要览(2007年刑事审判案例卷)》,人民法院出版社2008年版,第287—288页。

④ 广东省广州市中级人民法院(2006)穗中法刑二终字第68号刑事裁定书,载国家法官学院、中国人民大学法学院编:《中国审判案例要览(2007年刑事审判案例卷)》,人民法院出版社2008年版,第279—289页。

最可取的方法是：首先要求游戏网络的管理者即游戏服务器管理营运商和游戏程序设计方，必须在物价评估部门配合下，共同从游戏者中选取足够多个中等水平的游戏者，让他们各自游戏并计算出取得游戏装备所消耗的时间数据，计算出平均时间值，在该游戏网站专门公布并报物价部门备案。用司法解释的形式确认该时间为取得该游戏装备的必要劳动时间，再根据该时间用最低上网费和游戏费的单价计算出必须支付的费用，将该费用认定为该游戏装备的价值。本文认为这种估价方法是最公平公正的，应该向游戏开发商及物价评估部门推荐使用，从而切实解决类似案件的估价问题，不致放纵犯罪。

企业数据权益和个人信息权益保护机制研究

杨 眉[*]

内容摘要：具有人格权益性质的个人信息在和互联网平台相结合之后，其财产权益的部分和企业对于数据集合的整体权益相关联，对两权益的定性对权益受侵害时可以选择的请求权基础具有较大影响。个人信息权益应当根据其是否和互联网经营者利益相关联分别选择《民法典》或者《个人信息保护法》的保护。在法律对企业数据权益的权益属性明确之后，企业可选择适用《反不正当竞争法》保护数据权益，同时应当注意到《个人信息保护法》也有保护企业数据权益的优先性和合理性，两法的规定之间不能存在冲突，应当协调一致。

关键词：企业数据权益　个人信息权益　个人信息保护法　三重授权

随着互联网行业的迅速发展，有关数据方面的法律问题也接踵而至。从反不正当竞争角度保护消费者和经营者，到今日个人信息被写入《民法典》人格权编，再到《个人信息保护法》紧锣密鼓的拟定，有关企业数据权益和个人信息权益的保护方式和界限一直处在变动发展之中。互联网的发展决定法律应有不同的规制重点、规制方式。个人信息权益在互联网领域有着区别传统民法对个人信息以及隐私的保护方式，司法实践对于企业数据权益的保护适用了《反不正当竞争法》的一般条款进行保护，对于个人与企业交织的数据信息，没有系统和明确的法律规制。如何对于两者进行定性，如何让两者的保护实践协调成为科技时代法律面临的新难题。

---

* 中国人民大学法学院硕士研究生。

一、企业数据权益和个人信息权益的概念辨析

数据信息是随着互联网的发展而产生的新的资源类型,是企业的竞争力、生产力和经济发展的重要动力,数据可以激发企业进行更多的商业模式创新,不断催生出互联网企业的新业态,围绕着获取数据信息资源的竞争也纷至沓来。根据 ISO 的定义,数据是信息的一种形式化方式的体现,展示其信息的含义;信息则是在特定语境下拥有特定含义的客体——知识。故信息是拥有内容含义的知识,而数据是信息的体现形式。①我国《民法典》第 127 条规定,法律对数据的保护有规定的,则依照其规定。数据的权利属性多有争议,本文对于数据本身具有何种权利属性不作探讨。因纯数据和纯信息与企业和个人主体结合之后,是否可以作为法律上所保护的利益以及权益的归属会直接影响到当下的保护路径,故本文所讨论的企业数据和个人信息是指根据一般数据信息的产生方式,即用户使用互联网平台的过程中,通过注册和发布信息等行为产生的一系列个人数据,后经过企业的收集、加工等形成的企业数据。②

（一）个人信息权益

《民法典》虽然没有规定个人信息权,但明确了自然人对其个人信息享有的是人格权益,而非财产权益。《民法典》第 111 条明确自然人的个人信息受法律保护。第 1034 条第 2 款对于个人信息范围进行了界定。③《个人信息保护法(草案)》第 4 条采用了定义式的规定,个人信息是以电子或者其他方式记录的与已识别或者可识别的自然人有关的各种信息,不包括匿名化处理后的信息。虽然个人信息在外国法中也常被称为个人数据,但究其实质只是称谓的变化,如欧盟在《通用数据保护条例》(GDPR)

---

① 参见纪海龙:《数据的私法定位与保护》,《法学研究》2018 年第 6 期。

② 参见龙卫球:《再论企业数据保护的财产权化路径》,《东方法学》2018 年第 3 期。

③ 《民法典》第 1034 条第 2 款规定:"个人信息是以电子或者其他方式记录的能够单独或者与其他信息结合识别特定自然人的各种信息,包括自然人的姓名、出生日期、身份证件号码、生物识别信息、住址、电话号码、电子邮箱、健康信息、行踪信息等。"

对于个人数据进行定义,①其含义和我国对个人信息的定义基本相同。

(二)企业数据权益

企业对于数据的利益,经由法律上的肯定使其具有法律上之力,针对的是数据的财产性角度。对于数据的获取、存储、梳理、展示等环节都需要企业资金投入,积累数据的原始过程也十分漫长,收集后的数据成为支撑企业发展、保持企业竞争优势的资源和条件。这是来源于个人信息但可以脱离个人而存在的权益,成为一种与个人信息相区别的企业数据,对此数据财产性权利的主体只能是对数据收集、加工的企业。这一观点也被司法实践所认可,在"淘宝诉美景案"②中,一审法院在裁判中即认为,个人对于"单个用户信息尚无独立的财产权或财产性权益可言",他人获取企业数据就可能被认定为属于不正当竞争行为。

企业数据与个人信息的界分旨在确认企业数据之上的财产利益与个人信息的人格利益,但是并不意味着财产利益绝对属于企业,也不意味着个人和企业之间进行了权益归属的转移,成为与原始主体脱离的商业资源。个人和企业共同拥有有关个人信息的数据权益,海量的用户数据的财产价值集中于单一企业之上,而此时用户数据的人格利益则分属于用户个人,个人信息权益完全归属于用户个人所有无助于数据的开发和利用,因而在司法实践中趋向于忽略不计个人的财产权益。

二、司法实践对两者的保护和规则的确立

在对企业数据和个人信息进行分析的基础上,本文将和两者相关的信息区分为个人注册型信息数据和个人发布内容型信息数据。个人注册型信息包括使用网络产品时注册的姓名、头像、性别、年龄、学历、定位、消

---

① 《一般数据保护条例》第4条规定:"任何指向一个已识别或可识别的自然人(数据主体)的信息;该可识别的自然人能够被直接或间接地识别,尤其是通过参照诸如姓名、身份证号码、定位数据、在线身份识别这类标识,或者是通过参照针对该自然人一个或多个如物理、生理、遗传、心理、经济、文化或社会身份的要素。"

② 参见淘宝(中国)软件有限公司诉安徽美景信息科技有限公司不正当竞争纠纷案,杭州市中级人民法院(2018)浙01民终7312号民事判决书。

费记录等,个人发布内容型信息数据包括朋友圈微博等分享信息,大众点评等评价信息等。①实践中发生过企业收集和加工个人信息数据之后对数据主张财产性权益的诸多案例,也催生了"三重授权原则",在知情同意行为的基础上,将企业的使用范围和使用方式等问题进行了进一步框定,(见表1)。

表1　三重授权规则下的侵权结果判定

情形 ＼ 类型	用户授权企业 A	平台之间授权	用户授权企业 B	结　果
1	有	有	有	合法
2	有	有	无	侵犯个人信息权益
3	有	无	有	侵犯企业数据权益
4	有	无	无	侵犯个人信息权益和企业数据权益
5	无	有	无	侵犯个人信息权益

注:授权范围和使用相同,若适用范围超过授权范围,需要各平台再次获得授权。

互联网中,采集和利用用户个人信息时,必须以取得用户的同意为前提,这也是企业应当遵守的一般商业道德。数据只有充分地流动、共享、交易,才能最大程度地发挥价值的特性。但数据在流动、易手的同时,为防止个人信息主体和数据提供方对个人信息扩散范围以及用途失去控制情况的出现,在涉及个人信息流动、易手等再进行利用时应给予个人信息主体用户和数据提供方保护及控制信息数据的权利。同时,尊重个人对个人信息处分的决定权和对新技术的选择权,是在个人信息保护和企业对于数据利用的博弈中进行平衡的重要因素。

现以新浪诉脉脉案、支付宝默认授权个人信息事件、大众点评诉百度案为例进行论述。

---

① 《民法典》第 1034 条第 2 款规定:"个人信息是以电子或者其他方式记录的能够单独或者与其他信息结合识别特定自然人的各种信息,包括自然人的姓名、出生日期、身份证件号码、生物识别信息、住址、电话号码、电子邮箱、健康信息、行踪信息等。"

（一）个人注册型信息数据保护实践案例

1. 新浪诉脉脉案①

该案是由新浪起诉脉脉不正当竞争案件，被称为大数据引发的不正当竞争第一案。新浪微博是创作、分享和查询信息的社交媒体平台，脉脉是一款着重于职场人脉的软件。脉脉以第三方开发者的身份与新浪通过《开发者协议》进行合作，通过 Open API 接口传输数据。在合作期间，新浪发现脉脉获取了超过约定部分的数据，非法抓取并使用了用户注册的教育和职业信息。合作关系结束后，脉脉非法获取并使用其注册用户手机通讯录联系人与新浪用户之间的对应关系。新浪认为脉脉在合作终止后并未完全删除先前所取得之数据，因此成讼。

法院根据证据优势原则，认为脉脉未获得用户许可和新浪许可的情况下确实抓取了新浪的信息，违反了"用户授权""平台授权""用户授权"的三重授权原则。第一重授权是作为数据收集方的企业取得用户同意，这也是授权开始的前提。第二重授权为企业作为数据提供方给第三方授权，脉脉在合作期间未根据与新浪的协议申请职业信息、教育信息 Open API 接口，直接获取了新浪微博用户的职业信息、教育信息；在双方合作结束后也未及时删除相关用户的信息，其行为不符合《开发者协议》的约定。第三重授权是第三方平台在使用用户信息时，还应当在再次明确告知用户使用的目的、方式和范围的条件下取得用户的同意。脉脉虽使用格式条款取得用户同意收集相关数据信息，暂且不论取得的有效性，但其通过注册用户手机通讯录联系人，使用了非脉脉用户的新浪微博信息的行为，是未获得该用户对脉脉的授权的。

该案中脉脉的行为是否违法，法院通过《反不正当竞争法》第 2 条，用六要件进行认定。(1)法律对其未作出特别规定；(2)对于其他经营者的合法权益确实造成了实际损害；(3)违反了诚实信用原则以及公认的商业道德；(4)损害了消费者的利益；(5)破坏了互联网环境中的市场竞争秩序；(6)对于互联网中新竞争行为的不正当性需要证据加以证明。最终认定用

---

① 参见北京微梦创科网络技术有限公司诉北京淘友天下技术有限公司、北京淘友天下科技发展有限公司不正当竞争纠纷案，北京知识产权法院(2016)京 73 民终 588 号民事判决书。

户的职业、教育等信息,均是需要新浪在经营活动中付出努力,挖掘用户的兴趣点,积累的重要用户资源内容,是具有可保护性的财产性利益,脉脉的行为确为不正当竞争行为。

法院认为如果行为的确损害了消费者的权益,但在没有对公平竞争秩序构成损害的情况下,则不应当认定为是不正当竞争行为,消费者可选择其他法律维护权益。由此可知,该案确认了企业数据的权益,但是对于个人信息权益的肯定并不是直接的,对其保护还有待明确。

2. 支付宝年度账单默认授权个人信息事件①

支付宝 2018 年通过手机 APP 发布了支付宝用户的年度账单,用户可以获得通过支付宝完成交易的总体情况,如年度网购总支出、生活缴费以及交通费支付等方面的缴费情况,线下商品或服务的购买支付次数等统计信息。这份账单在朋友圈等社交平台迅速吸引了诸多用户,查看前默认同意格式条款《芝麻服务协议》,其中载明用户授权第三方查询非贷款类和其他非涉及商业秘密的信息,支付宝方还可以在用户不知晓第三方平台时直接向第三方提供相关信息。而且在信用租车、贷款等行为时,第三方可以持续查询信息,支付宝方还可不支持用户撤销对相关第三方的信息查询的授权,终止服务后支付宝方仍然可以保留在服务期间形成的信息和数据,但不主动收集其他信息。次日,蚂蚁金融服务集团发布《关于支付宝〈芝麻服务协议〉的情况说明》,表示支付宝方创设发布支付宝用户的年度账单,含有充分尊重用户知情权的初衷,其指出问题点是以不明确的方式取得用户授权,并获取用户个人信息以及后续的授权。

根据此协议,三重授权原则无从保证。首先,支付宝通过极不醒目的方式获得所谓"用户同意",侵犯了个人信息权益,应当视为并未获得用户的知情同意。其次,商人逐利无可厚非,因为数据即资源的特性,企业都希望获取更多的用户个人信息,但是个人信息数据可能面临企业之间的数据"不当共享"。最后,第三方平台可以通过对支付宝一次不经意的授权,让用户在不知晓第三方主体信息的情况下永久性授权,此授权涉及用户有关人身与财产安全的个人信息,用户将要承担因此而遭受的信息安

---

① 参见杨召奎:《支付宝年度账单默认勾选惹争议》,《工人日报》2018 年 1 月 5 日第 4 版。

全威胁与风险。

（二）个人发布内容型信息数据保护的司法案例

1. 大众点评诉百度案①

大众点评是一家为用户提供商户信息（电话、地址、图片）、评价、优惠以及团购信息等服务的平台，注册用户可以基于自身经历对商户进行评论，评论通常涉及用户在商家消费时，体会到的环境、服务、价格等方面，并且可以在评论中附上拍摄的照片。大众点评方发现，当使用百度地图或者百度知道搜索某商家信息时，在百度检索到的页面会直接显示出大众点评用户对该商家评价信息。大众点评认为，百度抓取的有关点评信息属于应当予以保护的企业数据信息，百度没有经过许可抓取的行为，构成侵权。

法院认为大众点评和百度之间存在竞争关系，"点评"这一商业模式，需要较长时期的积累用户和访问量，对于后来者起点较高，进入难度更大。百度攫取了大众点评网的部分交易机会，将意图获取点评信息的网络用户导流到百度，侵害了大众点评的利益，违反了商业道德和诚信原则，使用信息的行为已经远超出了必要的限度，对市场秩序所产生了负面影响。

2. 马蜂窝抓取美团、携程点评信息事件②

马蜂窝是一个用户游记平台，以用户点评为核心资产。在2018年10月，乎睿数据团队指出，马蜂窝发现马蜂窝涉嫌抄袭大众点评、携程等网站的用户点评信息。2 100万"真实点评"里，有1 800万条很可能从大众点评、携程等竞争对手那里抓取而来，占马蜂窝官网声称总点评数的85%。马蜂窝指出，点评内容在马蜂窝平台的总内容容量中仅仅占2.91%，涉嫌虚假点评的账号数量在整体使用马蜂窝平台的用户中占比更小，马蜂窝已经对这部分账号进行了清理。这是一起典型的互联网平台中的抄袭案，此事没有进入诉讼途径，最后不了了之。

目前，虽然用户点评是否受知识产权保护还存有争议，现行《反不正

---

① 参见上海汉涛信息咨询有限公司诉北京百度网讯科技有限公司、上海杰图软件技术有限公司不正当竞争纠纷案，上海知识产权法院(2016)沪73民终242号民事判决书。

② 参见蒋梦惟：《马蜂窝的"数据搬运门"》，《北京商报》2018年10月22日第4版。

当竞争法》《电子商务法》和《消费者权益保护法》和以上两案有一定的关系。但从个人信息的角度看，用户在自身的账户下，发布的关于经历、照片、定位等信息，属于个人信息，涉案的点评信息中已经包含了点评用户的个人信息权益和携程、美团、大众点评等企业的数据权益。因在此种类型中，企业数据权益相应更强，个人信息权益相对偏弱，但并非消失，实践中仍然应当坚持三重授权原则。

三、对于企业和个人信息保护的现行制度

（一）民法、经济法上的个人信息保护制度

1. 民法

"民法总则（草案）"曾将数据作为知识产权的客体在第108条作出规定，但该草案在公布后引起学术界的广泛讨论，最后在2017年公布的"民法总则"中，没有保留该项内容。《民法典》也沿用了这种模式，"数据"在第一编"总则"第五章"民事权利"中涉及，与网络虚拟财产并列。这其实是按照财产权的方式来保护，对于数据的属性仍然不予置评，对于企业的数据权益也没有作出认定。基于《民法典》主要解决的是平等主体之间的人身关系和财产关系的私法性质，在第四编"人格权编"的"隐私权和个人信息"章节中，将个人信息的部分的义务主体表述为"任何组织和个人""信息处理者"，旨在将个人信息权益按照人格权的方式来保护。

2. 反不正当竞争法

《反不正当竞争法》在企业数据权益被动侵害的时候对其进行法律保护。但是在具体的条文中，对该种权益的性质以及竞争行为不正当性未作出特别规定，如果通过商业秘密保护，对于企业数据是否为商业秘密的性质的认定极为困难，而且较之法律积极承认的权利，未上升为权利的法益，一般只能获得相对而言较弱的保护。[①]而且商业秘密意味着企业可以自行对数据进行处理等，是对其上还存在的用户的人格权益等部分的忽

---

① 参见许可：《数据保护的三重进路——评新浪微博诉脉脉不正当竞争案》，《上海大学学报》（社会科学版）2017年第6期。

略,从商业秘密角度进行保护和个人信息权益之间存在冲突。

我国法院的司法判决中,大多认定企业数据是属于企业的竞争优势,明确案件中的经营者对数据享有相应权益后,引用《反不正当竞争法》一般条款将第三方企业的数据抓取行为认定为不正当竞争行为,从而实现对该权益的保护。但通过一般条款保护也存在极大的不确定性。一方面,如新浪诉脉脉案确认的六大要件,使通过用不正当竞争保护的方式保护数据权益的路径难度提升。而且在"大众点评诉百度案"中,法院便明确在判决书中指出百度在初始版本中仅抓取显示少量的大众点评信息,属于"谨慎地少量使用来自其他网站的点评信息",并不构成侵权,在百度大量抓取点评信息,并在网站给予较多展示时,其行为才能被定性为不正当竞争行为。另一方面,企业本身是否为合适的诉讼主体并非法律直接规定,而是由法院进行认定。总的来说,一般条款的适用取决于个案衡量,作为法律禁止的特定行为来间接保护,不宜成为一种特定的保护模式。[1]因法院不得拒绝裁判,只能适用一般条款进行认定,这也说明法律制度本身存在不足,现有体系难以对数据权益保护问题作出回应。[2]

另外,《反不正当竞争法》对于用户的个人信息权益的保护是间接的,只是兼顾考量的一种平衡利益的方法。在新浪诉脉脉案中,消费者利益比较突出的原因恰恰在于这一部分数据几乎全部可以归属于个人信息,但因为双方当事人都是企业,没有消费者的利益代表,法官充当了消费者的角色。本案确实损害了消费者的利益,法院从消费者的自主选择权、知情权、隐私权方面来判定脉脉的行为是不是侵犯了消费者利益。但需要说明的是,本案获得的直接诉讼利益归新浪而非用户,对于用户只有通过对竞争环境的影响间接保护。

(二)个人信息保护法

1.《个人信息保护法》的立法沿革

个人信息原通过《刑法》第 253 条,"民法总则"第 111 条,《消费者权益保护法》第 29 条,《电子商务法》第 23 条、第 25 条等进行保护。在世界互

① 许可:《数据保护的三重进路——评新浪微博诉脉脉不正当竞争案》,《上海大学学报》(社会科学版)2017 年第 6 期。

② 参见韩旭至:《数据确权的困境及破解之道》,《东方法学》2020 年第 1 期。

联网大会第五届关于"大数据时代的个人信息保护"的分论坛中,"《个人信息保护法》已列入十三届全国人大常委会 5 年立法规划"的消息正式在公开会议中发布。2017 年 3 月,全国人大代表于两会期间提交了《关于制定〈个人信息保护法〉的议案》,建议全国人大尽快制定《个人信息保护法》。2020 年 10 月 21 日,《个人信息保护法(草案)》征求意见稿终于发布。一部整合性的数据立法,对于保护个人利益、充分利用数据资源、促进信息产业和电子政务良性发展等都是有帮助的。①目前,《个人信息保护法(草案)》征求意见第 4 条将《民法典》第 1034 条的"个人信息识别说",增加为"个人信息关联说",草案对"敏感个人信息"作为个人信息之特殊类型,这和隐私权的界限在何处? 周汉华教授认为,《个人信息保护法》要差异化对待,不应纳入民法典人格权编的框架,把草案中的"组织和个人"统一表述为"个人信息处理者",同时增加一些适用的例外来突出《个人信息保护法》的独特性,如:处理个人信息数量较少的小微企业等。②

另外,《个人信息保护法》确定之后,和《反不正当竞争法》的关系协调是一个重要问题。日本即同时拥有《个人信息保护法》与《反不正当竞争法》。前者侧重大数据时代用户数据的利用的法律保障和权利边界,后者以"商业秘密"的规制明确了企业对于用户数据的占有和交易中的权利。欧盟的数据保护的专门立法主要处理数据的人格权关系,对于第三方的义务要求较少,旨在解决用户与数据控制者之间关于数据收集之纠纷,较少涉及其后的数据流通。而反不正当竞争法则主要关注竞争主体之间,是数据持续占有与流通层面的规制。我国关于个人信息保护法的颁布在保护和限制企业与个人的主体层面和《反不正当竞争法》之间存在一定的交叉,《个人信息保护法》也应确保《反不正当竞争法》对个人和企业的双重保护模式不会与自身确立的规则相冲突。

2.《个人信息保护法(草案)》的影响

《个人信息保护法(草案)》第 1 条规定,"为了保护个人信息权益,规范个人信息处理活动,保障个人信息依法有序自由流动,促进个人信息合理

---

① 参见周汉华:《个人信息保护前沿问题研究》,法律出版社 2006 年版,第 173 页。

② 参见周汉华:《个人信息保护法应明确义务主体,突出独立性》,载 https://mp.weixin.qq.com/s/1oW0_bOO9qsboLjbiLQVJQ, 2020-11-08。

利用,制定本法"。可见,《个人信息保护法》的立法对于个人信息权益本身进行了保护,也对数据的流动进行保护。但在个人信息保护优先的模式下,企业数据权益实现取决于能否获得用户的同意,对个人信息进行一对一的确认和保护无疑是数据保护的重要前提和基础。如果大量的数据全部只有这样一条获取通道,这对以数据作为重要支撑的互联网企业而言,无疑极大地限制了其对数据的开发和利用,可能会陷入等待用户同意的窘境,也大幅增加合规成本,存在降低创新速度的可能性,反过来也影响了用户福祉。因此,《个人信息保护法》需要对平台的数据权益进行保护。我国《个人信息保护法》并不是在"个人信息权益保护"或"企业数据权益"之间的选择,而是在同时对两者保护的基础上,平衡两者之间的利益。

(1)应当明确企业拥有数据权益。《个人信息保护法》具有社会法性质,将用户作为弱者倾斜保护,但这并不排斥企业可以通过《个人信息保护法》获得权利保护的机会。可以明确企业对收集的一手数据享有数据权益,可用于对抗第三方平台的侵权行为,有利于立法目的的实现和《个人信息保护法》作为数据立法领域的一般法的统筹地位。

(2)应当贯彻三重授权原则。《个人信息保护法(草案)》征求意见稿第24条规定,个人信息处理者向第三方提供其处理的个人信息的,应当向个人告知第三方的身份、联系方式、处理目的、处理方式和个人信息的种类,并取得个人的单独同意。接收个人信息的第三方应当在上述处理目的、处理方式和个人信息的种类等范围内处理个人信息。第三方变更原先的处理目的、处理方式的,应当依照本法规定重新向个人告知并取得其同意。

首先,致力于保护个人信息和企业数据权益保护的三重授权原则在《个人信息保护法(草案)》的框架下会存在缺陷:没有排除经过用户同意就可以在平台之间抓取的行为。这一行为在《反不正当竞争法》上被认定为侵权,《个人信息保护法》却未排除这一行为,会造成法律上的争议和冲突局面。如2017年华为荣耀Magic手机内置系统,因未经腾讯授权,而仅通过用户授权同意的方式便收集了用户的微信聊天记录,实现对用户的定向推送,为用户提供各项智能服务。[①]华为认为主张其使用的所有数据都

---

① 参见郑熹燊:《腾讯华为掀数据之争个人数据保护立法迫在眉睫》,《中国产经新闻》2017年8月18日,第3版。

属于用户,经过用户授权许可后使用数据是合法的。对此情况不明确排除将有可能使此种行为合法化。

其次,第三方并不需要在任何情况下都告知用户并且取得同意,仅在变更原有处理目的和方式的情况下才需要重新告知并且取得同意。也即第三方只要在同一场景理论中,不超出目的、范围、方式处理个人信息,就不需要再次告知用户,只有在场景切换时才需要进行。这是在三方授权的影射和变动,三重授权变为了用户对原数据收集者的两次相同范围的授权以及平台之间的授权,不利于保护用户的合法权益。另外,在改变处理方式时,《个人信息保护法》还应当规定获得原信息处理者的同意,双重同意。如此才可在各环节都确保三方授权原则的适用。

(3) 明确第三方核验义务。当原信息处理者将信息共享的时候,第三方是否有义务核验个人信息提供方是否将对外提供的情况依法告知用户并且取得单独同意,还是可以仅依照提供方的指示行事?因此核验个人信息提供方是否将对外提供的目的和方式依法告知用户并且取得单独同意是现行《个人信息保护法(草案)》保护下的必然,仅依靠信息提供方的陈述和保证无法最大限度降低信息接收方的合规风险。

四、企业数据和个人信息的权益归属与保护路径选择

(一) 企业数据权益归属及保护路径

数据是每个用户在适用企业平台的过程中产生,在企业投入前期,平台几乎只有投入而无收益,甚至需要以高额补贴、首批用户福利等方式吸引用户加入平台并发布信息,以此换取更多的用户注意力,形成规模效益。企业在产品的服务和运营的过程中,更会长时间投入人力、物力、财力、智力成本,根据以上投入,企业对平台上产生的用户信息也享有数据权益,在此情况下,如果第三方没有经过许可抓取大量的数据资源,则必然会侵犯用户和平台的权益。

目前相关数据财产权益保护的规则确实呈现缺失的状态,当企业数据权益受到侵害时,企业往往以不正当竞争纠纷为由,寻求《反不正当竞

争法》的间接保护,《反不正当竞争法》的兜底保护确实为企业数据保护的实践提供了保护思路。用户数据因其本身具有的财产性权益而能成为受《反不正当竞争法》保护的对象,《反不正当竞争法》的保护模式则有助于侵犯企业数据权益问题的解决。企业可以从《反不正当竞争法》的商业秘密和一般条款进行主张保护。但需要明确的是,由新浪诉脉脉案开启的用户数据的《反不正当竞争法》保护模式并非唯一的保护思路,《个人信息保护法》对企业的保护其实是优于《反不正当竞争法》的,用户和平台共同构成权益的拥有主体,共同受到《反不正当竞争法》和《个人信息保护法》的保护。《反不正当竞争法》是一个大法益,《个人信息保护法》是具体法益。有待于日后《个人信息保护法》对于信息处理者的权益进行明确,企业便可以明确企业数据权益的可保护性主张权利,同时也可以降低《反不正当竞争法》一般条款保护的不确定性。

(二)个人信息权益归属及保护路径

在互联网时代,同一批数据信息上同时存在不同主体的不同利益,个人信息倾向于个人数据的保护,当其和经营者无关,并非产生营利目的的关联时,对其的侵犯可以视为单独对于人格利益的侵犯而划入《民法典》第四编第六章的保护范围,指向用户的人格权。这一保护模式在我国已形成以民法为主干的立法保护体系,而且在司法中也多有案例。

另外与企业数据权益相关的个人信息权益部分,即和经营主体对于用户数据财产性使用的权益相关部分,便可以通过《个人信息保护法》进行保护。王利明教授认为个人信息收集利用的过程也是数据财产流转的过程。[①]在这一流转的交叉过程中,企业和个人的数据权益不是各自独立的,而是共同享有的。所以,对于用户数据之上的个人信息权益部分的谋求可划入个人信息相关立法进行保护。

结　　语

综上所述,虽然企业数据权益和个人信息权益在权益归属方面存在

---

① 参见王利明:《数据共享与个人信息保护》,《现代法学》2019 年第 1 期。

困境,但并不表明无从保护。针对包含有个人信息及敏感信息的数据部分,个人当然拥有所有权益,所以单个用户的个人信息数据的权益属于用户个人,未经许可,他人不能获得。所以在经营者之外的个人不以牟利为目的的使用可以视为单独对于人格利益的侵犯并纳入《民法典》第四编第六章的保护范围。另一部分信息是用户在根据自身需要,在企业平台上注册和使用时,产生的数据,即企业和个人共有财产权益,但人格权益始终归于个人,对于用户数据之上的个人信息权益可划入个人信息相关立法进行保护。基于用户给予平台的授权,以及企业对数据前期积累阶段的时间成本付出、技术的投入和人力资源成本的增加,企业应当对所集成的数据本身享有合法权益。企业数据权益可以支撑其在双边市场上展开经营活动,也可以发展向第三方提供数据资源的商业形式,有权对这些信息数据进行使用、收益,第三方没有经过企业授权便抓取使用数据时,即构成对企业合法的数据权益的侵犯。企业因其付出的巨额投入形成的企业数据权益可以在《个人信息保护法》和《反不正当竞争法》的框架下进行保护。另外,企业就自己享有的数据权益,与第三方平台进行合作时,第三方平台应当遵守双方达成的相关的合同的约定。再者,第三方平台仍然应该保有对个人信息权益的人格权益的尊重,以及企业数据权益和个人信息权益不可分的特性,单独获得用户的授权。

新型财产险
——法定数字货币险的探究

蔡仁杰[*]

内容摘要：自 2019 年美国 Facebook 公司发行 Libra 以来，数字货币的新发引发全球金融界与法律界的强烈关注。这种利用区块链等最新技术作为底层技术的数字货币，其发行、流通、回收等方式和原有的纸质法币具有极大的差异性，同时又可以取代央行法币的部分功能（如支付、定价、储值等），因而很多围绕数字货币的法律问题探究的热点话题亟待研究讨论。当时中美贸易战的背景下，我国初步推出央行法定数字货币 DC/EP，将有望成为数字世界的"法币"。虽然这一货币类型刚推出，关于法定数字货币保险问题的研究虽刚起步却已经提上研究日程，故本文结合保险法的基本原理，探究新型的数字财产险——法定数字货币险的相关法律问题。

关键词：法定数字货币　法定数字货币险　保险法　法定数字货币险合同

一、法定数字货币概述

（一）DCEP 的上位概念——数字货币的内涵与分类

数字货币，作为法定数字货币的上位概念，其内涵与外延随着实践发展和技术创新不断扩展。

1. 数字货币的内涵

国际货币基金组织（IMF）报告指出，数字货币是以数字化形式实现价格尺度、价值存贮和支付交易等货币职能。国际清算银行（BIS）将数字货币定义为价值的数字表现形式，强调通过各方数据交换实现各项货币职能。[①]

2. 数字货币的分类

支付和市场基础设施委员会（CPMI）2018

---

* 中国人民大学法学院硕士研究生。

① Bank for International Settlements. Central Bank Digital Currencies［EB/OL］. https://www.bis.org/cpmi/publ/d174.pdf.

年提出货币的概念模型,将数字货币分类并定义为:发行人(央行或非央行)、货币形式(数字或物理)、可获得性(受限或非受限)和实现技术(基于账户或代币)。①

欧央行则将数字货币区分为三类:一是以虚拟货币②为代表受监管的数字货币;二是以电子货币为代表的受监管的数字货币;三是加密数字货币。英格兰银行明确表示以分布式记账技术作为数字货币的分类标准,运用分布式账本技术的数字货币是加密数字货币。

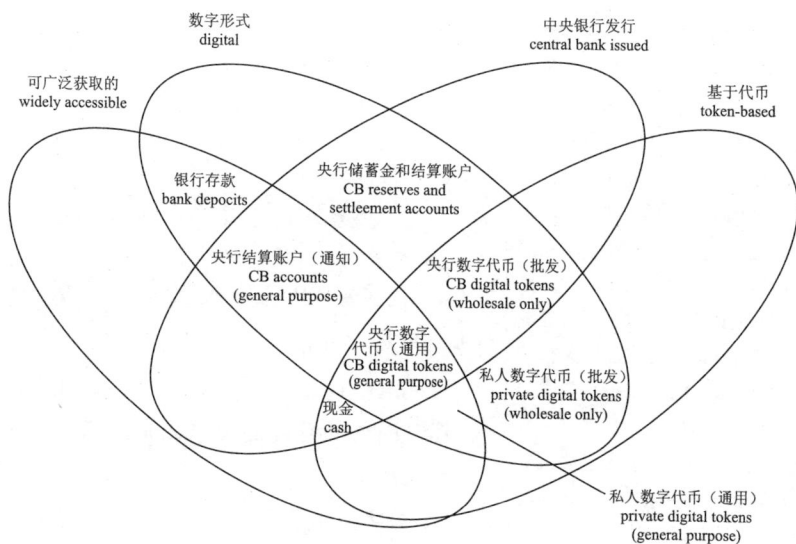

本文对于数字货币的分类基于发行主体(央行与非央行),主要讨论央行发行的数字货币———法定数字货币,并结合保险法的基本原理,探究新型的数字财产险———法定数字货币险的相关法律问题。③

---

① Committee on Payments and Market Infrastructures: Central bank digital currencies, https://dl.brop.cn/wechat/Central%20bank%20digital%20currencies.pdf.

② 虚拟货币是虚拟社区内的价值标记和支付工具,可以通过交易平台与法定流通货币进行兑换交易,形成交易价格。虚拟货币无合格发行责任主体、无实体资产支撑、没有足够的信用背书,平行于现实世界的网络金融空间、通行网络共识的治理机制和发行激励机制,通常被视作具有投机溢价属性的金融工具。

③ 法定数字货币在图片中所处的位置即为中央央行数字代币(通用)的位置。

（二）法定数字货币

1. 法定数字货币(DCEP)概念提出与发展历史

早在 2015 年,国际清算银行下属的支付和市场基础设施委员会就将法定数字货币定义为加密货币。[①] 继 Broadbent 提出央行数字货币(CBDC)的概念后,[②] 范一飞指出央行法定数字货币主要属于现金(M0)范畴。[③] 姚前则提出了基于账户(account-based)和基于钱包(wallet-based)的数字货币概念,[④] 并设计了一个基于银行账户和数字货币钱包分层并用的架构,[⑤] 以使法定数字货币可以有机融入"中央银行—商业银行"二元体系,复用现有的成熟的金融基础设施,避免狭义银行化影响。在国外的研究方面,Koning 根据是否基于央行账户,将法定数字货币区分为央行数字账户(central bank digital account,CBDA)和央行数字货币。[⑥]

2. 法定数字货币的法律属性问题

姚前作为法定数字货币研究较权威的人士,对价值维度、技术维度、实现维度和应用维度四个维度展开分析。[⑦]

针对私有数字货币问题,姚前就私人数字货币、传统货币和法定数字货币的属性进行了对比。他认为,在价值维度上法定数字货币是信用货币。[⑧] 同时他指出在技术维度上法定数字货币是加密货币。在法定数字货币监管方面,利用数字货币"前台自愿,后台实名"的特性,通过安全与隐私保护技术来管理相关数据使用权限,确保大数据分析等监管科技有用武

---

① Committee on Payments and Market Infrastructures. Digital currencies. Bank for International Settlements. 2015. https://www.bis.org/cpmi/publ/d137.pdf.

② Broadbent B.Central banks and digital currencies. 2016. http://www.bankofengland.co.uk/publications/pages/speeches/2016/886.aspx.

③ 参见范一飞:《法定中国数字货币的理论依据和架构选择》,《中国金融》2016 年第 17 期。

④ 参见姚前:《中国版数字货币设计考量》,《中国金融》2016 年第 12 期。

⑤ 参见姚前:《数字货币和银行账户》,《清华金融评论》2017 年第 7 期。

⑥ Koning J.P. Evolution in cash and payments:comparing old and new ways of designing central bank payments systems,cross-border payments networks,and remittances. R3 Reports. 2017. https://www.r3.com/research/#toggle-id-14.

⑦⑧ 参见姚前:《理解央行数字货币:一个系统性框架》,《中国科学:信息科学》2017 年第 47 期。

之地。①而且,他认为在实现维度上法定数字货币是算法货币。

范一飞认为,未来即将推行的法定数字货币与现行纸币两者皆以国家公信力作为发行基础。②对于法定数字货币的形态问题,既要注意电子货币防篡改能力弱的问题,同时也要注意纯数字货币支付体系的搭建过于复杂的问题。在运行框架上尽量遵循"中央银行—商业银行"的二元模式。法定数字货币有其独有的竞争力,即集私人数字货币的技术和传统数字货币的合理内涵于一身,但法定数字货币的内在价值支撑是不能改变的。③

3. 法定数字货币(DCEP)的特殊性

法定数字货币作为新型的货币形式,不同于以往的纸币不可追溯的特性,适用占有即所有的规定,法定数字货币往往和某个个体或某类主体的账户相绑定,既具有传统纸币的货币化功能,同时又像现在很多商品一样能够绑定所有者,这也就预示着法定数字货币将不同于传统的纸币,能根据其明确的主体特性在其上设置相应的保险,以保障法定数字货币及其账户的权利。

作为新型的货币形式,法定数字货币的投入与运营不可避免面临着技术风险分散、金融风险分散等一系列问题,保险制度的探究与引入——数字货币险的研究便在不远的将来具有颇高的研究意义与实务价值。

二、法定数字货币险的保险法分析

本文提出未来保险的发展趋势——法定数字货币险,对于这一类保险首先需要在保险法层面进行理论分析与界定。

（一）法定数字货币险的性质

法定数字货币险属于新型财产保险的一种,它是以法定数字货币及

---

① 参见姚前:《中国法定数字货币原型构想》,《中国金融》2016年第17期。

② 参见范一飞:《中国法定数字货币的理论依据和架构选择》,《中国金融》2016年第17期。

③ 参见姚前:《数字货币的发展与监管》,《中国金融》2017年第14期。

其有关利益作为保险标的的保险法律关系。法定数字货币本身属于新型的货币，而货币又被看作财产关系中重要的一部分，且法定数字货币险以法定数字货币作为保险标的，因此该险种指向财产保险这一大类性质下的保险问题。

1. 法定数字货币险的保障功能

法定数字货币险的保障对象应当指向当事人所拥有的数字货币及相关账户、钱包的合法权利。法定数字货币险的保险标的是数字货币所有者的法定数字货币本身及其相关的利益，因而在涉及法定数字货币保险事故发生时，当事人受到损害可以通过保险人提供保险赔偿，以保障这种新型货币权利。

2. 法定数字货币险的保险期限

法定数字货币险作为特殊的财产保险，应当遵从财产保险的法律关系，可以以一年作为保险期限，到期续保，也可以设置二至三年的保险期限，可以根据当事人的不同需求，对于当事人的数字货币及其账户提供相应期限的保障服务。

3. 法定数字货币险的利益认定

法定数字货币险的合同是指向被保险人提供保障的法律形式，而并非获利的手段，保险利益才是其保障的对象，而对于本质上是财产保险法律关系的这一类保险，其保险利益既存在于投保之时，也存在于索赔之时，尤其强调当法定数字货币出现了保险事故之时，被保险人在事故发生时对其所享有的保险利益。

4. 法定数字货币险所涉及的危险事故

法定数字货币作为新型的货币，其依托的是现有的电子账户，因而法定数字货币的危险事故很有可能存在以下这种情况：一是法定数字货币的账户（包括手机账户、网银与专用的数字货币热钱包等）被盗用、盗刷、复制导致的资金损失；二是当事人被不法分子威胁透露了法定数字货币账户或者热钱包的密码而导致的资金损失；三是由于新型的数字货币结算系统的不成熟或保障的不周全而带来的经济金融损失及其相关的风险等。

（二）法定数字货币险的补偿性法律关系

法定数字货币险作为补偿性保险法律关系，其目的在于当法定数字货币发生了保险事故而遭受损害之时,保险人按照事先的约定在保险金额范围内支付保险赔偿金,用于弥补被保险人因此实际遭受的经济损失,帮助其尽快地恢复生产生活。这一类补偿性的保险法律关系的实现,是以法定数字货币因保险事故所导致的实际损失的存在为前提,并且以保险人和被保险人双方约定的保险金额为限。当数字货币在保险期限内没有受到相关的损失或者损失程度在保险人与被保险人双方约定的保险金额的损失之外,保险人不承担相应的保险赔偿责任,因此数字货币险作为财产保险也具有一次性保险的特点,是对当事人的补偿,而并非给付或者返还性质。

（三）法定数字货币险的自愿性、强制性法律关系

由于法定数字货币刚在全国部分地区推开,故法定数字货币险在当下可能兼具自愿性和强制性的特点——成立之初要求作为强制性保险,待市场成熟之后转变为以自愿性保险为主的保险法律关系形式。

法定数字货币的强制性,就体现在法定数字货币作为一种新型电子化的数字货币推开,其发行体系、支付体系、清算体系等一系列系统目前仍在试运营阶段,存在着很大的不确定性,相关使用主体可能就会因为系统缺陷或系统漏洞而存在一定的货币损失风险,因此在法定数字货币推开之初,很有可能官方要求对于这类保险附加一定的强制险,以分担官方机构承担的系统性与技术性风险所带来的损失风险。

但是,随着法定数字货币这个大趋势的不断演进,系统体系的日趋成熟,作为推开之初分担系统性运营风险的强制性保险,可能会逐步退出法定数字货币险的领域。未来法定数字货币险将成为以自愿性为绝对主导的财产保险在全国推开,并且可以进行商业化运营。

三、法定数字货币险合同条款的设计及适用

（一）法定数字货币险合同的一般条款

关于法定数字货币险保险合同的一般条款的设计应当为:

1. 当事人条款

数字货币险合同的当事人,不仅应当符合保险合同制度的一般要求,

而且对于当事人应当具备是数字货币合同险所要求的特殊条件,具体如下:

(1)投保人

数字货币险合同的投保人可以是自然人,也可以是法人或者是其他组织。但投保人原则上应当是被保险人及其亲属——即数字货币与其账户、钱包有密切关系的人员才具备投保资格。他们作为数字货币险合同的投保人,不仅要具备相应的民事行为能力,而且在订立数字货币险合同时,应当是对被保险人具有相应的保险利益,即该保险利益适用于当事人数字货币及其账户的相关利益。

(2)被保险人

数字货币险合同的被保险人是指以自己数字货币及相关账户、钱包作为保险标的的主体,因此主体上具有一定的金融属性——必须有相关的数字货币及其账户、钱包,同时也应当符合中央银行对于使用数字货币的主体的相应年龄和身体要求。

(3)保险人

数字货币险合同的保险人应当具有特殊的主体性资质,不仅要有经保险监督管理机关依法批准的保险人的资格,而且其业务范围必须经过中央银行等相关机构特批。因为数字货币本身作为中央银行发行的特殊法币,其具有法定代偿效力,且在地位上等同于人民币纸币,因此这项业务的开展和执行必须经过以中央银行为代表的特殊金融机构的审核和批准,以保证不存在威胁国家金融安全与稳定的相关事由,具有较强的政策性因素。

(4)受益人

受益人在数字货币保险合同中也是一种主体类型,数字货币险的受益人理论上应当设置为被保险人——因为是以被保险人本人数字货币及其账户的安全性、有效性作为投保标的,因此这笔补偿款项原则上应当流向被保险人。

2. 保险事故条款

不同于普通的财产保险合同中的保险事故,数字货币险的保险事故不是针对各种自然灾害和不可抗力,而是更多地针对数字货币及账户在使用、运行过程当中所存在的系统性风险及相关的意外因素,主要体现在:一是法定数字货币的账户(包括手机账户、网银与专用的数字货币热钱包等)被盗用、盗刷、复制导致的资金损失;二是当事人被不法分子威胁透露了法定数字货币账户或者钱包的密码而导致的资金损失;三是由于新型的数字货币结算系统的不成熟或保障的不周全而带来的经济金融损失及其相关的风险等。①

随着数字货币及其账户、钱包体系的不断成熟,相信会有更多实务风险问题需要通过数字货币险来实现风险分散,其事故条款也会愈加丰富。

3. 保险金额条款

由于数字货币险当前可能正处在设计的阶段,因此对于其保险金额的确定方法并没有定论,应当以定额的方法来确定保险金额更为妥当。

其操作模式就是分层给付保费——对于一定金额的数字货币损失实行全额理赔,对于超出这一金额限制的部分,根据被保险人数字货币账户及钱包内所拥有的法定数字货币的数额,按照一定的比例进行缴费和投保。定值保险的方法更有利于当事人形成稳定的预期,降低通过系统漏洞或人为操作而变相获取高额保险收益的可能,一方面满足了发行机构与公众分担风险的需求,另一方面也避免了道德风险事件的出现。

4. 保险期限条款

上文提到法定数字货币险在当下可能兼具自愿性和强制性的法律关系特点——成立之初以强制性保险为依托,待成熟之后转变为以自愿性保险为主的保险法律关系形式。法定数字货币险在初始阶段作为强制性保险,可能会由央行等有关机关共同决定其保险期限,而当法定数字货币交易、结算等相关体系日趋成熟,市场转为自愿型保险为主之后,可以参照普通的财产保险,以一年期或其他的时间期限作为法定数字货币险的保险期限,抑或当市场日趋成熟之后,可以由投保人和保险人协商确定。

(二)法定数字货币险合同的特殊条款

法定数字货币险合同除了具有保险合同均应当具有的一般条款外,还应基于自身的特点,具有如下的特殊条款:

---

① 以上是笔者从数字货币大量相关研究中概括总结出来的风险要素。

1. 不可抗辩条款

对于法定数字货币险不可抗辩条款，应当部分参照适用人身保险合同不可抗辩条款——即从法定数字货币险合同成立或复效之日起，经过合同约定或者法律规定的期间后，法定数字货币险合同的效力就不可争议。

不可争议条款也是针对保险人的合同解除权，因为基于保险法的最大诚信原则，投保人有义务如实告知有关保险标的的危险及情况，而且法定数字货币险，作为带有一定金融政策的特殊保险，其设置也应当符合保障公众权益、稳定公众预期、维护金融秩序稳定的保险目的。

2. 复效条款

法定数字货币险合同的复效条款的主要内容是针对有关法定数字货币险合同失效之后，依法恢复法定数字货币险合同效力的相关规定。

倘若法定数字货币险在设立之初作为强制性保险，则不大可能存在复效事由出现的可能性。

但倘若法定数字货币险成为自愿性合同之后，参照普通的财产保险多为一年期或其他相关时期的合同。但问题是法定数字货币账户，和银行账户一样存在长期性，因此难免存在投保人因各种原因而不能在宽限期内交付保险费，以至保险合同失效的情形。此时，若被保险人需要继续寻求保险保障，投保人申请复效较之重新订立合同更为有利，也更利于维护国家金融稳定，公众对于数字货币及账户也会更有安全性预期。

四、展望法定数字货币险的未来

当前，央行法定数字货币正逐步推出，相信在不久的将来，法定数字货币将同人民币纸币一样，在国家生活和运转过程中扮演极其重要的作用。这一时代命题也亟待法治进行回应。①

---

① 参见沈国明：《改革开放 40 年法治中国建设：成就、经验与未来》，《东方法学》2018 年第 6 期；史际春：《改革开放 40 年：从懵懂到自觉的中国经济法》，《东方法学》2018 年第 6 期。

基于法定数字货币及账户钱包以及相应的支付清算体系,正处在实践运行的初期,本文针对新型保险——法定数字货币险的必要性与法律设计进行了相关的探究。本文认为,通过法定数字货币险的设置,能有效促进系统、技术等相关风险转移,缓解金融监管部门的压力,同时能够推动广大公民及法人主体积极使用法定数字货币,提升风险化解的安全性与稳定性预期,最终为我国法定数字货币的全面推广应用打下坚实基础!

个人数据保护法律适用规则构建的基本逻辑

孙登科 *

内容摘要:个人数据既不同于现实空间的有体物,也不同于具有创造性无形的智力成果,它是一种新型的客体,与人的身份有关,但不属于身份权范畴。传统的"物之所在地法"规则和知识产权法律适用规则并不能有效地解决个人数据保护法律冲突。同时,个人数据权是一种复合型权利,不仅包括人格权和财产权,还包括遗忘权、更正权、访问权等多种权利,物理空间单一的侵权行为地规则在互联网领域显得单薄。由于数据具有虚拟性、瞬间性及流动的无界性等特点,而且地理空间的分散,连结点增多,传统的法律适用规则在虚拟的网络中受到很大的挑战。因此,为回应这一挑战,应从个人数据的本质属性和隶属的法律关系两个方面去探寻个人数据保护法律适用的一般规则,并结合引起法律冲突的特殊问题,适当借鉴"数据来源国法""最强保护国法"和"保护弱势方利益"等规则。

关键词:冲突法 个人数据保护 物之所在地法 法律适用规则

在信息经济加速全球化的进程中,个人数据被大量使用和传播,为全球经济的发展和繁荣带来了巨大的红利。但与此同时,个人数据也存在被非法收集、非法处理和滥用情况,数据主体的合法权益受到严峻的挑战。近年来,随着个人数据侵权引发的案件日益增多,世界各国纷纷加强个人数据立法保护。截至目前,全球已经有120多个国家和地区颁布个人数据保护法,还有40多个国家和地区正在筹备。不同的历史传统和法律文化的差异,使各国在个人数据保护的方式和水平上略显不同,导致法律冲突现象严重。如何解决这些冲突现象是现在国际社会上面临的一个重要问题。

一、个人数据保护法律适用规则对传统的挑战

"传统冲突法是一种建立在以领土为标准

---

* 江苏海洋大学文法学院校聘副教授,东南大学法学院博士后。

划分各国法律管辖范围基础上的法律体系,通过运用一种所谓的'分配法'的方法,将发生争议的涉外民商事关系分配给某一国家的法律处理",[①]"从而解决外国法律的域外效力与内国法律的域内效力,或内国法律的域外效力与外国法律的域内效力之间的冲突。地域因素或空间场所在法律选择和审判中起着基础性的控制作用",[②]成为制约人类生存和活动的自然性的客观标志。然而,随着科技的发展和信息化时代的到来,互联网得到广泛的普及运用,网络把成千上万的网络用户联系在一起,整个世界形成一个巨大无边的网络疆域。在网络空间,人们的生活方式和交往方式都发生了改变,移动支付、网络平台、电子商务等新型的事物逐渐出现,网民可以进入各个国家的网络空间,自由浏览和查找需求,进行网上交易和网上服务,所有的一切几乎都可以在网上瞬间完成,而不受传统地域的管辖限制。传统的地域模式很难再对这些过程和环节进行确定或场所化,冲突法中的地域要素和空间场所在网络领域受到极大挑战。

(一)"物之所在地法"规则在个人数据保护法律适用中的障碍

"物之所在地法"的产生最早可追溯到13、14世纪的意大利,由巴托鲁斯提出,他主张不动产应当适用不动产所在地的法律,但是动产应当适用当事人的属人法,即"动产随人"原则。然而,随着资本主义经济和国际民商事交往的进一步发展,动产所有者与动产分离的现象日趋正常化,即使是同一动产所有者,其动产也可能位于多个国家,动产所在地的国家也不愿意用属人法来处理本国的动产,于是巴托鲁斯的主张遭到很多学者反对和批判,很多国家开始抛弃"动产随人"原则,直接适用"物之所在地法",即法律关系的标的物所在地的法律。其主要适用于物权领域,范围包括动产与不动产的识别问题,物权的客体范围,物权的内容范围,物权的取得、消灭和变更的方式和条件,以及物权的保护方法等,这一原则的确具有广泛的运用价值,但是对于一些特殊的物权则不能适用"物之所在地法"规则。例如,运输途中的货物、船舶、飞机、汽车和其他运输工具,与人身关系密切的动产,外国法人的财产清算以及外国的国家财产等。[③]

---

① 韩德培:《国际私法的晚近发展趋势》,《韩德培文选》,武汉大学出版社1996年版,第76—77页。

② 李双元:《国际私法》(冲突法篇),武汉大学出版社1987年版,第8页。

③ 参见任际:《国际私法专题研究》,法律出版社2011年版,第95—99页。

"在民法上,物权是一个法律范畴,系指由法律确认的主体对物的直接管领并排除他人干涉的权利。"①在物权法律关系中,物权的客体通常是物,是权利人在法律规定范围内直接支配的特定物,不仅具有客观实在性、特定性、唯一性等特征,而且其最主要的特征就是物的所有人对物进行占有、使用、收益和处分的权利,并排除他人的干涉。在国际私法中,"一些观点运用'财产权'来表达国际私法中的物权内容,并认为财产权的内容大于物权"。②"在更早期的一些国际私法著作中,也有直接论述'国际私法中的所有权'的观点。"③目前,学术界对数据权讨论的观点在某种程度上与以上观点具有一致性。物就是财产,这是一种简单的客观事实或客观现象的总结。物可以说是财产权最基本的表现形式,因为它的确表现为一种财产权利,而且这种财产权具有特定性,对物享有支配的权利。虽然物权的种类和内容通常具有法定性,但是并不意味着在所有的历史阶段和所有的国家中两者总是保持一致的,但是对于物权的法律冲突,无论是动产物权的法律冲突抑或不动产的法律冲突,各国在法律适用上一般都主张用"物之所在地法"规则加以解决,"'物之所在地法'是最普遍的适用法则,也是国际私法上经常用来解决有关涉外物权法律关系的法律冲突原则"。④

与物相比,个人数据也具有物权的某些特征。通过对个人数据的识别能够让商家精准识别顾客的需求,及时地调整经营方式并合理的预测未来企业发展方向,个人数据的财产价值日益凸显,并能够让自身成为交易的对象,⑤使得数据能够作为买卖的对象,成为数据法律关系的客体。个人数据不仅能够成为数据权利支配的客体,而且还具有物权的排他性质,这种排他性主要体现在个人数据所有权的性质上。例如,针对个人数据的所有权属性,《巴西个人数据保护法》《奥地利联邦个人数据保护法》都

---

① 黄进:《国际私法》,法律出版社 2005 年版,第 264 页。

② 如李双元主编的《国际私法》(北京大学出版社 2005 年版)第九章就使用"财产权"作为基本内容。转任际:《国际私法专题研究》,法律出版社 2011 年版,第 86 页。

③ 如钱骅主编的《国际私法》(中国政法大学出版社 1988 年版)第五章阐述了所有权制度与所有权的法律冲突。转任际:《国际私法专题研究》,法律出版社 2011 年版,第 86 页。

④ 黄进:《国际私法》,法律出版社 2005 年版,第 265 页。

⑤ 在一些地方已经成立大数据交易中心,例如,贵阳大数据交易中心,而在黑市上还出现非法买卖个人数据的违法行为。

专门对个人数据的所有权作出规定。尽管个人数据主体在行使这四种权利时经常处于静态或被动状态，但是并不能否定其基于所有权基础上的支配权，数据所有权主体对个人数据同样具有占有、使用、收益和处分的四种权利。事实上，各国的个人数据保护法对此也都给予承认，例如，各国个人数据保护都相应规定个人数据的收集、加工、处理和使用必须经过数据主体的同意，尤其是对于特殊的数据，往往还要求必须经过数据主体的明确书面形式同意后才可以进行加工和处理。正是个人数据具有的财产属性和数据所有权的排他性，使得其与物有着重要的相似性。当个人数据能够成为交易的对象或者合同法律关系对象时，数据似乎具有了完整意义上的准物性。然而，就个人数据而言，个人数据的本质是信息，其并不是一项独立的实体物，在网络空间中虚拟的状态并且必须依靠一定的载体而存在，而且载体可以无限制地被复制、传播，任何人都可以在同一时间、不同的地方收到同一个个人数据。在此种情景下，数据的适用空间具有多变性，很难去判断何处是真正的物之所在地。因此，数据本体法律适用很难按照"物之所在法"规则去适用。一方面，因为"物之所在地"的法通常是有体物，这种物具有可控性和实体性，并且能够独立存在其处所通常是固定的，确定起来相对比较容易；另一方面，这种物具有唯一性，虽然其消灭或损坏后可以用同类或同种物所代替，但是其已经发生了改变。如果个人数据按照"物之所在地法"规则去适用，不但会出现实践上的操作性困境，而且在理论上也会面临很大的障碍。从物权法律适用的范围来看，与人身权密切关系的物通常被"物之所在地法"适用规则所排出，即使把个人数据作为无形财产的"准物权"来看待，"物之所在地法"仍然不能够适用，因为个人数据本质体现为个人信息，是与个人的身份紧密相连的，或者说人格权构成其重要的内容，如果适用的话，势必会造成理论上的困境。实际上，每一种学说的背后都有一种或几种理论作为支撑，尽管"主权说""法律关系本座说"和"利益需要说"并不能完全为"物之所在地"规则提供完美证成，不能充分揭示物之所在地法的客观依据，但是其却揭示了一定历史时期认识的必要性，具有一定的合理性。"物之所在地法"这一适用规则是由物的本身属性和所属的法律关系性质决定，是最直接的原因，也是最根本的原因。与物权法律适用的理论基础相比，个人数据法律关系的适用理论相对不足，需要从进一步去探索个人数据的权属和法律关系

188

入手才能找到适合自身的适用规则。

（二）知识产权适用规则在个人数据保护法律适用中的困境

知识产权又被称为"无形财产权"或"智慧财产权"，是指"个人或集体对其从事科学、技术、文学艺术等智力活动创造的智力成果依法所享有的权利。物权在通常意义上仅指就有体财产设定的权利，而无体财产特别是就智力成果设定的财产权，则成为'准物权'"。[1]知识产权作为一种特殊的财产权，与有形财产权不同，具有独占性、时间性和地域性等特点，[2]其包括工业产权和著作权两大类，具体包括著作权、专利、商标等。"知识产权是一种新型的民事权利，是一种有别于有体财产所有权的无形财产权，权利客体的非物质性是知识产权区别于有体财产所有权的本质特征。"[3]目前，学术界还有部分学者对知识产权的认识仍然停留在传统的认识基础之上，在概念上界定为"无形财产权"或"智慧财产权"，在网络发达的今天，似乎知识产权与无形财产权并不能天然画等号，毕竟像以虚拟货币、游戏币等一大批为代表的虚拟财产也成为无形财产的重要构成部分，科技技术的进步为无形财产内容的认识起到推动作用。其实，知识产权和无形财产权只是一种种属关系而已，知识产权属于无形财产，而无形财产并不局限于知识产权，这一点无可否认。从个人数据的法律性质来看，个人数据不仅具有人身性质，还具有财产性，网络空间的虚拟性决定个人数据的无形性，个人数据虽然具有知识产权的无形财产性质，但是个人数据又不同于知识产权。尽管知识产权界的部分学者对数据知识产权的研究表现出极大的兴趣和热情，但是个人数据仍然不具有知识产权的特征，因为知识产权有很强的地域性和创新性，创新性构成知识产权的重要标志，而个人数据是一个人的生理特征、社会特征或者活动等信息的客观记载，并不具有创新的内容，不符合知识产权要求的创新性。另外，虽然个人数据经过第三方加工和处理后能够形成知识产权，但是其已经脱离个人数据保护的范畴，这种加工处理建立在海量数据的聚合基础上，必须以数据主体的同意为前提，并经过脱敏而形成，构成知识产权的重要标志是其处

---

① 黄进：《国际私法》，法律出版社 2005 年版，第 264 页。

② 参见黄进：《国际私法》，法律出版社 2005 年版，第 286 页。

③ 吴汉东：《知识产权法学》，北京大学出版社 2014 年版，第 6—7 页。

理方式或编排方式,而非数据本身。从权利本身关系看,如若赋予个人数据以知识产权,就可能导致个人数据权和知识产权之间的相互冲突,从而最终导致将在两者之间进行法律上的抉择。

目前,各国针对无形财产法律适用的立法相对不足,而对于知识产权的法律适用规则相对较多,因此,以知识产权作为无形财产的法律适用方法去探寻个人数据保护法律适用一般规则只能是一种方法的尝试,而不代表必然的确定性。在国际私法中,"知识产权的法律适用问题实质就是利用冲突规范援引准据法来调整涉外知识产权关系,也就是讨论用什么样的法律来保护一国界限的知识产权"。①从知识产权法律适用的体系来看,知识产权的法律适用体系主要由知识产权的本体问题法律适用、合同关系法律适用、侵权关系法律适用和法律责任及时效等。而有关知识产权的主体资格、客体内容,权利范围、效力以及归属等知识产权本体问题一般适用权利授予国的法律,即赋予知识产权权利国家的法律。例如,专利和商标一般采取注册地原则,而著作权则适用最初发表地法。这种法律适用规则具有确定性和预见性,为知识产权的国际保护提供了最基本的遵循。"但是由于发达国家和发展中国家知识产权的保护力度不同,在国际知识产权中权利和义务如若按照权利授予国的标准去适用,势必给发展中国家带来很大的压力,也没有做到实质的公平。"②

在数据法律关系中,个人数据作为数据法律关系的客体并不能按照知识产权的"权利授予国"的法律标准,因为个人数据作为一种客体的存在,数据主体享有的权利并不需要经过特别程序进行确认,而是与数据主体人身权利一样的基本权利,因此,数据知识产权的客体适用规则受到一定限制,这种依靠权利授予国的规则只能适用于极少数国家。例如,《奥地利联邦个人数据保护法》第 2 章第 13 条规定对一些特殊数据的传输和委托必须经过许可,第 46.3 条规定:"为科学研究或者统计目的,数据保护委员会可以对数据使用者颁发许可证书",获得许可证书是使用数据的前提条件,否则为违法使用,在这种法律关系中,权利的授予国的适用规则将

① 黄进:《国际私法》,法律出版社 2005 年版,第 286 页。
② 朱榄叶、刘晓红:《知识产权法律冲突与解决问题研究》,法律出版社 2004 年版,第 192 页。

能够发挥一定的作用。针对无形财产的法律适用,国际上存在相关的法律规定,例如,1978年《奥地利联邦国际私法法规》第6章关于无形财产的规定,第34条规定:"无形财产(包括知识产权)的创立、内容和消灭,依使用行为或侵权行为发生地国家的法律。"①这一规定主要从侵犯财产权的角度进行规定,实质上是从侵权法律关系角度对无形财产的法律进行规定,虽然个人数据的无形财产性质表现并不明显,但是却为我们从具体法律关系探寻无形财产的法律适用规则提供了借鉴作用。

(三)人格侵权法律适用规则在个人数据保护中的局限性

有关人格权的法律适用规则各国都有相应的规定,例如我国《涉外民事关系法律适用法》第46条就有关网络侵犯隐私权、名誉权、姓名权等人格权的法律适用进行明确规定,也经常作为提起诉讼和进行法律审理的依据。但是这一条适用规则是否能完全适用个人数据的保护? 这需要从源头对个人数据性质和权属进行探析。

由于不同的立法传统和使用,各国在个人数据保护的文本冠名上并不一致。欧洲的一些国家通常习惯在文本上使用"个人数据"命名,美国、加拿大、澳大利亚等国家以及APEC等组织冠名以"个人隐私"称谓,而中国、日本等亚洲国家则冠名以"个人信息"。其他国家或组织也使用"个人资料"命名。但无论是以信息、隐私、数据或个人资料等称谓命名,在网络语境下,其内容和含义有共同的本质属性,能直接识别或者间接识别个人的相关信息,涵盖个人的心理、生理、家庭和社会生活各个方面的事项,不仅与数据主体的人身权益有重要的联系,而且与数据主体的财产权益也有重要的联系,是数据主体的基本权利和自由的重要体现。一方面,个人数据保护的法益具有多样性,包含人格、隐私、财产等综合性的权益。个人数据保护的人格权主要体现在数据的内容与主体的人格权有密切的关系。一些数据通常记载个人的身体健康、私密生活、宗教信仰等情况,构成个人隐私的重要内容,一旦泄露可能会对个人的人格权构成侵害,也可能会损害当事人的名誉,因而,应当受到法律严格保护。个人数据的财产权主要体现在两个方面:一是指因个人数据涉及的隐私被泄露时对当事人的名誉、荣誉产生不良影响,导致个人的信用降低,从而造成财产上的损

---

① 刘慧珊、卢松:《外国国籍私法法规选编》,人民法院出版社1988年版,第8页。

失;二是指个人数据本身具有价值。就单个主体的数据价值来说,其价值本身依赖于数据的内容,并从原始个人数据内容中获取价值,当然这种获得是直观的,并通过一定的形式表现出来。例如,通过手机扫码、关注获得相应的补偿,或者扫码获得优惠券、小额现金等。当然,这种价值体现可能微不足道,但是当存在海量个人数据时,数据的价值主要是通过算法对个人数据进行加工处理,并从加工后的数据总量中获取相应的价值。例如,通过对个人的消费数据进行加工,获取消费者的消费信息,从而有利于推广新产品或者开发新项目。由于加工后的数据要通过可读的方式进行识别才能实现数据的价值,因此需要投入大量的成本去识别和加工数据,从而进一步推动个人数据价值在数据交易中的稳步增长。另一方面,个人数据权利具有复合性,包括遗忘权、查阅权、知情同意权、修改更正权等,与传统的民事权利相比有自己的特征,是一种新型的权利,具有复杂性,人格权并不能涵盖个人数据权利所有的内容。因此,尽管个人数据与个人的人格有关联,在内容上具有人格权的利益,但是个人数据权利的内容和属性都不同于人格权,人格权适用规则并不能完全适用于个人数据保护。

二、个人数据保护法律适用规则对传统挑战的回应

互联网的全球发展促进了数据资源在全球范围自由流动和优化配置,为个人数据保护的法律适用提供了更为广阔的发展空间。如若传统的国际法律适用规则以开放式的态度对未来的个人数据保护法律关系进行全方位包容,那么在未来的立法和实践中必然走向僵化和教条。但若抛开传统的法律适用规则一意孤行,把现实空间和虚拟空间割裂对立,最终也必将走向失败。事实上,在传统的国际法律适用规则基础之上,进行改良或许是当前面对挑战的可行方法,因为传统的法律适用规则经历数百年的发展不但能够经得起理论检验,更能经得起实践检验,具有很强的操作性,能够为个人数据保护法律适用提供一般规则指引,在此基础上进行适度的改良,必将进一步促进法律适用体系的完善。

一般来说，在冲突法上，"对于法律关系及争议客体性质识别，尽管在理论上有各种学说，但在司法实践领域各国普遍接受的规则是适用法院地法"。①"法院地法一般用来解决涉外民商事诉讼程序方面的法律适用问题，对于其他问题如识别冲突的解决，也多以法院地为依据。"②法院地原则在适用法律时容易查明法律，具有一定的合理性，但是在实践中容易导致当事人为规避法律而挑法院的现象，尤其是在数据法律关系中，如若侵权人实施的侵权行为在法院地不被认为是侵权，或者侵权人泄露的数据在法院地不被认为是敏感数据的情况下，可能会作出对当事人不利的判决。例如，A国同性恋男子约翰把自己和中国的男朋友李某在A国同志酒吧中拍照上传到网上并配有文字说明，后李某被其朋友认出并把相关信息传给家人，最后李某老婆提出离婚，其父母也因生气住院，其家庭生活受到了严重的影响。后来，李某在A国提起诉讼，认为约翰侵犯其个人隐私，要求承担责任。法院则认为，根据A国的法律规定，与个人性取向相关的信息是否属于敏感数据在法律上并没有明确作出规定，而且A国是一个同性恋合法化的国家，关于同性恋个人的信息通常都被认为是一般信息，而且约翰发布的个人照片是在公共空间中拍摄，其文字只是客观事实描述，并且当事人也无法认识到自己的行为是侵权，因此，A国法院不认为存在侵权。在该案件中，侵权行为地和法院地都在A国，在适用法律上不存在问题，但是由于对数据客体的法律认识不一致，结果可能就会不同，如果在结果损害发生地的中国进行起诉，可能会被认为属于侵权行为。

　　卡弗斯认为，"在冲突法领域内，法律的最高目标不可能同时获得一致性和确定，否则其本身可能就不存在"。③他认为，法院在解决从法律冲突时通常有四种方法，④其中"第一种方法是确定案件的法律关系类型，依

　　①　倪浩嫣：《证券法律制度研究》，中国检察出版社2006年版，转自彦林：《跨境证券发型与交易中的法律适用问题研究》，复旦大学2010年博士学位论文，第65页。

　　②　邓杰：《国际私法总论》，知识产权出版社2005年版，第95页。

　　③　卡佛斯：《法律选择问题批判》，宋晓译，《民商法论丛》第27卷，金桥文化出版（香港）有限公司2003年版，第445页。

　　④　See David F.Cavers. "The choice of Law Process, Association of American Law Schools", 1967, 20(1), pp.111—117.

据法律关系选择连结点。第二种是确认引起法律冲突的特殊问题,并对引起冲突的每一个问题适用正确的连结点,然后选择适用法律"。①这两种方法在为个人数据客体法律适用方面提供了很好的借鉴。探寻个人数据作为客体的适用规则实质就是在从数据的本质特征或者个人数据法律关系中对连结点作出选择。在传统的法律选择方法中,依据法律的性质、法律关系的性质、密切联系原则、利益分析等方法为我们提供了选择的思路,但是数据作为一种新型的客体,其法律适应规则的选择必须从两个方面进行考虑:一是个人数据的本质属性;二是个人数据所属的法律关系,从这两个方面入手,是找到适合个人数据保护法律适用规则的理想途径。

1. 从个人数据的本质属性探讨

从个人数据的本质特征来看,其实质是个人信息,是主体的各种属性的计算机语体形式的记载。从数据与主体的关系来看,个人数据的本质属性中实质上包含一种根源性的法律关系,这种法律关系来源于一种天赋人权理论的支撑。个人数据主体权利的实现需要与社会发生一种动态的关系,但是并不能否定个人对数据的一种静态支配状态,这种支配具有民法上所有权属性,其本身就是一种法律关系,只不过这种法律关系是隐性的,不像其他法律关系表现那么明显。尽管有学者提出个人数据不一定属于个人所有,②但是其表达的仅仅是一种状态下的表现形式,即使属于他人所有,这种所有权的获得也是基于原个人数据权人的所有权基础上。因此,无论是从宪法、民法法律规定的正当性抑或从自然正义理论支配性的理性视角,个人对其数据的支配权具有合法性和合理性。

个人数据与数据主体的人身权具有密不可分的关系,无论各国的个人数据保护法在名称上或保护的内容上差异有多大,个人数据的界定与数据主体的人身权始终都分不开,个人数据的保护更突出对个人数据主体人身权的保护。在实践中,关于人身权的法律适用,只有少数国家或地区规定了总括性人格权或人身权的法律适用,一般适用属人法。大陆法系国家多作概括性规定,人的身份和能力适用其本国法;而普通法系国家

① 方杰:《国际私法学说史》,中国法制出版社 2017 年版,第 183—184 页。

② 参见高富平:《处在十字路口的个人数据保护》,http://www.sohu.com/a/232764098_260616,2018-12-20。

和一些南美洲国家则规定人的身份和能力适用其住所地法。这就是说，世界各国原则上均主张人身权适用属人法。属人法是以法律关系当事人的国籍、住所或惯常居所作为连接点的系属公式，一般用来解决人的身份、能力、亲属、继承关系等方面的为其属人法。"但在理论上很少在国际私法著作中系统探讨人身权问题，特别是人身权的法律适用问题"，①但也有一些国家对人身权的法律适用规则作出特别或例外的规定，例如1966年《葡萄牙民法典》第27条就人格权规定："有关人格权之存在、保护即对其行使时所施加之限制，适用属人法，但是外国人或无国籍人不享有不为葡萄牙法所认可之法律保护。"1979年匈牙利的国际私法令第10条规定："个人身份和人格权依人的属人法决定，但因人格权受到侵犯所发生的请求权适用损害发生当地和当时的法律；而且，如果匈牙利的法律规定对受害人的赔偿更为有利，则依匈牙利法。"1978年《奥地利联邦国际私法法规》第12条规定："人的姓名的使用，依适用于他的属人法决定，而不问其获得姓名的根据如何，但对姓名的保护，依侵权行为发生地法。"我国《涉外民事关系法律适用法》第15条规定："人格权的内容法律适用权利人经常居所地法。"由此可见，由于个人数据与数据主体之间的存在重要的人身附属关系，属人法适用规则自然就应当能够成为个人数据跨境保护客体法律适用的一项重要规则。

2. 从个人数据所属的法律关系探讨

诚然，对客体的适用规则的探讨都不能脱离具体的法律关系，但如果说个人数据的本质属性是个人数据保护的内部法律关系，那么个人数据的合同法律关系与侵权法律关系则为个人数据保护的外部法律关系。在个人数据合同法律关系中，个人数据之所以能够作为合同法律关系调整的对象，主要是因为个人数据具有财产属性。个人数据的财产属性具有唯一性，也是个人数据的价值体现，个人数据内容的冲突并不影响个人数据的财产属性。因此，从个人数据的财产性来看，个人数据作为合同法律关系的客体本身并不存在冲突，其法律冲突主要体现在个人数据侵权法律关系中，其客体内容的冲突直接影响到个人数据法律关系主体权利义务的履行，共同包含于个人数据侵权法律关系中，但是就每一个具体法律

---

① 黄进：《国际私法》，法律出版社2005年版，第237页。

关系来说,其客体的内容与权利义务的内容和范围总是相互统一,权利义务的履行决定着客体的保护程度,而权利义务的履行通常是客体内容支配的前提,客体的适用规则与权利义务的适用规则都应当在具体的法律关系中体现。因此,个人数据侵权法律关系的适用规则与个人数据客体的法律适用规则具有一致性。

三、个人数据保护法律适用规则的构建

个人数据保护法律适用规则的构建不能脱离传统的框架和原则。传统的国际私法的基本理论经过几百年的沉淀是被实践证明的科学的理论,尤其是国际私法中的法律选择方法、连结点的确立、准据法的确定等理论仍然为我们提供指引作用,制定个人数据保护法律适用规则仍然不能脱离传统理论的支撑。同时,由于传统法律适用规则在互联网领域的适用又有一定的局限性和滞后性,不能适用冲突法的发展趋势,因此,在构建中不仅要对传统的法律适用规则及时进行调整,而且对于个人数据保护中的一些新的适用规则更要大胆运用,力争制定出科学、规范的法律适用法。

(一)传统法律适用规则的借鉴

1. 属人法——个人数据保护法律适用的首要规则

在前文已经论述,"属人法是以当事人的国籍、住所或惯常居所作为连结点的系属公式,一般用于解决人的身份、能力、亲属、继承关系等方面的民事法律冲突"。①由于自然人的身份和能力与人的自然属性有着密切联系,同时该能力和属性受到其生存的社会经济、政治、宗教、道德、信仰等方面条件影响,因此,各国在法律上对涉及人身权内容的适用规则都采用属人法规则。在我国相关的涉外法律适用法中,有关属人法的规定主要体现在《涉外民事关系法律适用法》的第二章中,专门针对民事主体的民事权利能力和行为能力,以及人格权的法律适用作出具体规定,主要体现

---

① 黄进:《国际私法》,法律出版社 2005 年版,第 185 页。

在第 11 条①、12 条②和 15 条③中。由于我国在民事法中还没有把隐私权、数据权作为一项独立的民事权利进行规定,所以在适用上还采用人格权的方法。因此,为了适用未来个人数据法律关系的适用,需要作进一步调整。众所周知,属人法规则的适用与民事主体的人身有着重要的关系,它对民事主体权利的行使起到关键性作用。从各国个人数据保护法规定的内容来看,个人数据的本质是与个人自然属性和社会属性的已知或未知的信息,是个人的人格和身份在互联网空间的数字化的表达形式,虽然其自身表现为 0 和 1 的虚拟数字形式,但是却指向生活中的现实个体,主要涉及数据主体的隐私、名誉、姓名、人格等内容,与个体的人身权具有密切的联系。因此,无论从形式还是从逻辑结构上看,适用法律关系当事人的国籍、住所地或惯常居所地的法都具有合理性。属人法之所以能够成为人身关系的法律首要选择,因为“属人法在时间上对自然人具有持久的决定性,这种决定性与法律的目的相关,这些目的包括对个人和第三人利益或社会利益或各国的政治利益的保护”。④在空间上与自然人具有密切关联性,这种关联性是一种法律上的必然联系,而非偶然联系。在内容上与自然人的权利能力和行为能力也有着直接关系,个人数据法律关系的本质特征恰好与属人法的特征具有相同的属性。适用属人法规则并不意味着国籍、住所和惯常居所地法在适用上的平等性。通常,在选择适用上存在一定的差序格局,这种格局既受到国际私法理论整体发展的制约,更重要的是在经济全球化的发展趋势下,国籍法原则的局限性已经日益凸显。“当代属人法的发展出现两大发展趋势:一是本国法原则已经大为弱化,住所地法原则得到加强;二是传统的属人法领域受罪密切联系原则的影响越来越广泛。”⑤诚然,在我国的《民法通则》《涉外民事关系法律适用法》和相关的司法解释中,这一规则也得到了相应的体现。目前个人数据保

① 《涉外民事关系法律适用法》第 11 条:“自然人的民事权利能力,适用经常居所地法律。”

② 《涉外民事关系法律适用法》第 12 条:“自然人的民事行为能力,适用经常居所地法律。自然人从事民事活动,依照经常居所地法律为无民事行为能力,依照行为地法律为有民事行为能力的,适用行为地法律,但涉及婚姻家庭、继承的除外。”

③ 《涉外民事关系法律适用法》第 15 条:“人格权的内容,适用权利人经常居所地法律。”

④ 巴蒂福尔:《国际私法》,中国对外翻译公司 1989 年版,第 373—382 页;转引自赵相林、杜新丽等:《国际民商事关系法律适用法原理》,人民法院出版社 2006 年版,第 209 页。

⑤ 赵相林、杜新丽等:《国际民商事关系法律适用法原理》,人民法院出版社 2006 年版,第 211 页。

护的法律法规还不够完善,但是从各国的个人数据保护的立法和实践的案例来看,个人数据的法律适用存在本体法律适用、个人数据合同法律适用和个人数据侵权法律适用。在某种意义上,个人数据合同关系并不是个人数据保护的主要法律关系,数据合同关系主要存在于非个人数据中,而侵权关系是个人数据保护的重要法律关系。在数据本体关系中,对数据法律关系的客体、主体的法律适用应遵循属人原则,在侵权关系中,在互联网空间上,无论侵权行为发生地还是结果发生地都比较难以确定,因此,侵权行为在互联网的模式下呈现出固定化的趋势,需要密切联系原则给予补充,以达到适用的公平性,另外,这两个连结点往往与主体的住所地和惯常居所地相一致。因此,属人原则应作为个人数据法律适用的首要原则,但不排除密切联系等规则的适用。

2. 密切联系——个人数据保护法律适用的保障

"密切联系"的适用规则在我国涉外法律适用的立法中也得到相应的回应。我国的《海商法》《民法通则》和《涉外民事关系法律适用法》等相关规定中都作出进一步规定。例如,《海商法》第 269 条①、《涉外民事关系法律适用法》第 2 条②、第 6 条③、第 19 条④和第 41 条⑤,《中华人民共和国民法通则》第 145 条⑥和 148 条⑦也作出相关规定。另外,我国《涉外经济合

---

① 《中华人民共和国海商法》第 269 条:"合同当事人可以选择合同适用的法律,法律另有规定的除外。合同当事人没有选择的,适用与合同有最密切联系的国家的法律。"

② 《涉外民事关系法律适用法》第 2 条:"涉外民事关系适用的法律,依照本法确定。其他法律对涉外民事关系法律适用另有特别规定的,依照其规定。本法和其他法律对涉外民事关系法律适用没有规定的,适用与该涉外民事关系有最密切联系的法律。"

③ 《涉外民事关系法律适用法》第 6 条:"涉外民事关系适用外国法律,该国不同区域实施不同法律的,适用与该涉外民事关系有最密切联系区域的法律。"

④ 《涉外民事关系法律适用法》第 19 条:"依照本法适用国籍国法律,自然人具有两个以上国籍的,适用有经常居所的国籍国法律;在所有国籍国均无经常居所的,适用与其有最密切联系的国籍国法律。自然人无国籍或者国籍不明的,适用其经常居所地法律。"

⑤ 《涉外民事关系法律适用法》第 41 条:"当事人可以协议选择合同适用的法律。当事人没有选择的,适用履行义务最能体现该合同特征的一方当事人经常居所地法律或者其他与该合同有最密切联系的法律。"

⑥ 《中华人民共和国民法通则》第 145 条:"涉外合同的当事人可以选择处理合同争议所适用的法律,法律另有规定的除外。涉外合同的当事人没有选择的,适用与合同有最密切联系的国家的法律。"

⑦ 《中华人民共和国民法通则》第 148 条:"扶养适用与被扶养人有最密切联系的国家的法律。"

同法》第 5 条①都对此作出具体规定。可见,"密切联系"的适用规则已经在我国的法律适用规则中占有重要的位置。目前,我国"密切联系"的适用规则主要用于合同、国籍、抚养及住所等几个方面,适用的范围相对来说比较窄。在传统疆域以管辖为主的法律适用规则中,因为联系点相对较少,密切联系规则的适用具有一定优势。但是在互联网模式下,密切联系的范围可能被无限扩大,重心的位置不容易确定,如何适用密切联系规则是一个值得深入探讨的问题。结合我国现阶段"密切联系"的适用现状,我认为,在未来的个人数据保护法律适用规则,密切联系适用规则应当起到保障性的作用,对个人数据法律关系中的实质正义的实现起到关键作用,应当从以下几个方面作出努力:首先,扩大密切联系适用规则的适用范围,确定密切联系在个人数据保护法律适用中地位。除了传统的合同、抚养、不当得利等领域内外,应扩大在互联网领域的适用。尤其是针对人格、隐私、个人数据等侵权领域,让"密切联系"这一适用规则成为个人数据主体的权利救济的最后保障。其次,规范"密切联系"规则的适用标准。在考虑传统的具体内容、立法目的、政策等内容的同时,还要考虑先关的案情及案件所涉及的具体问题,包括结果的预测、当事人的期望、当事人与法院的经济成本,以及国家利益和第三人的是相关利益等因素。最后,确定"密切联系"法律适用的排除规则。尽管密切联系适用规则具有灵活性和适用性等优势,但是其仍存在一些弊端。在个人数据实体法律保护还没有形成国际共识之前,可以规定一些限制性的条款,以避免选择的重叠性和不确定性。

3. 意思自治——个人数据保护的有限法律适用规则

意思自治最早是由法国学者杜摩兰提出,主要确立于合同领域内,并发展为合同法律适用的首要规则。后逐渐扩展到侵权、婚姻家庭等领域。有很多学者认为,在一些案件中,"应当赋予受害人适当的选择权以选择对自己有利的法律,让受害人来代替法官决定何国法律对受害人有利,更能体现一种正义的立场,达到公平的结果",②世界上许多国家在立法和私法判例中对这一适用原则都有相应的体现。意思自治也被我国的立法给予确认。我国《涉外经济合同法》第 5 条规定合同当事人可以自由选择适

---

① 《中华人民共和国涉外经济合同法》第 5 条:"合同当事人可以选择处理合同争议所适用的法律。当事人没有选择的,适用与合同有最密切联系的国家的法律。"

② 肖永平:《肖永平论冲突法》,武汉大学出版社 2002 年版,第 194 页。

用合同的有关法律。1986年《民法通则》第145条和《海商法》第269条同样贯彻这一精神。我国《涉外民事关系法律适用法》第3条明确规定当事人可以通过明示的方式选择涉外关系适用的法律。①在债权关系中,第41条规定合同领域内的意思自治,第44条则是对侵权责任的法律适用做出选择,第47条针对不当得利、无因管理等债权行为的法律适用也进行了相关的规定。但同时,相关的司法解释对意思自治这一适用规则又作出必要的限制。最高人民法院关于适用《涉外民事关系法律适用法》若干问题的解释(一)中第6条规定对相关的自由选择作出必要的限制,其目的主要有两个方面:一是区别我国相关法律的规避;二是限制违反强制法规定的自由选择,同时对相关选择的效力也进行了解释。②

在互联网领域,意思自治的适用规则将会为法律的选择提供更广阔的适用空间,克服传统法律适用规则带来的弊端,有利于避免因个人数据法律关系中连结点过多引起的复杂性问题,不仅体现了对私权主体的尊重,也有利于及时高效地化解矛盾纠纷,但是意思自治应当受到必要的限制。因为在个人数据法律关系中,数据控制者、管理者或者提供数据服务者在收集或者处理个人数据时,往往采用事先拟制好的格式条款,数据个人的意思并不能得到充分表达,有时会违背当事人的意思。当然,这种情况并不否认法律适用时当事人的选择权,即使在一些格式条款中规定了管辖权,这种单方面规定效力也值得商榷,如若按照格式条款中的管辖权适用,则会剥夺数据主体的诉讼权利,数据主体可能面临着二次伤害,将是对数据主体极大的不公,这是法律所不允许的。但是鉴于实际情况,笔者认为,规定的意思自治应当是有限的意思自治,是在与个人数据法律关系有联系的连结点范围内选择,而不是任意选择,更不能违反强行法的相关规定。否则,意思自治将违背其立法精神,走向对立面。

4. 结果选择——个人数据保护法律适用的补充规则

在法律关系中,程序正义和结果正义共同构成法律正义的内容,如果

① 《涉外民事关系法律适用法》第3条:"当事人依照法律规定可以明示选择涉外民事关系适用的法律。"

② 《〈最高人民法院关于适用〈涉外民事关系法律适用法〉若干问题的解释(一)》第6条规定:"中华人民共和国法律没有明确规定当事人可以选择涉外民事关系适用的法律,当事人选择适用法律的,人民法院应认定该选择无效。"第6条:"一方当事人以双方协议选择的法律与系争的涉外民事关系没有实际联系为由主张选择无效的,人民法院不予支持。"

说程序正义是结果正义的保障，那么结果正义则是程序价值的体现。当然，这里并不否认两者作为自身存在物所具有的价值。从法律适用的结果去探寻法律适用的过程既是一种方法，也是一种逻辑，目的都是为法律适用提供一种新的规则或者方法。事实上，"不论是法律制度还是法学理论，都应该按照人们所能够认识的时代的需要来塑造"。①在个人数据法律关系中，如何对受害人提供最有效的救济或者弥补受害人受到损害是法律适用规则的选择最重要的切入点。如何通过灵活、开放的法律冲突规范在多个不确定的连结点中精准找到准据法以避免对受害人的不公正审判是国际私法使命所在。结果是诉讼产生的终点，也应当成为探求法律适用规则的起点。在已有的冲突法中，人们能够通过冲突规范的指引而精确地找到准据法，但在尚未制定出冲突规范的领域，只有通过法律关系中最有可能影响结果的连结点中去找出适用的一般规则，而这种连结点需要从结果中去寻找。说到底，个人数据法律关系本身就是互联网法律关系，网络必定具有虚拟性，产生于现实而又不同于现实，"网络中的各种关系虽然在一定的网址上产生，但是网址这种泛泛的、虚拟的联系不能作为有效的连结点适用"。②因此，在虚拟的网络空间中从众多的侵权人、行为地或结果地去找出精准的冲突规范作为准据法实属不易，这就需要抛开多余的干扰因素连结点，选择最有利的准据法。从我国当前涉外法律适用法的适用规则来看，我国的立法也吸收了相关的精神，但是其适用范围相对来说比较狭窄，仅限于婚姻家庭范围，具体体现在《涉外民事关系法律适用法》第25条③、第29条④和第30条⑤规定之中，这三条规范的选择标准是从对弱势方最有利的结果去考虑，值得去借鉴。所谓弱者的地位判断标准有很多，通常与自身的经济地位、政治地位、社会的认知、在法律关系中所处的地位等多种因素有关。从目前个人数据保护法律关系来

---

① 杜新丽：《网络时代冲突法理论和规则的几点思考》，《比较法研究》2003年第5期。

② 肖永平、郭明磊：《网址的法律地位探析》，《法学杂志》2000年第3期。

③ 《涉外民事关系法律适用法》第25条："父母子女人身、财产关系，适用共同经常居所地法律；没有共同经常居所地的，适用一方当事人经常居所地法律或者国籍国法律中有利于保护弱者权益的法律。"

④ 《涉外民事关系法律适用法》第29条："扶养，适用一方当事人经常居所地法律、国籍国法律或者主要财产所在地法律中有利于保护被扶养人权益的法律。"

⑤ 《涉外民事关系法律适用法》第30条："监护，适用一方当事人经常居所地法律或者国籍国法律中有利于保护被监护人权益的法律。"

看,数据主体在数据的收集、加工、处理、使用和传播的整个过程的地位一直处于弱势者的地位,数据主体往往很难判断个人数据究竟被何人收集、利用,即使其知道被侵权后,证据也很难收集,在诉讼中往往处于被动状态。因此,我国未来的法律适用规则应当适当的借鉴结果选择这一适用规则,选择最有利于个人数据主体的结果法律进行适用,以达到维护法律适用的正义目的。

（二）个人数据保护法律适用的特殊规则选择

在互联网领域内,针对个人数据保护的法律适用,可以突破传统的法律适用规则,以新的连结点作为法律适用规则的探寻,结合我国法律适用的立法实际情况,个人数据保护法的适用新规则可以从以下几个方面考虑:

1. 数据来源国法可以作为立法的一种选择

一般来说,数据来源国通常与数据主体有着较为密切的关系,可能数据主体的住所所在地国、行为所在地国或者与数据主体有着其他相关联系的国家,例如,其亲属、朋友或同事所在地。数据来源国与数据主体有着直接或者间接的联系,是数据主体个人数据传播的源泉,适用来源国主要基于两点正当性理由:一是数据来源地往往是侵权行为发生地,在此种情况下,适用侵权行为地法与适用来源国法具有一致性;二是数据来源国是数据主体信息的产生地,该地与数据主体有着密切的联系,数据本身的内容包含的价值判断与数据来源地有着较为密切的联系,当事人在传输数据时,通常是根据数据来源国的法律作出判断,其在行为时,应当可以推定其同意接受数据来源国的法律约束,并接受制裁。因此,适用来源国的法律具有一定的合理性。当然,数据来源国法适用规则不是数据保护法律适用首要选择,由于其自身具有的局限性,在适用时通过其他连结点因素不能找到准据法的,这一规则可以作为有效的补充。①未来的个人数据保护的法律适用可以借鉴这一规则,把它当作立法的一种选择。适用这一原则时,如若违反强制法规定或者违反公序良俗,则可以拒绝适用这一原则。选择适用数据来源国有两种设计:一是可以通过机构赋予第三方使用数据的权利,第三方通过申请许可的方式使用数据,那么权利的授权国则为数据的来源国;二是如若使用数据没有经过授权,那么数据的来源

---

① 参见周霞蔚:《网络侵权的冲突法问题研究》,法律出版社 2012 年版,第 296 页。

国应当以数据的初次传播或使用地为数据的来源国。当然,这种设计需要国内法在实体上进行保障,尽管操作起来比较困难,但却是一种比较合理的模式。

2. 可以借鉴最强保护国法规则

最强保护国法规则是一个综合的概念,这里的最强不仅包括对数据主体个人权利的保护,而且包括适用这种法律的经济效益和社会效益,并非对数据主体的个人权利保护越强越好,要突出适用这种法律的投入与产出,个案正义的实现与社会的正义的实现问题,从实施的过程、效果等多种因素去判断。如果适用某国法律的结果仅仅只是对数据主体的利益较好,但是这个过程中有可能会造成更多资源的浪费,或造成更大的不公,甚至违背国家的公共秩序和善良风俗。那么,在此种情况下,适用的规则可能就脱离了最强保护国法规则的本质要求。数据最强国的保护是一个需要综合判断和价值平衡的过程,我国的法律可以作出相应的规定,但是如何去适用?我认为,由于这是一个综合的价值和法律适用程序及结果的判断过程,绝不仅仅是受害人自身利益衡量的过程,因此,适用该规则时应当让法官依照职权去查明法律,在进行相应的判断后进而选择适用。适用该规则有利于从整体上兼顾法治进程中的个体利益和整体利益之间的关系,达到个案效果与社会效果的统一,从而促进国际私法向着公正民主的方向发展。

3. 可以适用最有利于保护弱势方利益规则

由于个人数据的特殊性的原因,数据主体通常是个人数据保护法律关系中较为弱势的一方。诚如上文所述,数据主体在个人数据法律关系中往往处于被动状态,数据主体一般很难对有关自身的数据进行控制,更不知道有关自身的数据被何人所收集、处理和传播,往往只能在被侵权后才能知道数据存在网络的何处,面对互联网上铺天盖地的数据,究竟谁是侵权主体,更不知道如何去收集数据的证据,其权利从被收集时的知情同意权至被侵害时的寻求救济权都处于一个弱势的状态。因此,选择适用最有利于数据主体这一弱势方的法律具有一定的合理性和正当性。这里需要指出的是,最有利于弱势方利益的规则与最强保护国原则并不矛盾,两者存在利益层次上的问题,最强保护国规则包含着对弱势方利益的考量,最有利于弱势方利益的规则也包含对国家和社会利益及整个法律适用效果的尊重。也就是说,最强保护国规则是涵盖弱势方利益在内的整体上的最强,具有整体性和全局性,而最有利于弱势方利益的原则是整体利益衡量下的个人利益最大化的保护,两个规则适用的直接目的不同,但是从根本上看,两者具有利益的一致性。从适用的方式上来看,一方面,法院可以依照职权查明法律,主动适用这一规则以确保弱势方利益的实现,体现司法的人文关怀;另一方面,弱势一方当事人也可以主动查明申请适用对自己有利的法律,法院应尊重当事人的自由选择权,这体现对个人尊重和满足的私法理念。无论是法院依职权主动适用还是当事人主动申请适用,都应充分体现弱势方的意志性,把当事人的意思表示放在首要位置去衡量,当事人这种选择权包含两个方面:当事人可以选择最优的法律,也可以放弃选择对自己有利的法律。在我国的法律适用法中也存在对弱者利益保护的法律规定,但是其仅限于婚姻家庭领域,而不适用于其他领域。因此,个人数据保护的法律适用规则中可以采用有利于弱势方利益的规则,以加强对数据主体权利的保障。

结　　语

在个人数据保护法律适用中,由于连结点的增多,传统的属人法、行为地法、法院地法等规则在适用中受到了极大的挑战,在没有统一实体法的情况下,可以通过增加连结点的数量或者设定复数连结点来软化冲突规范,增强冲突规范适用的灵活性以确保案件的实质正义的实现。一方面,在尊重传统的基础上,对居所地、行为地、法院地等连结点进行选择性的适用;另一方面,根据个人数据发展的特点适当借鉴数据来源地、服务器终端所在地、最强保护地、连结地等法律适用规则,争取建立一个适当、协调、多边路径的个人数据保护法律适用规则。

大数据时代宏观调控治理法律研究[*]

黄健傑[**]

内容摘要：在大数据时代，当市场经济"无形之手"失灵，而"有形之手"的调控作用甚微时，可通过区块链、人工智能等高新技术的深度学习，相应数据库系统的构建等方式将高新技术嵌入宏观调控法律治理中，进而有助于精准调控等目标的实现。此外，宏观调控法律治理的完善与实施也是能否实现宏观调控目标的关键性因素，其能打开技术创新的空间，进而实现法律与技术的联动共振。

关键词：大数据 宏观调控 市场失灵 技术创新 区块链

好的制度设计必须基于良好的制度环境，制度之间的有效衔接能降低制度成本，防止制度之间的相互掣肘。数据信息的阳光、透明有助于创造良好的宏观调控制度环境，尤其在大数据时代语境下，宏观调控目标能否实现很大程度上取决于技术创新、外部市场环境与宏观调控法律制度的协调度。例如市场的负外部性既是市场交易成本，也是制度成本，如果企业不能对内诉诸管理效率与技术率的提升，则只能外化成本从而造成制度之间的相互掣肘，[①]既影响市场效率，又增加宏观调控的难度。如何在大数据时代语境下运用人工智能、云计算、区块链等高新技术来加强宏观调控的作用，以及如何将高新技术嵌入宏观调控法律制度中并助力社会经济总量的平衡与经济效益的提升等问题都值得探讨。

---

* 本文系国家社科基金重点项目"中国（上海）自由贸易实验区税收法制问题研究"（项目批准号：14AFX020）的阶段性研究成果。

** 华东政法大学经济法学院博士研究生。

① 参见［冰岛］埃格特森：《经济行为与制度》，商务印书馆2004年版，第58页。

一、问题的提出

(一)数据不对称给宏观调控法律制度带来挑战

大数据时代语境下,数据不对称究竟能给宏观调控法律制度带来多少实质影响没有引起国内外专家、学者的广泛重视。另外,对于如何实时、精准地运用大数据时代语境下的各项高新技术手段对我国市场风险进行准确、宏观、全局地把控从而制定出好的宏观调控政策也鲜有论著涉及。因此,在大数据时代语境下,数据信息不对称这一固有的"顽疾"对现有的宏观调控法律制度提出了更为严峻的挑战。例如"数据垄断"地位企业的推波助澜使市场数据不对称进一步加剧,宏观调控法调整对象的数据根基被逐步动摇。因此,政府在进行宏观调控时,亟须市场数据的透明化、可视化,[①]否则政府宏观调控部门易决策盲目、决策失灵,宏观调控目标的实现将成为"空中楼阁"。此外,数据不对称对现有宏观调控体系造成了巨大冲击。毕竟在大数据时代语境下,经济增长、经济变量摆脱不了"摩尔定律",脱离高新技术支撑的传统宏观调控手段难以全面、及时地把控关键性、基础性数据信息,难以迅速捕捉经济的动态平衡,因而现有的宏观调控法律体系难以应对新型金融风险等系统性的市场风险。

(二)大数据浪潮给传统市场竞争秩序带来冲击

在大数据时代浪潮下,大企业与数据的本质属性改变了传统市场竞争的内涵,新型"数据垄断"冲击着传统市场竞争秩序。这种新的垄断形式具体表现为:其一,互联网公司、信息公司对平台消费者具有明显的锁定效应;其二,数据经济具有鲜明的网络效应,造就了规模效应与范围经济效应的持续发酵;其三,数据采集平台拥有多元化、多维度的相关市场。鉴于数据信息的特殊性,例如阿里、腾讯等拥有丰厚数据资源和较强数据分析能力的企业,往往会占有市场支配地位,一旦滥用市场控制之力,不仅会压抑自由竞争的市场,也会构成对"有形之手"调控功能实现之挑战。如

---

① 参见吴旭阳:《法律与人工智能的法哲学思考——以大数据深度学考察重点》,《东方法学》2018 年第 3 期。

果政府缺乏人工智能、区块链等技术手段,宏观调控目标实现之路将会"遍布荆棘"。"数据垄断"所致的数据不透明束缚着"有形之手",此时,各部门之间的数据孤岛亟须被打通,[1]而冲破数据信息不对称这一困局是理论界、实务界共同面对的难题。

(三)数据垄断下的政府失灵是制度结构性失灵

在大数据时代语境下,"数据垄断"加剧了政府在数据资源领域的优势,在对失灵的市场进行宏观调控时,[2]会更多地仰赖于资源优势而对竞争优势具有天然的排斥。[3]在经济人有限理性的作用下,一旦参与调控活动的政府官员与市场上的商事主体发生利益往来,会不自觉地夹杂个人利益于其中,"寻租""设租"在所难免,并影响到宏观调控决策。在大数据时代语境下,"数据垄断"下的政府失灵是制度结构性失灵,与之相对的市场失灵是个别现象或偶然现象,[4]政府失灵比市场失灵更可怕,[5]毕竟边际市场的大小不是自发的,而是由政府权力框定的。[6]而制度是一切社会经济发展的最根本推动力,相互协调的各项制度为制度绩效打开了巨大的上升空间,反之,结构性失灵的制度会增加制度创新的成本,不利于社会整体经济效益的最大化。[7]

二、大数据时代宏观调控治理法律制度构建的理论基础

(一)大数据时代语境下的科技治理体系理论

1. 科技治理体系的逐步演化

在科技治理体系理论的引领下,我国现有的法律制度发生深刻的变

---

① 参见杨东:《监管科技:金融科技的监管挑战与维度建构》,《中国社会科学》2018年第5期。

② 参见[美]穆雷·罗斯巴德:《权力与市场》,新星出版社2007年版,第195页。

③ 参见[美]戴维·S.兰德斯:《国富国穷》,新华出版社2010年版,第55页。

④ 参见[冰岛]埃格特森:《经济行为与制度》,商务印书馆2004年版,第58页。

⑤ 参见[美]查尔斯·沃尔夫:《政府或市场》,中国发展出版社1994年版,第87页。

⑥ 参见[美]穆雷·罗斯巴德:《权力与市场》,新星出版社2007年版,第195页。

⑦ 参见[美]里奥尼德·赫维茨:《经济机制设计》,格致出版社2014年版,第65页。

革,正逐步演化为新的治理模式。从制度史上看,科技创新一般会引发制度创新,尤其在大数据时代语境下,新科技常常给新制度的创新带来冲击力。①诺思甚至把制度创新比作科技创新的副产品,认为"它使科技变化的潜在利益得以实现"。②此外,制度功能具有两面性,制度或者推进或者阻碍经济增长与发展,③而科技在一定程度上是好制度的"催化剂"。④在先进科技的推动下,合法、合规的"众管"环境正在悄然形成,在大数据时代语境下,一些隐藏在宏观调控模式中难以窥测到的风险也将在"众管"环境下一览无余。

科技治理体系理论是大数据时代宏观调控法与科技联动的理论基础。区别于传统的工业时代,在大数据时代语境下,不同科技支撑的信息获取途径和处理方式具有不同因果思维模式⑤的规定性。大数据时代,如果承担宏观调控之责的政府部门具备利用高新科技加工、处理与匹配数据的能力,⑥那么将高新技术的运用嵌入宏观调控法律制度构建的科学性是能够成立的。在大数据时代语境下,运用新科技推动治理模式的变革将有助于提升立法者对市场宏观、动态的把控能力。插上科技之"翼"的宏观调控手段有助于管理者及时采集到真实、完整、准确的数据信息,并能使管理者在此基础上对市场风险作出准确的预判,进而有助于管理者从容应对新型风险。此外,现有宏观调控体系只能适应传统的市场生态环境,⑦现有宏观调控法律体系则难以满足新型市场生态环境下的监管需求,例如面对不法分子利用人工智能以及大数据技术扰乱市场环境,则需"师夷长技以制夷",如不能以技术手段武装宏观调控法律制度,高科技"助纣为虐"下的不法行为叠加市场本身的失灵,传统的宏观调控法律规制恐

---

① 参见[美]V.奥斯特罗姆等:《制度分析与发展的反思》,王诚等译,商务印书馆1992年版,第124页。

② 参见[美]道格拉斯·诺思等:《西方世界的兴起》,厉以平等译,华夏出版社1990年版,第150页。

③ 参见[冰岛]埃格特森:《经济行为与制度》,商务印书馆2004年版,第58页。

④ 参见[美]约瑟夫·斯蒂格里茨:《经济学》,中国人民大学出版社2005年版,第97页。

⑤ 因果思维法是根据事物因果联系的必然性来寻求创新突破的一种思维方法。

⑥ 参见李爱君:《数据权利属性与法律特征》,《东方法学》2018年第3期。

⑦ See Klaus Schwab, The Fourth Industrial Revolution, New York: Crown Business, 2017, p.6.

难以匹敌。因此,应当在保留现有宏观调控法律制度的基础上,构建相应的科技治理体系,并运用先进的调控技术对现有的法律制度进行"填空式"完善,进而促进动态、实时、全方位、透明化、智能化宏观调控的实现。[①]现有宏观调控法律体系下的漏洞亟须在科技治理体系的引领下得以弥补。人工智能、自动化处理等高新技术的运用可简化繁杂、程序化的宏观调控流程,实现政府的高效科技治理,毕竟建立在人工智能路径上的算法更多仰赖于参数设计、绩效函数、统计概率等科学,既避免了个人主观臆断,又给出了客观、有效的科技治理路径。

2. 科技治理体系下的技术创新

大数据时代语境下的各项高新技术对社会经济的发展确实起到了一定的正向激励作用。[②]因此,可以从一些制度经济学家的技术创新、知识创新应用理论中汲取智慧,并以大数据时代语境下的各项高新技术优化政府宏观调控模式。熊彼得认为将技术创新应用于经济领域可以真正实现经济发展,而不仅仅是经济增长,因为经济增长仅仅是人口数量与资本总量增加所推动的结果。门施认为技术创新的"量变"或许会带来制度上的"质变",制度的变革有助于带来社会经济的"脱胎换骨"并逐渐走向繁荣,这是社会经济发展所遵循的轨迹。而弗里曼则认为政府在社会经济大环境下出台的一系列相关政策才是实现技术创新、知识创新的根本原因,对企业家创新精神能产生正向的激励作用。然而鲜有国内外学者对如何将技术创新应用到宏观调控领域进行探究。因此,在大数据时代语境下,需要将诸多经济学家的理论观点进一步向外拓展,强调高新技术具有丰富宏观调控手段以及增强政府宏观调控效果的重要作用,也有助于社会效益全面、显著的提高。

(二)顺应大数据时代潮流的宏观调控法律制度是竞争市场之所需

在大数据时代,构建好的宏观调控法律制度是竞争市场之所需,以互联网、物联网为"骨架",以人工智能为"躯干"的高新技术[③]催化了竞争力

---

① See Joshua A. Kroll et al., Accountable Algorithms, University of Pennsylvania Law Review, vol.165, no.3, 2017, pp.633—705.

② 参见白利寅:《论科技进步与治理转型中的新兴(新型)权利——以相关研究的述评为视角》,《东方法学》2017 年第 4 期。

③ 参见张康之:《大数据中的思维与社会变革要求》,《理论探索》2015 年第 5 期。

的不断发展,公平竞争的市场秩序是永恒的主旋律。将区块链等高新技术嵌入宏观调控中并配套合理的法律制度设计契合了竞争市场发展之所需。①唯有公平的竞争秩序才能充分发挥市场资源配置优势,并打开市场经济绩效的上升空间,而提高技术进步率以实现社会全要素生产率增长是提升竞争力的关键。资源优势路径依赖转向竞争优势路径依赖是"大势所趋"。②

在法律制度设计时,需要考量行动者的偏好,需考虑市场信息的对称性、资源配置的有效性、激励的相容性,③这都离不开充分的市场竞争。尤其为了顺应大数据时代语境下市场经济发展之所需,政府更应该放权于市场,让市场竞争充分发挥作用。政府一旦将公权力强加于市场,会造成行政垄断、数据垄断从而对市场竞争起到负向的阻却作用。因此,政府应该尊重市场、有限干预市场,让市场充分发挥资源配置的优势,即"有形之手"的宏观调控功能应该在市场的边界内发挥作用。

(三)大数据时代发展愈发呼唤"精准调控"

在大数据时代语境下,政府亟须作出"精准调控",在此基础上形成的宏观调控法律制度就顺应了大数据时代发展的潮流。在大数据时代语境下,任何数据或者数据集合都有可能成为"算法",数据已经成为社会进步、经济增长不可或缺的无形资产,并且数据并非孤立、禁止的存在,而是正在进行实时、动态的调整。因此,数据是人们作出准确选择、企业作出正确决策、政府精准调控所仰赖的基础,④而进行有针对性的数据立法就成为实现"精准调控"的"催化剂"。

在大数据时代语境下,"精准调控"的实现愈发离不开高新技术的实时运用。例如利用数据采集、数据存储、数据分类、数据整理、数据加工、数据处理等大数据技术可以实时获取多维度、全方位、海量的大数据,无论是结构化的还是非结构化的大数据都可以借助大数据技术获取,⑤在此基

---

① 参见张继红:《论我国金融消费者信息权保护的立法完善——基于大数据时代金融信息流动的负面风险分析》,《法学论坛》2016年第6期。

② 参见[美]阿兰·兰德尔:《资源经济学》,商务印书馆1989年版,第13页。

③ 参见[美]里奥尼德·赫维茨:《经济机制设计》,格致出版社2014年版,第98页。

④ 参见龙卫球:《再论企业数据保护的财产权化路径》,《东方法学》2018年第3期。

⑤ 参见闫立东:《以"权利束"视角探究数据权利》,《东方法学》2019年第2期。

础上,借助云计算、区块链、物联网、人工智能等新技术对获取的大数据进行深度学习、自动化处理、智能分析能够切中时弊、明确调控方向。例如国家通过信贷手段进行宏观调控时,借助在信贷领域对大数据技术的应用,能够对关乎社会经济总量平衡的海量结构化与非结构化数据进行收集,然后对这些数据进行深度的挖掘与清洗,在此基础上,可以精准制定出分析指标,再通过云计算来实现大数据迭代的精准度,进而对调控对象、具体调控目标等作出准确的评定,进而精准地为社会经济总量进行整体画像,最后借助大数据时代语境下的各项高新技术实现"精准调控"。

如果政府掌握了区块链等高新技术手段,将既丰富宏观调控手段,又有助于作出精准的宏观调控,可以说,大数据、区块链、人工智能等高新技术手段将赋予政府这双"有形之手"更强的生命力,而此时建构好的配套法律制度并使之与科技联动共振,则是对这种生命力的有力维系。

(四)大数据时代宏观调控法律制度构建的物质技术基础

在大数据时代,将大数据思维运用于宏观调控,并以各项高新技术对其加以优化不能脱离认知过程,即利用各项高新技术采集大数据信息并对其准确性进行甄别、处理,从而完成与大数据思维配套的认知过程以及实现最大化愿景的效用函数,①这需具备充分的物质技术基础条件,否则作为上层建筑的配套法律制度也将成为"空中楼阁"。

建构宏观调控法律制度需基于以下物质技术条件:其一,建立在互联网、物联网基础上的各种大数据平台能够全面、充分采集、存储海量数据;其二,现有的云计算集约化模式与大数据云端平台为更好地对政府宏观调控部门采集的大数据进行分类、整合、加工以及处理提供了一定的物质技术基础;其三,人工智能、大数据、区块链、云计算等各项高新技术能不断相互融合从而对人类认知产生深度的影响;②其四,能将以5G为代表的信息输入以及信息输出的覆盖服务范围不断拓展;其五,通过机器学习的参数选取及模型设计,并将机器深度学习成果转化成人工智能。

---

① 因果思维法是根据事物因果联系的必然性来寻求创新突破的一种思维方法。

② 参见吴旭阳:《法律与人工智能的法哲学思考——以大数据深度学考察重点》,《东方法学》2018 年第 3 期。

三、以高新技术引领宏观调控治理法律制度的构建

（一）大数据思维在宏观调控法律制度构建中的有效运用

在大数据时代，高新技术对宏观调控法律制度构建的创新性驱动离不开大数据思维的运用。当然，并不否认原先的因果思维模式，因为立法者在建构具体宏观调控法律制度时，同个体选择"如出一辙"，也需要通过判断与理清因果关系后作出政策选择，离不开对涉及财税法、金融法和产业政策法等相关法律制度的搜集、分类、分析、整合。然而相对于大数据时代，之前的科技水平十分有限，并夹杂着主观判断因素，立法者在因果思维模式下的选择将难免有失公允，①因此，立法者搜集的决策以及选择所依据的信息往往是片面、不准确的。然而在大数据时代语境下，通过大数据技术、人工智能等高新技术手段可以及时获取真实、准确、完全的信息。如果立法者在制定宏观调控法律制度时，也能借助大数据检索功能对市场信息进行全方位、多维度地检索、采集，并利用人工智能的深度学习等功能对采集到的数据信息进行分类、整合、存储、加工、处理，立法者对因果思维模式下判断依据的获取将更及时、真实、完整、准确。随着大数据时代的"浪潮"滚滚向前，传统的因果思维模式与大数据时代的思维模式之间的差异日益明显，传统的因果思维模式往往只能根据部分的、片面的数据信息来进行判断，从而使立法者在建构宏观调控法律制度时出现选择的偏差，因此，在对大数据时代语境下的宏观调控法律制度进行建构时，亟须以大数据思维补充甚至取代传统因果思维。

（二）大数据时代高新技术与宏观调控法律制度的深度融合

1. 大数据时代高新技术的深入学习

在大数据时代，各种宏观调控工具与方式将被嵌入区块链、人工智能等高新技术元素，而宏观调控法律制度的构建离不开以全方位、多维度、更完备的大数据关联关系来实现因果关系确定的大数据思维。此外，为

---

① 参见黄欣荣：《大数据主义者如何看待理论、因果与规律》，《理论探索》2016 年第 6 期。

了使政府在宏观调控中作出"理性决策",宏观调控法律制度对政府决策行为的合理约束也不可或缺,立法者、司法者与执法者需要实时学习人工智能、大数据、区块链等高新技术,进而能及时、全方位、多维度地获取真实、准确、完整的大数据,并对数据进行深度挖掘、筛选、科学分析、正确处理。①因此,真正将大数据思维融入宏观调控法律制度的构建是需要建立在对大数据、人工智能、智能开发平台等技术深入学习基础之上的,毋庸置疑的是,随着大数据时代的深入发展,人工智能、区块链等高新技术一定会向更高层次进军,在大数据思维的指引下,随之而来的也将是宏观调控法律制度的不断变革。此外,人才的推动是大数据时代语境下高新技术与宏观调控深度融合的源泉动力,毕竟懂得高新技术的人才能够为宏观调控政策的制定与实施献计献策。伴随着滚滚而来的大数据时代"浪潮",技术创新锋芒的绽放需要将人才的智力成果进一步市场化,即将知识转化为产权,为此,需要政府投入大量的资金、时间、精力用于科研与大量高新技术人才的培养,这也造就了进一步的立法需求。

2. 大数据时代高新技术的实时运用

在大数据时代,高新技术实时运用引领宏观调控的同时,也带动着相关法律制度的变迁。互联网技术为宏观调控领域数据信息的传递与流通打开了空间,而互联网与法律制度在社会经济各领域的深度融合与持续创新也为宏观法律制度变革带来了新的契机。除此之外,区块链通过私钥技术、节点与节点之间的互联来运作去中心化、不可篡改性、不可逆转性的分布式记账模式,②使市场主体能通过密钥在节点与节点之间平等地共享信息资源,为精准调控打下必不可少的技术基础,也使区块链技术逐步渗入宏观调控法律制度领域。此外,政府还可以将物联网技术应用于房地产等宏观调控领域,通过传感器技术、嵌入式技术对房地产融资领域可能存在的风险实现智能化识别、定位、跟踪、监管等功能。不仅如此,云计算也提供了公正的算法,有助于政府作出正确的调控决策。而在技术的驱动下,人工智能的发展势在必行,人工智能的引入有助于变革现有的法律制度体系并破除其弊端,例如有助于提升宏观调控法的实施效率,帮

---

① 参见季卫东:《人工智能时代的司法权之变》,《东方法学》2018 年第 1 期。

② 参见张庆立:《区块链应用的不法风险与刑事法应对》,《东方法学》2019 年第 3 期。

助政府宏观调控部门减少程序化、流程化的重复操作,进而提升宏观调控效率与社会经济绩效。

综合运用互联网、物联网、区块链、大数据、人工智能等高新技术可以助力肩负宏观调控之责的政府部门对经济大环境进行实时、动态的管理,①因此,在大数据时代语境下,以高新技术引领下的宏观调控更容易纠正市场失灵。政府为社会公众提供了更多的法律技术与政策支持,进一步推动了宏观调控法律制度的创新与演进。

(三)宏观调控法律制度构建亟须数据库系统的建立与完善

在大数据时代,大数据是区块链、互联网、云计算等各项高新技术赖以生存的血液,是这些高新科技与法律制度得以保持生命力的源动力。基于此,政府需要构建完善的数据库系统来为宏观调控法律制度的发展提供保障,尤其需要鼓励大数据、人工智能、区块链等技术领域的专家进行技术创新,并建立与之配套的软件、硬件体系用于实现对大数据全方位、多维度的采集、存储、分析、整合、处理,并在此基础上培育出有助于精准调控的大数据系统。

如何才能建立并完善大数据系统并为宏观调控法律制度的构建配备"技术之翼"? 其一,以高新技术助力宏观调控法律制度的构建需要强化大数据的"造血功能",政府则是造就这"供血功能"的中坚力量,因此,亟须由政府加大科研投入力度,根据宏观调控之所需构建并完善大数据系统,并可运用物联网的传感器、定位系统等技术功能对市场上各类敏感的数据信息进行及时追踪、监控与风险管理进而实现精准调控。其二,政府亟须建立起集人工智能的深度学习、智能分析、数据自动化办公与处理、数据自动检索等功能于一体的综合云端平台,在此基础上,政府才能针对宏观调控作出准确的结论、数据分析,然后再据此明确宏观调控目标,从而制定出"精准制导"的宏观调控计划。否则在大数据时代语境下,以各种高新技术驱动宏观调控也只能是乌托邦式的幻想。基于此,配套设计的宏观调控法律制度才能与大数据时代语境下的高新技术联动共振。其三,建立并完善相关数据库系统不能仅仅停留在理论研究的层面,更需要考量

---

① 参见张继红:《论我国金融消费者信息权保护的立法完善——基于大数据时代金融信息流动的负面风险分析》,《法学论坛》2016 年第 6 期。

宏观调控的实际绩效,毕竟国内外学者普遍认为绩效的高低是判断一项制度好坏的重要标准,①且制度创新、技术创新能带来经济绩效的提升。其四,针对宏观调控技术手段建立完备的数据库系统固然重要,而为了防止前文所述的可视化数据信息越过隐私权的边界,应完善相关立法,明确隐私权的边界、辅之以技术手段的宏观调控路径、范围、法定条件、法定程序、法定责任等。此外,可以失信名单数据库、行政处罚、民事赔偿等措施严厉惩戒恶意散播谣言、非法泄露他人隐私的不法行为。

四、宏观调控法律制度与技术创新的深度融合

(一)宏观调控法律制度打开高新技术的创新空间

在大数据时代,技术驱动下的宏观调控法如同蓝海战略有助于释放出更广阔的市场竞争空间、打破成本与收益的交替、拓宽市场的边界、降低同类产品的竞争成本、实现技术绩效,避免在狭隘、有限的"红海市场"中与竞争对手厮杀到"血流成河"。在大数据时代语境下,政府的宏观调控需要吸纳更多的人才,推动制度创新、技术创新、知识创新并将人工智能、大数据、物联网、互联网、云计算、区块链等高新技术嵌入宏观调控模式的构建并引领其发展。基于法律与技术全方位、多维度、同步的联动共振,在这些高新技术驱动宏观调控法律制度完善的同时,法律可借助人工智能实时、自动化的深度学习,尽可能地破除固有的滞后性并顺应技术的发展,进而打开制度创新、技术创新的空间。

(二)宏观调控法律制度与高新技术的联动

在宏观调控中,人工智能、大数据等高新技术起到的是工具作用、技术驱动作用,通过运用这些高新技术,可对数据精准采集与挖掘,并进行存储、分类与整理,而决策层的价值观应该发挥最核心的作用,②并最终出台与宏观调控相关的法律与政策。在生产过程中的法律具有组合生产要

---

① 参见[美]约瑟夫·斯蒂格里茨:《经济学》,中国人民大学出版社2005年版,第97页。

② 参见张可:《大数据侦查措施程控体系建构:前提、核心与保障》,《东方法学》2019年第6期。

素等社会资本的功能,能协调一国制度结构中强制性制度与诱致性制度一致运作。①毕竟法律本身一定程度上就是资本,法律的制定、运行与实施相当于资本的投放与使用。法律的资本作用具有两面性:其一,可以成为经济增长与发展的利器,此时的宏观调控法可以在一定程度上克服传统计划调控的盲目性,并通过与大数据时代语境下高新技术的联动共振实现精准调控。其二,可能阻却社会经济的发展,此时的宏观调控法阻碍了技术创新。好的制度、法律是人为设定的,理性的制度、法律是技术创新、技术进步的有力保障,毕竟技术同法律有相似之处,能推动社会全要素生产率提高的技术也是十分重要的生产要素,因此,在鼓励技术创新、人才培养时,法律也能组合这些生产要素,协调强制性的外生性制度与诱致性的内生性制度共同发挥作用,从而尽可能地实现社会绩效最大化。此外,法律是制度的法律,制度是法律的制度,法律与技术都属于制度,也为法律联动技术带来了契机,此时需配套并完善相应的宏观调控法律制度来为技术的发展提供合理的法律边界。因此,宏观调控法律制度与政策的核心价值观需通过与大数据时代语境下高新技术的联动共同作出真正的理性决策。

结　　语

诚然在大数据时代,数据信息量呈现爆炸式地增长,宏观调控法律制度的变革已是大势所趋,然而改变传统因果式思维模式仍需时日,毕竟从传统的宏观调控法律制度过渡到大数据思维引领下的宏观调控法律制度不仅需要政治理念的调整、法治思维的转变,更需要技术手段的及时跟进。诚然可以将技术型人才引进宏观调控立法部门并以此推动宏观调控法律制度的转变,然而毕竟多数立法人员并未掌握大数据思维、先进的技术手段,对技术效果的判断力、甄别力有待提升,一味借助外部技术力量,而不进行自身内部的技术挖掘与开发,容易造成法治思维与技术手段的剥离,不利于大数据思维引领下的宏观调控法律制度的构建。此时,如何

---

① 参见[美]哈罗德·J.伯尔曼:《法律与革命》,法律出版社 2018 年,第 55 页。

将高新技术手段真正嵌入宏观调控法的实施过程是技术性难题,同时也是制度性难题,毕竟技术是制度的技术,制度是技术的制度,技术必须为制度所驾驭,才能真正发挥出宏观调控法实施中的技术应用效率。此外,制度创新、技术创新、知识创新瞬息万变,政府在制定宏观调控政策时,如何更好地整合其所依据的相关数据库系统资源,如何使宏观调控的技术手段迅速跟上大数据时代发展的"浪潮"也是以大数据思维引领宏观调控法律制度构建时所面临的难题。

AI 与大数据的"理想城":智慧城市合规的基础要点

宁宣凤　吴　涵　刘阳璐　张乐健[*]

内容摘要:作为未来城市的发展方向,许多国家将智慧城市建设纳入国家战略,这也成为各国提升全球信息化竞争力的重点关注内容。同时,随着人们不断加深的对智慧城市的认识和对智慧城市边界的探索,智慧城市面临的更多具体的风险也会相应地显现。如何正确处理这些问题,需要从技术、法律、道德伦理等多个方面分析。

关键词:人工智能　智慧城市　城市大脑　数据开放　数据共享

一、背　　景

庚子鼠年之初,突如其来的新冠肺炎疫情让各地纷纷启动重大突发公共卫生事件一级响应,举国上下竭尽所能加入疫情防控保卫战,城市综合治理面临前所未有的挑战。在疫情防控背景之下,健康医疗数据的共享[①]、与疫情相关的政务数据资源共享与合理公开[②]以及联防联控工作中对个人信息的保护[③],都成为这个特殊时期数据合法合规利用应当关注的重点内容。基于此,从城市整体规划的角度出发,充分发挥高新技术的赋能助

---

[*] 金杜律师事务所律师。任务分工:宁宣凤、吴涵负责文章架构,刘阳璐负责文章撰写,张乐健负责资料检索、整理。

[①] 参见宁宣凤、吴涵、陈胜男、高锐:《同舟共济——不同场景下健康医疗数据流转的合规路径》,https://mp.weixin.qq.com/s/_NXx6IZUrZc4WtADDnqoug,2020-02-07。

[②] 参见宁宣凤、吴涵、陈胜男、高锐:《数据资源流转与公开》,https://mp.weixin.qq.com/s/tGfEjt9qbEZUylJW-jRq2Q,2020-02-09。

[③] 参见宁宣凤、吴涵、包达、杜楠、林云汉:《"风口"的安全降落伞——解读 APP 收集个人信息的最新规范》,https://mp.weixin.qq.com/s/zz&ZDuQCluLVxmaQBCId9w,2020-02-12。

力效用,加快建设全面统筹、服务全局的智慧城市则为未来数据的有效综合治理提供进阶方案,响应城市治理的现代化要求,成为当下及未来城市规划的题中之义。

如今,在城市治理亟须升级增智的情势之下,2020年2月10日,上海市发布《关于进一步加快智慧城市建设的若干意见》,提出了"到2020年,将上海建设成为全球新型智慧城市的排头兵,国际数字经济网络的重要枢纽"的建设目标,要求统筹完善"城市大脑"架构,全面推进政务服务"一网通办",全面赋能数字经济蓬勃发展,切实保障网络空间安全,全面增强智慧城市工作合力。[①]

建设智慧城市不仅是应对公共事件的良药,也是适应新时代社会经济发展和技术革新的必然要求。21世纪以来,新型工业化国家城市化进程加速,据预测,到2050年,近68%的世界人口将生活在城市。[②]大量涌入城市的人口将给城市管理者带来包括资源分配、交通堵塞、环境卫生等方面在内的巨大挑战,促使城市顺应信息化建设的潮流,借助先进信息技术发展力量,寻求城市规划和城市治理的新方法,提供交互式和包容性的创新城市系统,破解城市发展困局,保障居民需求,不断优化和提升,最终实现城市的可持续发展。[③]当下,我国的智慧城市建设以雄安新区为代表,其规划以集中承接疏散北京非首都功能为出发点,[④]以人工智能、大数据、物联网等前沿技术为依托,旨在实现城市的智慧化管理,拓展地下空间利用率,建设智能高效宜居新型城市,打造全球领先的数字城市,为我国城市化的变革提供一个以创新技术驱动的未来城市样本。[⑤]

---

① 参见《上海市关于进一步加快智慧城市建设的若干意见》,http://www.shanghai.gov.cn/nw2/nw2314/nw2319/nw44142/u26aw63566.html,2020-02-10。

② United Nations,Department of Economics and Social Affairs,2018 Revision of World Urbanization Prospects,see at https://www.un.org/development/desa/publications/2018-revision-of-world-urbanization-prospects.html.

③ 参见许晶华:《我国智慧城市建设的现状和类型比较研究》,《城市观察》2012年第4期。

④ 参见《国务院关于河北雄安新区总体规划(2018—2035年)的批复》。

⑤ 参见《雄安新区建设规划代表了智慧城市最新思维》,http://www.xinhuanet.com//fortune/2018-04/23/c_129856636.htm,2018-04-23。

二、智慧城市发展现状

（一）智慧城市的概念和内涵

"智慧城市"一词诞生于 20 世纪 90 年代，其定义和内涵持续演变，各界由于出发点和侧重点不同，目前暂无统一和明确的权威性定义。[①]但总的来说，智慧城市是充分利用新科技和新思想，让城市系统、运作和服务得以改造和升级，更具智慧的城市。[②]具体而言，智慧城市的建设以数字化、智能化的城市基础设施为基础，运用物联网、云计算、大数据、移动互联网等新一代信息通信技术手段，整合城市运行核心系统关键信息，[③]强调城市信息的全面感知，城市生活的智能决策与处理，实现城市经济和社会组织的高效化和协作化，城市社会服务的普惠化与人性化。[④]

（二）域外发展

智慧城市作为未来城市的发展方向，许多国家都将智慧城市建设纳入国家战略，成为各国提升全球信息化竞争力的重点关注内容。德勤研究报告显示，全球在建智慧城市数量超过 1 000 座，无论是发达国家还是发展中国家，都积极参与智慧城市的建设，推动新一轮的城市变革，现已形成多个智慧城市群。[⑤]（见下表）

---

① 参见亿欧智库：《道阻且长，行则将至：2019 年中国智慧城市发展研究报告》，https://www.iyiou.com/intelligence/report630.html，2019-05-23。

② IBM Institute for Business Value, Smarter Cities for smart growth，2010.

③ 参见许晶华：《我国智慧城市建设的现状和类型比较研究》，《城市观察》2012 年第 4 期。

④ 参见中国电子技术标准化研究院：《中国智慧城市标准化白皮书》，http://www.cac.gov.cn/files/pdf/baipishu/SmartCity.pdf，2013-07。

⑤ 参见德勤：《超级智能城市 2.0：人工智能引领新风向——全球城市在进阶》，载https://www2.deloitte.com/content/dam/Deloitte/cn/Documents/public-sector/deloitte-cn-ps-super-smart-city-2.0-zh-191210.pdf，2019-03-19。

三个智慧城市建设先驱国家的发展概况及典型案例

区域	近期国家战略/规划	典型案例
美国	*2015年联邦政府发布《白宫智慧城市行动倡议》,宣布将投入至少1.6亿美元用于包括智慧城市建设在内的物联网运用研究项目,一方面通过国家科学基金会(NSF)和国家标准和技术研究所(NIST)向学术机构分别提供3 500万美元和1 000万美元,以加强智慧城市基础技术研发;另一方面通过国土安全部、交通部、能源部、商务部等政府相关部门投入4 500万元,推动安全、能源、气候应对、交通等领域应用技术研发。① *2017年1月,美国网络与信息技术研发计划(NITRD)智慧城市与社区任务组发布《智慧城市与社区联邦战略计划:共同探索创新》草案报告,指导和协调智能城市/相关社区的联邦活动,促进当地政府与利益相关方的参与。② *2019年联邦政府发布《美国人工智能倡议》,要求联邦政府将人工智能的发展与研发放在首要位置,并且将更多的资源与经费用于人工智能技术的开发与推广,其中包括对利用人工智能进行的智慧城市的开发。③	圣地亚哥——"装上最大的城市路灯物联网传感器网络" 与通用电气合作,在14 000盏LED路灯上安装4 200个智慧节点,嵌入多个感应器,以灯柱为基础打造一个开放、安全的数位基础设施,并在此之上安装智能城市设备,同时大量开发数据API端口和应用,连接市内警察局、交通管理局等多个部门,实现对城市主要街道活动的监测,进而优化公共交通、强化应急管理、改善公共安全。④
日本	*2010年日本经济产业省制定"环境未来都市"国家战略项目,制定智能城市五年计划。 *2011年东部大地震后,经济产业省制定智能电网发展计划。 *2012年,总务省实行日本震后以防灾为重点的"ICT智慧城综合战略"。⑤	福冈——"从人为本到落实参与" 与LINE合作,以LINE账号好友为基础,协助市政解决市民在日常生活中最棘手的问题,如解决回收大型垃圾的时间的限制、加速公共设施毁损保修、提供避难行动支援,实现从防灾准备到复原的多功能服务。⑥

① 参见《海外如何推进智慧城市政策》,https://bbs.pinggu.org/thread-5916513-1-1.html,2017-08-12。

② 参见美 NITRD:《智慧城市与社区联邦战略计划》,《网络安全和信息化动态》2017年第3期。

③ American AI Initiative, see at https://www.whitehouse.gov/ai/executive-order-ai/.

④ Robert Moss,Building a Smart City? Start with Street Data, see at https://www.insight.tech/cities/building-a-smart-city-start-with-street-data.

⑤ 参见《日本智慧城市建设案例与经验》,https://mp.weixin.qq.com/s/D7HzzAqrs5VQVKMucWznDg,2017-07-15。

⑥ 参见 Susan Hong:《打造市民参与的智慧城市》,EE Times Taiwan,https://www.eet-taiwan.com/news/article/20191118NT01-building-citizen-centric-smart-cities,2019-11-18。

区域	近期国家战略/规划	典型案例
新加坡	＊2015年，信息通信部发布"智慧国家2025"计划，明确数据泛在采集、智能分析与处理等建设重点。 ＊2017年，新加坡推出包括国家身份系统、电子支付平台、生命时刻计划、智能城市交通、智能国家传感器平台、以及统一数码平台（CODEX）在内的五项国家计划。①	新加坡——"整体政府框架下的智慧国" 建立完善的信息化基础设施，实现WIFI全覆盖，实现公共服务网络化，利用ICT技术建立跨行业的信息交换系统和综合医疗信息平台，积极推进远程医疗。②

（三）国内现状

我国国家层面的智慧城市建设始于2012年，住建部发布《关于开展国家智慧城市试点工作的通知》，启动了中国智慧城市的试点申报和实施管理。2014年，国务院发布《国家新型城镇化规划（2014—2020）》，将智慧城市建设与绿色、人文城市并列作为推进新型城市建设的范式，③首次将智慧城市建设引入国家战略，并提出到2020年，建设一批特色鲜明的智慧城市。④2016年，国家发布的"第十三个五年计划"中，智慧城市被列为新型城镇化重大工程。此后，国家出台一系列关注智慧城市基础设施建设和细分场景的指导意见，并由全国信息技术标准化委员会、全国通信标准化委员会领头，制定多项有关智慧城市建设的国家标准体系，内容涵盖智慧城市的顶层设计、总体框架、评价模型及基础评价指标体系等多个方面，为智慧城市建设提供技术指引。2019年年底，住建部决定成立智慧城市专业委员会，旨在进一步组织展开智慧城市领域的基础性研究，加强对地方智慧城市建设工作的指导。

与国家层面的智慧城市建设并行，各地智慧城市也积极加入智慧城市建设的浪潮之中，结合各区域的发展需求，纷纷提出智慧城市发展规划。截至本文形成之时，全国智慧城市试点已基本覆盖全国各个省、直辖

① 参见党倩娜：《新加坡智慧城市主要战略计划及具体举措》，《第一情报-ISTIS视点》，http://www.istis.sh.cn/list/list.aspx?id=12363，2019-12-02。

② 参见《探讨新加坡如何构建智慧城市范本》，https://tech.hqew.com/fangan_1875990，2017-05-23。

③ 参见徐振强、刘禹圻：《基于"城市大脑"思维的智慧城市发展研究》，《区域经济评论》2017年第1期。

④ IBM Institute for Business Value，"Smarter Cities for smart growth"，2010.

市和自治区。

三、智慧城市的技术框架与数据

作为"互联网与城市建设结合的样本",智慧城市的搭建遵循了互联网大脑架构的基本原理,通过将城市中枢神经系统(即"城市大脑")①作为沟通智慧城市物联网系统、基础设施建设和人工智能建设的纽带,完成大数据在智慧城市技术框架下的汇聚、流转与应用,并由此产生城市智慧。

(一)城市大脑的概念及运作模式

城市大脑是智慧城市建设运行的核心,其内涵是利用人工智能、大数据、物联网等先进技术,构建一个后台系统,打通不同平台,作为智慧城市的中枢,对整个城市的数据进行实时分析,调配资源,弥补漏洞,最终形成治理城市的超级人工智能。②城市大脑作为"城市级的智慧中枢",③以城市全量数据源、智慧赋能中心、运行指挥中心、综合智能门户为基本要素,通过建立城市统一数字化运营支撑和服务体系,打破信息壁垒,实现城市信息化基础设施建设资源、信息资源和应用服务的统一运营管理,④并以类脑的方式进行数据挖掘,进行城市治理决策。

(二)智慧城市技术框架介绍

智慧城市技术框架的研究既有助于明确相关技术的研究和发展方向,同时也对智慧城市标准化工作和智慧城市运行中的合规监管提供了重要的借鉴。关于智慧城市的技术体系研究众多,包括但不限于微软亚洲研究院提出的"城市感知与数据捕获""城市数据管理""城市数据分析"

---

① 参见《智慧城市的互联网大脑架构图,大社交网络与智慧城市结合是关键》,https://mp.weixin.qq.com/s/3IZ3JfYaNQpJZOyOKXe7HA,2016-11-03。

② 参见张建芹、陈兴淋:《我国"城市大脑"建设的实证研究——以苏州为例》,《现代管理科学》2018年第6期;何渊:《智能社会的治理与风险行政法的建构与证成》,《东方法学》2019年第1期。

③ 参见《智慧城市建设之智慧大脑》,https://mp.weixin.qq.com/s/u2xk9cAlluzBWVDARpE7cw,2018-07-20。

④ 参见陈睿:《城市大脑:合肥市智慧城市建设初探》,《软件和集成电路》2019年第10期。

"服务提供"的四层反馈结构，①科技部 863 计划在 2012 年《智慧城市技术白皮书》中总结的"城市感知层""数据传输层""数据活化层""支撑服务层""应用服务层"及"行业服务层"和"标准与评估体系""安全保障体系"的"六横两纵框架"②等。而在 2013 年发布的《中国智慧城市标准化白皮书》中，智慧城市的技术体系被界定为"四个层次要素和三个支撑体系"，即物联感知层、网络通信层、数据及服务支撑层、智慧应用层和标准规范体系、安全保障体系和建设管理体系。③

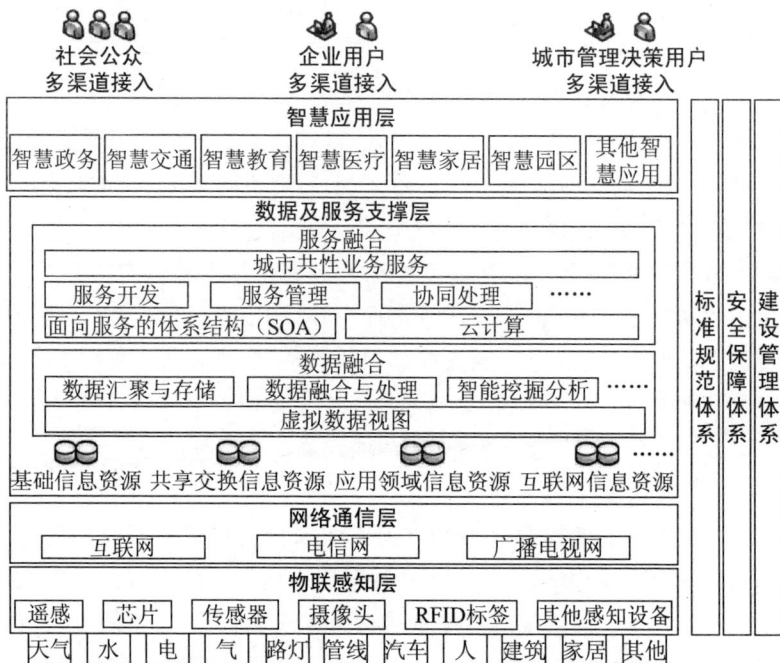

《智慧城市标准化白皮书》智慧城市技术体系框架

其中，数据与服务支撑层可以被进一步划分为数据支撑层和服务支

---

① 参见郑宇：《城市计算与大数据》，《中国计算机学会通讯》2013 年第 8 期。转引自王静远、李超、熊璋、单志广：《以数据为中心的智慧城市研究综述》，《计算机研究与发展》2014 年第 2 期。

② 参见 863 计划"智慧城市（一期）"项目组：《智慧城市技术白皮书》（2012 年）。

③ 参见中国电子技术标准化研究院、全国信息技术标准化技术委员会 SOA 分技术委员会：《中国智慧城市标准化白皮书》（2013 年）。

撑层;同时在整个技术框架中,在物联网感知层之外还有更底层的"社会基础设施",即与智慧城市建设相关的配套硬件设施,①因此,我们理解智慧城市的技术框架可以分为六个层次,即:

基础设施层:基础设施层是指与智慧城市建设相关的配套硬件设施,除了传统的信息中心机房、信息亭外,智慧城市中的基础设施还包括 5G 商用网络的基础设施、云计算数据中心等。②

信息感知层:信息感知层是指通过物联网络射频识别、传感和智能嵌入等技术及设备,捕捉、识别和采集城市系统信息数据的技术环节,其所涉及的场景极为丰富,举例而言,上海市在 2018 年发布的《新型城域物联专网建设导则》中,列举了公共安全、公共管理、公共服务中共计 33 类场景的物联感知要求。③

网络通信层:网络通信层通过"普适、共享、便捷、高效的网络通信基础设施,为城市级信息的流动、共享和公用提供基础",其中 5G 商用网络的建设提速为新型智慧城市建设发展赋能,"低时延、高带宽"的 5G 网络为对实时性要求较高的高清直播、无人驾驶、车联网和远程手术等智慧应用的发展提供了动力和支持,更增强了智慧城市通过全面实时数据进行事件预测和解决、需求分析和相应的能力。

数据支撑层:数据支撑层是指通过数据的资源交互共享和融合为智慧城市提供数据支撑,包括但不限于多源数据的标准化与汇聚融合、数据的安全存储与开放、数据融合与处理等,其中 SOA(Service Oriented Architecture,面向服务的体系结构)、云计算和大数据等技术在这一层次中起到"关键的技术支撑作用"。

服务支撑层:服务支撑层是指将前述层次的"数据资源和应用系统资源进行统一的服务化封装、处理及管理"以提供统一的"城市级的公共、共性信息类服务",这些服务可能包括位置服务、饰品店宝服务、社交网络服务、虚拟现实服务等。

智慧应用层:智慧应用层则是将智慧城市的资源与能力与行业产业

---

① 参见臧维明、李月芳、魏光明:《新型智慧城市标准体系框架及评估指标初探》,《中国电子科学研究院学报》2018 年第 1 期。

② 参见中国信息通信研究院:《新型智慧城市发展研究报告》(2019 年)。

③ 参见上海市经济和信息化委员会:《新型城域物联专网建设导则》(2018 年)。

结合,为政府、企业、公众提供实际的智能化应用和服务。随着硬件设施的完善、底层数据资源的扩充和智慧城市技术的发展,智慧应用层的外延也在不断拓展,从智慧治理、智慧政务、智慧交通到智慧医疗、智慧养老、智慧生态……智慧城市不仅仅在社会治理方面发挥着重要作用,也提升了社会服务的质量和效率;不仅仅涉及城市内部的生产生活关系,也有助于正确认知和处理城市与自然之间的关系。

(三)智慧城市中的数据

智慧城市同时还是大数据和数字技术的产物。中国信息通信研究院("信通院")在《新型智慧城市发展研究报告》中指出,"在数据驱动理念下,城市大数据平台日益成为新型智慧城市的核心组成平台"。麦肯锡全球研究院在回答"城市的'智慧'源自何处"时,也指出"机构获得的数据越全面、越实时,它们就越有能力观测事件发生的详情、分析需求模式的变化,从而采用响应更及时、成本更低的解决方案"。

智慧城市中的数据类型体量庞大,具有"时空多维性、多尺度与多粒度、多元异构"等特征。以智慧交通为例,其中所涉及的信息感知终端包括但不限于摄像头、车载终端、微波监测、超声波监测等,所采集的车辆及交通信息包括但不限于车辆属性、车辆速度、车辆行驶路径、行驶方向、排队时间等,除采集的数据体量庞大外,不同的信息感知终端采集的数据结构也可能有所差异。此外,智慧城市在进行数据采集和分析应用时,还需要充分考虑数据在时间和空间维度的演化(即时空多维特性),和在不同的时间尺度和空间颗粒度时所采集数据的差异性和关联性(即多尺度与多粒度)。这些特性都对数据的安全存储及后续的融合利用带来了挑战。

四、智慧城市建设中的合规要点初探

人工智能、大数据等技术的飞速发展和应用于智慧城市的实践有助于构建一个更加宜居的城市家园。但另一方面,为智慧城市建立规范标准体系、安全保障体系和建设管理体系,平衡公共利益与个体权利的保护,与智慧城市的技术发展和实践同等重要,这也是各国智慧城市实践中正在关注的内容。以人工智能技术运用及数据融合为例,如何在运用技术过程中识别并防范风险、平衡不同主体的利益,是发展智慧城市的必答题。

（一）人工智能技术在新型智慧城市建设中的伦理风险与使用边界

从城市大脑、自动驾驶到人脸识别,人工智能技术已经融入智慧城市的"数据管理、智慧交通、惠民服务、智慧安防、智能制造等各类领域"。人工智能的运用在为新型智慧城市赋能,引领并开拓智慧城市的新型应用场景的同时,也相应地在一定程度上为智慧城市下的社会治理和社会服务嵌入了伦理风险。在智慧城市的语境下,平衡人工智能技术所带来的生产效率提升和可能的歧视风险,需要城市管理者在关注人工智能技术自身伦理道德体系的构建,评估人工智能在智慧城市中的利用带来的伦理风险的基础之上,合理界定人工智能技术在智慧城市中的使用边界。

1. 智慧城市建设中的人工智能伦理之算法相关风险点

智慧大脑作为智慧城市系统的关键,其决策将现实影响整个城市的资源调配。置身智慧大脑操控运作的城市之中,大家需要对人工智能决策的可靠性进行严密的论证。鉴于算法伦理在人工智能伦理的基础地位,[1]问题的症结则在于与机器算法相关的伦理风险,具体包括:算法公正性(算法歧视)、算法透明度及结果可解释性等。

首先,算法歧视,通常是指由于算法的设计者或开发人员对事物的认知存在主观上的某种偏见,或不经意使用了带有偏差的训练数据集等原因,造成模型准确性的偏差甚至产生歧视性的结果。[2]具体而言,其原因有三:

一是数据中预先存在的偏见所导致的算法歧视;

二是使用算法本身可能是一种歧视;

三是算法决策中数据的抽样偏差及其所设置权重的不同也有可能导致算法歧视。[3]

---

[1]　参见孙保学:《人工智能算法伦理及其风险》,https://mp.weixin.qq.com/s/_Nx-dAwvPg7clWviLh5pMjg,2019-12-20。

[2]　参见全国信息安全标准化技术委员会、大数据安全标准特别工作组:《人工智能安全标准化白皮书》(2019 年)。

[3]　参见刘培、池忠军:《算法歧视的伦理反思》,《自然辩证法通讯》2019 年第 10 期。

在现实生活中,算法歧视并不罕见,无论是亚马逊人工智能招聘系统涉嫌性别歧视,[①]还是美司法部门利用 COMPAS 系统预测再犯罪率导致种族歧视的争议,[②]人工智能算法在决策时可能产生偏见和歧视已经在某种程度上成为共识,在公共领域审慎使用人工智能技术的呼声也时常出现。因此,在智慧城市建设过程中,城市管理者理应对人工智能技术,特别是算法模型的初始设计和后续运用的全流程进行全面审慎评估,以确保算法的公正性。

其次,人类对算法的安全感、信赖感、认同度可能取决于算法的透明度和结果的可解释性。算法的透明度旨在通过向用户公开算法细节,保障用户对算法的知情权,而结果的可解释性则需要确保算法、输入数据与输出结果之间的紧密联系。[③]就人工智能技术的运用而言,人们质疑智慧大脑的自主决策,主要是因为系统输出决策之时,往往并不提供作出具体决策所依据的材料、理由并证明结果与输入数据的紧密关系。[④]因此,在技术层面,智慧城市的人工智能开发,应当以强调用户与自动化决策系统的交互为核心,在已评估解释具体应用模式的难易程度的基础之上,考虑设置机制向用户解释系统产生的结果与参考标准,[⑤]增强人工智能决策的可信度。

2. 智慧城市建设中的人工智能伦理之数据相关风险点

界定人工智能技术在智慧城市中使用边界的另一个动力,可能源于人工智能技术对海量数据的需求所带来的数据质量、隐私保护等多方面的风险。

首先,以数据安全与隐私保护为例,人脸识别技术作为人工智能技术的典型拓展,人脸识别在现代社会中的运用越来越广泛,就智慧城市而言,截至 2019 年,"全国已有 40 余个城市启动了'刷脸政务',覆盖范围囊括商事登记、交通罚单缴纳、公积金查询、个税申报、社会保障等",人脸识

---

① 参见《亚马逊 AI 招聘工具被爆性别歧视,不喜欢女的?》AI 时刻,http://www.sohu.com/a/259640276_100183993,2018-10-15。

② 参见张俊贤:《违规、歧视、安全问题,如何应对 AI 时代的风险》,https://www.yicai.com/news/100318593.html,2019-09-03。

③ EC High-Level Expert Group AI Ethics Guidelines for Trustworthy AI, 2019.

④ 参见曹建峰:《算法歧视:看不见的不正义》,https://zhuanlan.zhihu.com/p/31078631?from=timeline,2017-11-15。

⑤ 参见中国电子技术标准化研究院:《人工智能标准化白皮书》(2018 年)。

别技术的运用能够通过对面部识别特征的采集和比对实现更精准高效的个人身份认证,为民众在办理政务服务过程中的身份认证提供更多的选择。但与此同时,面部识别特征属于个人敏感信息,具有高度的人身属性。而随着在银行、非金融支付机构等对人脸识别技术的运用,面部识别特征还与个人财产安全产生了密切的联系。在该情况下,如果对人脸数据的安全保障措施不能与采集人脸数据的实践范围相匹配,隐私泄露的风险可能大大增加,因此综合考虑人脸识别技术在智慧城市中的应用边界,适度在公共领域应用人脸识别技术,可能是平衡社会利益(社会治理及服务的效率)与个人利益(个人数据安全、隐私保护和财产安全)的手段之一。

其次,数据作为人工智能的基础资源,人工智能模型的精度受限于训练数据和影像数据的质量。与前述算法的公正性紧密相关,若在算法模型中引入偏见数据或虚假数据,鉴于人工智能算法的"涌现性"和"自主性",系统将在学习过程中不断吸收偏见和错误知识,最终导致错误的预测结果。因此,将人工智能技术运用到智慧城市之中,结合系统机器学习对数据的依赖度,则需要追溯数据来源、分析考察数据的完整性和关联性,以验证数据的准确性,保证数据质量,进而避免人工智能系统决策的误导和误差性。①实践中,也不妨采用"沙盒"等监管方式,利用封闭试点的试验方法,从实证角度来核查决策的准确性,从而反向验证基础数据样本的完整性和关联性。

随着人工智能技术的飞速发展和广泛利用,其在智慧城市中的运用所带来的伦理风险可能不止于此。当人工智能所带来的新风险被许多人感知到的时候,人们自然希望法律能够因应这种风险,提供新的保障。②因此,对于人工智能技术开发者和智慧城市建设者、管理者而言,积极识别人工智能技术运用可能产生的伦理风险,遵循法律要求,维护道德底线,并界定使用边界,是智慧城市建设中应当承担的社会责任。

(二)智慧城市中的数据融合与开放利用

海量数据的融合与开放利用是新型智慧城市的又一鲜明特征。不同

---

① Personal Data Protection Commission，A proposed Model Artificial Intelligence Governance，2019.

② 参见郑戈:《人工智能与法律的未来》,《探索与争鸣》2017 年第 10 期。

于传统智慧城市中强调政务数据的共享交换,新型智慧城市模式下数据范围进一步扩大为城市大数据,所涉及的不再仅仅是政务数据,还可能包括企业数据和个人信息。如何在现有法律法规的规制下,实现数据的汇聚与融合?如何从法律层面明确智慧城市系统中的数据安全责任?如何界定智慧城市中数据的开放共享范围,等等,这些都是智慧城市发展亟需回答的问题。

首先,在尊重数据资产价值、保障个人信息的基础上开展数据汇聚融合,打破数据孤岛。

新型智慧城市模式中的数据不仅仅包括传统政务数据,还可能包括大量的企业数据和个人信息。

而无论是前者还是后者,都可能面临着数据控制者不愿、不敢、不能对外共享数据,进而形成数据孤岛,阻碍数据汇聚融合的情形。其一,对企业而言,随着数字经济时代数据作为资产的价值得到日益广泛的认可,并成为企业核心竞争力的一部分,对某些数据的独占可能会巩固和强化企业的竞争优势,企业对外共享数据的动力也因此受到抑制。其二,国内的法律法规对于政务数据的公开共享、不同行业数据的公开共享和个人信息的公开共享都有所规定和限制,如国务院《政务信息资源共享管理暂行办法》规定"不宜提供给其他政务部门共享使用的政务信息资源属于不予共享类";[1]《人类遗传资源管理条例》要求组织、个人在采集、保藏、利用、对外提供我国人类遗传资源(利用含有人体基因组、基因等遗传物质的器官、组织、细胞等遗传材料产生的数据等信息资料)时,不得危害我国公众健康、国家安全和社会公共利益;[2]而中国人民银行在新近制定的《个人金融信息(数据)保护试行办法(草案)》中,对金融机构对外共享个人金融信息进行严格的限制,这些规定和限制可能导致政府部门、企业等因为存在法律风险而不敢对外共享数据。其三,数据在采集标准、统计口径和传输接口方面可能存在的较大差异,也使得数据拥有者不能对外共享数据。

面对数据孤岛,智慧城市的发展需要遵守现行法律法规对数据融合的禁止性、限制性规定,在合法合规的基础上完成数据汇聚融合,同时也

---

① 《政务信息资源共享管理暂行办法》第9条第4款。
② 《中华人民共和国人类遗传资源管理条例》第2、8条。

应当通过智慧城市运作模式优化,为不同主体和不同来源的数据参与数据汇聚融合提供激励;通过法律法规确定智慧城市中数据融合的范围,并适度协调智慧城市建设中数据融合需求与其他数据保护规则之间的张力;通过统一的数据采集、传输标准确保数据融合的技术可行性。

其次,明确数据安全责任、建立数据安全事件应急联动机制。

新型智慧城市模型中海量数据的融合还会对系统的数据存储处理和安全保障能力产生考验。智慧城市下的海量数据及其背后的数据价值可能引发针对性的数据攻击,造成个人信息、重要数据的泄露和智慧城市运营系统的崩溃。具体而言,从数据属性角度来看,智慧城市中可能包含大量的政务数据、企业数据和个人信息,其中不乏涉及国家安全、商业秘密和个人隐私的数据信息,因而数据安全是智慧城市建设中的重中之重。同时,从网络系统安全角度来看,智慧城市的大数据平台可能与多个网络安全保护等级较高的系统,如金融行业、医疗行业系统等进行对接,因此从网络安全等级保护的相关要求出发,同样需要对智慧城市的系统安全性加以重视。

就数据安全和系统安全而言,考虑到智慧城市技术框架下涉及数据的产生、收集、存储与处理、融合、应用和对外提供等多个环节,包括数据原始所有者、数据传输系统运营者、数据能力提供者、数据服务使用者等多个主体,智慧城市的运行有必要在建立数据存储和安全保障技术标准的同时,明确数据流转的不同环节中相关主体的数据安全责任,鼓励各主体积极采取适当的数据安全措施,建立合适的数据安全管理制度,并在发生数据安全事件,对社会、企业或个人造成损害时承担相应的责任;同时还可以考虑制定适用于智慧城市框架的数据安全事件应急联动机制,以便在发生数据安全事件时及时发现并采取响应措施,降低数据安全事件的损害后果,保障数据安全。

第三,分级分类界定智慧城市中数据的开放利用范围,在保障信息安全和数据主体利益的同时实现数据价值的最大化。

数据的开放与共享是智慧城市发挥作用、展现能力的重要前提。智慧城市顶层设计下的数据支撑层、服务支撑层和智慧应用层均不同程度涉及数据的开放和共享。以上海为例,2019 年 11 月,上海市公共数据平台正式开通运行,开放的 2 100 项公共数据"基本覆盖各市级部门的主要业务领域"并重点聚焦"金融、医疗、旅游、交通、能源、城市管理和开放数据等7个领域"。①但无论是政务数据、企业数据还是个人信息,从信息自身价值、信息开放的制度成本和基础设施成本、信息开放产生的社会价值、不当或非法利用信息可能造成的后果等角度来考量,智慧城市中的数据不能也不应无限制地向社会公众开放。

在这种情况下,数据的分级分类开放将成为数据共享与利用的必然选择,即依据相关法律法规的要求,参考数据开放对象的安全保护能力、获取数据的主体对开放数据的使用目的和方式等情况对数据进行分级分类开放。例如,电子病历、医疗影像图片等数据的开放将有助于智慧医疗下 AI 诊疗算法的训练与优化;但同时电子病历、医疗影像图片等数据的开放又会受到行业监管及个人信息保护等方面法律法规的制约,在这种情形下,数据的开放一方面需要保障承接主体具有适当的数据安全保护能力,针对特定群体开放;另一方面,鉴于 AI 诊疗算法的优化这一用途并不以识别电子病历、医疗影像图片中的个人信息为前提,政府或有关机构在开放该部分数据时,可以考虑在技术可行的范围内对数据进行脱敏、去标识化等处理,以尽可能降低数据开放利用的风险,同时最大限度促进对数据的利用。

五、结　　语

智慧城市是现代化治理的重要体现,也是社会经济和技术发展到一定高度后的必然选择。但如何在提高治理能力,维护公共利益的同时,平衡社会与个体的权利关系,是对技术、法律、道德伦理多个领域的重大考验。结合上文的初步分析,我们建议智慧城市的建设应当注重:(1)加强人工智能道德伦理的论证,成立人工智能道德伦理委员会,建立人工智能道德伦理风险评估机制。(2)对于核心算法的透明性、公正性和准确性等建立事前、事中和事后的监管机制,建议通过"沙盒"等方式验证算法的公正

---

①　参见《上海市公共数据开放平台开通》,http://www.gov.cn/xinwen/2019-11/20/content_5453799.htm,2019-11-20。

性等。(3)确认人工智能技术在不同场景下,尤其是公共领域的使用边界,加强算法透明性。(4)论证数据融合的合理性和合法性,针对不同行业、不同主体数据的数据融合建立合规制度和标准。在不违反现行法律法规的前提下,有限度的实施数据融合。(5)加强数据基于安全、价值等不同维度的分级分类,平衡数据融合后关于网络及数据安全的责任以及数据开放共享的价值分配,建立合法合规的责任体系和数据共享使用标准。

当然,给智慧城市的答卷远不止于此,我们也会在今后的文章里和大家一起分析和探讨我们新的思考。随着人们不断加深的对智慧城市的认识和对智慧城市边界的探索,智慧城市所面临的更多具体的风险也可能会相应显现。如何正确处理这些问题,可能需要从技术、法律、道德伦理等多个方面作分析。从六千年前乌鲁克城诞生,到近代工业化城市的兴起,城市与人类之间的关系始终在社会文明进程中占据一席之地,城市模式的发展与创新,体现了人类对更美好生活的追求,而对城市模式中技术及伦理风险的认知和探讨也最终将帮助人们寻得更宜居的家园并推动社会文明的进步。我们坚信智慧城市的发展,最终将再次印证这一事实,并期待包括法律在内的人文科学在技术和社会变革中发挥应有的作用。

网络服务提供者安全保障义务探析

——以"网红坠亡"系列案为例

内容摘要：网络空间具有公共空间的属性，其上存在着群众性活动。而网络空间不仅存在着对智力财产、人格权益的损害危险，也存在着对人身及有形财产产生侵害的可能性。网络服务提供者作为网络空间的管理者、经营者和组织者，在特定情况下，对网络用户负有一定的安全保障义务。但同时应该指出，囿于网络空间的虚拟性，该安全保障义务的范围和具体内容有别于传统实体空间的安全保障义务的范围和内容，其必然要符合网络空间的特性，也必须在网络服务提供者的能力范围内。对网络信息内容的审查是网络服务提供者提供安全保障所需履行的义务之一，但在一定情况下，这些审查应是被动式的审查，而非主动的审查。且网络服务提供者能采取的安全保障措施应仅包含审核、告知、删除、屏蔽、断开链接等在自身的能力范围内且符合网络空间自身特点的措施。

关键词：网络服务提供者 安全保障义务 侵权责任

一、"网红坠亡"案基本情况

吴永宁号称国内高空挑战"第一人"，在横店做过群众演员和武行，后来从事户外冒险挑战短视频拍摄，曾经攀爬过武汉、南京、重庆、长沙等地的高楼和大桥。2017 年开始，吴永宁将自己拍摄的大量徒手攀爬高楼等具有高度危险性的视频上传至花椒直播、快手、内涵段子、奶糖段视频、陌陌、火山小视频等各大视频网站及微博上，由此获取了上百万粉丝，成为知名网红，并据此获得了粉丝打赏等收益，相关的视频平台也获得了相关的流量收益。2017 年 11 月 8 日，吴永宁在攀爬长沙华远国际中心拍摄高空危险动作视频时，不慎坠亡。其后，其母亲何小飞以网络侵权为由将上述视频网站所属的北京密境和风科

---

* 北京市西城区人民法院法官。

技公司、北京川上科技有限公司等公司分别作为被告起诉至法院,要求被告分别赔偿原告钱款(原告以死亡赔偿金、丧葬费、精神损害抚慰金、被抚养人生活费等共计994 637元为基数,要求不同被告按照3%到8%不等的赔偿比率承担赔偿责任)。原告认为,被告明知吴永宁发布的每个视频都是其冒着生命危险拍摄的,明知吴永宁在拍摄过程中很有可能发生意外导致生命危险,但是被告为了提高其网络平台的知名度、美誉度、用户的参与度以及活跃度等从而获取更大的收益,不仅不对吴永宁的行为予以告诫和制止,反而予以鼓励和推动,因此被告对吴永宁的持续冒险行为存在过错。被告应当对吴永宁发布的系列危险视频不予审核通过,应当采取删除、屏蔽、断开链接等必要措施,但是被告并未尽到上述义务,吴永宁在一如既往的拍摄并准备发布危险视频的过程中坠亡,这与被告没有对吴永宁尽到监管义务和安全保障义务之间存在因果关系,被告应当对吴永宁的死亡承担侵权责任。

被告北京密境和风科技公司在吴永宁生前除在其直播平台上持续发布吴永宁的相关危险视频外,还于2017年9月12日,邀请吴永宁为"花椒直播"平台6.0版本做推广活动,让吴永宁像往常一样录一段极限挑战视频,并在此过程中露出"花椒直播"这四个字。根据被告的陈述,因吴永宁开始户外极限挑战视频的拍摄,各大平台报道并发布了他的视频,其具有一定人气。基于这个原因,被告跟他合作完成上述推广活动,并给付吴永宁酬劳2 000元。

被告北京一笑科技发展有限公司(即快手直播平台所属的公司)在吴永宁上传危险动作视频后,对吴永宁上传的危险动作视频在后台进行审核,而后对该视频采取了屏蔽等相关措施。相关视频被屏蔽后,仅吴永宁本人可见该视频,而他人无法观看该视频。

就上述两个案件,北京互联网法院对原告基本相同的诉讼请求分别作出了不同判决。何小飞起诉被告北京密境和风科技有限公司一案,法院判决:一、被告北京密境和风科技有限公司赔偿原告何小飞三万元;二、驳回原告何小飞的其他诉讼请求。何小飞起诉北京一笑科技发展有限公司一案,法院判决:驳回原告何小飞的全部诉讼请求。

二、网络服务者安全保障义务问题的产生

吴永宁注册了"花椒直播"平台、快手平台等网络视频平台的账号,并上传危险动作视频至花椒直播平台,其是该平台的网络用户。被告作为花椒平台的经营者,是网络服务提供者。吴永宁在拍摄危险视频过程中坠亡,是本案所涉的损害结果。原告认为被告未对吴永宁尽到安全保障义务,其作为网络服务提供者,利用网络侵害了吴永宁的生命权。由此产生的问题是安全保障义务在特定情况下能否适用于网络空间,即网络服务提供者是否需要承担安全保障义务。

《侵权责任法》第36条第1款规定:网络用户、网络服务提供者利用网络侵害他人民事权益的,应当承担侵权责任。该条规定了网络侵权责任。第37条规定:宾馆、商场、银行、车站、娱乐场所等公共场所的管理人或者群众活动的组织者,未尽到安全保障义务,造成他人损害的,应当承担侵权责任。该条规定了安全保障义务责任。一般认为,网络服务提供者的侵权责任针对的是知识产权、人格权等权利,而安全保障义务的对象则是人身(生命、身体、健康及自由)和有形财产。

随着网络信息技术的发展,人们的工作、学习、社交、娱乐及购物等诸多活动均可通过网络空间进行,且一般都是通过某个互联网平台进行的。网络空间本身就具有开放、互联、互通和共享的特点,存在着公共空间或群众性活动。然而,其中不仅存在着对智力财产、人格的侵害危险,也存在着对人身及有形财产侵害的可能性。[①]两种责任的关联关系在国家立法中得到了体现,例如,2019年施行的《电子商务法》第38条第2款规定:对关系消费者生命健康的商品或者服务,电子商务平台经营者对平台内经营者的资质资格未尽到审核义务,或者对消费者未尽到安全保障义务的,造成消费者损害的,依法承担相应的责任。在司法实践中,全国首例"人肉搜

---

① 参见张勇:《个人信用信息法益及刑法保护:以互联网征信为视角》,《东方法学》2019年第1期。

索"案①便是网民基于网上博客信息而对特定人、家庭和住所进行侵扰的事实而引发的。对以上危险进行防范,也是安全保障义务的一种体现。网络服务提供者作为网络空间的管理者、经营者和组织者,在特定情况下,对网络用户负有一定的安全保障义务。

就涉案的网络直播平台来说,相关的运营企业作为信息存储空间的网络服务提供者,其所属的直播平台是公共场所在网络空间的具体表现形态,且与吴永宁共同分享打赏收益,这些网络公司作为网络服务的提供者和管理者,对网络活动具有一定的掌控能力,其亦应承担相应的注意义务。网络公司在发现视频内容具有危险性,且应知吴永宁拍摄此类视频有可能危及生命安全的情况下,其应本着对生命、健康安全高度重视的态度,履行相关保障义务。

三、网络服务提供者安全保障义务的来源及义务的具体内容

1. 网络服务提供者安全保障义务的来源

安全保障义务的来源,一般有三类:一是基于法律、法规、规章以及政府主管部门的通知要求等明文规定;二是基于合同关系,如合同当事人明确约定了安全保障义务,则应按其约定负担相应的安全保障义务;三是在没有明文规定的情况下,基于维护公共秩序和善良风俗的要求,仍会产生安全保障义务。需要指出的是,安全保障义务本身,就是在突破法律规定、约定等明确义务来源的前提下产生的。从事经营活动和社会活动的民事主体所从事的活动对他人及社会秩序有重要的影响,因此必须负担相应的注意义务,以维护秩序和保护他人。同时,法律的滞后性和限定性,决定了法律条文难以及时准确地对各类主体所应负担的注意义务加以定义,

---

① 2008 年,北京市朝阳区人民法院作出了全国首例"人肉搜索"案判决,认定了相关网络服务提供者的侵权责任。参见王菲诉大旗网侵犯名誉权案,北京市朝阳区人民法院(2008)朝民初字第 29276 号民事判决书;王菲诉天涯网侵犯名誉权案,北京市朝阳区人民法院(2008)朝民初字第 29277 号民事判决书;王菲诉张乐奕侵犯名誉权案,北京市朝阳区人民法院(2008)朝民初字第 10930 号民事判决书。

因而在认定安全保障义务的来源时,更重要的是考虑维护公共秩序和善良风俗的这种现实需求。[①]以上三种义务来源,对网络空间同样适用,网络服务提供者可能基于上述某类义务来源对网络用户承担安全保障责任。但我认为,基于网络技术的快速发展和法律的滞后性和限定性,网络服务提供者安全保障义务的来源可能会更多地基于维护公共秩序和善良风俗的现实需要。

2. 网络服务提供者安全保障义务的具体内容

安全保障义务的内容是指负有安全保障义务的义务主体需要做到哪些行为,明确了这些行为,就能据此认定该责任主体是否尽到了安全保障义务。网络空间下的安全保障义务应是网络服务提供者发现风险、预防风险并及时处置风险的义务。网络空间下的安全保障义务不是某种单一的内容所能完全涵盖的,应是众多义务所组成的集合,以共同防范、避免、消除网络空间中的风险。它是网络服务提供者妥善建构、管理与协调的义务,以消除或降低由其开启并维持的风险,构建安全有序的网络环境为义务要旨。[②]因此只要能达到上述目的的具体措施都有可能成为安全保障义务的具体内容。

但同时应该指出,网络服务者提供者安全保障义务的方式,应不同于传统的安全保障义务方式,这是由网络空间的虚拟性决定的。[③]囿于网络空间的虚拟性,我们不能要求网络服务提供者采取实体空间下的安全保障措施。在网络空间条件下,网络服务提供者所采取的措施首先应符合网络空间自身的特点,其次应在网络服务提供者的能力范围内,此外,这些措施应具有一定的有效性,即能够发现、防范、避免或消除相应的风险,保障网络用户的人身、财产安全。因此网络服务提供者的安全保障义务内容一般应该包含审核义务、告知义务、警示义务、删除义务、屏蔽义务和断开链接义务等。

以上诸多义务内容中首要的应是审核义务。网络服务提供者在某些

---

① 参见高海鹏、高菲斐:《侵权案件裁判思路与操作》,中国法制出版社2011年版,第158—159页。

② 参见周腾飞:《网络服务提供者安全保障义务研究》,华侨大学2018年硕士学位论文。

③ 参见敬力嘉:《信息网络安全管理义务的刑法教义学展开》,《东方法学》2017年第5期。

具体情况下对发布于其网络平台上的内容负有一定的审核义务，并对内容所产生的风险负有提示义务。网络平台所发布或刊载的内容，有可能对他人的人身或财产造成影响和损害，甚至对整个社会安全产生影响和损害，前述的全国首例"人肉搜索"案即是一个例证。网络服务提供者对用户在其互联网平台上发布的内容进行审核，是其发现上述风险所应采取的一般性必要措施。

但同时应该指出，这种审核义务不应是完全强制的、全面的、不加区分的，而应根据具体不同的情况予以限定。在司法实践中，更是应该结合个案，具体分析。"网红坠亡"案中，被告网络公司对吴永宁所负安全保障义务的首要内容，便是对吴永宁上传的视频内容进行审查。这种审查义务的来源，如被告答辩中所述并非源于法律的明文规定，但由于被告攀爬高层建筑拍摄冒险活动的行为，不仅给其自身生命安全带来重大风险，而且可能产生危害公共安全秩序的后果，而将这些视频通过网络平台发布出去，则传播了这种不良行为，可能产生鼓励吴永宁继续从事冒险活动进而诱发其生命安全风险的效果，进而可能威胁到公共安全和秩序。另外，基于生命权应是法律保护的最高权利形态和安全保障义务本质是一种防免义务，被告应对吴永宁上传的视频内容进行审查。但同时应该指出的是，被告的这种审查义务，应是在明知或应知吴永宁上传的视频内容可能具有危险性，并可能产生风险的情况下而进行"被动式"的审查，而非主动的审查义务。因为，面对海量的上传内容，即使在人工和技术上能做到全面审查，也无疑会极大地增加网络服务者的运营成本，进而可能阻碍整个行业的发展，牺牲社会的整体福祉。此外，全面而主动的审查，也很可能将一些实质上并不具风险性的信息内容过滤掉，影响公众的自由表达，阻碍信息的传播，同样也不利于社会的整体发展。本案例中，被告在明知吴永宁从事相关危险冒险活动，并具有一定知名度的情况下，邀请吴永宁为其进行宣传活动，可推知，被告是明知吴永宁上传视频中可能含有危险内容，且在拍摄这些视频过程中其生命安全面临风险。故被告理应对这些视频内容进行审查，并在发现风险后对视频采取删除、屏蔽、断开链接等措施。

上述两案不同的判决结果，正是基于两被告对吴永宁的危险视频所采取的措施不同而作出的。花椒直播平台不仅未对涉案的危险视频进行审核,采取相关的措施,反而邀请吴永宁进一步拍摄危险视频为其宣传。与之相反,快手平台在对涉案危险视频审核后,采取了其能力范围内所能采取的屏蔽措施,防止视频进一步传播。

四、网络服务提供者承担的安全保障义务责任的认定

1. 网络服务提供者违反安全保障义务的侵权构成要件

一般认为,在物理空间违反安全保障义务适用过错责任原则,网络服务提供者的安全保障义务,其实质是传统安全保障义务在网络空间的延伸适用,故也应适用过错责任原则。因此网络服务提供者违反安全保障义务的侵权构成要件一般应包括:违法行为、损害事实、因果关系和过错四个方面。在司法实践中,这些构成要件必须结合具体案情分别予以认定,其中比较难以认定的是因果关系和过错,因为网络服务提供者未尽到安全保障义务一般发生在网络虚拟空间,但损害的结果却不一定出现在网络虚拟空间中,而有可能出现在物理空间中,此种情况下,如何认定两者之间的因果关系,以及如何认定过错可能十分复杂。

结合网红坠亡案中涉及花椒直播平台的案例,被告存在未尽到安全保障义务的违法行为,也存在吴永宁坠亡的损害事实,故被告是否应承担侵权责任的关键在于因果关系和过错。

关于吴永宁的死亡与被告未尽安全注意义务之间的因果关系。因果关系的认定,是对特定事实之间的关联程度进行判断的过程。这种认定不能单纯依靠理论进行,还要根据个案的具体情况,结合一般常识及社会经验综合得出结论。本案例中,被告的上述行为并不直接导致吴永宁的死亡这一损害结果,但并不意味着两者不存在任何联系。

吴永宁出生于农村家庭,家境贫寒,其拍摄涉案的相关危险动作视频,主要是为了吸引粉丝、增加关注度、博取眼球、提高知名度,进而得到粉丝的打赏,获取一定的经济利益,实现其迅速成名并改善生活状况的目的。而事实上,这种极度危险的视频极易对观看者产生刺激,迎合了部分人群的心理需求,从而使吴永宁在各种直播平台上粉丝众多,吴永宁确实

通过该种方式获得了相当的知名度。可以设想,如果网络平台均拒绝发布吴永宁的相关危险动作视频,吴永宁既没有相关发布渠道,也没有获取相关经济利益的动力,其继续进行这种高空危险挑战活动的可能性是很低的。首先被告花椒直播平台为吴永宁提供网络上传视频的通道,为其上传危险动作视频提供了便利;其次,自吴永宁注册花椒平台的账号至其坠亡之时,近四个月的时间内,其陆续上传百余个的危险动作视频到花椒直播平台上,被告并未进行任何处理,其实是对其从事该种危险活动的放任,甚至是肯定。此外,在吴永宁坠亡之前的两个多月前,花椒平台为借助吴永宁的知名度进行宣传,还曾请其拍摄相关视频作推广活动并支付酬劳,故被告平台对其持续进行该危险活动起到了一定的促进作用。综合考虑,被告未尽到安全保障义务是导致吴永宁坠亡的诱导性因素,两者具有一定的因果关系。

关于被告是否存在过错,过错表现为故意和过失两种形态。过失,是指行为人对侵害他人民事权益之结果的发生,应注意或能注意却未注意的一种心理状态。本案中,吴永宁所拍摄的视频内容大部分为高空攀爬活动,这种活动的危险性是显而易见的,其可能造成的危险结果也是可以预测的,被告对此是应知、应注意的。与此同时,被告亦有能力对吴永宁上传视频的内容进行审核,其本可以采取删除、屏蔽、断开链接等必要措施对吴永宁上传的视频予以处理,并对吴永宁进行安全提示,但被告未完全采取上述措施。因此,被告对吴永宁的坠亡具有过错。综上,由于被告未对吴永宁尽到安全保障义务,其应对吴永宁的坠亡承担相应的责任。

2. 网络服务提供者侵权责任大小及程度的认定

即便认定网络服务提供者未尽到安全保障义务构成了侵权,应当承担侵权责任,但其具体承担责任的大小及程度,仍是值得探讨的问题,而由于网络空间的特殊性,这种认定可能较传统物理空间下安全保障义务的认定更为复杂。一般来说,过错和因果关系这两个侵权的构成要件也是决定侵权责任大小及程度的因素,即过错的程度和因果关系的强弱是决定侵权责任大小的重要考量因素,当然也可能还要结合案件中的其他具体情况。

在网红坠亡案中涉及花椒直播平台的案例中,结合本案具体案情并考虑本案所涉的过错和因果关系,被告具有应减轻其责任的情形,其所应承担的责任较小。

吴永宁在没有任何安全措施的情况下，攀爬高层建筑的冒险活动，给自身的生命安全带来了重大风险隐患。该行为是对生命的轻视，与尊重生命的社会价值相悖，且可能产生危害消防安全、威胁公共交通安全等后果。拍摄并传播相关视频，宣扬了上述不良的价值取向，迎合了部分人群的猎奇心理，极易造成误导。虽然被告未尽到安全保障义务与吴永宁坠亡具有一定的因果关系，但两者并非具有直接且决定性的因果关系。被告作为网络服务提供者，提供网络信息存储服务的行为，并不会直接导致吴永宁的死亡，其只是一个诱导性因素，且吴永宁拍摄危险动作视频意外坠亡也并不是必然发生的事件。吴永宁拍摄、上传相关危险动作视频均系其自愿行为，其自身的冒险活动才是导致其坠亡的最主要原因。吴永宁对自身的坠亡具有过错。吴永宁作为一个完全民事行为能力人，主观上完全能够认识到其进行的冒险活动具有高度危险性，亦能认识到拍摄这些冒险活动的视频会对其健康、生命安全产生重大风险，进而也能预见到可能会发生相应的损害结果。本案例中网络服务提供者无法在实体空间对吴永宁采取安全保障措施。吴永宁的冒险活动在何时、何地，以何种方式进行，完全由其个人掌控，被告作为网络服务提供者，并无法实际控制吴永宁在实体空间进行的危险活动。

综上，吴永宁本人应对其死亡承担最主要的责任，被告对吴永宁的死亡所承担的责任是次要且轻微的。

将安全保障义务延伸至网络空间，让网络服务提供者承担相应的安全的保障义务，在学术界已有诸多论证，并得到很多学者的赞同。在立法层面，如前所述，也已存在相关规范。但随着网络技术的突飞猛进、网络应用的日益广泛和普及，新的问题不断涌现，立法及理论探讨仍然会有所滞后。在此情况下，如何处理司法实践中出现的新问题，是司法机关和司法者所面临的重大考验。网红坠亡案是一个很好的范例，具有理论探讨和司法实践的双重意义。

网红坠亡案首先确认了网络服务提供者有可能负担安全保障义务，且明确了网络空间条件下，安全保障义务所保障的权利客体可以包括生命健康权。其次，本案将网络服务提供者的安全保障义务履行范围限定在网络空间，不能扩展到物理空间，且明确了义务履行的方式包括审查、删除、屏蔽和断开链接等具体措施。最后,针对审查义务,本案认为网络服务提供者无需主动进行审查,主动普遍的审查,会对网络服务提供者苛以过重的运营成本,不利于产业发展,且会对公众的自由表达造成影响。网络服务提供者仅在明知或应知信息内容存在风险的情况下负有审查义务。本案中,被告曾请原告为其做宣传推广活动并支付酬劳,明知原告从事危险行为却放任甚至变相激励了这种行为。当然,原告对危险行为的自甘风险是案件发生的主因。

总的说来,本案判决回应了在网络空间公共内容聚合公共场域下的新问题,但同时对网络平台责任保持了审慎克制态度。

侵犯公民个人信息的范围、种类、数量的司法认定

梁晓峰　周宇波　宋亚君*

内容摘要：侵犯公民个人信息罪所指的公民个人信息应当限定涉及个人隐私、被侵犯后将给公民的人身财产安全带来重大风险的信息，司法审查其范围、种类、数量应当严格以下标准：对于依法公开的企业法定代表人、相关负责人信息不属于公民个人信息；"财产信息""交易信息"等敏感信息的认定应按照信息本身的属性并结合被告人的主观故意、用途等综合判断认定；对为合法经营而交换的一般公民个人信息是同一信息的，只对行为人向他人提供的一般公民个人信息数量计算为犯罪数量，但若交换的一般公民个人信息系不同信息的，应累计计算数量。

关键词：侵犯公民个人信息罪　司法认定　累计计算

一、基本案情及审判情况

2016年9月至2017年4月期间，被告人张某某在重庆市融信天下信息技术有限公司担任业务员，为了拓展贷款业务，通过QQ从他人处非法获取信息79 921条，其中包括姓名、业主楼号、住宅套内面积、联系方式等内容的财产信息1 940条；包括姓名、身份证号码、贷款记录、联系方式等内容的交易信息588条；包括企业及法人、相关负责人信息73 244条；一般公民个人信息4 149条。通过QQ提供给他人包括姓名、电话号码等内容的信息278 324条，其中包含车主姓名、身份证号码、上户日期、车型、车牌号、车架号、住址、联系方式等内容的财产信息1 318条；包括姓名、业主楼号、住宅建筑面积、联系方式等内容的财产信息37条；包括企业及法人、相关负

---

* 重庆市渝中区人民法院。梁晓峰、周宇波负责收集材料并撰写，宋亚君负责修改完善。

责人信息 267 580 条;一般公民个人信息 9 389 条。2017 年 4 月 11 日,被告人张某某被公安机关抓获,其到案后如实供述了上述事实。

重庆市渝中区人民法院经审理认为,被告人张某某违反国家有关规定,非法获取、向他人提供公民个人信息,情节特别严重,其行为已构成侵犯公民个人信息罪。重庆市渝中区人民检察院指控成立。鉴于被告人张某某归案后如实供述自己罪行,认罪认罚,且主动交纳罚金,再犯罪危险性较小,依法从轻处罚并宣告缓刑。依法判处被告人张某某有期徒刑三年,缓刑四年,并处罚金五千元。法院作出判决后,被告人未上诉,判决已生效。

2017 年 5 月 8 日,最高人民法院、最高人民检察院发布实施《关于办理侵犯公民个人信息刑事案件适用法律若干问题的解释》,对于人民法院、人民检察院办理涉及侵犯公民个人信息类犯罪具有很强的指导意义,但因为条文的抽象性和稳定性及解释的滞后性和局限性,在此类案件审理过程中,涉及对《解释》相关条文的理解和适用,在公民个人信息范围、种类以及数量的认定上存有分歧。本案的争议焦点在于:一是关于企业法定代表人信息是否属于公民个人信息的问题,此问题涉及对《解释》第 1 条的理解和适用;二是"财产信息""交易信息"等敏感信息的认定标准问题,此问题涉及对《解释》第 5 条、第 6 条的理解和适用;三是为合法经营活动而交换信息的数量如何认定,此问题除涉及《解释》第 5、第 6 条外,还涉及对《解释》第 11 条第 1 款的理解和适用。

二、企业法定代表人信息不属于公民个人信息

罪刑法定原则不意味着法条主义,需进行刑法教义学上实体逻辑方法的判断,对法条实质内容进行界定。[①]因此,要想认定企业法定代表人信息是否属于公民个人信息,应先对"公民个人信息"的入罪范围进行实质界定。《解释》第 1 条规定,刑法第 253 条规定的"公民个人信息",是指以

---

① 陈兴良:《刑法教义学的逻辑方法:形式逻辑与实体逻辑》,《政法论坛》2017 年第 5 期。

电子或者其他方式记录的能够单独或者与其他信息结合识别特定自然人身份或者反映特定自然人活动情况的各种信息,包括姓名、身份证号码、通信通讯联系方式、住址、账号密码、财产状况、行踪轨迹等。由此可知,作为本罪行为对象的"公民个人信息"具有能够识别特定公民个人身份或者涉及公民个人隐私的特点。①虽然《解释》第1条并未采用"涉及个人隐私信息"的表述,但明确了公民个人信息包括身份识别信息和活动情况信息,关键属性是识别特定自然人身份或者反映特定自然人的活动情况。②若仅仅采用文义解释方法无法准确认定"公民个人信息"。在此,可以借鉴犯罪构成方法,按照主客观相结合的思路,从保护法益、类型划分、主观要素三个方面综合认定。③犯罪构成方法作为刑法教义学的重要方法,涉及一个从事实到概念再到类型,最后到模型的演变过程,是一种类型化思考。④

首先,从保护法益角度出发,公民个人信息被侵犯后将给公民的人身财产安全带来重大风险。⑤客观来讲,该罪的立法设置和司法解释模式兼顾了个人信息的人格属性和财产属性。⑥公民个人信息的判断指违背公民本人真实意思表示且在客观上公开会造成公民个人人身、财产安全隐患的一切信息。⑦而对外公开的企业法定代表人的相关信息属于向社会公示范围,并没有违背其本人不予公开的真实意思表示。这类信息的对外公开表明企业的法定代表人让渡出部分个人权益,概括同意该信息自由流

---

① 张明楷:《刑法学》,法律出版社2016年版,第921页。

② 喻海松:《侵犯公民个人信息罪司法适用探微》,《中国应用法学》2017年第4期。

③ 胡志伟、王信托:《侵犯公民个人信息罪中数量认定规则论要——以100份刑事裁判文书为样本的法教义学分析》,载胡云腾主编:《司法体制综合配套改革与刑事审判问题研究——全国法院第30届学术讨论会获奖论文集》(下),人民法院出版社2019年版,第1470页。

④ 陈兴良:《刑法教义学方法论》,《法学研究》2005年第2期。

⑤ 参见徐翕明:《"网络隐私权"刑法规制的应然选择——从"侵犯公民个人信息罪"切入》,《东方法学》2018年第5期;张勇:《个人信用信息法益及刑法保护:以互联网征信为视角》,《东方法学》2019年第1期。

⑥ 于冲:《侵犯公民个人信息罪中"公民个人信息"的法益属性与入罪边界》,《政治与法律》2018年第4期。

⑦ 庄绪龙:《侵犯公民个人信息罪的基本问题——以两高最新颁布的司法解释为视角展开》,《法律适用》2018年第7期。

通,保护价值降低。因此,从保护法益角度来讲,企业法定代表人信息不属于公民个人信息。

其次,从公民个人信息的类型划分来探究不同类型信息的内在属性。《解释》第 5 条第 1 款规定了不同种类的信息,各类信息都有其内在属性,要对企业法定代表人信息作出准确认定,需结合企业法定代表人的信息内容与《解释》规定的信息类型来进行综合判断。在公示的企业法定代表人的信息中有相当部分仅为法定代表人的姓名和手机号码,它既不同于"财产信息""交易信息"等敏感信息,又不同于一般公民个人信息,无法识别特定自然人身份或反映特定自然人活动情况,故不应认定为公民个人信息。

第三,从行为人的利用目的来把握其主观意图。虽然"公民个人信息"的认定作为客体对象认知范畴,但不同目的对法益威胁程度存在本质差异。①对违法性的判断,必须审查客观行为与主观认知之间的相互关系,所有不法行为都是在主观意思、意志支配下犯罪人的"作品"。只有基于非法目的的行为才具有刑法意义上的违法性,若行为不是出于非法目的,则不必纳入刑法调整范畴。被告人张某某非法获取企业法定代表人信息是合法经营所需,是为了向企业法定代表人推销贷款业务,它对公民的法益影响程度极低,故不应认定为公民个人信息,不必纳入刑法调整范畴。

本案中,公诉机关指控被告人张某某非法获取 79 921 条公民个人信息,向他人提供 278 324 条公民个人信息,经审理查明其非法获取的信息中涉及企业及法人的信息有 73 244 条,向他人提供的信息中涉及企业及法人的信息有 267 580 条,该部分信息应不属于公民个人信息,不予认定为其犯罪数量。

三、"财产信息""交易信息"等敏感信息的认定标准

《解释》第 5 条基于不同类型公民个人信息的重要程度以及其被侵犯

---

① 喻海松:《侵犯公民个人信息罪司法解释理解与适用》,中国法制出版社 2018 年版,第 41 页。

后可能产生的法律后果的严重程度分别设置了"50 条""500 条""5 000 条"的入罪标准。非法获取、出售或者提供行踪轨迹信息、通信内容、征信信息、财产信息 50 条以上即为"情节严重"。非法获取、出售或者提供住宿信息、通信记录、健康生理信息、交易信息等其他可能影响人身、财产安全的公民个人信息 500 条以上即为"情节严重"。由于信息种类的多样性和信息内容的复杂性,难免存在"财产信息""交易信息"等敏感信息的认定边界不甚清晰的问题。司法认定应从立法本意出发,结合信息本身属性及行为人的主观意图来进行综合判断。

首先,对敏感信息的认定应考虑其立法本意。之所以对侵犯公民"财产信息""交易信息"等敏感信息的行为设置不同于侵犯一般公民个人信息的入罪标准,就在于敏感信息涉及公民人身财产安全,若被非法获取、提供、出售后极易引发盗窃、诈骗、敲诈勒索等关联犯罪,具有极大的社会危害性。故对公民人身财产安全不具有严重危害性的一般信息不宜认定为敏感信息。

其次,对敏感信息的认定应结合信息本身属性及行为人的主观意图来进行综合判断。"财产信息"的属性能够反映公民个人的财产状况,包括存款、房产、车辆、股票、证券、基金等信息,但在审判实践中遇到非法获取或向他人提供的车主、车辆型号、发动机号、联系电话等信息,虽然符合"财产信息"的一般特征,但鉴于敏感信息的案件入罪门槛较低,应坚持主客观相统一原则,采用严格适用的立场,以控制打击面。[①]若行为人主观上并非想利用上述信息实施针对人身或者财产的侵害行为,则将其认定为一般公民个人信息更为合适。

本案中,公诉机关指控的上述信息中包含房产、车辆、贷款等财产信息和交易信息,但综合考虑本案具体情况,被告人张某某通过交换方式获取前述信息后,拨打电话推销贷款,其主观目的系为推销贷款,并非用于实施针对人身或财产的侵害行为,故不应将相关信息认定为《解释》所称的"财产信息"和"交易信息",对其适用一般公民个人信息的入罪标准更为妥当。

---

① 喻海松:《侵犯公民个人信息罪司法解释理解与适用》,中国法制出版社 2018 年版,第 41 页。

四、因合法经营活动交换信息数量的审查认定

交换信息包含了提供与获取两种行为。《解释》第6条第1款规定了为合法经营活动购买、收受公民个人信息定罪量刑的三种特殊标准。显然,信息条数不是定罪的标准,而应以获利、再次犯法、其他情形为准。

首先,《解释》第6条第2款规定了实施前款规定的行为,将购买、收受的公民个人信息非法出售或者提供的,定罪量刑标准适用本解释第5条的规定。由此可知,为了合法经营活动而交换的一般公民个人信息,只应将行为人非法向他人提供的一般公民个人信息数量计算为犯罪数量,对行为人非法获取一般公民个人信息的行为不予评价,其获取的信息数量不作为定罪依据。而对于提供公民个人信息的行为可适用《解释》第5条的定罪量刑标准,这样处理也符合有利于被告人原则。本案中,被告人张某某作为重庆市融信天下信息技术有限公司担任业务员,为了拓展贷款业务非法获取一般公民个人信息4149条,不符合《解释》第6条第1款规定的入罪标准而不应将获取的数量计入犯罪数额。被告人张某某在为合法经营活动而获取一般公民个人信息的同时又向他人提供一般公民个人信息9389条,符合《解释》第5条第5项规定的"情节严重"的入罪标准,应计入其犯罪数量。

其次,《解释》第5条第2款第3项规定了实施前款规定的行为,数量或者数额达到前款第3项至第8项规定标准10倍以上的,即为"情节特别严重",被告人张某某非法获取、向他人提供公民个人信息虽是为了合法经营活动,但其获取和提供的公民个人信息中包含了"财产信息""交易信息"等敏感信息,其中获取和提供的"财产信息"有3295条,远远超出《解释》第5条第1款第3项规定标准的10倍以上,所以属于"情节特别严重"。

最后,《解释》第11条规定,非法获取公民个人信息后又出售或者提供的,公民个人信息的条数不重复计算。之所以不重复计算是因为其获取和提供的公民个人信息属相同种类相同内容的公民个人信息,此种情况下,公民个人信息被获取后又被提供,信息扩散只进行一次,重复计算信

息条数有失公允。即被告人甲非法获取 A 类公民个人信息 X 条,后又将该 A 类 X 条公民个人信息向他人提供和出售,则被告人甲的犯罪数量为 X 条,而非 X + X。若获取和提供的公民个人信息属不同种类不同内容的公民个人信息,则公民信息条数应累计计算。即被告人甲非法获取 A 类公民个人信息 X 条,后向他人提供和出售 B 类公民个人信息 Y 条,则被告人甲的犯罪数量为 X + Y 条。

综上所述,就公诉机关指控的事实,法院经审理后认为,不应将企业法定代表人信息认定为公民个人信息,对被告人张某某为合法经营活动而非法获取一般公民个人信息的行为不予评价,只针对其非法获取、提供的"财产信息""交易信息"等敏感信息的行为予以惩处于法有据。

智能投顾中的信义义务

李　俪[*]

内容摘要：智能投顾是技术在金融领域的具象投射，新兴事物与旧有体系的诸多摩擦预示着工具理性的扩张呼唤价值理性守则。我国现行立法对智能投顾采狭义概念，割裂了投资咨询与资产管理功能的全价值链。智能投顾信息不对称叠加技术不对称，固化了投资者与投顾平台间的信义关系。考虑到算法深度学习自主生成结果已然超出侵权责任调整的范围，投资者与算法应用研发者之间信义关系得到确立，由此引发信义主体义务承担范围与次序问题。算法权力异化、投资者拟合失范和信息披露不足也进一步加剧了投资者、投顾平台与算法应用研发者间事实上的不对等，造成传统信义义务的困境。完善智能投顾信义义务的具体规则，于忠实义务上应提高程序合规与利益冲突披露要求，于注意义务上坚守投资者适当性原则并建立强制人工干预机制，于信息披露义务上加强商业行为披露。

关键词：金融科技　智能投顾　信义关系　信义义务　投资者保护

一、引　言

2017年7月，国务院印发《新一代人工智能发展规划》，要求发展智能金融，创新智能金融产品和服务，鼓励金融行业应用智能客服、智能监控等技术装备。[①]智能投顾正是人工智能在金融领域的具象表达，公众投资者得以较低的资金门槛和费率获得传统投顾模式下仅面向高净值人群的资产管理服务。近十年，全球智能投顾行业风起云涌。美国智能投顾机构，以 Wealthfront、Betterment 为代表，资产管理规模呈现爆发式增长。截至2015年底，Wealthfront 的资产管理规模约29亿美元，Betterment 已超30亿美元。国内智能投顾行业起步于2014年，经过2016—2017年的快速扩张，智能投顾平台已超30余

*　武汉大学法学院硕士研究生。
①　《国务院关于印发新一代人工智能发展规划的通知》，http://www.gov.cn/zhengce/content/2017-07/20/content_5211996.htm，2019-11-23。

家。艾瑞咨询联合陆金所发布的《智能理财 4.0：2019 全球智能理财服务分级白皮书》也指出我国智能理财服务增长潜力巨大,预计 2022 年中国智能理财服务市场规模将达到 7 370.5 亿元。

传统投顾通过联系客户、了解其投资需求,向客户提供咨询乃至全权委托账户管理服务,智能投顾则运用了人工智能技术基于资产组合相关理论来搭建数据模型和后台算法,将咨询行为前置于算法程序以替代传统模式下的客户交互环节。[1]尽管智能投顾没有颠覆投顾机构与投资者间的信义关系,却架空了传统投顾的信义义务规范,对现有法律体系提出了新挑战。

既有研究对比了智能投顾在域外与本土语境下的业务模式分歧,即是否认为资产管理是投资顾问的应有之义;[2]肯定智能投顾具有个性设计、风险分散、理性决策、平衡调整的功能优势;[3]进一步探讨了投顾算法能否成为信义义务主体,无论实务还是理论都支持现阶段投顾算法尚不具备主体资格;[4]提出扩充忠实、注意、信息披露等信义义务具体内容。[5]但既有研究未能深入智能投顾的信义关系模型,信义义务的主体规则尚有不足,更鲜有本土视角的规则分析。本文遵循"信义关系—信义义务"进路,由传统投顾既有规则体系切入,搭建智能投顾信义关系模型,提出智能投顾在传统信义义务体系下的困境。为化解上述法律困境,本文尝试提出智能投顾信义义务的完善路径,厘定信义义务主体并着手细化具体信义义务要求。

① 香港联合交易所研究报告《金融科技的运用和监管框架》,https://www.hkex.com.hk/-/media/HKEX-Market/News/Research-Reports/HKEx-Research-Papers/2018/CCEO_Fintech_201810_c.pdf?la=zh-HK,2020-02-23。

② 深圳证券交易所研究报告《智能投顾的业务范围、法律属性和风险防范》,http://www.szse.cn/aboutus/research/research/report/P020190114352071589945.pdf,2020-03-06。

③ 赵吟:《智能投顾的功能定位与监管进路》,《法学杂志》2020 年第 1 期;徐凤:《人工智能算法黑箱的法律规制——以智能投顾为例展开》,《东方法学》2019 年第 6 期。

④ 李文莉、杨玥捷:《智能投顾的信义义务》,《人工智能法学研究》2018 年第 1 期;郭雳、赵继尧:《智能投顾发展的法律挑战及其应对》,《证券市场导报》2018 年第 6 期。

⑤ 潘冠羽:《智能投顾模式下对信义义务的重构》,《公共财政研究》2019 年第 3 期。

二、智能投顾的界定与业务模式

成熟的智能投顾产品已然能够依托智能算法与大数据技术分析海量的历史数据,熟练运用自然语言处理系统对特定事件进行快速实时的市场分析,呈现个性化的投资建议乃至于提供后续管理全权委托的账户。①智能投顾的概念是暧昧乃至矛盾的,但法律界定与业务模式是厘清信义关系进而完善信义义务规则的逻辑起点。

（一）智能投顾的法律界定

"智能投顾"在各国法律中的含义有所差异。2017年美国证券交易委员会(SEC)在《智能投顾监管指南》中,将"智能投顾"定义为通过基于网络算法的程序、利用创新技术为用户提供全权委托的账户管理服务的注册投资顾问。②此前,美国金融业管理局(FINRA)《数字化投资顾问报告》认为投资顾问的价值链包括:用户档案创建及用户分析、资产配置、投资组合选择、交易执行、投资组合再平衡、税收损失收割及投资组合分析六项功能。能够支持前述六项功能的数字化投资工具被称为"智能投顾"。③而国内尚无规范性文件对"智能投顾"作出界定,《关于规范金融机构资产管理业务的指导意见》第23条将之区分为金融机构运用人工智能技术开展投资顾问和资管业务两种情形。国际证监会(IOSCO)《金融科技调查报告》则认为智能投顾是"根据现代投资组合理论,向公众投资者提供投资金融服务的平台",将其纳入"零售交易与投资平台"项下。④

智能投顾本质上属于投资顾问。我国智能投顾业务范围的模糊源

---

① 香港联合交易所研究报告《金融科技的运用和监管框架》,https://www.hkex.com.hk/-/media/HKEX-Market/News/Research-Reports/HKEx-Research-Papers/2018/CCEO_Fintech_201810_c.pdf?la=zh-HK,2020-02-23。

② See Securities and Exchange Commission,https://www.sec.gov/investment/im-guidance-2017-02.pdf,last visit on March 14,2020.

③ See The Financial Industry Regulatory Authority,https://www.finra.org/sites/default/files/digital-investment-advice-report.Pdf,last visit on March 14,2020.

④ See International Organization of Securities Commissions,https://www.iosco.org/library/pubdocs/pdf/IOSCOPD554.pdf,last visit on March 14,2020.

于中美两国投资顾问法律规定上的分歧。美国《1940 年投资顾问法》第202.a.11 条定义投资顾问为"为了报酬,直接从事或者通过出版物、写作等方式从事,就证券的价值和证券投资、买卖的机会向他人提供建议活动的任何人,或者为了报酬,作为日常业务的一部分,发行或者发布涉及证券的分析、报告的任何人"。①美国通过《1940 年投资顾问法》创设了兼具投资顾问与资产管理服务的广义"投资顾问"概念,并建立起统一的金融牌照管理制度。我国尚未制定统一的《投资顾问法》,关于投顾业务的法律规定散见于各规范文件中。《证券投资顾问业务暂行规定》第 2 条规定,"证券投资顾问"是证券投资咨询业务的一种基本形式,指证券公司、证券投资咨询机构接受客户委托,按照约定,向客户提供涉及证券及证券相关产品的投资建议服务,辅助客户作出投资决策,并直接或者间接获取经济利益的经营活动。投资建议服务内容包括投资的品种选择、投资组合以及理财规划建议等。《证券、期货投资咨询管理暂行办法》第2 条对"证券、期货投资咨询"的定义与上文相似,第 24 条禁止证券、期货投资咨询机构及其投资咨询人员代理投资人从事证券、期货买卖。《证券法》第 161 条禁止投资咨询机构及其从业人员代理委托人从事证券投资。对比而言,我国现有法律中的"投资顾问"是一个狭义概念,仅提供投资咨询。

根据国际证监会组织(IOSCO)2016 年统计,15 个国家或地区中仅有中国香港和印度尼西亚的智能投顾业务主要限于基金销售。②必须看到,智能算法作为一种技术手段,虽然可以用于投资咨询,在实务中却主要用于资产管理。实践中,各国(地区)也多倾向于将智能投顾认定为综合性业务。即使是实行狭义智能投顾概念的国家(地区),服务商也往往通过取得多个牌照向投资者提供综合性业务。为缓解实践与理论之间的紧张,本文对"智能投顾"采广义观点。即智能投顾不限于纯粹辅助性的投资咨询,

① 原文为:"'Investment adviser' means any person who, for compensation, engages in the business of advising others, either directly or through publications or writings, as to the value of securities or as to the advisability of investing in, purchasing, or selling securities, or who, for compensation and as part of a regular business, issues or promulgates analyses or reports concerning securities."

② 深圳证券交易所研究报告《智能投顾的业务范围、法律属性和风险防范》,http://www.szse.cn/aboutus/research/research/report/P020190114352071589945.pdf,2020-03-06。

而是囊括主动性资产管理在内的多种业务捆绑形成的一站式综合理财服务。

（二）智能投顾的业务模式

参考市场上比较成熟的产品，智能投顾的业务全流程如下（见图1）：（1）客户画像绘制。智能投顾机构收集客户的个人信息、资产储备、投资预期和风险预防能力等情况，创建客户档案。（2）投资组合配置。智能投顾机构综合特定客户的画像和预设投资产品提供符合投预期的配置建议。（3）客户账户链接。一般而言，智能投顾机构接受投资者全权委托，对特定账户实施自动资产管理。由于我国禁止全权委托，这一环节在实务中往往略去或借助其他手段实现。比如，投米 RA 为规避上述禁令与第三方海外证券公司合作，由券商嘉维证券（Drive Wealth）自动代理理财，资金托管方和资金结算合作方是美国 ETC 公司。①（4）交易执行。若智能投顾平台本身具有经纪商的牌照，如 Betterment，由其本身执行；若智能投顾平台不持有经纪商牌照，如 Wealthfront，则由第三方证券经纪公司执行交易指令。②（5）投资组合再平衡。智能投顾平台须实时跟踪、持续监控，定期出具投资组合的业绩。获得全权委托的智能投顾机构还能根据用户需求和市场规律进行自动调仓。（6）其他服务，包括税收损失收割、绩效事后评价等。这些服务同样以投资者的全权委托账户为前提，税收损失收割是指卖出投资者亏损的资产，抵免一部分资本利得税同时买入其他类似资产。智能投顾还可以对资产管理绩效进行事后评价，如 Schwab Intelligent Portfolios 通过税收收割交易次数、组合调整次数、节税比率、跟踪误差四个指标评价投资建议得优劣。③

以是否有全权委托账户为标志，上述流程被划分为智能投顾（投资咨询）和智能投顾（资产管理）。两者并非并列关系，而是递进关系，后者涵盖了前者的咨询功能。参考智能投顾的业务层次划分，智能投顾（投资咨询）

---

① 参见投米网首页，https://www.itoumi.com/，2020-03-14。

② 李文莉、杨玥捷：《智能投顾的信义义务》，《人工智能法学研究》2018 年第 1 期。

③ 姜海燕、吴长凤：《智能投顾的发展现状及监管建议》，《证券市场导报》2016 年第 12 期。

是第二层,智能投顾(资产管理)则是第三层乃至第四层。①深交所对券商、基金公司的调研指出,国内智能投顾机构尚在起步阶段,处于上述第二层次,离全流程智能化尚远。②而且,国内相当一部分平台并非真正意义上的智能。相较非智能化投顾,智能投顾有如下特征:(1)智能投顾以大数据和人工技术为依托,利用内置金融逻辑的算法模型生成投资建议,理财方案清晰且方便操作。而非智能化投顾则往往依靠经验作出预测判断,对数据的处理通常是有限的搜集与简单的归类,且无法较好地分析数据之间的关联性。(2)智能投顾重视投资者的不同需求,能够根据投资者的财富情况、风险偏好、投资目标等因素绘制用户画像并据此调整投资建议。而非智能化投顾提供服务虽有从投资者适当性角度进行区分,实质仍是基于粗糙分析的一般化建议。

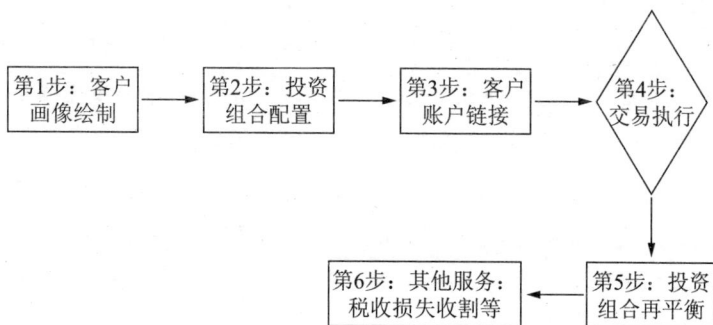

图 1　智能投顾的业务模式

---

①　智能投顾的业务模式具体划分为自低向高的四个层次:(1)基于金融市场实时数据,利用大数据分析技术对投资环境进行分析,进而提出具有普遍性的投资建议,这种投资建议不涉及投资者的主体特征。(2)将金融市场信息与投资者的个性化特征相结合,提出与之匹配的投资建议供投资者参考。(3)在提供投资建议的基础上,链接投资者的账户,进行自动或协助性的投资交易。(4)提供税收筹划、个人综合财务规划等服务。参见深圳证券交易所研究报告《智能投顾的业务范围、法律属性和风险防范》,http://www.szse.cn/aboutus/research/research/report/P020190114352071589945.pdf, 2020-03-06。

②　深圳证券交易所研究报告《智能投顾的业务范围、法律属性和风险防范》,http://www.szse.cn/aboutus/research/research/report/P020190114352071589945.pdf, 2020-03-06。

三、传统投顾中的信义义务

美国证券交易委员会(SEC)在《智能投顾监管指南》中指出,智能投顾与传统投顾同样受到《1940 年投资顾问法》中信义义务的约束。[①]对传统投顾信义关系与信义义务的回溯看似冗余,实则是立足于智能投顾与传统投顾的共性,证成传统投顾的信义关系、抽取信义义务框架搭建智能投顾的信义义务体系。

(一)信义义务的基础:信义关系

信义关系起源于财产法中的信托制度。英国封建社会中,地产的直接所有者是国王。遗产继承人必须向国王交纳高额的税费,律师由此构思出信托制度。将地产合法转让给受托人,受托人"为另一人之用益而受托"名义下持有并依据与委托人的契约管理该地产。但在当时的英国,约定的义务不受法律保护。为保障受益人的权利,双层所有权理论应运而生,即受托人对财产享有"普通法上的所有权",类似于他物权;受益人享有"衡平法上的所有权",就是真正的所有权。[②]

由于外延模糊,信义关系逐渐泛化到具有信托关系类似特征的领域,比如委托代理关系等。合伙企业和公司制度形成后,合伙人、控股股东、公司董事和高级管理人员成为信义义务人。[③]甚至有学者提出信义政治理论将信义义务扩张适用至公法领域。根据该理论,政治职务属于一种公共信托,行政人员在社会管理过程中对民众负有信义义务。信义义务已然成为超越行为法与组织法分野,辐射所有基于信赖关系形成的法律关系,涵盖私人领域与社会公共领域的规范体系。[④]塔马·弗兰克尔指出信义关

---

① See Securities and Exchange Commission,https://www.sec.gov/investment/im-guidance-2017-02.pdf,last visit on March 14,2020.

② 温世扬、冯兴俊:《论信托财产所有权——兼论我国相关立法的完善》,《武汉大学学报》(哲学社会科学版)2005 年第 2 期。

③ 参见郑佳宁:《目标公司董事信义义务客观标准之构建》,《东方法学》2017 年第 4 期。

④ See Tamar Frankel,Fiduciary Law,California Law Review,1983,Vol.71,No.3,pp.795—836.

系满足如下特征:(1)受托人替代委托人执行事务;(2)受托人藉委托行为获得前文所述的"普通法上的所有权",该权利允许受托人对影响受益人利益的行为进行自由裁量;(3)委托人无法通过其他途径获得受托人滥用权利的救济。①由此可见,信义关系本质上是当事人之间的一种不对等关系。委托人因其与受托人在专业知识、技能经验和信息搜集等关键资源上的不对等产生依赖,授权受托人代行受益人的权利。其中,受托人处于优势地位,而委托人处于劣势地位,因而受托人的道德风险频发,信义义务的创设正是为了填补双方地位上的优劣差异。传统英美法系中的信义义务包括忠实义务与注意义务。②

信义理论从20世纪中期开始扩展到各类金融机构与投资者之间的法律关系。美国商品期货委员会(CFTC)在成立之初即大力引入信义义务解决期货从业者与客户之间的纠纷。传统金融消费关系与信义关系的基础特征相契合。信义义务在解决金融领域的代理机会主义行为等问题上具有针对性和灵活性,对金融监管也能起到极大补足作用。在金融综合化和技术化趋势下,传统的忠实义务和注意义务演化成更高的职业信义义务施加于金融机构与金融从业人员,忠实、注意、信息披露、适当性等具体义务不断丰富信义义务的内涵。

(二)传统投顾中的信义关系

传统投顾机构与投资者间法律关系属性存在着一定程度上的割裂。(见表1)在传统投顾(投资咨询)模式下,投资顾问与投资者间表面是平等自愿的委托合同关系,但投资顾问的专业知识、信息和谈判等能力远优于投资者,投资者基于对投资顾问专业水平与职业道德的信赖而订立投顾合约。由于投顾合约的不完备性以及人的有限理性,投资者容易被动接受顾问行为的后果,两者之间构成信义关系。这一点国内外理论界及实务界几无争议。传统投顾(资产管理)模式下,投资者为委托人将资金托付

① See Tamar Frankel, Fiduciary Law, California Law Review, 1983, Vol.71, No.3, pp.795—836.

② 准确地说,美国法一般认为信义义务包含忠实义务与注意义务,而英国法中信义义务主要包括禁止利益取得、禁止利益冲突等,以不含注意义务为有力观点。See D.Gordon Smith, The Critical Resource Theory of Fiduciary Duty, Vanderbilt Law Review, 2002, Vol.55, No.5, p.1399; Peter Birks, The Content of Fiduciary Obligation, Isreal Law Review, 2000, Vol.34, No.3, pp.3—38.

投顾平台形成资金池,由投顾平台作出投资决策并负责管理资金池内的资金,投资者承受投顾平台的管理资产的损益,这些要素与信托性质完全吻合。①由于我国禁止投资顾问全权代理的规定,国内传统投顾(资产管理)实质上被分割为投资咨询、资产管理两项服务。②本文在不考虑上述禁止性规定的情况下,探讨国内传统投顾(资产管理)模式下投顾机构与投资者间法律关系的性质。考虑到我国金融分业格局下信托、资管业务的牌照制管理,"信托"更多作为组织类型存在而非业务类型。交易模式和法律构造上并无差别的资管业务仅因为金融机构类别差异而有"信托"与"委托"之分并不合理。更何况,即便投顾机构与投资者间法律关系既不符合信托关系,委托关系在行为效果归属、合同当事人、受托人权限以及受托财产独立性等方面也不能达到传统投顾(资产管理)交易设计的预期。投顾机构与投资者间法律关系在具体类型上几乎无解,但无论是投资咨询还是资产管理本质上都是符合信义关系的特征的,可以整体定调为信义关系。综上,传统投顾机构与投资者之间的法律关系已然在信义关系的范畴内和谐统一。

表 1　传统投顾机构与投资者间法律关系的割裂

	域　外	国　内
传统投顾(投资咨询)	信义关系	信义关系
传统投顾(资产管理)	信托关系	(信义关系)

值得注意的是,投资顾问往往兼有多重身份,利益冲突在所难免,其与投资者之间的信义关系更为复杂且脆弱。投资顾问作为公司员工,受到投顾机构的业绩指标和考核激励等影响;作为受托人,实施职务代理行为被职业道德所约束;作为理性人,受到实现自身利益最大化的驱动。比如,投资者利益与投顾机构经纪业务间存在利益冲突,投资顾问可能为获

---

① Fein, Melanie L., FINRA's Report on Robo—Advisors: Fiduciary Implications (April 1, 2016), https://ssrn.com/abstract = 2768295 or http://dx.doi.org/10.2139/ssrn. 2768295, last visit on March 14, 2020.

② 在非智能化情况下,传统投顾(资产管理)业务与独立的投资咨询和资产管理两项业务,差别并不大。这里探讨不考虑禁令情况下的传统投顾(资产管理)旨在铺垫下文智能投顾的信义关系模型。

取高额佣金建议投资者增加交易量。即使投资者因此获得了更多的收益，由于投资顾问没有考虑到投资者的风险偏好和承受能力，也存在利益冲突之嫌。又比如，投顾机构的自营或者承销业务可能有所影响，投资顾问可能倾向于正面评价，给以买入或持有评级。

（三）传统投顾中的信义义务

美国业界普遍认为投资顾问对投资者负有信义义务，兼有普通法与联邦制定法法源。其中，普通法法源是法官依据代理法或信托法原则作出的判例，联邦制定法法源主要是《1940 年投资顾问法》第 206 条以及相关释令。在 SEC v. Captical Gains 案中，美国联邦最高法院认为《1940 年投资顾问法》第 206 条为投资顾问设置了信义义务，要求其"依善意行事"，向客户"完整、公平地披露重要信息"，注意"合理谨慎避免误导客户"。SEC 在《1940 年投资顾问法》释令 No.3052 和 No.3060 中指出，"根据投资顾问法设定的信义义务规则，投资顾问应当为投资者的最大利益服务；这就要求投资顾问必须将客户利益置于自己利益之前；投资顾问必须进行合理的调查，从而基于准确、完整的信息向客户给出投资建议"。我国投资顾问信义义务规则始见于证监会 1997 年《证券、期货投资咨询管理暂行办法》第四章证券、期货投资咨询业务管理，2010 年《证券投资顾问业务暂行规定》进一步细化了相关条款。（见表 2）

表 2　涉及信义义务条款的梳理

	《证券、期货投资咨询管理暂行办法》	《证券投资顾问业务暂行规定》
原则性规定	业界公认的谨慎、诚实和勤勉尽责（第 19 条）	诚实信用，勤勉、审慎（第 4 条）
忠实义务	不得断章取义或篡改信息、资料（第 20 条）；不得使用虚假信息、市场传言或内幕信息（第 21 条）；禁止与投资人约定分享投资收益、分担投资损失，为自己买卖股票及股票性质、功能的证券以及期货，利用咨询服务与他人合谋操纵市场或者进行内幕交易（第 24 条）；对不同客户或者社会公众/自营部门就同一问题的投资分析、预测或建议应当一致（第 25 条）；业务留痕（第 28 条）	忠实于客户利益，不得为公司及其关联方的利益损害客户利益；不得为证券投资顾问人员及其利益相关者的利益损害客户利益；不得为特定客户利益损害其他客户利益（第 5 条）；业务留痕（第 28 条）

	《证券、期货投资咨询管理暂行办法》	《证券投资顾问业务暂行规定》
注意义务	证券、期货投资咨询从业资格（第 12 条）；完整、客观、准确运用信息、资料（第 21 条）	证券投资咨询执业资格（第 7 条）；了解投资者的身份、财产与收入状况、证券投资经验、投资需求与风险偏好，评估其风险承受能力（第 11 条）；评估客户风险承受能力和服务需求，提供适当的投资建议（第 15 条）；投资建议须有合理依据（第 16 条）
信息披露义务	发表投资咨询文章、报告或者意见须对投资风险作充分说明（第 22 条）	提示潜在的投资风险（第 19 条）
保密义务		不得向他人泄露该客户的投资决策计划信息（第 20 条）

忠实义务是信义义务中最为核心与基础的内容，要求投资顾问仅得为特定投资者利益行事。[①]在面对利益冲突时，未得到投资者同意或是未向投资者充分披露相关信息之前，优先投资者利益并不得损害其他投资者利益。投资顾问与投资者利益冲突主要表现为：自我交易、双方代理以及关联方交易。美国《1940 年投资顾问法》第 206 条禁止投资顾问以本人身份与该顾问客户进行自我交易以及投资顾问同时担任其他客户和该顾问客户的经纪人进行对盘交易。我国《证券投资顾问业务暂行规定》规定投资顾问不得为公司及关联方利益损害客户利益，不得为证券投资顾问人员及其利益相关者的利益损害客户利益，并不得为特定客户利益损害其他客户利益。一个典型的例子是 SEC v. Captical Gains 案，投资者向被告每月支付 18 美元以获取顾问建议。1960 年 3 月至 11 月间，被告多次提前买入向投资者推荐的股票，套取股价上浮的利润。被告从未向投资者披露利益冲突，没有做到提供合理、公正的投资建议。为确保投资顾问的独立地位，《证券、期货投资咨询管理暂行办法》还禁止投资顾问与投资人约定分享投资收益、分担投资损失，为自己买卖股票及股票性质、功能的

---

① 参见郑佳宁：《目标公司董事信义义务客观标准之构建》，《东方法学》2017 年第 4 期。

证券以及期货,或利用咨询服务与他人合谋操纵市场或者进行内幕交易。美国《1940 年投资公司法》第 80a—56 节也限制了证券投资顾问可能从事的三种利益冲突行为:(1)投资顾问不得向投资公司出售、购买证券或者其他财产,除非满足特定条件;(2)投资顾问不得从投资公司获取贷款或者向投资公司贷款;(3)投资顾问不得与投资公司共同参加任何交易。

注意义务要求在执行投资决策时,投资顾问机构以与管理自己事务同等的谨慎、勤勉和技能履行其职责,注意义务包括但不限于:(1)提供符合客户最佳利益的投资建议。投资区别于一般商品交易具有高度专业性、技术性和市场风险性,为提供符合客户最佳利益的投资建议,投顾从业人员必须取得相应从业资格,落实各项业务规定,做好尽职调查并基于对客户投资目标的理解而提出相应的投资建议。2017 年上海证券之星因业务违规被处罚,其中包括:未有效落实业务环节留痕管理要求以及个别无证券投资咨询执业资格的营销人员提供证券投资分析预测建议,违反了投资顾问的注意义务。①证监会广东监管局《关于对上海证券之星综合研究有限公司广东分公司采取责令暂停新增客户措施的决定》指出,上海证券之星在 2017 年 8 月 21 日前未对客户的风险承受能力进行评估,且未依据客户特征及其投资目标向其提供匹配的适当建议。对于散户投资者来说,通常包括了解其投资画像,包括财务状况、投资经验与财务目标等等;对机构投资者来说,需了解其投资使命。(2)在投资顾问有责任选择经纪交易商执行客户交易的情况下,争取客户交易的最佳执行。最佳执行是指投资顾问应当考虑经纪服务的整体范围和质量,包括所提供研究的价值、执行能力、佣金率、财务责任和对投资顾问的回应等指标,使客户每笔交易中总的成本或者收益在当时的情况下最有利,仅提供账户全权委托管理服务的投资顾问负担此项义务。(3)投资顾问还应当定期和系统地评估特定客户交易的执行情况,持续监督防止潜在风险。②

信息披露义务不同于普通法的反欺诈条款。反欺诈条款仅禁止错误和不实的披露,但不禁止完全不披露,除非证明一方故意阻止另一方获取

---

① 《关于对上海证券之星综合研究有限公司采取责令改正并暂停新增客户的措施的决定》(沪证监决〔2017〕72 号)。

② 张子学:《美国证监会全面解读投资顾问信义义务与行为标准及其启示》,《投资者》2019 年第 3 期。

重大信息。信义关系中投资顾问对投资者的信息披露标准，取决于特定事实的重大性以及特定客户对投资顾问的信任和依赖程度。信息披露义务与忠实义务内容存在些许重合，忠实义务仅要求充分、完整地披露潜在利益冲突相关的信息或资料，使得特定客户知情并同意；信息披露义务还要求如实披露对于投资建议全过程有实质意义的全部信息资料，比如投资建议本身的风险。两者之间的差异在传统投顾中表现并不明显，及至智能投顾兴起，信息披露义务才逐渐发展成为一项独立的义务。

四、智能投顾对传统信义义务的挑战

信义理论在智能投顾业务中的扩张一方面印证了信义义务的自身张力和适应性品格，另一方面是公平原则对投资者、投顾平台和算法应用研发者之间权利义务分配的矫正，背后是对金融发展与社会公平之间关系的省思。长期以来，金融发展理论陷于效率与安全的窠臼，逐渐显现出左支右绌。金融公平理念在实践与理论深化中迎来勃兴，金融可以且应当维护和实现公平成为共识。①智能投顾对传统信义义务的挑战是依托智能算法、大数据技术获得极大发展的工具理性倒逼固有的价值理性的结果；而智能投顾信义义务体系的完善则是价值理性获得相应提升进而引导工具理性的产物。

（一）智能投顾的信义关系模型

不同于传统投顾，智能投顾的信义关系模型涉及投顾算法主体地位认定、义务承担次序与范围。传统投顾模式下仅投顾机构与投资者间形成单一线性的信义关系；而智能投顾模式下由于算法程序设计者与金融逻辑架构者的介入，信义关系体系呈现多维化和立体化。

投顾算法的主体地位是人工智能的发展无法回避的争点，更是检视智能投顾信义关系的前提。学界主流认为人工智能的发展分为三个阶段：(1)弱人工智能阶段。在此阶段，人工智能主要为单个人工方面事务的机器人，其运行原理根据预设的算法对大数据进行分析和处理。(2)强人

---

① 冯果：《金融法的"三足定理"及中国金融法制的变革》，《法学》2011 年第 9 期。

工智能阶段。该阶段的人工智能主要为人类级别的人工智能,可以进行所有人类能进行的思维活动,包括但不限于学习理解、抽象思维、总结经验、解决问题等。(3)超人工智能阶段。该阶段的人工智能几乎在所有领域都能超越人类大脑。从法律主体地位角度审视,大陆法系认为独立的法律人格需要符合社会存在与法律确认这两个必要条件,即需要独立自主地作出意思表示并得到法律明确确认,而行为能力则要求在满足法律人格条件的基础上拥有现实自主的财产。尽管学界对人工智能的主体价值争论不休,①现阶段的智能投顾仍属于弱人工智能,不具有人的理性诉求、表达能力、自我认知能力以及情感、意念的产生与输出机制,也没有独立财产。根据奥康剃刀原理("如无必要,勿增实体"),现阶段的智能投顾止步于法律客体地位,不能获得法律人格与行为能力。美国《统一电子交易法》将其统称为"Electronic Agent",②当合同当事人采用电子代理人进行交易时,应当由合同当事人承担交易结果和责任。③司法实践也不支持智能投顾的主体地位。在 Micheal D. GREEN v. MORNING-STAR, INC.案中,原告是接受智能投顾服务的投资者,认为被告所经营的智能投顾在运营中有建议投资者选择昂贵的投资项目倾向,即投资者遭受了被告公司的不公平对待。在该案件中,应诉主体就是智能投顾平台的运营者。④

不同于传统投顾的人工支持度高,智能投顾将咨询行为变成一个人机混合的过程,既有背后设计者与运营者的设计和介入,也有台前依托算

① John Lightbourne, Algorithms & Fiduciaries: Existing and proposed Regulatory Approaches to Artificially Intelligent Financial Planners 67 Duke L.J. 651, 674(2017).

② 根据《统一电子交易法》第102(28)条之规定,电子代理人是一种在无人审查或行为的情况下,能够独立地进行某种行为或对电子信息等内容进行回应的计算机程序或其他自动化工具。See Section 102(27) of The Uniform Computer Information Transactions Act(Last Amended or Revised in 2002).该法案由美国统一州法全国会议委员会(The National Conference of Commissioners on Uniform State Laws, UCCUSL)起草,并于1999年由NCCUSL批准并推荐各州采用,最终马里兰州和弗吉尼亚州批准了该法案。

③ Jean—Francois Lerourge, The Use of Electronic Agents Questioned under Contractual Law: Suggested Solutions on a European and American Level, 18 J.Marshall J.Computer & Info. L.403, 421(1999).

④ Michael D.Green, Individually and On Behalf of All Others Similarly Situated, Plaintiff, v.Monrningstar, INC., Prudential Investment Management Services LLC, and Prudential Retirement Insurance and Annuity Company, Defendants., 2017WL 7049820(N. D.III.).

法程序的决策。传统投顾关系中信义义务人仅是自然人或者法人,而智能投顾法律关系中新增了设计研发者的第三方,在应用研发阶段即将关于投资者和市场的基本假设、重要参数、资产配置逻辑和盈利目标的设定置于算法模块。厘清三者之间的基本法律关系有助于界定信义义务的主体、内容与边界。

1. 智能投顾平台与特定投资者之间的关系

信义义务根源于智能投顾平台与特定投资者间的事实上不对等的信义关系,而非两者间的投顾合约。智能投顾平台与特定投资者之间的关系没有因为算法的应用而发生实质性变化。值得注意的是,传统投顾门槛至少都在百万以上,所针对的受众往往是高净值人群;而智能投顾通过算法配置投资建议极大降低了人工成本,资产组合多样但所针对的受众资产净值门槛大幅降低。也即资管新规所称的"不特定社会公众",《证券、期货投资者适当性管理措施》称为"普通投资者"。①比如建行"龙智投"投资门槛低至 2 000 元,提供 36 种投资组合,而招行"摩羯智投"起投金额为2 万元,其提供 30 种投资组合供选择。低净值投资者的信息获取和专业能力较高净值投资者更差。高净值投资者与提供顾问服务的金融机构间已然不对等,低净值投资者差距尤甚。无论是投顾算法深度学习的过程不可监测和结果不可预知,抑或全流程智能投顾链条的复杂化所导致的信息不对称,都进一步加深了投资者对投资顾问的依赖。去人工化的业务模式导致,智能投顾在低净值投资者适当性匹配、风险警示以及信息告知等方面须施加更为严苛的信义义务。

2. 算法应用研发者与智能投顾平台之间的关系

由于算法应用研发对专业技术和资金实力的要求,智能投顾平台所依托的算法金融应用主要是由金融机构服务者外包于第三方机构设计研

---

① 《关于规范金融机构资产管理业务的指导意见》第 5 条第 1 款:资产管理产品的投资者分为不特定社会公众和合格投资者两大类。合格投资者是指具备相应风险识别能力和风险承担能力,投资于单只资产管理产品不低于一定金额且符合下列条件的自然人和法人或者其他组织。(一)具有 2 年以上投资经历,且满足以下条件之一:家庭金融净资产不低于 300万元,家庭金融资产不低于 500 万元,或者近 3 年本人年均收入不低于 40 万元。(二)最近 1年末净资产不低于 1 000 万元的法人单位。(三)金融管理部门视为合格投资者的其他情形。《证券、期货投资者适当性管理措施》第 7 条:投资者分为普通投资者与专业投资者。普通投资者在信息告诉、风险警示、适当性匹配等方面享有特别掩护。

发而成的,仅有少部分智能投顾平台是自行研发并投入使用的。算法应用研发者与智能投顾平台之间形成承揽合同法律关系。算法应用研发者包括算法程序设计者与金融逻辑架构者。其中,金融逻辑架构者依据Markowitz 均值—方差模型、Black-Litter-man 模型、Augmented Black-Litterman 模型等现代投资组合模型,以及资本定价模型(CAPM)、套利定价模型(APT)等理论建立投资组合、实现风险分散。算法程序设计者按照智能投顾平台的要求研发设计出符合其金融业务要求的智能算法应用,并根据社会发展和实践变化对该算法应用进行维护和更新,以保证和维护算法的有效性。因此,算法应用将智能投顾平台与应用研发者长期紧密地关联起来,应用研发者长期牵涉于算法应用法律关系之中。这意味着与传统模式下投资者仅与投顾平台形成信义关系,现阶段智能投顾模式下投资者信义关系的另一方是投顾平台与算法应用的结合体。

3. 算法应用研发者与特定投资者之间的关系

如前所述,大部分智能投顾服务都涉及算法应用研发的第三方。智能算法在智能投顾中的主导地位不成比例地强化了算法应用研发者的地位。既有文献未能明确特定投资者与应用研发第三方之间的法律关系,参考产品缺陷侵权责任,特定投资者在接受智能投顾服务时因算法缺陷受到损害,算法应用研发者应当承担损害赔偿责任。侵权法律关系属于从法律关系、保护性法律关系,本文旨在探求主法律关系、调整性法律关系。

算法应用研发者与特定投资者符合信义关系特征。算法应用研发者与特定投资者虽没有基础契约关系,但是算法应用开发者实质上替代了特定投资者选定算法,对特定投资者权益享有自由裁量权且投资者难以救济损害,算法应用开发者与特定投资者间构成信义关系。信义关系路径旨在穿透金融科技的面纱、弥补侵权法路径对算法黑箱的规制缺漏。在侵权法的现有框架下,无论是过失责任还是严格责任,可预见性都是损害责任的基本依据。而算法语境下的可预见性除潜在受害者群体的可预见损害外,还包括对算法结果的预期。从机器学习模式的角度来看,只有处于监督学习状态的算法才符合可预期性,其余情况下算法的结果是不可预测的,因而算法应用研发者的直接责任只能适用于前者。①算法运行

---

① [美]瑞恩·卡洛、[美]迈克尔·弗鲁姆金、[加]伊恩·克尔:《人工智能与法律的对话》,陈吉栋、董惠敏、杭颖颖译,上海人民出版社 2018 年版,第 68 页。

的不透明性和技术壁垒使得算法缺陷的发现与认定十分困难,侵权路径不足以对算法应用研发者形成有效规制。

（二）智能投顾的信义义务困境

智能投顾同时为大量投资者提供并执行投资策略,相较传统投顾提高了效率、降低了成本,避免了投资人情绪影响和道德风险。但智能算法与大数据技术的应用也使得投顾服务链条被拉长、更多交易主体参与其中,算法黑箱与"暴政"、金融产品的多层嵌套造成利益冲突更为隐蔽和复杂。投顾平台、算法应用研发者与投资者在信息不对称的基础上更添技术不对称,加剧了不平衡状态。

1. 信义义务主体模糊

根据上述智能投顾信义关系模型可知,智能投顾平台与算法应用开发者均与投资者形成信义关系,然而投顾平台与算法应用开发者的义务承担范围与次序仍有待明确。

首先是信义义务在智能投顾平台与算法应用开发者间的分配。毋庸置疑的是智能投顾造成特定投资者损害,无论责任如何划分,都没有免除智能投顾平台责任的理由。以产品缺陷责任为例,销售者对消费者负有质量担保义务,消费者就产品缺陷既可以向销售者也可向生产者索赔,由销售者承担直接责任、生产者承担最终责任。[①]将投顾平台、算法应用研发者与投资者之间关系模型与产品缺陷责任中的销售者、生产者和消费者相类比,投顾平台与算法应用开发者间是承揽关系,生产者与销售者之间是买卖合同关系,投顾平台对程序开发的主导远胜于销售者对生产者的控制,又由于算法深度学习过程与结果的不可控,算法应用开发者的控制力低于生产者。销售者就生产者的产品对消费者负有质量担保义务,智能投顾平台就投顾算法是否对投资者负有同样义务?值得注意的是,两类关系模型虽有相似之处,智能投顾法律问题的解决依赖信义关系模型以及由此衍生的信义义务,不能完全适用侵权法路径。然而,尚无规范性文件对应用开发者的信义义务作出具体规定。资管新规《关于规范金融

---

① 以侵权责任与信义义务,或者说责任与义务并不是毫无联系的。法律责任是行为主体违反了法定、约定或者由其他法律规定的第一性义务后必须承担的带有强制性的第二性义务。参见杜宴林:《法理学》,清华大学出版社 2014 年版,第 131 页。

机构资产管理业务的指导意见》第 23 条规定了智能投顾平台的信义义务，也不涉及算法应用开发者的信义义务。

其次是算法应用开发者之间信义义务的具体划分。算法应用开发者分为金融逻辑架构者和算法程序设计者两类。①前者设定投资者和市场特征的基本假设、重要参数、资产配置逻辑和盈利目标等算法应用等核心模块；而后者根据前述模型设计算法程序。考虑到算法金融的信息不对称与技术不对称，两类群体角色极易发生混同从而使义务划分更为复杂。

2. 算法异化风险

算法基于重复模式的假设，通过对过去数据进行智能化分析给出对策，影响乃至构建受众认知。社会学家威廉·伊萨克·托马斯（William Isaac Thomas）指出，如果人们把某种情境定义为真实的，那么这种情境就会造成真实的影响。算法在某种程度上决定了我们可以看见什么、我们以为什么是真实，从而改变我们的行为模式、交往方式、商业模式乃至社会秩序的生成。大数据基础上的智能算法逐渐成为调配社会资源的新兴法则，从而呈现出权力属性。②

投顾算法既是智能投顾的核心，也是算法权力的外在表征之一。投资者只要选定智能投顾服务，就必须接受背后预设的智能算法。算法通过各种金融模型和假设，将数据输入转化为咨询价值链每个步骤。这一过程如果没有伦理守则注入，算法毫不遮掩地服务于设计者植入其中的目的，算法应用研发者在设定算法时掺杂利益倾向，生成的投资组合将偏离投资预期、损害投资者利益。尽管现阶段弱人工智能的算法并无自主意识，实质上却在实施"暴政"。典型的例子是算法歧视，投顾算法以个人数据为基础对特定投资者的支付意愿进行建模与预测，平台可能会根据用户画像，就同一产品面向不同层级的投资者制定不同的价格，或对优质

---

① 潘冠羽：《智能投顾模式下对信义义务的重构》，《公共财政研究》2019 年第 3 期。

② 新技术的发明者、投资者和鼓吹者们往往会夸大技术带来的"解放"效应，宣称人工智能和区块链等技术将使一切中心和中介变得必要，从而瓦解人类社会的金字塔结构，使有序的人际关系变得越来越呈网状分布，每个人都是中心，每个人也都不可能控制住整个网络。但实际结果却是，金字塔依然存在，基层依然是芸芸众生，但塔尖却分裂成了政府、资本力量和技术力量。三种力量有时会合并起来，有时又会相互对峙，但他们之间的关系并不受基座的影响。藐视政治权威的技术达人（黑客）并不会解放全人类，而只会破坏既定的法律秩序。与政府讨价还价的商业力量也不会"制衡"公权力，而只是追逐利润。

资源进行选择性分配。即便对智能算法注入伦理守则,也不意味着我们可以高枕无忧。只有监督学习状态下的智能算法才在设计者的掌控之下。对于无监督学习与强化学习状态下的算法是不可控的。因为后者不遵循数据输入、特征提取、特征选择、逻辑推理、预测的过程,而是由计算机直接从事物的原始特征出发,自动学习和生成高级的认知结果。投顾算法基于何种假设,存在何种内生限制、数据输入与输出之间逻辑是否成立等都陷于不可知、不可控境地而形成算法黑箱。①

美国金融业管理局在《数字化投资顾问报告》中强调算法监督与治理,投顾平台有义务评估数字投资咨询工具,出具异常报告识别工具输出偏离预期值的情况,并向监管机构提供触发这种报告的参数。在算法决策异常时,赋予金融专业人员酌处权,并由投顾平台审查与工具输出不一致的金融专业人士的建议。②尽管如此,我国智能投顾信义义务相关规则改进空间颇大,下文将有所回应。

3. 投资者拟合失范

算法统治时代下,个体面临全方位的深度观察,身份、行为、偏好等特征被提取和量化成可供处理、分析和利用的数据。数据取代个体成为社会层面流动的基本要素。投顾算法拟合投资者也体现了这一转变。《指导意见》要求投资者严格遵守投资者适当性的一般规定,即在"了解产品"与"了解客户"的基础上加强投资者适当性管理,向投资者销售与其风险识别和风险承担能力相适应的资产管理产品,禁止欺诈或者误导投资者购买与其风险承担能力不匹配的资管产品。

投顾平台通过绘制投资者画像来"了解客户",分为初始画像与持续画像。不同投顾平台的数据获取初始画像的路径不同,但大部分智能平台投资顾问都是通过用户注册和问卷调查收集投资者数据。③智能投顾的风险测评问卷问题十分有限,信息查证手段薄弱,无法全面涵盖投资者的客观财务状况。④以工行、中行、建行和招行旗下智能投顾产品为例,工行

① 李文莉、杨玥捷:《智能投顾的信义义务》,《人工智能法学研究》2018 年第 1 期。

② See The Financial Industry Regulatory Authority,https://www.finra.org/sites/default/files/digital-investment-advice-report. Pdf,last visit on March 14,2020.

③ 赵吟:《智能投顾的功能定位与监管进路》,《法学杂志》2020 年第 1 期。

④ 郭雳、赵继尧:《智能投顾发展的法律挑战及其应对》,《证券市场导报》2018 年第 6 期。

与建行均采取后台大数据匹配投资者风险偏好，建行还对投资者消费习惯进行标签匹配。中行通过十道题的回答问卷匹配五级风险偏好，招行提供了十级风险偏好供投资者手动选择。工行和建行都没有披露其参考分析依据，比如是否参考投资者的年龄、工资收入、交易消费情况等数据。而中行和招行对投资者风险偏好的分析则存在比较大的不确定性，比如中行的在线调查问卷可以反复填写，无法保证投资者正确理解并填写问卷。招行令客户自己选择风险偏好，而投资者自行选择风险偏好往往可能高估自身的风险承受能力。在持续画像阶段，智能投顾面临同样的信息问题。相比人工投资顾问建立持续性评估制度，现有智能投顾的实际表现更多的为静态保持，而非动态追踪，未能较好地根据投资者客观情况的变化定期调整各类资产的权重。

关于"了解产品"，《指导意见》还规定投顾平台应当依据不同产品投资策略研发对应的人工智能算法或者程序化交易，避免算法同质化加剧投资行为的顺周期性。智能投顾改变了传统资管产品发行产品募集资金的思路，智能投顾不发行产品而是基于投资者账户内资产的投资组合管理。最终投顾建议由多个算法协作呈现，如果其中一个算法设计不合理或者编程不正确，均可能导致偏差超出合理范围进而造成投资者的财产损失。智能投顾投资者适当性要求由"了解产品"转向"了解算法"。在算法应用研发者提供算法的情况下，不仅算法应用开发者了解算法模型，投顾平台也有义务穿透承揽关系对于算法建立掌控。以理财魔方 App 为例，其智能算法的投资思路如下：(1)找到合适的品种做组合投资。组合的目标在于为特定风险偏好的投资者定制特定风险的产品。组合核心是风险对冲与互补。(2)筛选出更优质稳定的基金。依据有直观的业绩表现、投资行为、基金经理的投资逻辑与投资理念。(3)事中对风险进行调整。(4)对极端下跌进行风险控制。然而，理财魔方 App 没有对智能算法拟合投资策略提供更为细致的说明。除此之外，国内多个智能投顾产品网站，比如摩羯智投、投米 RA 等也并未说明其投顾算法路径。

4. 信息披露不足

义务主体向投资者就如下内容进行信息披露：其一，基于忠实义务，要求充分、完整地披露潜在利益冲突相关信息，使特定客户知情并同意；其二，基于信息披露义务，要求如实披露投资建议生成全过程有实质意义的信息。美国证券交易委员会在《智能投顾监管指南》中即要求智能投顾平台披露商业行为和利益冲突两类信息。[①]

信息披露不足一方面掩盖智能投顾与投资者的利益冲突,埋下智能投顾的信义危机的种子;[②]另一方面,低净值投资者于专业能力上本身弱于投顾平台,限于信息不对称更难对投顾平台以及算法应用开发者起到有效监督。《指导意见》第23条明确投顾平台应当严格遵守资管产品信息披露一般性规定,不得借助人工智能业务夸大宣传资产管理产品或者误导投资者,但对于应该披露什么、如何披露却没有进一步规定。资管新规还规定投顾平台向金融监督管理部门报备人工智能模型的主要参数以及资产配置的主要逻辑,充分提示算法的固有缺陷与使用风险,也未提及投顾平台有义务向投资者披露上述信息。国内智能投顾产品多不披露利益冲突以及商业行为信息。本文检索摩羯智投、投米RA等多个智能投顾产品网站都未对外披露算法函数、算法假设条件、算法源代码、利益冲突等关键信息,遑论信息披露的充分性、准确性、完整性以及易读性。[③]

五、智能投顾信义义务体系的完善

当代信义义务的具体内容来自实践,而非精密完备的理论建构。[④]智能投顾作为金融与科技的融合产品的代表,未来将极大程度地取代传统投顾。我国智能投顾已然走出野蛮生长的原始阶段,亟待信义义务立法规范维护投资者利益。

（一）信义义务的完善路径

由于智能投顾没有改变咨询业务的本质,智能投顾的信义义务体系

---

① See Securities and Exchange Commission, https://www.sec.gov/investment/im-guidance-2017-02.pdf, last visit on March 14, 2020.

② 郭雳、赵继尧:《智能投顾发展的法律挑战及其应对》,《证券市场导报》2018年第6期。

③ 参见摩羯智投,http://www.mjzt.com/Help_4.html,2020年3月20日;投米RA,https://www.itoumi.com/about.shtmllast,2020-03-20。

④ See Donald C.Langevoort, Brokers as Fiduciaries, University of Pittsburgh Law Review, 2009, Vol.71, pp.439—456.

往往是在智能投顾业务一般性规定的基础上另行制定特别规则。这一路径参考了美国经验,美国证券交易委员会在《智能投顾监管指南》指出智能投顾遵守《1940 年投资顾问法》的一般性规定,另有《智能投顾监管指南》就如何处理智能投顾的特殊性给出了建议。①我国证监会在《关于政协十三届全国委员会第一次会议第 3961 号(政治法律类 416 号)提案答复的函》中也指出证券智能投顾可以沿用原有投顾业务框架,同时为防范可能的具体风险进行特别规范。②

我国投顾业务缺少统一的投资顾问高阶立法。1997 年国务院证券委员会颁布《证券、期货投资咨询管理暂行办法》;2010 年中国证券监督管理委员会颁布《证券投资顾问业务暂行规定》;2018 年中国人民银行、中国银行保险监督管理委员会、中国证券监督管理委员会、国家外汇管理局等机构颁布资管新规。上述规范性文件都属于部门规章。《证券、期货投资咨询管理暂行办法》《证券投资顾问业务暂行规定》对投顾业务作出一般规定,《指导意见》第 23 条结束了我国智能投顾信义义务规范层面的失语状态(见表3)。《指导意见》对信义义务的规定涉及忠实义务、注意义务和信息披露义务且多是粗略的原则性规定,信义义务主体仅限于智能投顾平台而未考虑算法应用研发者,在具体义务上又缺乏明确的操作标准。目前为止,智能投顾的信义义务在立法层面还存在相当空白,有待完善。

表3 投顾业务信义义务条款梳理

	资管新规第 23 条
忠实义务	明晰交易流程;强化留痕管理;严格监控智能管理账户
注意义务	具有投资顾问资质;遵守投资者适当性的一般性规定;研发个性化的算法程序;人工干预算法模型缺陷或者系统异常
信息披露义务	遵守信息披露的一般性规定;充分揭示算法固有缺陷与使用风险

---

① See Securities and Exchange Commission,https://www.sec.gov/investment/im-guidance-2017-02.pdf,last visit on March 14,2020.

② 参见证监会《关于政协十三届全国委员会第一次会议第 3961 号(政治法律类 416 号)提案答复的函》,http://www.csrc.gov.cn/pub/zjhpublic/G00306201/201808/t20180831_343412.htm,2020-03-23。

（二）信义义务主体的明确

明确信义义务主体是重构信义义务的首要步骤。首先，智能投顾平台对特定投资者负有直接首要的信义义务，范围是投顾服务全过程。与之相对的算法应用开发者信义义务的范围仅限于自身。投顾平台与投资者、算法应用开发者均直接接触，无论从现实可行角度还是从经济成本维度而言，投顾平台都承担较之于算法应用开发者更重的信义义务现实可行。

其次，既有研究认同算法应用研发者中的金融逻辑架构师应当被视为受托人承担信义义务，范围止于算法金融逻辑。[①]因为金融逻辑架构者的专业判断和对不同分级投资者偏好的资产比例的设置会直接影响到软件给出的投资建议，将架构师纳入信义义务的规制主体是合理的。更有甚者，以金融机构为主体的智能投顾平台本身提供了金融逻辑架构。此时，智能投顾平台作为平台经营者与金融逻辑架构师的身份发生混同。而算法程序设计者的信义义务观点则众说纷纭，有研究认为算法程序设计者所做的工作更多是将架构者的设想和要求变为能够自行运算的算法，这一过程中立且没有偏向性。然而算法运行无法排除技术人员自身过失，算法本身也可能掺杂利益倾向，须对算法程序设计者施加忠实、注意等义务，更何况，基于算法运行的专业性与复杂性，算法程序设计者负有披露义务。因而将算法程序设计者置于金融逻辑架构师相同的法律地位比较合适。

（三）信义义务内容的更新

投顾算法智能化导致法律规则日益技术化，呈现出以工具理性取代价值理性的趋势，犹如乘坐无人驾驶汽车被引向不可知的未来，而这个未来无法排除可能是没有回头路的深渊。智能投顾迫切需要价值理性注入。美国金融业管理局在《数字化投资顾问报告》中指出投资顾问的监督和治理集中于两个向度：（1）驱动智能投顾的算法；（2）客户投资组合的构建，包括投资组合中的潜在利益冲突。[②]本文围绕上述两点，在投顾行业信

①　潘冠羽：《智能投顾模式下对信义义务的重构》，《公共财政研究》2019 年第 3 期。

②　See The Financial Industry Regulatory Authority，https://www.finra.org/sites/default/files/digital-investment-advice-report. Pdf，last visit on March 14，2020.

义务的一般性规定的基础上着重从忠实义务、注意义务、信息披露义务方面更新具体规则。

1. 忠实义务：程序合规要求与利益冲突披露要求

关于投顾业务的程序合规，美国《1940 年投资顾问法》第 206（4）—7 条集中于书面政策与程序适用，我国《证券、期货投资咨询管理暂行办法》《证券投资顾问业务暂行规定》仅限于业务留痕要求，《关于规范金融机构资产管理业务的指导意见》进一步要求明晰交易流程、强化账户监管，本文认为智能投顾还需要考虑其他环节和问题。程序合规涉及智能投顾全流程，包括算法代码的开发、测试和实际性能的监测，预防、监测和应对网络安全威胁，客户账户和咨询系统保护等等，重点放在算法监测上。智能投顾的程序合规应至少包含以下内容：（1）设置算法监测程序。根据美国金融业监管局的观察，有些投顾平台内设投资政策委员会对第三方算法应用开发者作尽职调查或对监督自主研发算法的实施与开发，并评估后续智能算法的应用情况。①理论上而言，任何算法在投入运营之前应当经过合规人员和技术人员测试是否符合运行要求。事实上，《数字化投资顾问报告》指出仅有一部分投顾平台禁止注册投资顾问使用未经测试审查的算法，相当数量的投顾平台允许注册投资顾问使用未经测试审查的算法。具体测试程序分为初步测试与进一步测试。②初步测试用于评估稳定条件下的算法，包括预设前提、数据输入与测试输出。进一步测试侧重评估算法模型是否随着市场波动、地缘政治危机等条件变化而保证稳定适当地输出投资策略，对异常值设置触发异常报告的参数。（2）组建合规部门。设置合规管理人员对经营管理和执业情况进行审查监督，出具书面合规审查意见，并配合监管机关的检查和调查，跟踪和评估监管意见和监管要求的落实情况。③尤其强调对算法应用开发者以及第三方金融机构潜在利益冲突的审查。编制上述情况的合规报告，以年度为单位向监管机关报送合规报告。④参考《证券公司和证券投资基金管理公司合规管理办法》，合规部门中具备一定年限的证券、金融、法律、会计、信息技术等有关

①② See The Financial Industry Regulatory Authority，https：//www.finra.org/sites/default/files/digital-investment-advice-report. Pdf，last visit on March 14，2020.

③ 《证券公司和证券投资基金管理公司合规管理办法》第 13、16 条。

④ 《证券公司和证券投资基金管理公司合规管理办法》第 30 条。

领域工作经历的合规管理人员数量不得低于公司总部人数一定比例。[①]
(3)遵守业务留痕要求。对账户信息、交易记录、算法检测、更新、终止等重要信息作记录留存,存储能力有限的可作一定期限内的留存要求。[②]

智能投顾以智能算法取代传统人工,虽然消除了投资顾问个人与客户之间的利益冲突,却将这一矛盾转移到了算法应用开发者以及投顾平台与客户之间。投顾平台及算法应用研发者有义务向投资者全面公正地披露涉及利益冲突的材料与事实,避免对投资者可能产生的误导。投顾平台应当披露与算法应用研发者之间的关系,尤其是智能算法是否偏向某些金融产品。如果智能算法偏向某些金融产品,智能投顾平台与算法应用开发者都负有解释义务。存在与第三方金融机构的合作的情况也应当披露相应关系,重点在于可能影响算法功效及金融产品优先推荐的合作交易关系。在投顾平台独立提供一站式服务的情况下,更需要对销售自营产品和他营产品的比例及优先推荐情况加以说明。利益冲突披露应力求准确、全面和具体,并以投资者易于获取与理解的方式作出。具体披露规则参考下文的信息披露义务,此处不赘。

2. 注意义务:投资者适当性原则与强制人工干预机制

为"了解客户",美国金融业管理局要求投顾平台在开设账户后合理理解客户的基本事实。金融业管理局定义了投顾平台需要收集必要的最低的客户投资概况。客户投资概况包括但不限于客户的年龄,其他投资、财务状况和需求、税务状况、投资目标、投资经验、投资时间范围、流动性范围、风险承受能力等等。参照美国证券交易委员会《智能投顾监管指南》的要求,运营商在设计风险测评问卷时应当着重考虑:问卷是否涵盖充分的计算指标,是否清晰易于理解,以及是否具有纠错功能。[③]系统调查问卷依赖于一组离散问题来拟合客户画像,应当考虑以下因素:(1)通过这些问题能否获得足够的信息,以便智能投顾能根据客户的财务状况和投资目标,确保其最初的建议和正在作出的投资建议适合于该客户。(2)设定不一致问答措施,保证投资者对问题的回答,当出现前后不一致或者内部矛盾情

---

① 《证券公司和证券投资基金管理公司合规管理办法》第 22 条。

② 潘冠羽:《智能投顾模式下对信义义务的重构》,《公共财政研究》2019 年第 3 期。

③ See Securities and Exchange Commission,https://www.sec.gov/investment/im-guidance-2017-02. pdf, last visit on March 14,2020.

形时,提醒用户并建议其重新答题。(3)建立定期回访制度,保证信息程序性更新与跟进。避免智能投顾软件对投资者的资产情况和投资需求不更新而始终依据初始数据作出建议的情况。①为"了解算法",投顾平台须理解产品内嵌算法,以下标准有助于判断算法输出是否满足适当性义务:(1)该智能算法如何理解上述客户投资概况因素;(2)智能算法是否建立了一个合理基础确定特定因素是不必要的;(3)智能算法如何处理对客户档案的不一致问答;(4)投资策略适合客户的标准、假设和限制是什么;(4)算法是否偏爱某种特定金融产品及其背后逻辑;(5)投资策略在特定领域的集中程度,比如特定证券类别、行业部门等。

基于算法的有限理性,②智能投顾有必要建立强制人工介入机制。《关于规范金融机构资产管理业务的指导意见》第23条规定因算法同质化、编程设计错误、对数据利用深度不够等人工智能算法模型缺陷或者系统异常导致羊群效应、影响金融市场稳定运行的,金融机构应当及时采取人工措施强制调整或者终止人工智能业务。算法存在失控风险,但从传统投顾到智能投顾无论是业务模式还是服务质量都应当更为完善。强制人工介入机制应当由具有投顾从业资格的投资顾问进行。特殊情况下以人力取代算法明确了人是投顾的尺度而非工具,同时弥补了智能投顾人际交互的缺失。对于过大投资风险与大额高风险交易智能算法应当设定参数进行识别对接强制人工介入机制。澳大利亚G255法案要求数字技术和算法的金融技术人员进行后台监控,确保投资者权益在可控范围内被保障。目前为止包括摩羯智投、投米RA在内的投顾平台也未查到有关强制人工介入机制的信息,有待后续关注和进一步研究。③

3. 信息披露义务:商业行为信息披露要求

在利益冲突的信息之外,智能投顾的其他商业行为信息被纳入信息披露义务的范围,包括业务模式、业务范围、相关风险、算法模型的主要参

---

① 潘冠羽:《智能投顾模式下对信义义务的重构》,《公共财政研究》2019年第3期。

② 第一,算法所依赖的原始信息不一定被准确地转化为机器语言。第二,历史性地样本不足以应对新生事物或者突发事件。第三,偶然性的数据关联可能误导机器学习的内容与方向。第四,算法本身可能无法有效识别分析数据样本或给出背离市场秩序宏观调控目标的意义。

③ 参见摩羯智投,http://www.mjzt.com/Help_4.html,2020年3月20日;投米RA,https://www.itoumi.com/about.shtmllast,2020-03-20。

数、资产配置逻辑及其内生限制以及投顾平台与第三方金融机构对个人账户的管理权限,等等。

这些信息必须以客户理解的方式呈现出来,遵守充分披露、准确披露以及持续性披露三大原则,尤其是对于关键信息。美国证券交易委员会关于智能投顾的行为指引更新提供了如下衡量标准:(1)关键信息是否在注册环节之前完成,以便客户在参与并通过智能投顾进行任何投资之前就知晓投资决策所需信息;(2)关键信息是否特别突出。例如,通过设计类似弹出框一样的东西来显示。①智能投顾与客户的互动较少,一般仅仅通过邮件、网站等电子媒介方式向客户进行披露。②在客户需要了解更多时,可以考虑对某些披露附有交互式文本或通过其他方式向客户提供更多的细节。在信息披露的形式上,我国可以借鉴美国证券交易委员会关于智能投顾的投资者公告,美国投资者适用地址为 Innvestor.gov 的投资顾问公开披露(IAPD)数据库查询到任何提供投资建议的个人或者公司的背景,包括注册或执业状态和曾受纪律处分的记录。美国证券交易委员会还建议投资者定期浏览智能投顾的网站,关注其是否有更新信息。上文提及国内多数投顾平台的网站和 App 更新频率不高,网站内容多是营销宣传,纵有分析文章也往往是转载于其他网站,少涉平台本身信息披露,对于算法模型、具体参数、第三方合作金融机构等关键内容表述含糊甚至根本不披露。可见我国智能投顾实现全面、准确的信息披露还有很长一段路要走。

结　　语

Facebook 创始人扎克伯格(Mark Elliot Zuckerberg)指出:"我们正进入算法而非法律统治人的时代。"其中,算法所表征的是高度繁荣的工具理性,与投顾行业"传统投顾—在线投顾—智能投顾"的迭代升级路径相契合。而法律所预示的是价值理性,人类社会的价值理性并不是停滞不

---

①②　梅杨、刘沛佩:《美国证券交易委员会关于智能投顾的指引更新和投资者公告》,《证苑法苑》2018 年第 1 期。

前的，而是随着工具实践一同发展的。正如信义关系的泛化背后是社会主导关系从身份到契约再到信义关系的非线性演进。智能投顾的信义义务体系的构建正是两条线路的交叉点。换言之，扎克伯格的预言至少在可见的将来不成立，以智能算法为代表的工具理性在某个时间段可能超出价值理性，但其终究将回归价值理性的尺度。本文回应智能投顾对传统信义义务的挑战，试图完善现有规范，旨在使价值理性的脚步不被金融创新落下太远。

数字经济时代下智能投顾监管研究

李　航 *

内容摘要:数字经济时代下,依托于大数据、云计算的人工智能等高新科技如雨后春笋般发展起来,对各行各业造成了很大冲击。以智能投顾为例,其所依托的算法有着高效性、黑箱性、有限性等特征,需要从算法入手对智能投顾进行规制。智能投顾冲击着金融市场,有正面影响,如数据处理能力的提升和交易工具的丰富;也有负面效应,如算法歧视问题、算法内生性风险、责任承担问题、算法依赖和算法"军备竞赛"问题等。这要求监管机关要事先介入,增加证券市场主体的相对披露义务和强制自检义务,建立算法双重评估体系和监管沙盒,完善相关法律法规,明确责任承担,同时要坚持审慎谦抑的总体原则。

关键词:智能投顾　算法规制监管　审慎谦抑

一、数字经济时代下的智能投顾

(一)数字经济时代的到来

第二次世界大战后,计算机和电子数据的普及和推广掀起了一阵科技革命的浪潮,不仅令传统工业更加自动化、高效化,各行各业的生产方式、运作模式也发生了翻天覆地的变化,这种变化持续地以各种各样新型科技的形式影响着人类文明。信息科学技术越来越朝着数字化、虚拟化的方向迅猛发展,以电子计算机为代表的科技成果引导着一次又一次的科技更新迭代,令人目不暇接。时至今日,以人工智能、虚拟现实、增强现实、区块链等为代表技术的第四次工业革命已经到来。

如今,科技的迅速发展给社会带来的影响

---

* 上海政法学院经济法学院硕士研究生。

不亚于之前任何一次工业革命。计算机的问世,使得人类的生产方式发生了巨大的改变——几行代码在电脑上运转一瞬,就可能省下数人需要花费数天才能完成的运算;数以万计的文件信息,可以储存在指甲盖大小的闪存上,在不同的电脑之间随时读写;互联网的飞速发展,使得人们可以足不出户感受世界各处之美;5G技术引起互联网信息共享的几何级数连锁反应,借助互联网真正实现万物的互联互通,使移动通信系统成为泛在的物联网、大数据以及人工智能的结合点、枢纽以及操控装置;①互联网与金融行业相结合,产生了现代金融发展的重要方向,即互联网金融,为社会提供了新的经济发展契机,使得金融交易能够在传统金融的基础上更加高效,信息分享更加畅通,证券行业的发展也逐渐向网络化的方向发展,巨大的理财市场空间加快了智能投资顾问的出现。

(二)智能投顾的研究与发展

2016年3月,美国金融业监管局发布《数字化投资建议报告》。②据该报告,数字化投资建议工具(或称为数字化建议工具)以下列七项中的一个或多个核心活动来管理投资者的投资组合:客户概况(也称为客户画像),资产配置,投资组合选择,交易执行,投资组合再平衡,税收亏损收割和投资组合分析。这些投资建议工具可以分为两类:金融专业人员使用的工具和客户使用的工具。结合了前六项活动、客户使用的工具通常被称为"机器人顾问",也就是通常意义上的"智能投顾"。报告同时强调,"机器人顾问"可执行的活动并无标准定义,但美国金融业监管局所审查的工具中包含了这七项核心活动。这份报告中提到的核心活动为研究智能投顾的学者、相关从业人员和意向投资者提供了重要的参考,并且根据该报告,智能投顾应当面向客户,即其是为客户利益服务的投资工具。

2017年2月,美国证券交易管理委员会发布的《更新指南:智能投顾》③给出了定义:"智能投顾是典型的注册投资顾问,运用创新科技通过

---

① 季卫东:《5G对社会与法治的影响》,《探索与争鸣》2019年第9期。

② The financial Industry Regulatory Authority, Report on Digital Investment Advice, March 2016, https://www.finra.org/sites/default/files/digital-investment-advice-report.pdf. August 30, 2020.

③ See U.S. Securities and Exchange Commission, Available at: https://www.sec.gov/investment/im-guidance-2017-02.pdf. August 30, 2020.

基于线上算法的程序为其客户提供全权委托资产管理服务。"其中"智能投顾"不仅包括注册投资顾问，也应当包括任何提供给客户的自动化投资咨询程序。这个定义指出——智能投顾应当是一种注册投资顾问工具，但未经注册的自动化投资顾问程序也应当被纳入此范畴内予以监管；智能投顾包括但不限于全权委托资产管理服务。

2017年3月，美国证券交易管理委员会发布了《投资者公告：智能投顾》，①向投资者介绍了智能投顾的基本工作原理："在大多数情况下，智能投顾会要求客户填写在线问卷，以收集客户的财务目标、投资范围、收入和其他资产以及风险承受能力的信息。根据这些信息创建和管理投资组合。智能投顾通常以比传统顾问程序更低的成本和费用提供投资建议，并且在某些情况下，所需的最低账户金额低于传统投资顾问。智能投顾所提供的服务，投资方式和组合特点因人而异。"该公告揭示了智能投顾的几个特点：通过问卷形式收集客户信息并生成客户画像；成本、收费和门槛与传统投资咨询服务对比较低；形成的投资组合和建议因客户画像的不同而不同。

2018年12月21日，同济大学智能投顾实验室与羽时金融联合发布《2018智能投顾白皮书》，②试图对国内的智能投顾行业进行范围、标准的区分和定义。"智能投顾是基于对投资者的精准画像，通过将经典的资产配置理论、资产定价理论、行为金融理论等多种经典理论与投资实践，融入人工智能深度学习算法，从而能够为投资者提供基于多元化资产的个性化、智能化、自动化和高速化的大类资产配置、投资机会预测、投资风险预测、组合管理和风险控制等投资服务。"根据该报告，智能投顾的评价标准有九类：经验丰富的团队，独特的量化技术，强大的数据库，强大的算法策略开发，强大的 AI 团队，精细的风控团队，出色的产品业绩，丰富的产品体系和广大的用户团体。该报告力图细化国内智能投顾的业务范围，并对这些业务进行技术上的一一对应从而建立一个相对完整的评价体系。

---

① See U.S. Securities and Exchange Commission，Available at：https://www.sec.gov/oiea/investor-alerts-bulletins/ib_robo-advisers.html. August 30，2020.

② https://www.51lianjin.com/pages/newsDetail/two.html＃firstPage. August 30，2020.

综合以上观点，本文认为，想要完整定义智能投顾的内涵与外延似乎并不容易，新型的科技投资顾问工具总会被不断开发出来，与其追求准确且简洁的定义，不如从其本质特点出发。智能投顾，是人工智能发展到一定阶段下与理财相结合而产生的一种区别于传统投资理财顾问的新型投资服务，在技术上表现为以软件为主，硬件为辅。其以机器人投顾为代表，最突出的特点是利用人工构建的既定算法，对客户的需求和市场行情进行分析，设计出符合客户需求以及风险承受能力的投资理财计划。由于算法的可重复特性，这种理财方式的门槛较低，且全天在线为客户提供及时服务，对人力的需求较低，因此有着很大的潜力，可大大提高相关投资顾问行业的方案制定效率和投资方案匹配度，在满足投资方与服务提供方各自利益的这一点上有着相当大的优势，是一种较为新式的"友好"型投资顾问工具。另外，其基于深度学习的工作原理，通过大量数据的训练，可以实现程序的"自我学习"与"自我迭代"，"智能化"属性会随着深度学习的过程而逐步显现出来。根据智能化程度的高低，可以分为单纯提供投资组合和资产管理建议以及以客户账户的全权委托为基础的投资顾问。两者的主要区别在于提供咨询服务的从业者是否可以直接对客户账户内的资金进行操作。

（三）智能投顾背后的算法程序

智能投顾听上去很新颖高端，但真正的"执牛耳者"是背后保障其正常运行的算法。

算法就是任何良定义的计算过程，该过程取某个值或值的集合作为输入并产生某个值或值的集合作为输出。①简要地说，算法就是输入命令后得出结果的运行过程，这个过程由算法设计者设定的代码决定。因此，算法的使用者并不需要知道这个过程是如何进行的，只需知道这个算法可以处理何事，输入的格式内容等有无需要特别注意之处。从这个意义上讲，算法具有"黑箱性"，即作为算法使用者的大众，除非具备专业知识，否则对于算法运作的具体过程是难以理解的，算法的更新迭代也决定了

---

① ［美］Thomas H.Cormen，Charles E.Leiserson，Ronald L.Rivest，Cliffford Stein：《算法导论》，殷建平、徐云、王刚、刘晓光、苏明、邹恒明、王宏志译，机械工业出版社 2013 年版，第 6 页。

哪怕经验丰富的程序员也不可能穷尽所有算法的内在逻辑,这也体现了算法的复杂性。

算法具有高效性,这是其背后的原理所决定的。算法程序可以在输入值互不相同的情况下,于极短的时间内重复某种或某些特定运算上亿次,这是人力难以企及的。也正因该特性,算法在很大程度上解放了人类大量的重复性劳动,从而将精力投入更值得研究的领域,比如如何拓展算法的应用使其更好地惠及全人类,从而促进算法迭代,形成良性循环。

算法具有有限性。算法必然伴随着值的输入与输出,因此任何算法必定最终得出结果。无限重复的算法只有输入值而得不到输出值,这样的算法并无实质意义。算法的有限性决定了单个算法能够解决的现实问题也是有限的,这也直接导致设计者们为了充分利用算法的高效性、最大限度避免算法的有限性,导致算法愈加复杂,绝大多数开发语言愈加高级、抽象。

（四）智能投顾所受的质疑

智能投顾自出现以来,出现的并非都是支持的声音:一部分人认为,人工智能形式的理财不能保证投资方案的科学性,原因在于其不能像人类那样懂得通盘考虑各种因素,如政策因素、供求因素等,并推出最合适的投资理财产品。而作为投资者,其选择某企业推行的智投,往往并不是因为对这种算法的理解有多深入,而是通过企业宣传、道听途说等途径才作出这种选择的。双方之间的服务关系通常建立在一方对另一方的信任,更具体来说,通常是企业总体的规模、经营状况、口碑等。另外,算法的"黑箱性"也同样引来了部分人的质疑——如果（哪怕概率极低）算法的设计者利用了算法的这一特性,在设计相关算法时"偷工减料",或者将算法设计成偏好某些理财机构或产品,受到损害的依旧是客户。

智能投顾只是金融市场运行过程中的一个缩影,智能投顾受到的质疑在一定程度上可以说明并非每个人都认为数字经济对金融市场的影响都是积极的,这就需要深入研究算法背后的本质及其对金融市场可能造成何种影响。

二、数字经济时代下的金融市场

（一）大数据是算法立足于金融市场的基础

算法固然是"执牛耳者"，但离开数据的算法没有存在于证券市场上的意义。

阿尔文·托夫勒于1980年在《第三次浪潮》中预言了信息时代的到来会带来数据爆发，而"大数据"一词是由美国硅图公司的首席科学家在USENIX大会上首次提出的，[①]研究机构Gartner将"大数据"定义为：大容量、高速度和多样性的信息资产，需要以高效、创新的信息处理形式，以增强洞察力和决策能力。[②]IBM提出了大数据5个"V"的特性：Volume（大量）、Velocity（高速）、Variety（多样）、Value（低价值密度）、Veracity（真实性）。

一般来说，达到"PB"以上的数据量才可以被称为"大数据"；[③]高速性一般则要求正常计算机需要耗费数月完成的数据处理，可以通过云计算的方式实现一秒（甚至不到）的时间完成相应运算，这对支撑算力的技术而言是一个很大的挑战；多样性是指在互联网以及物联网的发展前景下，数据的表现形式多种多样，最常见的有文本形式、图片形式、音频形式、视频形式等；低价值密度主要是指，尽管大数据的单位如此之大，但数据本身的价值是相对较低的，真正有价值的是通过算法程序对数据进行分析之后得出的内容，这些内容通常也是以数据为载体，但是与作为输入值的数据来讲，其价值体现在使用者运行算法的目的之中，而这些有价值的数据（输出值）才是行业人士应当挖掘并妥当应用的。真实性则是指，由于数据产生于人类客观的社会活动，数据不会"说谎"，因此通过算法模型的构

---

① See Big Data and the Next Wave of Infrastress, Problems, Solutions, Opportunities. Available at: https://www.usenix.org/conference/1999-usenix-annual-technical-conference/big-data-and-next-wave-infrastress-problems. May 26, 2020.

② See Big Data. Available at: https://www.gartner.com/en/information-technology/glossary/big-data. May 26, 2020.

③ 1 PB = 1 024 TB = 1 048 576 GB.

建以研究大数据所反映出来内在规律可以帮助人类把握和预测现实事件,其价值不言而喻。

综上可以看出,算法的本质就是将本身没有规律可言的大数据予以归纳分析,进而得出设计者需要的有价值的数据,是一种将无序未知转化为有序已知的信息进而加以利用的逻辑过程。在证券市场上,合法地掌握不对称的信息有助于在市场交易中取得相当的优势地位。因此,就需要进一步研究智能投顾的算法和其所依托的大数据对证券市场的影响。

（二）证券市场正在受到大数据的积极影响

数年前,维基百科就预测,2012 年至 2017 年,大数据市场将以惊人的复合年增长率58%的速度增长,达到五年内 500 亿美元。这表明众多公司决策层致力于推动大数据技术发展。[1]时至今日,人工智能的开发正对证券市场造成前所未有的正面冲击。其中主要包含以下几点:

1. 数据处理能力飞跃性提升

大数据时代下,人工智能的发展表现出了惊人的数据收集、整理和分析能力。前面已经提到,大数据下的云计算可以将往常需要数月完成整理分析的数据在短短的一秒钟之内加以分析。其永不疲倦永不休息的工作特点使得在完成重复性的数据分析活动时表现出的耐力和效率远远高出人类。这种状况势必导致那些不懂得更新知识体系、只会在本行业"划水"的企业或个人终将因职位需求的变革而被市场淘汰。科技终将促进各行各业的工作方式和工作机制转变,这也对证券市场中从业者的知识广度和实践能力有了更高的要求。

2. 科技的发展丰富了证券交易的工具和手段

智能投顾的出现就是交易工具丰富的例证之一。投资者对于更高效、收益率更高、服务反馈及时的投资服务有着相当高的需求,这与传统证券市场交易中相关投资服务者提供的投资方案单一、风险较高等缺点之间产生了矛盾,这种矛盾在监管机构明确投资风险应当由投资者自身

---

① See Li Ma, Mingfeng Jian, Chances and Challenges Cofronting Securities Indstry and the Countermeasures' in Big Data and Cloud Computing Era, The 9th International Conference on Computer Science & Education (ICCSE 2014) August 22—24, 181(2014).

承担之后更为加剧，也促进了更为智能化的投资工具的产生和发展。对接大数据的投资服务，在信息瞬息万变的证券市场之中可以使得投资者能够掌握相对更多的信息，投资的结果更优的概率被大大提升。

3. 技术的发展使得证券市场各主体行为更为谨慎合规

技术并非都被证券市场的"游戏者"所掌握，同时也被"游戏规则制定者"——监管机构所掌握。技术提升对证券行业可能出现的证券欺诈、内幕交易等违法行为有了更为便捷的取证路径和监管视角。而作为"游戏者"，除了要注意不要违反既有的法律法规、政策意见等，还要注意监管机构的线上监管措施，大数据的分析筛选可能只需相当短的时间便可锁定违法主体及其行为，监管者的执法成本降低，证券经营机构的违法成本提高，倒逼证券市场各个主体更加重视合规化。

（三）智能投顾可能存在的问题

1. 算法歧视的产生

算法歧视是算法黑箱的产物。智能投顾的高效性、分散风险的特性使得投资者在面临需求与传统服务供给的不平衡不对接的情形时更倾向于选择基于算法对投资模型以及多种内生变量、外生变量进行综合分析的智能投顾类产品。但是"算法黑箱"的理论告诉我们，多数投资人并不明白给定的投资组合方案是通过何种分析过程得出的，双方的信息不对称隐藏在看似平等的服务合同之中，这样的信息不对称可能使得服务提供者的服务行为并没有本着以客户利益为出发点的原则进行方案的提供，并将这种倾向以代码的形式嵌入算法程序之中，但是外面却披了一件"算法产品提供最优方案"的外衣，可谓之"阴阳算法"。

如前所述，智能投顾应当是面向客户的买方投顾工具，其旨在服务中低端投资者群体并对该群体的客户负责。然而，国内多数的智能投顾却异化了卖方投顾，并非以投资者的利益为导向。[1]"在人工智能时代，算法的不公开是原则，公开才是例外。"[2]智能投顾的异化一定程度上可以说是算法歧视所导致的，不透明的算法增加了道德风险和服务惰性，即便服

---

[1] 钟维：《中国式智能投顾：本源、异化与信义义务规制》，《社会科学》2020年第4期。
[2] 徐凤：《人工智能算法黑箱的法律规制——以智能投顾为例展开》，《东方法学》2019年第6期。

务提供者有意通过算法偏好设计将某种证券产品组合推荐给了客户,客户也可能以为这是通过算法的严格计算所得出的结果,此时,算法歧视甚至演化成为赤裸裸的欺诈行为。

2. 算法模型构建的内生性风险

算法的运作必然有输入值和输出值,按照技术逻辑,智能投顾通过对信息进行收集分析从而给出投资组合方案,这个过程可分为三个阶段:信息收集阶段、数据分析阶段和方案给出阶段。其中前两个阶段是核心,最后一个阶段是前两个阶段经过后的必然结果。智能投顾的算法是由各种数学模型和命令语句组成的,命令的执行带有机械性,其中一个数字的改变可能会导致结果前后大相径庭,风险可能随之指数化上升。

在信息收集的过程中,客户画像构建主要是通过线上问卷的方式进行信息收集,其目的是对客户的投资偏好进行预测并以此作为推荐投资组合的决定因素之一。此外,对市场行情和政策法规进行的收集则一般通过定向或非定向数据抓取获得。最终,这些信息将被转化为智能投顾算法的输入值参与计算。问卷调查的方式可以降低客户的行为成本,但是这种方式得到的客户信息存在一定的或然性和不确定性,因为客户的实际意愿和需求并不一定能够通过问卷中的问题反映出来。另外,将问卷调查和数据抓取获得的信息转换为可被计算的值这个过程本质上也是一种算法,可以被称为"收集算法",即在进入数据分析之前,原始数据需要经过"收集算法"。数值经过的算法越多,其偏离客观的概率也就越大,导致投资风险。

在数据分析过程中,由于此时输入的值经过"收集算法",作为可参与运算的数值本身是客观的,因此核心算法的运作就决定了最终投资组合方案的出具。核心算法的构建主要是通过构建模型的方式进行量化分析,是定性分析在投资领域的量化应用。但是投资领域的情形并非完全可以被囊括在量化领域中,因此智能投顾的核心算法势必会因存在某些难以涉及的情形而导致分析结果的片面,增加投资风险。

3. 责任承担问题

当智能投顾与深度学习技术结合在一起时,会产生"1+1>2"的情形。深度学习的目的是算法通过对于大量真实数据的采集和分析,不断自我更新迭代,使得机器能够像人一样思考。当然,这里的思考只是一种逻辑上的思考过程,本质上是一种归纳,利用统计学原理在大数据中寻找潜在规律并输出。

当算法深度学习到一定程度时,其被运用于实践中以达成预期目的,就达成预期目的而言,此时的算法可以动态地进行投资组合方案的提供和改进,并不需要在交易前或交易中介入人力。如果因此对客户造成了财产的损失且符合相关法律的侵权或犯罪要件,此时承担责任的主体是谁?承担责任的比例又该怎么划分?这都是以智能投顾为例的人工智能在经济领域中需要被解决的问题。

4. 算法依赖和"军备竞赛"风险

算法的广泛应用导致人类对其依赖度上升,这本无可厚非。然而,物联网、大数据和人工智能的结合可能使得法律解释和法律推理越来越多地被算法提前设定,结果很可能是使得法律判断成为一种基于算法的机械行为。[1]同样地,过于依赖智能投顾的算法,在可预见的未来可能导致金融市场的算法化,人类越依赖智能投顾的算法,投资思维就越会受到算法潜移默化的影响,甚至被同化,人类特有的投资理性思维空间被进一步压缩,从而使得少数人利用算法间接影响乃至操控市场上的货币资金融通,金融市场可能因此演变成算法市场。

前文已提到,金融市场主体在交易过程中由于监管机构技术性监督的存在,其审慎从事交易行为,对金融市场的蓬勃发展是有积极意义的。但另一方面,这可能会促使市场主体,尤其是具备财力与市场份额的企业开展算法"军备竞赛"以期逃过监管机构的监督。其表现形式有——违法采用更为有效的算法对违法行为予以"清洗",使之变为具有合法外观的行为从而逃脱监管;采用人工智能的算法,通过算法自我学习找到符合法律法规的漏洞予以利用,堂而皇之地规避监管。尤其是对于数据驱动的大型企业,其成功开启算法"军备竞赛"后可能会成为"业内标杆",客观上促使更多的人转而将重点放在逃避监管等非正当目的上,产生"羊群效应"。尽管在某种程度上可能会促进科技水平的总体提升,但是这种不良的竞争、交易风气却是应当被重视的风险。

---

① 季卫东:《人工智能时代的法律议论》,《法学研究》2019年第6期。

三、监管对策应有的变化与坚持

金融市场的蓬勃发展离不开有效的监管。数字经济时代的到来为金融市场的数字化带来了机遇,交易方式和交易类型都发生了很大的转变,监管机构进一步介入是有必要的。

(一)确立相对披露义务和强制自检义务

数据驱动型的上市公司获得数据所具备的能力非普通企业可比,其对数据的获取具有明显的聚集效应,通过市场份额与技术的优势可以获得更多的客户,对客户进行精准服务的人力物力投入可以获得正反馈,客户的量会越来越多,其可获得的数据量就越来越大,用以训练自我实现型算法的数据集就会越大,其越有以精准算法模型影响乃至操纵证券市场的现实条件,监管机关不可不重视。

对这种可能会出现的行为,监管机关应当确认事前介入的方式。具体可以要求使用相关算法的企业对其获得数据的来源进行说明,并强制性要求相关企业对算法源代码进行备案,如有必要可要求企业作出解释说明。这种事先介入的方式可成为事后追索的重要依据。应当明确的是,涉及技术、商业秘密等信息的披露属于相对披露,即对于这类信息,必须向监管机构披露,可以由企业主动向社会公布,一经公布企业便对其公布事项的真实性负责。

智能投顾算法的内容和结构直接关系到算法的运行结果,由于市场趋势和具体政策并非一成不变,因此保持事后的维护也同样重要。据此,应当强制要求使用智能投顾的企业开展定期的排错和调试,即所谓的"debug",其对象是算法运行过程中的各种数据模型和计算逻辑,包括数据收集算法程序和数据计算算法程序,并将相关材料和报告进行备案,作留痕处理。

(二)建立算法双重评估体系和监管沙盒

算法歧视的风险加之监管者与被监管者微妙的"对抗性",可能会导致算法逻辑解释的"一言堂",智能投顾算法的设计者和使用者如此,监管机构亦是如此。因此,应当由双方各自建立技术评估团队,评估的具体项目、标准由监管机构给出。其中,监管机构可根据情况自行组织或由第三方评估,且不能与算法设计者或使用者及其评估团队有利益冲突和其他不适合同时作出评估的情况,反之亦然。任一方可以就对方的评估报告提出异议并请求对方作出解释,该过程应当同评估报告一同备案作为留痕管理。

若监管机构经过评估之后认为有必要,可以设立监管沙盒。"监管沙盒"是英国金融行为监管局在 2016 年提出的一个概念。金融科技产品被放置在一个缩小的金融市场环境之中去运营,该金融环境中一切市场影响因素与现实一般无异,而监管方面则会体现得更为宽松。①其目的是通过真正投入到金融市场之前,在一个几乎一样的小环境下进行金融科技产品的实践性测试和评估,以决定是否准许进行正式的使用。该监管模式的监管成本相对较低,且风险被限制在既定金融环境中,发生系统性风险的可能性大大降低。

通过建立算法双重评估体系和监管沙盒,从理论与实践上对智能投顾的算法进行规制,是前期发现智能投顾风险并予以规制的一项可行举措。

(三)完善相关法律法规

《关于规范金融机构资产管理业务的指导意见》已经对智能投顾进行规定,但语义表述令人难以准确把握。《指导意见》第 23 条第 1 款②中有两点让人费解:

其一,"非金融机构不得借助智能投资顾问超范围经营……资产管理业务",这是否意味着非金融机构可以借助智能投资顾问在合法合规的范围内经营资产管理业务呢? 从逻辑上来讲,这个结论是站得住脚的。但是在第 2、3 款中,被规制的主体是"金融机构",且《指导意见》的标题中也有"金融机构"字眼,金融机构从事资管业务尚且需要监管措施,而非金融机构出现在这里却没有进一步阐明,造成了不必要的困惑。

其二,前文已经提到,智能投顾的智能化程度较高时可以做到既经营

---

① 柴瑞娟:《监管沙箱的域外经验及其启示》,《法学》2017 年第 8 期。

② "运用人工智能技术开展投资顾问业务应当取得投资顾问资质,非金融机构不得借助智能投资顾问超范围经营或者变相开展资产管理业务。"

投资顾问业务,也经营全权委托的业务,主要区别在于被委托人是否可以直接对客户账户内的资金进行投资操作,可以说,这是两类性质不同的业务。从第1款的语义结构中,至少表面上可以得出"投资咨询类金融机构可以借助智能投顾从事资产管理业务"的基本结论,第2、3款则对相关业务经营行为进行规制。然而《证券法》第161条第1款第1项规定,证券投资咨询机构及从业人员从事证券服务业务时不得代理委托人从事证券投资。下位法是不能突破上位法的,因此从现行法律规范的角度来看,由于两类业务的性质不同,那么投资咨询机构就不得借助智能投顾从事全权委托业务,但是《指导意见》第23条第2款就提到"金融机构运用人工智能技术开展资产管理业务应当严格遵守……",意在说明金融机构可以借助智能投顾开展资管业务,只不过有限制条件。如果保持法条规定的自洽性和一致性,这会导致另一个结论:全权委托业务也不属于资产管理业务。如此推理,全权委托业务既不属于投资顾问业务,也不属于资产管理业务,这个结论是不合理的——不属于两者意味着不受相关法规的限制,这个结论的实质是由某法条推出了全权委托不受该法条约束,这是一个悖论,想必并非立法者本意。

法律法规不完善、语义不准确是导致出现这些疑惑的原因。因此,为保持法律法规的自洽和内在一致,应当进行适当修改,完善相关定义的内涵和外延。智能投顾作为一种面向客户的投资科技工具,账户的最终控制权应当由客户掌握,其"资产管理"的属性被无形中削弱,因此将全权委托纳入投资顾问业务更为合适,并以此对相关法律法规进行一致性修改,同时明确智能投顾平台准入规则,填补法律空白,破除限制智能投顾发展的法律窘境。

(四)责任承担的特殊性

智能投顾作为算法型投资顾问工具,必然有算法的设计者和使用者,在某些情况下这两者可以是同一主体。

当算法使用者故意借助算法实施违法行为时,根据技术中立原则,又称"实质性非侵权用途"标准,其内容是:当产品或服务既可以用于合法用途,又可用于侵权用途之时,就不能仅仅因为有人使用这一产品进行侵权来推定产品或服务的提供者有帮助他人实施侵权的主观过错。这项原则是美国联邦最高法院在 1984 年的"索尼"案①中提出来的。因此,当算法使用者故意使用该算法进行欺诈或其他违法行为时,算法设计者不能仅因其提供了该算法产品而被推定为有过错从而和算法使用者承担共同侵权责任或成立共犯。

当智能投顾借助深度学习型算法达到了较高的智能化程度时,算法使用者可能对某些侵权行为的发生并不抱有主观恶意,因为可能整个过程都是由智能投顾一手操控的。此时责任到底应该怎么分配才能更大程度地符合社会公平正义? 除非确实有证据证明算法设计者和使用者的故意或过失,否则难以因此令其承担相应法律责任。此外,暂停当前使用的算法,通过改进或者清除源代码的方式进行人工干预,这种行为在可能到来的强人工智能时代中,当机器人有了独特的人格后,这种惩罚措施或许会演变成一种"对算法责任",但是就人工智能发展的现状看来,依旧属于一种"对当事人"的监管惩戒措施。

此外,在程序法的角度上来看,如果出现纠纷,客户与算法使用者或者设计者所拥有的信息是极为不对称的,这也是由算法黑箱所导致,因此,可以考虑由算法的设计者或使用者就算法不存在瑕疵或不存在谬误等与算法有关的情形承担举证责任,以解决信息不对称带来的诉讼难问题。

（五）对算法的规制采取审慎谦抑的原则

这应当作为当前对待智能投顾的总体态度。原因在于,上文中提到的一些对于金融市场负面影响进行纠偏的,是建立在成熟的算法科技的基础之上的,我国的金融技术发展起步较国外晚些,加之当前国际形势复杂多变,不少国家相继对中国实施技术制裁,如果设置过于苛刻的准入和评估体系,可能并不利于中国金融经济和实体经济的发展,既要扶持中小企业的发展,又要激励大型企业的科技领头作用,因此,在监管上面应当坚持审慎谦抑的原则。这也要求提升证券市场的开放性,对于科技创新企业等应当给予充分的肯定与鼓励,金融科技的入场并不是一种威胁,而是一种机遇,监管机构应当将监管重点放在当金融科技可能异化或者已

---

① Universal City Studios, Inc., v. Sony Corporation of America, 480 F. Supp. ("Sony").

经异化的情形下对其进行的纠偏上,而非阻碍金融科技促进经济发展的趋势。据此,可以适当采用上述措施中的一种或几种,稳步推进监管措施逐步落地,达成监管与激励的动态平衡。

四、结　语

监管机构制定规则的"滞后性"是其"安定性"要求的副产物。对于智能投顾来说,既要对可能存在的算法风险予以事前介入,同时应当注重介入时要尽量使得对促进金融科技发展创新力的削弱程度降至最低,这就要求监管机构坚持审慎谦抑监管原则。数字经济时代的潮流滚滚而来,监管机构既要适应新环境下的新变革,又要前瞻性地透过金融市场的表象看到算法主导的本质,加以审慎监管、谦抑执法,如此方可在新的时代背景下使金融市场处于良性的交易环境之中。

国际贸易体制下数据跨境流动监管之困境[*]

肖　雄^{**}

内容摘要：在数字贸易时代，数据就是经济的命脉，跨境数据流动是数据传输的桥梁，如何保障桥梁有序畅通是国家与国际组织需要考虑的重要议题。WTO规则对跨境数据流动只能起到有限的规制作用，并不能应对指数式发展的数字贸易。多边规则也在为跨界数据流动的规制做努力，例如经合组织隐私指南，亚太经合组织CBPR。WTO电子商务诸边谈判也在进行中，但是中美欧三方并不能达成一致，特别是中美之间对于数据自由流动为原则存在重大分歧。同时区域贸易协定中跨境数据流动的规则蓬勃发展，比如USMCA，CPTTP。中国应该积极参与数字贸易全球治理，从制度与战略层面参与跨境数据流动国际规则的制定，提高数字贸易话语权。

关键词：跨界数据流动　监管机制　数字贸易　区域贸易协定　多边规则

世界正在逐渐全球化和数字化，互联网、云计算和通信技术正在推动新的商业模式的发展，并改变商品和服务的生产和交易方式和地点。在这个数字时代，贸易和生产在很大程度上依赖移动、存储和使用数字信息。越来越多的数据开始跨境流动，并且能够通过全球产业链协调国际生产过程，这将帮助中小企业进入全球市场。数据是一种本身可以交易的资产和提供服务的渠道，也是贸易便利化自动化的关键组成部分，在数字时代，数据是国际贸易的命脉。[①]我国作为电子商务第一大国和数字经济第二市场，在数字经济时代，必须抢占跨境数据流动全球规则的制定权。特朗普上台时与其盟友全方位打压中国，特别是针对数字高科技企业。华为海外受挫断供，TikTok被要求卖给美国企业、WeChat被禁止交易以及印度要求小米不能移出

　　* 本文系2020年国家社科基金项目"新时代国家安全法治的体系建设与实施措施研究"（项目批准号：20&ZD191）的阶段性成果。

　　** 华东政法大学硕士研究生。

　　① See López González, J. and M. Jouanjean, *Digital Trade*: *Developing a Framework for Analysis*, OECD Trade Policy Papers, No.205, OECD Publishing, Paris, 2017.

数据等都与数据的跨境流动有关,我国在此领域需要从制度和战略上双重出击,构建好我国跨境数据流动制度并在国际规则制定中推广。本文将分析国际贸易中的流动数据的性质,以此区分其与货物贸易、服务贸易的区别,并从多方面分析跨境数据需要的监管原因,探究多边规则、区域贸易协定、WTO 规则对数据跨境流动的监管机制,最后分析我国设立跨境数据流动规则面临的症结以及提升路径。

一、国际贸易中的跨境数据流动

贸易的数字化对日常生活和工作的影响也是革命性的,数字化已经渗透到经济活动的各个方面,其影响只会继续扩大和加速。数据的使用改变了制造业,促进了一场新的生产革命,也催生了新的"信息产业",如云计算、大数据分析、5G,这些产业对一个国家的经济作出了重大贡献。所以探析数据的性质,及其与传统的服务贸易、货物贸易的区别以及在国际贸易中的作用尤为重要。

（一）跨境流动之数据

关于贸易背景下数据的辩论往往围绕三类数据的流动展开:个人数据或个人可识别信息、部门特定数据(包括商业、金融和健康数据),以及重要数据。[①]

数据是大量的、无序的或未经处理的点,当分析以确定数据点之间的关系时,它们就成为信息。[②]可以理解为数据的价值在合并时增加,从而大于其部分的总和。比如淘宝在搜集一个人的购物数据时,并不能起什么作用,但是如果将大量用户的购物数据汇集到一起,公司便能将某种特定的广告推送给这一类人,以产生经济效应。

《经济学人》将数据描述为一种新的原材料,如石油,其与资本和劳动力相当。但这种定义类比其实差之毫厘谬以千里。石油的供应者是有限

---

① "重要数据"这个提法是最近的一种趋势,它更全面但是并不好定义,范围不清。我国《网络安全法》第 37 条列出了重要数据的表述,但是定义并不清晰。

② See Casalini, F. and J. López González, *Trade and Cross-Border Data Flows*, OECD Trade Policy Papers, No. 220, OECD Publishing, Paris, 2019.

的,只有国家固定的公司企业才有能力提供石油,或者说是处于石油生产链条上,但是数据不一样,每一个与互联网接通的设备持有者都可以产生数据。此外,石油是一种有限资源,但数据是可以无穷无尽的。还有学者认为可以把数据认作一种财产形式,即个人可以对数据主张财产权和控制权。这种观点也是欧盟委员会《通用数据保护条例》(GDPR)的基础。①但在这种假设之下,监管机构认为数据是一种财产形式,公司将不得不向用户支付许可费,支付收集和使用数据的费用,并且不再免费提供服务。还有将数据作为资本形式、劳动力或者基础设施的观点,此处不再赘述。

（二）数据跨境流动与货物贸易、服务贸易

数据与信息长期以来就是贸易的关键组成部分。跨境数据流动是指计算机服务器之间跨越国界的信息流动或转移。②但是跨界数据流动可能并不符合传统的贸易定义。数据创造了新的贸易形式,其与货物贸易或其他类型的服务有很大不同。③

第一,数字服务贸易不同于其他服务贸易,因为供应商和消费者不需要在同一实际地点进行交易。第二,数据贸易流动频繁,在无边界网络上难以确定其位置。同一组数据的交易可以在很短的时间内重复发生(例如每年"双十一",如果涉及海外直购,某种商品的购买次数可能在不同的地方出现好多次)。这可能导致很难确定什么是进出口以及数据何时受国内法的管辖。④第三,数据贸易是完全发生在互联网平台上的。第四,大部分跨越国界和为新部门提供动力的数据都是由人们创造的个人数据。虽然他们可能受益于基于该数据的服务,但作为该数据来源的人却不能管理控制、交换和核算该数据。这与服务贸易、货物贸易中当事人掌控交易品是不一样的。最后,当数据跨境流动时,它可能与交易关联,也可能不关联。因此,很难将其中一些流动描述为"交易"。⑤

---

① See Medhora, Rohinton P., et al. Data Governance in the Digital Age, 2018.

② See Bughin, Jacques, and Susan Lund, *The ascendancy of international data flows*. Vox EU 9, 2017.

③ 参见陈晖:《贸易便利化下国际海关立法的新特点及贡献》,《东方法学》2010 年第 4 期。

④ de La Chapelle, Bertrand, and Paul Fehlinger, Jurisdiction on the Internet: From Legal Arms Race to Transnational Cooperation, 2016.

⑤ Nicholson, Jessica R., and Ryan Noonan, Digital Economy and Cross-Border Trade: The Value of Digitally Deliverable Services, 19 *Current Politics and Economics of the United States*, *Canada and Mexico* (2017), pp.53—83.

二、跨境数据流动的监管机制

随着数据在经济和社会中越来越重要的作用和价值，数据处理和数据共享的影响触及了大量的国家政策。就国际贸易而言，影响跨境数据交换和移动可能性的措施（有条件的跨境数据传输或本地存储要求）尤其重要。各个国家/地区和相关国际组织多年来一直在努力制定全球规则，以管理世贸组织和双边贸易协定中的跨境数据流动。

（一）跨境数据流动需要监管的原因

关于跨境数据流动的大部分辩论争议都是围绕着个人的可识别信息，其引起了国家社会、个人对隐私的关切。[①]"个人数据"是指与已识别或可识别的自然人（"数据主体"）有关的任何信息。[②]数字社会中，在数据驱动的经济模式下，机构或者企业收集和使用数据，用户在没有完全知情同意的情况下提供了他们的个人数据，他们提供的数据会经过整理分析以货币化，但是作为回报他们可以获得数字技术提供的许多免费服务。此种看似互利互惠的模式中，个人可能会处于一种"衣不蔽体"的状态，从基础的数据库看，族裔、政治或宗教信仰、生物特征数据、健康数据、性取向、精确地理定位数据等都可能不再是隐私。

一些限制数据流动的措施旨在实现不同的监管目标。从这个意义上讲，对数据本地化的要求可被视为在线等同于离线世界中的一种长期做法，即确保监管机构可以随时获取信息。这些措施可针对具体部门，反映特定的监管要求，对特定的数据，如商业账户、电信或银行数据也有针对性。最典型的是《美墨加贸易协定》中关于金融业的数据存储进行了特别规定，其目的是为了成员金融监管机构可以立即、直接、完全及持续获取"涵盖金融服务提供者"使用的境外金融服务计算设施所处理或

---

① 参见阳雪雅：《论个人信息的界定、分类及流通体系——兼评〈民法总则〉第 111 条》，《东方法学》2019 年第 4 期。

② European Union General Data Protection Regulation Article 4.这里的信息指特别因识别身份，如姓名、识别号码、位置数据、在线识别身份或该自然人的身体、生理、遗传、心理、经济、文化或社会身份所特有的一个或多个因素。

存储的信息。①

　　国家安全是很多国家考虑跨境数据流动时需要首要考虑的因素,因为互联网传输的特点,占有终端优势的一方可以互联网为手段监控他国甚至达成破坏国家安全的目的。比如"棱镜门"事件中美国对欧洲国家的互联网监控。所以很多国家采取了相关的应对措施,比如2018年3月,美国通过澄清域外合法使用数据法(Cloud Act),该法允许美国政府强制要求互联网企业向政府披露处于该企业控制下的数据,无论数据是否存储于美国境内。②该法使美国获得数字领域的"长臂管辖权",确保美国对数据的管辖。③

　　限制数据跨境流动或强制将其存储在本地的其他原因可能是出于鼓励和发展本地数字产业的目的。因为使用保有庞大的本地数据库,可以给予国内相关企业机构相对于外国竞争者的先发优势。这是监督管理数据方法的一种,即数字产业政策,其表明国家的价值趋向,数据是一种资源,首先需要提供给国家生产商或供应商。

　　(二)跨境数据监管发展与现状

　　各主要互联网国家多年来一直在努力制定跨境数据流动的全球规则,以管理WTO和双边贸易协定中的跨境数据流动。最早的国际贸易协定中也有若干协定处理影响数据和数字贸易问题。比如《信息技术协定》(ITA)、《与贸易有关的知识产权协定》(TRIPS)、《服务贸易总协定》(GATS)。其中GATS与跨境数据流动以及数据驱动服务最相关,有关于金融服务、电信和计算机服务的章节。GATS于1995年1月生效,但是它诞生之后才有互联网的普及和全球数据流动的爆炸性增长,所以许多数字产品和服务不包括在内,④其中也没有对跨境数据流动作出明确规定。然而,争端解决机构(DSB)将该协定解释为适用于各种计算机和电信服

---

　　① 参见石静霞:《数字经济背景下的WTO电子商务诸边谈判:最新发展及焦点问题》,《东方法学》2020年第2期。

　　② See U.S. Congressional Research Service, *Cross-Border Data Sharing Under the CLOUD Act*, Washington, D.C., 2018, p.5.

　　③ 参见徐程锦:《WTO电子商务规则谈判与中国的应对方案》,《国际经济评论》2020年第3期。

　　④ 参见《GATS协定》全文,see https://www.wto.org/english/tratop_e/serv_e/gatsqa_e.htm。

务,虽然他们认为该协定在技术上是中立的即能适用于不断变化的技术。①TRIPS 同样体现了技术中立的特点,对知识产权的保护延伸至在线数字内容。②因此,总体上跨境数据流动还是受到 WTO 规则的约束,但是面对发生巨大变化的贸易形式和指数上涨的跨境数据,世贸组织的规则需要放大和澄清才能适用于新的数据驱动服务。

2017 年 12 月在布宜诺斯艾利斯举行的世贸组织第十一届部长级会议上,澳大利亚、日本和新加坡在世贸组织其他 67 个成员的支持下,发起了电子商务联合声明倡议,他们希望就成员应该谈判什么以及如何谈判达成共识。为了促进这一倡议的落实,各成员已提出建议和相关背景文件。但是其中许多成员没有明确区分电子商务和数据服务,互联网基础设施薄弱的成员与互联网强大的成员的立场也存在很大差异。尽管存在这些差异,2019 年 1 月 25 日,约 76 个世贸组织成员同意开始电子商务谈判。虽然商业团体对此表示赞赏,但民间社会组织和国际劳工团体反对谈判,他们认为新协定将威胁就业、隐私和数据安全。

与此同时,许多国家或地区包括美国、加拿大、中国、日本、欧盟、澳大利亚、韩国、新西兰、新加坡、俄罗斯等互联网基础设备比较发达的,均希望继续推动谈判。同时赞同的国家之间立场也存在较大差异。美国、加拿大、欧盟和巴西普遍希望制定跨境数据流动的普遍的规则,并提倡跨境数据的自由流动,反对数据本地化措施。欧盟强调保护个人隐私至上的做法与美国产生分歧,同时俄罗斯更关心国家安全和数据自由流动所带来的风险,更愿意使用国内监管来限制此类流动。③发展中国家内部也存在分歧,大多数国家的决策者和商界领袖愿意谈判电子商务,因为他们认为传统的电子商务可以帮助他们的农民和公司直接与世界各地的消费者进行贸易④。

① Aaronson, Susan Ariel, and Patrick Leblond, *Another digital divide: the rise of data realms and its implications for the WTO*, Journal of International Economic Law, Vol.21, pp.245—272 (2018).

② 参见阳雪雅:《论个人信息的界定、分类及流通体系——兼评〈民法总则〉第 111 条》,《东方法学》2019 年第 4 期。

③ Aaronson, Susan Ariel, and Patrick Leblond, Another digital divide: the rise of data realms and its implications for the WTO, Journal of International Economic Law, Vol.21, pp.245—272 (2018).

④ See UNCTAD, Global efforts needed to spread digital economy benefits, 2019, https://unctad.org/en/PressReleaseLibrary/PR19023_ch_DER.pdf.

与此同时,许多成员对谈判数据驱动的服务持谨慎态度,因为他们境内可能缺乏数据驱动的公司,自身的网络基础设施薄弱,比如,非洲和拉丁美洲合起来拥有的主机代管数据中心占世界总数的不到5%,①Google、Facebook等互联网巨头通过数据化整合占据了全球移动互联网垄断地位,建立了"互联网数据帝国",此种情况之下,这些成员的担忧也不无道理。

同时,在世贸组织谈判没有取得重大进展的情况下,美国、欧盟、澳大利亚、加拿大和其他经济体在其自由贸易协定的电子商务章节中列入了关于跨境数据流动的规定。随着数字经济不断扩张,其重要性不断提高,美国、墨西哥、加拿大、欧盟和日本最近将相应内容重新命名为"数字贸易"章节。

（三）多边规则对跨境数据流动的规制

经合组织1980年《隐私指南》确立了第一套国际隐私原则,旨在确保在技术带来的新挑战面前保护隐私,并避免对数据流动及其带来的经济和社会利益施加不合理的限制。这些经合组织准则旨在协助各国制定国家数据隐私政策。2013年对准则进行了更新,鼓励各国在隐私问题上开展合作,并支持制定国际安排,促进隐私框架之间的互操作性。②最新的准则确定了各国在制定国家政策时应考虑的具体原则。

亚太经合组织领导人于2011年批准的《亚太经合组织跨境隐私规则》（CBPR）是亚太经合组织经济体制定的一个隐私行为框架。该规则系统为政府和企业制定了一套保护个人数据和允许成员之间跨境数据流动的原则。它们旨在平衡信息隐私与商业需求和商业利益,并促进数字贸易以刺激该区域的经济增长。而不是制定一套新的国际法规,亚太经合组织框架和《跨境隐私规则》确定每个亚太经合组织成员可以根据其境内法律制度量身定做的最佳做法,并允许各成员之间的互操作性。《跨境隐私

① See UNCTAD, Digital Economy Report, 2019, https：//unctad.org/en/PublicationsLibrary/der2019_overview_ch.pdf.

② 《经合组织隐私准则》关于自由流动和合法限制的主要原则:数据控制者对其控制下的个人数据负责,而不考虑数据的位置……一个会员国应避免限制个人数据在本国与另一个国家之间的跨界流动……对个人数据跨境流动的任何限制都应与所带来的风险相称,同时考虑到数据的敏感性以及处理的目的和背景。See OECD, THEOECDPRIVACYFRAMEWORK, 2013, https：//www.oecd.org/sti/ieconomy/oecd_privacy_framework.pdf.

规则》的范围和实施机制可以根据每个成员的法律法规而有所不同,为政府设计隐私方法提供了灵活性。规定了成为成员的条件,以及亚太经合组织隐私框架原则。①随着参与经济和组织数量的增加,《跨境隐私规则》越来越重要,可能扩展到亚太经合组织之外,成为跨境数据流动和个人隐私保护的国际规则。

在经合组织原则和20国集团先前工作的基础上,2018年20国集团数字经济部长宣言确定了以下原则:"促进对信息和通信技术的使用,并协助各国政府重塑其能力和战略,同时尊重不同国家的适用框架,包括在隐私和数据保护方面。"②之后2019年日本主办的G20峰会数字经济部长宣言重审,数据的自由流动带来了某些挑战。通过继续应对与隐私,数据保护,知识产权和安全性相关的挑战,需要进一步促进数据自由流动并增强消费者和企业的信任。虽然该宣言并没有法律拘束力,但是它体现了各国对于跨境数据流动的关切,以及对于个人隐私保护的重视。③现阶段并没有专门针对隐私或跨境数据流动的全面多边规则,电子商务谈判也正在采取多边谈判的方式进行,但是各国很难达成妥协,所以此种局面之下20国集团峰会的共识也有益于谈判的进行。

(四)WTO 规则对跨境数据流动的规制

将互联网时代之前诞生的《服务贸易总协定》规则应用于与数据相关的争端具有挑战性。首先,跨境数据流动不仅涉及服务贸易,也涉及货物贸易,当服务成为商品的一个组成部分时,将措施中与商品相关的和与服务相关的部分分离可能是具有挑战性的。其次,GATS 和《关贸总协定》(GATT)都对数据流动产生影响,因为数据措施可能会影响货物、具有嵌入或嵌入服务的货物和数字化服务。④每一协定的承诺和义务各不相同,

---

① See OPEC, APECCOOPERATIONARRANGEMENTFORCROSS-BORDERPRI-VACYENFORCEMENT, 2009, http://www.apec.org/~/media/Files/Groups/ECSG/CB-PR/CBPR-CrossBorderPrivacyEnforcement.pdf.

② See G20 Digital Economy Ministerial Declaration, G-20 Digital Economy, August 24, 2018.

③ See G20 Ministerial Statementon Tradeand Digital Economy, June 9, 2019, http://www.g20.utoronto.ca/summits/2019osaka.html.

④ See Chander, Anupam, The Internet of Things: *Both Goods and Services*, World Trade Review, Vol.18, pp.9—22 (2019).

因此评估一项具体措施的合法性是复杂的,按照不同协定下的义务或者承诺会有不同的结果。例如,根据 GATT 规则,国民待遇自动延长,而在 GATS 中,国民待遇是一项谈判承诺,因成员和部门的不同而有所不同。因此,成员关于跨境数据流动或者数据本地化措施的合法性可能取决于受影响产品的行业分类。再次,世贸组织未能达成数字贸易条约①,以适应数字贸易的快速发展,目前也没有监管跨境数据流动的全球框架。世贸组织成员尚未解决跨境数据转移的合法监管问题,也没有对可能扭曲贸易的行为进行分类。

尽管存在以上弊端,WTO 争端解决机构依旧认为 WTO 规则适用于数字服务,②并采取技术中立主义,认为 WTO 规则能够适用于将来产生的新兴技术。例如,当对跨境数据流动采取的限制措施引起争端时,如果该措施有利于成员境内服务和服务供应商或对境外服务和服务供应商提出不合理的要求,则 WTO 协定中有关国民待遇的法律义务就可以被作为理由。同样,在成员已明确作出 GATS 承诺的行业,限制或禁止跨境数据流动可能违反市场准入义务。③此外,GTAS 第 14 条的一般例外规则可以将明显的保护主义数据限制性措施与合法例外措施区分开来。

总而言之,WTO 协定,主要是 GATS 对于跨界数据流动中隐私保护④、网络安全⑤等与跨境数据流动有关的内容都有规定。从理论上讲,GATS 原则支持数据流动的开放环境,而不限制成员出于合法理由对互联

---

① WTO 电子商务谈判正在进行,但是各方立场差异较大,原定于今年 WTO 部长级会议进一步谈判,但是由于 COVID-19 疫情推迟。

② See Velli, Federica, *The Issue of Data Protection in EU Trade Commitments: Cross-border Data Transfers in GATS and Bilateral Free Trade Agreements*, European papers: a journal on law and integration, Vol.4, pp.881—894 (2019).

③ Mitchell, Andrew D., and Jarrod Hepburn, *Don't Fence Me In: Reforming Trade and Investment Law to Better Facilitate Cross-Border Data Transfer*, Yale JL & Tech, Vol. 19, p.182 (2017).

④ GATS Article XIV(ii)规定:"在处理和发布个人资料方面保障个人隐私,以及保障个人记录和账户的机密性",Para5(d) of GATS Telecommunications Annexstates 规定:"成员可采取确保信息安全和保密所必需的措施,但须保证此类措施的实施不会构成对服务贸易的任意或不合理歧视或变相限制的手段。"

⑤ GATS Article XIV(c)规定的与"防止欺骗和欺诈做法""服务合同违约"和"安全"有关的国内法可以解释为涵盖网络安全和隐私保护的相关措施。

网进行监管,同时也允许成员设置不违反规定的例外。

（五）区域贸易协定与跨境数据流动的规制

因为世贸组织在与电子商务有关的事项上进展缓慢,同时与跨境数据流动有关的问题在区域贸易协定中日益突出。一些主要世界贸易组织成员,如美国、欧盟、日本等,都在世界贸易组织框架下,试图通过利用区域性的贸易协定去达成规制跨境数据流动的目的,比如《全面与进步跨太平洋伙伴关系协定》(CPTPP)、《美墨加贸易协定》(USMCA)等。

CPTPP是以日本为主导、亚太地区11个国家缔结的贸易协定,它是以美国特朗普总统上台后宣布退出跨太平洋伙伴关系协议(TPP)为基础达成的贸易协定。TPP协定中的电子商务一章在CPTPP中并没有发生改变,①CPTPP载有一套相对完整的数据流动条款,但是也有政府采购和金融部门的例外,②CPTPP中包括有关跨境数据流动和个人信息保护的条款,该案文具体规定,当事各方应允许跨境数据转移,同时协定允许出于合法的公共政策目的采取限制性措施,只要这些措施不是歧视性的或构成变相的贸易壁垒。③在当地储存方面,CPTPP规定,"任何一方不得要求被涵盖的人在其领土内使用或定位计算机设施,作为在该领土内开展业务的条件"。④在CPTPP中,允许采取与此不符的措施,以实现合法的公共政策目标,条件是这些措施不得"变相限制贸易"或"对使用或放置大于实现目标所需的计算机设施施加限制"。关于隐私问题,CPTPP要求各方建立保护个人信息的法律框架,并制定涵盖在线商业的消费者保护法。它鼓励数据隐私制度之间的互操作性,并鼓励消费者保护当局之间的合作。

《美墨加贸易协定》是《北美自由贸易协定》2.0版(NAFTA2.0),其中涉及电子商务或者数字贸易的部分,特朗普政府一再向加、墨两国施压,并最终在《协定》中确定了"跨境数据自由流动"和"数据存储非强制本地化"的要求。⑤《协定》关于数字贸易的第19章包括消费者保护、个人信息

---

① CPTPP Chapter 14.

② CPTPP Chapter 14 Article 14.2.

③ CPTPP Chapter 14 Article 14.11.

④ CPTPP Chapter 14 Article 14.13.

⑤ 参见薛亚君:《数字贸易规则中的数据本地化问题探究》,《对外经贸实务》2019年第8期。

保护、通过电子手段跨境信息转移和网络安全等内容。在 TPP 的基础上，该《协定》要求各方达到预期目标，有保护个人信息的法律框架，对在线商业活动有消费者保护法，以及不禁止或限制信息的跨境转移。《协定》规定，"任何缔约方不得禁止或限制信息的跨界转让"①，并对例外适用上述类似规定。《协定》也包含了对个人信息保护规定，"各方认识到保护数字贸易用户个人信息的经济和社会利益，以及这对增强消费者对数字贸易信心的贡献"。②它要求各方应采取或维持一个法律框架，为数字贸易用户的个人信息提供保护，在这一框架的发展中，《协定》参考了《亚太经合组织跨境隐私规则》和经合组织《隐私指南》等方法。③它还促使各方"认识到必须确保遵守保护个人信息的措施，并确保对个人信息跨境流动的任何限制都是必要的，并与所带来的风险相称"。总体而言，《协定》要求各方不限制跨境数据流动，当然允许存在例外，目的是为了实现合法的公共政策目标（例如隐私、国家安全），例外实施也受到该措施不是任意的、歧视性的、变相的贸易壁垒，或大于实现特定目标所必需的条件的限制。

　　欧盟本身是一个高于自贸协定的整体，欧盟对于跨境数据流动与个人隐私保护有专门的规定。2018 年 5 月生效的亚太经合组织跨境隐私规则（GDPR）是一个建立在以往欧盟数据保护规则之上综合的隐私制度，其赋予个人控制个人数据的新权利，并制定具体的数据保护要求。《跨境隐私规则》适用于：(1)欧盟机构的所有企业和组织，这些企业和组织处理欧盟成员的个人数据，而不论数据的实际处理发生在何处；(2)欧盟以外的实体向欧盟个人提供货物或服务（付费或免费）或监测欧盟个人的行为。④关于适用范围的规定扩大了《跨境隐私规则》的监控范围，只要是跟欧盟个人和企业存在关联，那么就要遵守规定。此外根据《跨境隐私规则》，有三种选择可以在欧盟内外传输个人数据，并确保隐私得到维护：1.组织可以使用欧盟批准的具有约束力的具体公司规则或示范合同；2.一个组织或国家通过了委员会认可，被认为对个人数据的保护达到了适当水平，这意味着欧盟认为一个国家或组织的法律和条例提供了充分的数据保护⑤；3.美

---

　　① USMCA Article 19.11.

　　②③ USMCA Article 19.8.

　　④ GDPR Chapter 1 Article 3.

　　⑤ U.S. Congressional Research Service, *Data Flows*, *Online Privacy*, *and Trade Policy*, Washington, D.C., 2019, p.5.

国的一个组织可能会参加美国-欧盟的隐私盾,用于跨大西洋转移个人数据。由此可见欧盟对跨境数据流动的标准之高,坚持跨境数据流动下的高标准隐私规则,明确任何关于数据跨境流动等承诺均不可优先于隐私保护,并将个人隐私和数据保护作为基本权利。欧盟也正在推动《跨境隐私规则》成为全球标准,以扩大自己在 WTO 电子商务谈判中的影响权重,一些公司和组织正在努力地遵守《跨境隐私规则》,以避免被排除在欧盟市场之外、罚款或其他处罚,一些国家也在模仿 GDPR 的全部或部分规定,以有助于与欧盟的贸易协定或者谈判顺利进行。

三、我国对跨境数据流动的立场、困境以及应对路径

(一) 我国立场

国内层面,我国对跨境数据流动有明显的限制,比如网络安全法规定了个人信息和重要数据的数据本地化措施,并且对于数据的跨境流动采取安全评估制度。[①]《关键信息基础设施安全保护条例(征求意见稿)》,[②]规定关键信息基础设施的运行维护应当在境内实施,并再次强调了个人信息和重要数据的境内储存和跨境流动审批。《个人信息出境安全评估办法(征求意见稿)》细化了跨境信息流动评估制度,规定了评估所需提交材料,评估程序以及部门。[③]《数据安全管理办法(征求意见稿)》规定了网络运营者发布、共享、交易或向境外提供重要数据的安全风险评估。[④]国际谈判中,我国对美国所主张的数字化传输内容和服务方面的规则过于敏感和复杂,以及跨境数据流动规则,并没有明显偏向和表示。从中国目前缔结的协定来看,在跨境数据流动方面存在较多空白。在 WTO 电子商务

---

① 《网络安全法》第37条规定:"关键信息基础设施的运营者在中华人民共和国境内运营中收集和产生的个人信息和重要数据应当在境内存储。因业务需要,确需向境外提供的,应当按照国家网信部门会同国务院有关部门制定的办法进行安全评估。"
② 《关键信息基础设施安全保护条例(征求意见稿)》第29、34条。
③ 详细参见《个人信息出境安全评估办法》(征求意见稿)。
④ 《数据安全管理办法》(征求意见稿)第29条。

谈判中,中国没有在提案中涉及跨境数据流动议题,也不倾向于将该议题纳入谈判,电子商务条款的核心仍在货物贸易领域。①这可能是因为我国互联网产业发展主要通过互联网平台的技术支持开展跨境货物贸易及相关的支付和物流等服务,关注更多的是贸易便利化层面的传统议题。

总而言之,我国国内法层面采取限制数据跨境流动和个人信息和重要数据本地化措施,国际层面对跨境数据流动议题避而不谈,在谈判中处于防守状态。

（二）面临的困境

代表数据流的全球互联网协议(IP)流量从 1992 年的每天约 100 千兆字节(GB)增长到 2017 年的每秒 45 000 千兆字节。但这个世界还只是处于数据驱动经济的早期,在首次上网的人越来越多和物联网扩张的推动下,到 2022 年,全球互联网协议流量预计将达到每秒 150 700 千兆字节。②数据流量的指数型增长会带给经济巨大的活力,促使一些国家产业升级,大力促进物联网、区块链、3D 打印、人工智能等新型技术发展,最终转化为经济成果。与此同时,由数据爆发性发展所带来的数据鸿沟也正在加大,美国和中国这两个国家占了区块链技术相关专利的 75%,全球物联网支出的 50%,以及全球公共云计算市场的 75% 以上。或许最引人注目的是,它们占全球 70 个最大数字平台市值的 90%。而欧洲在其中的份额为4%,非洲和拉丁美洲的总和仅为 1%。数字贸易以及相关的跨境数据流动成为各主要互联网大国争夺话语权的阵地。

同时,在 WTO 电子商务谈判中,美国提出的跨境数据流动的新议题已获得欧盟、日本、澳大利亚、新加坡等发达经济体和《美墨加贸易协定》成员支持。巴西、墨西哥等发展中经济体也将此类议题系统性地纳入其提案。印度虽然也抵制数据跨境自由流动并支持数据本地化,但是拒绝参加电子商务谈判,剩下的国家中只有俄罗斯与中国的立场接近。同时,由于关于《全面与进步跨太平洋伙伴关系协定》和《美墨加贸易协定》的谈判已经结束,协定中关于"跨境数据流动"的规定已经十分成熟。所以要在谈

---

① Joint Statementon Electronic Commerce, Communication from China, INF/ECOM/19, 24 April 2019.

② See Digital Economy Report 2019, UNCTAD, https://unctad.org/en/PublicationsLibrary/der2019_overview_ch.pdf.

判中抵制该议题难度较大。

总的来说,以欧盟《跨境隐私规则》为代表的跨境数据流动机制(重点保护个人隐私)与美国和日本提出的跨境数据流动规则(重点在于数字自由流动)具有内在一致性。相比之下,中国的个人信息保护缺乏明确具体的法律规范,《个人信息保护法》截至 2020 年 8 月尚未通过,而《网络安全法》规定的个人信息的跨境流动安全评估制度,由于评估主体的差异性,对个人信息的保护程度可能存在差异和区别。总之,中国与美欧日在跨界数据流动议题上分歧较大。所以无论是为了在 WTO 电子商务谈判中增强话语权还是为了《区域全面经济伙伴关系协定》(RCEP)谈判、"一带一路"相关议题以及未来的中欧自贸谈判顺利进行,我国都需要抓紧制定自己的跨界数据流动规则,并寻求多方认同,以期与以美国为主导的数字自由流动规则达成平衡。

(三)应对路径

1. 制度层面

一是完善跨境数据流动机制,实现保障国家安全与跨境数据自由流动之间的平衡。一方面需要对数据进行分类管理,允许数据合法跨境流动。我国将数据的安全评估作为数据跨境流动的条件与现实情况契合度不高,评估机构很难面对兆亿级的数据游刃有余,所以我国需要建立数据分类制度,分为允许自由流动的和需要经过评估的两部分。对于允许自由流动的数据,在境外数据接收方符合中国个人信息保护和网络安全技术标准的前提下,允许数据跨境自由流动,这里可以借鉴欧盟《跨境隐私规则》标准。对于需要进行评估的数据,首先需要确定哪些数据属于评估范围,不能模糊范围边界①,一般而言涉及国家安全、网络安全的重要敏感数据属于其范畴,还有与特殊产业行业发展相关的数据也可以纳入其中,比如航空航天、信息技术等。这样既可以达到数据跨境自由流动的目的也能兼顾重要数据评估,对于我国跨国互联网企业数据回流意义重大。另一方面,合理设计国家安全例外,保障国家安全所需的政策空间。安全例外与重要数据一样是一个含糊不清的说法,同时安全例外因为各个国家文化社会背景不同、信息网络发展不同、政治考虑不同而有着不同的内

---

① 网络安全法中的"重要数据"一词需要进一步释义,明晰范畴。

涵与外延。一些国家为了本国产业竞争力和安全利益,而使用国家安全例外限制数据跨境流动,这是属于安全例外条款的泛化适用。我国应当避免此种做法,随着我国跨国互联网企业增多,我国应当保持前瞻性的视角设置安全例外,以免他国以此为由限制我国互联网企业数据跨境自由流动。目前在 WTO 电子商务谈判中,针对跨境数据流动的例外与限制,美国提出以"合法公共政策目标"为例外,以数据跨境自由流动为原则,但是此种例外不能违反必要性的原则,日本、加拿大、巴西与美国立场相近,但是他们对于"合法公共政策目标"容忍性更高。①欧盟没有设置安全例外条款,但是它设置了综合的个人隐私保护条款。总的来说,美国的"合法公共政策目标"例外可以包含隐私保护的内容,但是例外的要求很高,而欧盟将跨界数据自由流动与个人隐私保护置于同等地位,提高了隐私保护的重要性。我国设置安全例外可以参考"合法公共政策目标"的做法,提高政策灵活性,并吸收欧盟个人隐私保护条款,提高隐私保护水平,以免以美国为首的西方国家以此为由发难。

二是提高国内数据保护水平,占领道德制高点。个人信息的保护水平如上所述是国家评判他国网络信息安全的重要指标。在数据作为基础生产资料的信息技术时代,高水平的个人信息保护不仅符合我国互联网用户的合法需求而且也是我国企业进出口他国用户数据的关键因素。2020 年 5 月 25 日全国人大常委会工作报告在下一步主要工作安排中指出建议尽快完成《个人信息保护法》、②《数据安全法》的制定。现在正处于WTO 电子商务诸边谈判关键环节,建议加快立法效率,对标国际先进保护水平,可以参考欧盟《跨境隐私规则》标准,从而改善数据营商环境,保障我国企业能对等的从他国进口数据。

三是在国际规则中,为政府干预设定明确的行政适当程序,即为政府获取个人、企业数据制定正当程序规则。日本认为政府干预网络空间的正当程序不可预测、不明确,给企业经营者带来了成本和障碍。政府干预的正当程序不明确不仅损害了企业利益,也损害了消费者利益。为确保

---

① 参见柯静:《WTO 电子商务谈判与全球数字贸易规则走向》,《国际展望》2020 年第 3 卷。

② 早在 2003 年个人信息保护法专家建议稿就开始起草,并于 2005 年递交相关部门。但是至今十多年依旧没有落地,其中遇到多因素阻碍。

网上商业环境的可预测性,各成员应在世贸组织内同意为政府干预设定明确的行政适当程序。这些程序应包括但不限于颁布相关法律法规和提出异议程序。①此项规则可以予以借鉴并作为中国企业出海数据跨境流动的保障,比如小米、字节跳动、腾讯、华为在外国数据的自由流动受到当地政府阻碍或强制调查时,《跨境隐私规则》为中国抢占道义制高点。对于美国自己公布 Cloud 法案获取对境外数据的"长臂管辖权"同时指责他国政府侵犯用户数据的行为进行反制。

2. 战略层面

我国作为数字经济第二大国和跨境电子商务最大市场,在数字经济上存在重大利益。随着我国互联网技术的发展,IoT、云计算、5G、区块链等新兴技术都已位列世界第一或第二,从我国的人口规模来看,我国拥有庞大的内部潜力可以发掘,可以预见我国在不远的将来将成为全球互联网数字经济第一大国,所以对于跨境数据流动我国在战略必须保持谨慎又开放的态度。首先,我国不宜回避跨境数据流动问题,而应该在国际贸易谈判中应积极参与数字贸易新规则的制定,特别是在 WTO 电子商务诸边谈判、区域贸易协定、"一带一路"相关协议中。随着"一带一路"深化发展,沿线各国数字交易逐渐增多,由传统的货物贸易扩展到数字经济,我国需为将来"电子丝绸之路"的建设作前瞻性制度构建,调整发展思路。其次,应当通过多方谈判,积极推行我国的跨界数据流动规则,目标指向广大发展中国家,构建符合多方共同利益的数据流动框架,以对抗美国为主导的跨境数据流动规则,打破美国以推动跨境数据自由流动之名行通过本国互联网企业全球垄断地位获取全球数据之实的目的。再次,现阶段我国对数据流动的基本谈判立场是在以国家安全为首要,经过评估有限制的转移。不管其目的是为了政治安全还是产业发展,随着我国互联网企业出海扩展,我国应该调整思路,为这些企业数据回流中国打好制度基础。②

全球政治形势的变化对国际贸易产生了多维影响,跨境数据规则制

① See Joint Statementon Electronic Commerce Initiative Proposal for The Exploratory Work by Japan, JOB/GC/177, 12 April 2018.

② See Cory, Nigel, *Cross-border data flows: Where are the barriers, and what do they cost?*, Information Technology and Innovation Foundation, 2017.

定背后的利益博弈是其主要体现之一,中美欧都在规则制定中提高自己的话语权。如今,世界整体数据流量其实还处于互联网数据爆炸时代的前期,随着新技术的突破,往后跨境数据流动量会指数式增长。而在跨境数据流动规则制定上,美国具有先发优势,已经通过《跨太平洋伙伴关系协定》、《美墨加贸易协定》等区域贸易协定落实,此外,日本等其他互联网大国与美国并不存在根本性分歧。因此,我国有必要从战略和制度角度考量,变被动为主动,把握电子商务复边谈判的机会,力争条款利益最大化,并且在其他区域贸易协定中积极推进符合我国立场规则的确立。

重大公共卫生事件数据法律保护

余圣琪[*]

内容摘要：在抗击新冠肺炎疫情的过程中，全国上下一心，疫情防控取得重大成果。数据发挥了巨大的作用，与此同时数据权利保护不可避免地遭遇了一些法律风险，主要体现为隐私权保护、人格权保护以及保护个人信息与促进数据自由流动之间的平衡困境。重大公共卫生事件中的数据处理依然要坚持个人信息处理的合法性、正当性和必要性原则。在此基础上，应该通过转换数据保护的法律思维模式，建立公共数据开放的机制体系，并且强化政府监管与加强行业自律在保护数据主体隐私权利、人格权利的基础上，促进数据的开放和流通，让数据能更好地为疫情防控发挥作用。

关键词：数据权利　隐私权人格权　法律对策

新冠肺炎疫情在全球范围不断蔓延，随着信息技术的发展，人类进入了大数据时代。在这个时代，无时无刻不充斥着海量的数据分析，数据化成为最主要的特征，数据也成为这个时代的新资源。新冠肺炎发生以来，中国把人民群众的生命权、健康权放在第一位，全力调配疫情防控物资、全速调动全国医疗资源。疫情防控阻击战取得重大成果。

整个抗疫过程是与大数据和互联网技术连接起来的，我国深圳和杭州从2020年2月上旬起利用大数据和互联网技术推出了"健康码"，苹果谷歌也将利用30亿手机联手最大"健康码"项目来筛查新冠密切接触者。不论是丁香园医务微信公众号发布的实时疫情信息，还是运用电信大数据分析、统计人员流动情况，对疫情进行研判、监测和防控部署，又或者网购、视频会议、在线办公等疫情期发展的生活方式，都与大数据平台息息相关。目前，很多国家的数据保护机构发布了指导疫

---

* 华东政法大学法律学院博士研究生。

情期间收集和使用个人数据的意见。我国市场监管总局发布了个人健康信息码系列国家标准,但传统的法律规定已无法满足涉疫中数据权利保护的需求,使数据权利保护困难重重。因此,本文希望通过分析抗疫中数据权利保护的困境和挑战,探讨抗疫中数据权利保护的新对策。

一、重大公共卫生事件数据保护的困境

(一)隐私权保护的困境

其一,数据的公开性削弱隐私权益的合理期待。合理隐私期待原则是美国解决隐私权问题的一个重要"法律工具",其确立来自1967年美国联邦最高法院的一个经典判例——凯兹诉美国案。[1]"合理隐私期待"原则在数据时代的潜在含义:当个人自愿地公开个人的隐私,那就丧失了所谓的合理期待,公开的个人隐私就无法得到保护。数据的公开性削弱了隐私权益的合理期待。

"合理隐私期待"原则是宪法解释者面对美国《宪法第四修正案》以及公民隐私受到政府侵犯问题最常援引的原则。法学家布兰代斯在奥姆斯特德诉联邦政府案中提出了"隐私权"对于公民的重要性,并表现出对于未来高科技背景下隐私保护潜在的威胁的担忧。在"凯兹案"之前,主张隐私保护的前提是有形财产受到侵害,直到在"凯兹案"中,哈伦法官认为《宪法第四修正案》保护的是人,而不是公共电话亭这个领域。由此提出了"合理隐私期待"原则,这个原则主要包括两个方面要件:主观要件——个人对隐私有主观期待的意愿;客观要件——主观期待被社会认可为"合理的"。在美国诉史密斯案中,史密斯认为"凯兹案"中,在电话亭打电话的人对其通话之隐私不论从主观方面还是客观方面衡量都有正当的隐私期待,[2]最终第五巡回法院认为,家里无绳电话的通讯存在合理的隐私期待,但由于史密斯无法举证他的第四修正案权利被侵犯,所以维持了对史密斯的有

---

① 何渊:《大数据战争:人工智能时代不能不说的事》,北京大学出版社2019年版,第210页。

② [美]约纳森·罗森诺:《网络法——关于因特网的法律》,张皋彤等译,中国政法大学出版社2003年版,第147页。

罪判决。

凯兹案的意义主要体现在两个方面：第一，凯兹案确立了"合理隐私期待"原则，主张隐私侵犯的依据是《宪法第四修正案》保护的是人，而不是某个领域。这是本案最重要的意义。第二，凯兹案强调了正当程序原则的重要性。违法搜查获取的证据应当被排除。"合理隐私期待"原则为数字时代生活在更为隐蔽监控环境下的人们，提供了更好的工具基础。生活在智慧时代，人们为了更加方便、快捷地融入数字时代的生活，会自愿地选择公开一些个人数据，但这并不意味着同意将数据用于各种商业、政治的目的，比如剑桥分析公司利用个人信息进行选民分析的丑闻。对于这些公开的数据，人们从主观上存在期待隐私被保护的意愿，并没有丧失"合理期待"。

"合理隐私期待"原则在数据时代的潜在含义：当个人自愿地公开个人的隐私，那就丧失了所谓的合理期待，公开的个人隐私就无法得到保护。在疫情防控期间，随着病例数量的增加，追踪确诊病例及密切接触者就变得尤为重要，苹果和谷歌推出内嵌在移动设备的操作系统中的专用API，从而保证每台 IOS 与安卓系统的手机都被覆盖。[①]在卡彭特诉联邦政府案中，联邦政府声称卡彭特对提供的信息没有隐私期待，因为他是自愿将其提供给第三方。最高法院并不同意上述观点。[②]不论是苹果和谷歌的内嵌 API 还是中国的"健康码"信息，以及为了疫情防控自愿提供给社群的相关个人信息，并不意味着数据主体同意数据公开，对数据的隐私保护没有了合理期待，对于这些公开的数据，人们从主观上存在期待隐私被保护的意愿，客观上这种期待也是"合理的"。个人信息也有权受到保护。[③]

其二，数据侵权的复杂性挑战侵权归责的前提。隐私权益在信息时代遭遇的侵犯具有隐蔽性，侵权主体常常是多重的，侵权过程也更加模

---

① 数据法盟：《苹果谷歌联手最大健康码项目：利用全球 30 亿手机筛查新冠密切接触者》，https://mp.weixin.qq.com/s/b_RK2dOTaRIIoSXobjAD_g，2020-07-01。

② 林洁琼：《新冠病毒防控与欧美数据保护法》，https://mp.weixin.qq.com/s/Ds82Iajc_Q3rS-s4c19brA，2020-07-01。

③ 参见张继红：《个人数据跨境传输限制及其解决方案》，《东方法学》2018 年第 6 期；李爱君：《数据权利属性与法律特征》，《东方法学》2018 年第 3 期。

糊,侵权责任的举证也异常艰难。侵权法的适用以存在伤害或损失为前提,较为适合为独立的、一次性的侵权提供救济。①

传统的隐私侵权中,侵权主体多为单一主体。但数据侵权的主体更多体现出多元化的特点。正如在疫情防控期间,为了准确的排查病患、排查密切接触人群、排查高风险人群以及隔离病例、密切接触者,政府部门、社区组织、企业单位等都在收集个人信息。与此同时,数据出现被泄露的情形。2020年春节前后,武汉返乡公民信息遭到泄露,返乡人员名单在微信群中转发,敏感信息泄露。中国地质大学(武汉校区)大一学生吴某,在家庭微信群里看到一份"武汉回宁都人员数据表",自己和五百多人的个人信息被曝光,她向市信访局、国家投诉受理办公室进行举报,当时并无回复,对于泄露的源头也并不清晰。②有些信息被泄露的公民也向派出所报了警,一位民警告诉他们信息发布者已经被行政拘留,但对于泄露的具体部门和人员避而不谈。③因将涉及新冠肺炎患者及其亲属隐私的调查报告转给无关人员,湖南益阳市赫山区卫生健康局副局长被予以党纪立案调查,另有两人被训勉谈话,一人被通报批评。④不论是在欧美国家还是在中国,大数据带来的万物互联引发各式各样的数据泄露事件,公民个人的隐私受到侵犯。疫情期的个人信息在没有找到传播源头的情况下,已经被广泛散布,公民的私人生活受到严重侵犯,陌生人通过手机号码频繁发送骚扰信息,甚至被要求公布全家信息。这些损害可能是无形损害,又或者很难证明伤害的程度,更有甚者存在无法举证的情况,对于隐私泄露更多地采取行政处罚或者党纪处分的方式,在这种情况下传统的侵权规则已经无法保护日益复杂的数据隐私权益。

（二）人格权保护的困境

2020年,全国人大常委会将制定两部重要的法律:个人信息保护法、

---

① 丁晓东:《个人信息私法保护的困境与出路》,《法学研究》2018年第6期。

② 《超7000武汉公民信息泄露,知情权和隐私权应如何平衡?》,https://mp.weixin.qq.com/s/R-veNjwFuznAhF4MXvhGtw,2020-07-02。

③ 李慧琪:《那些信息被泄露的武汉返乡人员,后来怎么样了? 我们找他们聊了聊》,https://mp.weixin.qq.com/s/CUhi7w_-4KJhAYfozRCanw,2020-07-02。

④ 数据法盟:《泄露新冠病毒患者及家属个人隐私,湖南一卫生局副局长被查》,https://mp.weixin.qq.com/s/NqnhFM9rW5cOYMJz801VHw,2020-07-03。

数据安全法,随着国家立法层面对于数据权利保护的重视,围绕着数据权利的理论探讨成为学界的热点话题,对于个人数据的属性问题也引发了激烈的学术讨论。例如有的学者认为个人信息所要保护的是个人的人格性利益,有的学者认为个人信息所要保护的是个人的财产性利益。[1]我国《民法总则》第111条颁布以来,在学界也受到了广泛的关注。学者们对于个人信息权(权益)的属性问题同样也进行了广泛讨论,即个人信息权(权益)究竟是一项人格权,还是一项财产权,还是说两者兼而有之。[2]有些学者主张个人信息权(权益)是一项人格权,需要采取人格权的保护进路对个人数据进行保护。但数据由于具有复合性的特征,采取人格权的保护进路难以回应数据的财产权益。

一方面,人格权的人身性无法保护数据的复合权利。面对数据的权益保护问题,学者提出了不同的主张,主要原因是由于数据权利具有复合性的特征。采用人格权的私法保护进路无法为数据权利提供保护,数据本身具有无形性、可分享性以及公共性的特点,信息数据主要通过社群分享来实现自身价值。[3]传统的人格权保护无法对个人数据权益进行全面保护,数据不同于传统的物,个人数据是复合权利。"随申码"已经改版升级开通了看病就医功能,市民在今后看病、买药时,可以打开"随申码",选择医保服务,就能完成就医、付费等操作。[4]"随申码"已经不再是临时存在的防疫登记信息,不仅仅是"人格要素",而是就医、付费等"财产权益"相关的数据。数据具有人身权益和财产权益的复合权益。如果仅仅对数据权利(权益)采取人格权的保护思路,只能对数据权利的人身权益进行保护,将无法对数据的财产权益进行合理的保护。

另一方面,人格权的绝对性保护阻碍数据的流通价值。数据权利保护和数据流动的平衡一直以来就是数据法的核心议题。数据价值的关键是近似无限的再利用,即它的潜在价值。大部分的数据价值在于它的使

①　丁晓东:《个人信息权利的反思与重塑》,《中外法学》2020年第2期。

②　张新宝:《〈民法总则〉个人信息保护条文研究》,《中外法学》2019年第1期。

③　梅夏英:《在分享和控制之间数据保护的私法局限和公共秩序构建》,《中外法学》2019年第4期。

④　上海发布:《"随申码"改版升级!就医功能使用攻略来了》,https://mp.weixin.qq.com/s/GDzX4ocFDXvqO5d3bAJZjg, 2020-07-05。

用,而不是占有本身。①在欧洲,数据保护最早的设立目的并不是用来保护基本人权的,数据保护设立之初的目的是实现欧盟市场的一体化,强调的是数据的自由流动。到20世纪末以前,数据保护在欧盟都是单核的。基本目标是促进贸易、促进去除关税壁垒。欧盟数据保护的法律基础是关于经济发展而不是法律保护。欧盟数据的单核保护一直持续到21世纪初,2007年里斯本协议通过第16条 TFEU,明确规定了欧盟可以制定数据保护相关的立法,所谓的"双核"保护才正式形成。在此之前,数据关于保护隐私只是经济保护的一个副产品,是实现数据自由流动的一个手段。对于疫情时期的确诊或者疑似患者来说,对于涉及本人的疫情信息拥有隐私权、人格权,收集利用个人疫情信息的部门和机构拥有信息使用权,社会公众有获悉和分享个人疫情信息的知情权,行政机关有公开和发布个人疫情信息的权力。②个人疫情信息不仅包括公民个人的尊严与自由利益,更是关乎社会利益和国家安全的重要信息。如果对确诊和疑似患者的个人信息给予人格权的绝对保护,会阻碍数据的使用和流通价值,会妨碍国家对于疫情的精准研判,对公共卫生健康乃至国家安全会造成不可弥补的伤害。当疫情个人信息经过加工无法识别到特定个人且不能复原的匿名化处理之后,政府部门和企业机构可以使用疫情个人数据,此时个人数据是公共管理价值的体现。

（三）数据保护的平衡困境

如何实现疫情数据共享与信息披露既能确保公众知情权,提升疫情防控的效能,又能保护公民的个人信息与隐私不会受到侵犯?③这样一个公共利益和个人权利的平衡问题是重大公共卫生事件数据保护的又一困境。有学者认为,疫情防控的前提和基础是保护个人信息,高艳东认为在疫情防控的后半阶段,防止疫情期间收集的数据侵犯个人隐私将是重点内容。④

---

① ［英］维克托·迈尔-舍恩伯格,肯尼思·库克耶:《大数据时代生活、工作与思维的大变革》,盛杨燕、周涛译,浙江人民出版社2013年版,第156页。

② 张勇:《论大数据背景下涉疫情个人信息的法律保护》,《河南社会科学》2020年第4期。

③ 李聃冉、金震化:《疫情防控背景下的数据收集、报送与个人信息保护》,https://mp.weixin.qq.com/s/fLQPqFUCyQekxeHhb2PZLw,2020-07-05。

④ 高艳东:《疫情防控,更要保护好个人信息》,https://mp.weixin.qq.com/s/o8yLSzJ2SsDhd4Pc68ORAQ,2020-07-05。

在各国/地区数据保护机构如欧盟数据保护委员会、美国、英国、法国等关于新冠肺炎的个人数据保护意见和声明中,大多数都要求个人数据的收集和使用应当遵守数据保护立法的要求,且很多国家/地区对于健康数据的范围进行了详细明确。①有些学者则认为数据共享以确保公众知情权是更加重要的面向。也有学者认为不能绝对化、片面化"数据开放共享对武汉疫情的作用",必须在维护公民知情权、数据利用与社会整体性利益之间实现平衡。②

欧盟《通用数据保护条例》(GDPR)在第1.1条中就指出《条例》的目的,旨在确立个人数据处理中的自然人保护和数据自由流通的规范,并且在第3条中提出个人数据要以流通为原则,不流通为例外。欧盟为了保障个人数据的自由流动,将信息进行了区分,区分出了不涉及个人信息的非个人信息数据。欧盟出台的《非个人数据自由流动条例》,强调对于非个人数据以流动为前提,不流动为例外,保障数据在欧盟的自由流动,各个成员国之间不能设置障碍。《通用数据保护条例》注重数据权利保护与数据自由流通之间的平衡,《条例》不仅赋予了数据主体同意权、更正权、被遗忘权、限制处理权、拒绝权及自动化自决权等广泛的数据权利,而且强调个人数据的自由流通不得因为在个人数据处理过程中保护自然人的权利而被限制或禁止。这种平衡的立法理念具有标杆性的价值和意义,对美国和中国的数据立法产生了重大影响。

二、重大公共卫生事件数据保护的基本原则

重大公共卫生事件中的数据处理原则依然要坚持个人信息处理的原则。《网络安全法》第41条规定网络运营者收集、使用个人信息,应当遵循合法、正当、必要的原则。公开收集、使用规则,明示收集、使用信息的目的、方式和范围,并经被收集者同意。由此可见,个人信息处理的基本原则

---

① 数据法盟:《各国数据保护机构关于新冠肺炎的个人数据保护意见》,https://mp.weixin.qq.com/s/1_H5tZZ4mxQNelojuBIfuA,2020-07-05。

② 数据法盟:《政府信息公开及数据开放为何是武汉疫情的最好"特效药"?!》,https://mp.weixin.qq.com/s/IQj3Nu3EAcvcuDK5pRwyQw,2020-07-05。

包括合法、正当、必要三原则。合法原则是基础,在保障合法性原则的基础上,也应充分保证正当性原则和必要性原则。

（一）合法性原则

疫情防控中,数据的收集、存储、处理仍然需要有合法性基础。在重大公共卫生事件中数据权利保护的合法性基础主要体现在三个方面。一是收集信息的主体适格。在疫情期,各类 App、小区物业、居民委员会、村民委员会、商场、超市、药店、饭店都要求填写信息登记表,收集个人信息。但是并非任何人、任何组织、机构都有权以防疫的名义收集个人信息。收集信息的主体应该有法律法规的规定或者明确授权。二是收集信息的途径合法。收集个人信息的方式和途径需按照规范性文件的规定执行;不得采用欺诈、强迫、窃取等非法方式获得个人信息。如进入办公楼需要提供疫情期间的行程查询表,如果无法提供就无法进入办公楼。在本文看来,这是强迫同意的收集方式。三是收集信息应当遵守准确性规则。信息控制者、信息管理者应按法律规定提供删除或更正个人信息功能的行为。对于疫情期收集的违反准确性规则的信息,企业和 App 持有者有义务对不准确的信息进行审查和删除。

（二）正当性原则

在疫情防控中,个人信息收集除了合法性基础外,也要确保正当性原则。重大公共卫生事件中的数据权利保护的正当性原则,主要体现在两个方面:一是合理告知。在收集个人信息之前,应该向数据主体公开收集信息以及使用信息的规则,明示收集、使用个人信息的目的仅用于疫情防控,对于信息收集、处理方式以及使用范围进行明确的告知。二是确保数据安全。由于疫情防控的需要,收集的个人数据多属于个人敏感数据。被收集者对于个人数据的存储、利用、销毁存在担忧。个人信息的处理应当确保数据的完整性、安全性、保密性,应当遵守非歧视性以及防止个人信息泄露等一般规则。

（三）必要性原则

必要性原则又称为"比例原则""最小侵害原则""平衡原则",是公法上的帝王条款。它在行政法上的含义指行政机关行使自由裁量权时,应该在全面衡量公益和私益的基础上选择对相对人损害最小的方式,不能超过必要的限度。必要性原则在重大公共卫生事件中的个人信息保护主要体现为三个方面：一是不收集与疫情防控无关的个人信息。虽然越详细的数据对于疫情的防控越有利，但对于低风险地区的无关个人信息应避免收集。二是不收集超出必要范围的个人信息。为了疫情排查，有必要收集相关人员的姓名、身份证号码、联系方式、家庭住址、既往活动轨迹等相关信息，但对于职业、信仰、收入、政治面貌等相关信息超出了所需范围，不应收集。三是数据存储和管理不超过必要时限。当疫情期收集的个人信息已经实现了其目的之后，对于数据的存储和内部管理，根据必要性原则应该限制非必要的访问，对于不再需要的数据应及时删除或进行匿名化处理。

三、重大公共卫生事件数据保护的对策

（一）转换疫情数据保护的法律思维模式

首先，数据是依赖载体而存在的，不具备独立性。数据需要通过计算机代码显现出来，脱离程序无法独立存在。①数据已经不再是仅仅存在于物理空间，而是存在于赛博空间的载体。数据如果离开互联网与计算机的支持，将会失去意义，只能成为人们所不能理解的一些电磁信息而已。②数据不同于"物"，成为物权客体的第一要义就是物需要具备独立性。由于数据的非独立性，数据也没有形体，数据需要通过载体进行表现。人们并不能像拥有有形物一样拥有"数据"。个人数据如同知识产权，具有无形性。个人数据权的权利主体对其个人数据所有权的主张常常只有在诉讼时才能体现出来。③因为非独立性，数据体现出无形性的特性，虽然无形但数据不会因为使用而消减或灭失，但并不意味着数据不会减少和消亡。④数据依赖载体而存在，数据也会因为载体的消失而消亡，所以数据的载体如果不具备足够大的存储容量时，数据就不能被完全地记录下来，数据就

---

① 梅夏英：《数据的法律属性及其民法定位》，《中国社会科学》2016年第9期。

② 史宇航：《数据交易法律问题研究》，上海交通大学2017年博士学位论文。

③ 相丽玲、高倩云：《大数据时代个人数据权的特征、基本属性与内容探析》，《情报理论与实践》2018年第9期。

④ 张勤：《知识产权客体之哲学基础》，《知识产权》2010年第2期。

无法发挥其使用价值实现它巨大的经济价值。传统的物权法无法继续对数据进行保护,数据不具备物权客体之"物"的基本特征,无法脱离载体而存在。也无法实现对一个具体个人数据的"占有"。因为个人数据的权利体现为对个人数据的查询、使用、更改、删除等,而并非"占有"。

其次,数据的非排他性特征。数据的主体并不能对数据实现绝对的排他性使用,正如欧盟《通用数据保护条例》规定的删除权、数据可携权。数据可以进行循环的复制,也可以被随意地删除。物权具有独占性,但数据却不同。数据主体、数据控制者、数据处理者同时使用数据,相互之间不会互相影响也不会损耗数据的价值。例如个人数据,数据所指向的数据主体可以使用;与此同时,企业对于数据拥有竞争性权益,也可以使用;政府机构出于公共服务和社会管理的目的也可以同产生数据的个人、拥有竞争性权益的企业在同一时间内共同使用这个数据。[①]从物权的四项权能出发,占有、使用、收益、处分数据都不具有排他性。第一,占有。在网络平台上的数据由数据主体产生,但与此同时数据主体、企业、政府部门都记录和收集了这个数据,个人无权要求其他主体消除占有。第二,使用。正如新冠肺炎疫情期收集的数据,社区在使用数据进行隔离、科研机构在使用数据进行疫苗研发、电信部门在使用数据进行疫情流动预测,多方使用数据并且互不干扰。第三,收益。个人可以授权平台使用其个人数据获得经济或者是便捷的收益,企业可以将个人数据整合成"数据池",使用算法进行分析、挖掘、使用,获得巨大的经济收益,由此数据可以同时为个人和企业都带来经济收益。第四,处分。数据主体和企业、政府机关都可以同时处分个人数据,并且之间并不会互相影响。正如现在人们对于疫情收集的个人数据所产生的担忧,是会被保留、删除还是彻底销毁,人们希望对自己疫情期的个人数据拥有删除权。数据可以进行循环复制,也可以被随意删除。

最后,数据不具有稀缺性。稀缺性是物权客体的重要特征。但是随着互联网、物联网和智能终端的发展,新的数据每分每秒都在产生,只要网络用户在线,数据就会源源不断地产生。[②]传统的物权法保护建立在"物"

---

① 李爱君:《数据权利属性与法律特征》,《东方法学》2018 年第 3 期。

② 许可:《数据权属:经济学与法学的双重视角》,《电子知识产权》2018 年第 11 期。

的稀缺性基础上,数据则不同,数据具有普遍性和充足性。美国网络学者凯文·凯利认为:"最有价值的东西应该是那些普遍存在而又免费的东西",所以只有慷慨才能在网络中胜出。①传统私法上的"物"是客观的、有形的、有限的,数字时代中的"数据"是主观的、无形的、无限的,数据的生命和价值更多地体现在不断的复制中,而传统的物的价值更多地体现在自我保存和自我发展之中。人类对于物质能量世界的依赖、开发和调整持续了很长时间,形成了稀缺性的思维模式。关于个人数据,人类并没有成熟的认识和实践去系统地把握、运用数据化信息流动的充裕性原理。②对于数据,需要转换传统的物权保护进路,由于"物"具有稀缺性,其价值在于独占,而"数据"具有非稀缺性,其价值在于复制和分享。使用传统物权的独占保护会损害数据的使用价值。

基于数据的新特性,需要转换传统的法律思维模式。数据不仅仅存在于物理空间,而且存在于双重空间。法律思维的保护模式也需要从单向静态向双向动态转变。由于数据具有公共性、共享性、开放性的基本特征,数据从私有性基础转向了公共性基础。

(二)建立公共数据开放的机制体系

对于疫情防控,政府的信息公开是最好的"特效药"。不论是2003年的SARS疫情还是新冠肺炎疫情,关键的转折点就是开始每天公布疫情信息。以"知情权"为基础的政府信息公开及数据开放,可以帮助人们了解新冠肺炎,及时地辟谣也能减少公众的焦虑感,进一步建立政府与公众之间的信任。③政府信息公开的同时,需要开放政府的数据。获得数据主体同意或者匿名化脱敏处理的数据可以为科研机构、医药公司及科学家所使用,早日找到防治新冠肺炎的疫苗或特效药。可用于疫情防控的政府数据主要包括四类:业务数据、民意社情数据、环境数据以及分散性公共数据。④在

① [美]凯文·凯利:《新经济·新规则》,刘仲涛等译,电子工业出版社2014年版,第61—73页。

② 梅夏英:《在分享和控制之间数据保护的私法局限和公共秩序构建》,《中外法学》2019年第4期。

③ 何渊:《政府信息公开及数据开放为何是武汉疫情的最好"特效药"?!》,https://mp.weixin.qq.com/s/IQj3Nu3EAcvcuDK5pRwyQw,2020-07-06。

④ 蒋余浩:《大数据如何在疫情防控中运用》,https://mp.weixin.qq.com/s/9ndEsGZXklnTfsItvB5jqg,2020-07-06。

疫情防控中,需要鼓励政府数据以及各大企业平台建立一个打破数据壁垒、数据流通的开放共享的机制体系。对于政府数据的开放可以借鉴上海出台的《公共数据开放暂行办法》,采取"分级分类开放机制",对于个人敏感数据或重要数据,需要进行匿名化的处理或者征得数据主体的授权同意之后,才可以进行开放共享。疫情期间,健康码的运用是一个打通信息孤岛的成功实践。2020年4月29日,由市场监管总局发布的个人信息健康码系列国家标准,对健康码的码制、展现方式、数据内容进行了统一。健康码证明数据是解决社会问题的基础资源,并且证明部门间的信息孤岛是能够打通的。①在防控疫情面前,大数据的利用应该强调政府和社会共同参与、合作,鼓励互联网企业、行业协会等单位依法收集、处理、共享自由数据,建立开放共享的机制体系。

(三)强化政府监管与加强行业自律

各大互联网企业是数据权利保护重要的主体,加强企业的自律机制也是数据权利保护的重要环节。2019年召开的中国互联网大会通过国内首个《用户个人信息收集使用自律公约》,《公约》得到广大互联网企业的积极响应。我国应借鉴发达国家的经验,发挥行业自主自律的灵活性优势,弥补法律法规的滞后性。与此同时,对于行业自律,政府可以建立惩罚机制,强化政府的监管,采取警告、训斥、建立清单等矫正性措施促进行业的合法化、规范化的发展。在疫情防控中,大数据的保护应该强调政府和社会共同参与、合作,鼓励互联网企业、行业协会等单位依法收集、处理、共享数据,在保护数据权利的同时也促进数据的流通和利用。

四、结　　语

新冠肺炎疫情发生以来,全国上下一心,疫情防控阻击战取得了重大成果。在此次疫情中,人工智能和大数据在追踪疫情、研判疫情发展情况以及药物研发等方面发挥了积极的作用。与此同时,抗疫数据权利保护

---

① 数据法盟:《健康码打通信息孤岛? 未来基于数据应用增多需重视信息保护》,https://mp.weixin.qq.com/s/aX4JYSPnMC0n5H3xNJCa-g, 2020-07-06。

也遭遇了一系列的难题，主要表现为隐私权保护、人格权保护以及保护个人信息与促进数据自由流动之间平衡的难题。面对这个情况，在坚持个人信息处理的合法性、正当性和必要性原则的前提下应该通过转换数据保护的法律思维模式，建立公共数据开放的机制体系，并且强化政府监管与加强行业自律，平衡疫情中有关数据收集和使用过程中个人信息权益保护与促进数据使用价值之间的关系。

大数据背景下的民事电子送达制度探析

谢嫣雯　　倪帼英[*]

内容摘要：随着法院受理案件数量明显增长，送达作为民事案件审理中最为开始的步骤，是制约民事审判公正与效率的瓶颈之一。互联网时代背景下，各行各业都在探索信息化的技术手段，"互联网＋司法"已逐步成为未来诉讼发展的趋势。电子送达不仅可节省法院花费在送达上的成本，更能让当事人瞬时知晓案件的进展情况，有利于其行使自己的权利，同时也有利于纠纷的高效解决。但目前法律法规对于电子送达并没有细化的规定，实践中也没有统一的做法，如何构建完善的电子送达制度，真正实现节省送达成本、加快案件进程、保障当事人权利的多重目标是值得探究的问题。

关键词：大数据　电子送达制度　互联网时代　送达成本

一、电子送达：传统民事送达方式的有效补充

（一）电子送达的定义之争

1. 我国现有的送达困境

我国现行《民事诉讼法》第85—92条皆为关于送达的规定，送达方式包括直接送达、电子送达、留置送达、委托及邮寄送达、转交送达和公告送达。现实中，存在原告只能提供被告的手机号、户籍信息等基本信息而根据以上信息无法联系到被告的情形，在直接送达、留置送达、邮寄送达等方式都束手无策时，要继续诉讼进程只能诉诸送达的兜底方式即公告送达。而公告送达存在诸多弊端，目前的公告送达仅停留在传统媒体，其呈现的信息是静态的、非交互式的，有价值的信息

　＊　作者系上海市高级人民法院法官。谢嫣雯负责撰写第一、二部分，倪帼英负责撰写第三部分。

被淹没在大量无价值的信息中,张贴公告的形式也无法保障在公告期内公告不被揭下或覆盖,而在信息网络媒体刊登公告的方式还有待完善。①而且公告送达容易因滥用产生瑕疵从而导致再审。

2. 对电子送达做扩大解释利于解决送达困境

坚持职权主义的大陆法系国家,送达是法院的职权和义务,即使采用电子送达也不例外,但坚持当事人主义的英美法系国家,送达是当事人的权利和义务,例如美国法院裁定原告向位于我国境内的被告采用电子邮件的方式送达文书。我国更贴近大陆法系国家的实际,送达工作是由法院负责。在原告提供的联系方式无法与被告取得联系的情况下,利用大数据寻找当事人的其他联系方式进行电子送达应当属于法院的职责。

如果电子送达的定义为《民事诉讼法》第87条"经受送达人同意、人民法院可以采用传真、电子邮件等能够确认其收悉的方式",电子送达是无法解决上述困境的,因为在找不到当事人的情况下受送达人无法表达其意愿。《民事诉讼法》第87条中"经受送达人同意"这一要件的意思是经当事人同意后采用电子方式进行送达对当事人产生效力。但在未经当事人同意时,运用大数据搜索到其有效的电子账号,通过向其电子账号发送应诉信息最终受送达人因此参与到诉讼中,此时虽该种电子送达方式没有经过当事人的事先同意,亦属有效送达,但需要强调的一点是,如果在这种情形下受送达人一直未进行应诉,因上述电子方式未经其同意,此时送达效力是有瑕疵的,穷尽了送达途径后仍需回到留置送达或公告送达程序。

3. 本文对于电子送达的定义

本文中电子送达的概念比《民事诉讼法》第87条对电子送达的定义更为宽广,其不仅包括当事人同意后,还包括法院尚未与当事人取得直接联系前。之所以采取广义的定义,是为了奠定利用大数据确定当事人的联系方式后进行电子化方式送达诉讼文书的合理性。具体而言,本文的电子送达的含义包括以下两个方面:(1)尚未接触当事人时向受送达人的有效电子账号进行送达,最终受送达人实际参与到诉讼的行为补足了送达效力;(2)经当事人参与到诉讼后明示同意的电子送达。综上,我所述电子送达的定义为"采用电子化的手段对当事人送达诉讼文书的形式"。至于

---

① 于一飞:《中国民事送达中公告送达的困境及其破解》,《中国石油大学学报》2018年第6期。

电子化的手段的内涵将在下文进一步阐述。

（二）电子送达的价值及其必要性

1. 电子送达与传统送达方式的价值目标一致

电子送达虽然不同于传统的有纸化送达途径，但其价值与传统的送达方式并无二致，都是向当事人送达法院的诉讼文书，而且电子送达有其独特的优势，借助电子化的形式可以完成司法文书的瞬时发送，从这个意义上来说，电子送达在节省时间成本的基础上完全实现了送达本身原有的价值。

2. 电子送达回应现实需求

传统的邮寄送达依托邮务机构这个载体，邮递人员的素养直接影响送达质效，司法职权的委托有时未得到有效的保障，电子送达实现了对有限司法资源的合理配置，相较于传统的方式，其有以下优势：（1）降低送达成本，电子送达减少的成本不仅是送达的时间成本，也节省了法院为送达工作消耗的人力、物力、财力，直接的体现是法院花费在邮政快递服务上的成本显著减少；（2）提高送达效率，电子送达实现了当事人和法院之间的诉讼文书无纸化传递，从发送到进入受送达人指定的邮箱、手机号码或其他电子账号几无时差，当事人瞬时收到案件相关的通知及文书，第一时间知悉诉讼的进程；（3）减少干扰因素，电子送达无需受天气、路况及当事人是否在指定送达地点的影响，避免了受送达人在诉讼期间变更住址或者居无定所造成的送达退回情形，只要在诉讼期间当事人提供的电子信息没有变更则文书可正常送达；（4）增加重复使用可能性，信息化时代变更住址是相对容易的，但变更手机号码等电子信息所花费的成本反而更高，只要当事人的电子信息没有变化，将来再涉及同一当事人的案件中该电子信息完全可以重复使用。

（三）电子送达的适用现状

技术的发展为司法带来了变革。①根据电子科技应用于诉讼活动的环节数量，国内的电子诉讼实践可分为两种实践模式：一类为"阶段性模式"；另一类为"全程性模式"。②具体而言，阶段性模式指的是在诉讼的某个具

---

① 参见潘庸鲁：《人工智能介入司法领域路径分析》，《东方法学》2018 年第 3 期；张玉洁：《区块链技术的司法适用、体系难题与证据法革新》，《东方法学》2019 年第 3 期。

② 侯学宾：《我国电子诉讼的实践发展与立法应对》，《当代法学》2016 年第 5 期。

体环节或阶段引入信息化技术手段,其着重点为单一阶段或者部分单一阶段的集合。而全程性模式指的将在整个诉讼过程全程引入电子科技,进而最终形成具有综合性和系统性的电子诉讼制度。从上述分类来说,笔者所讨论的电子送达为民事诉讼中的一个环节,近年来建立的互联网法院即为全程性模式的典例,①然从我国现阶段的信息化技术水平而言,全部实现全程性模式道阻且长。近年来,最高人民法院包括各地高院对于在诉讼中引入阶段性模式的电子送达制定了一系列规则,图1列举了最高院及部分代表地区制定的电子送达规则。②

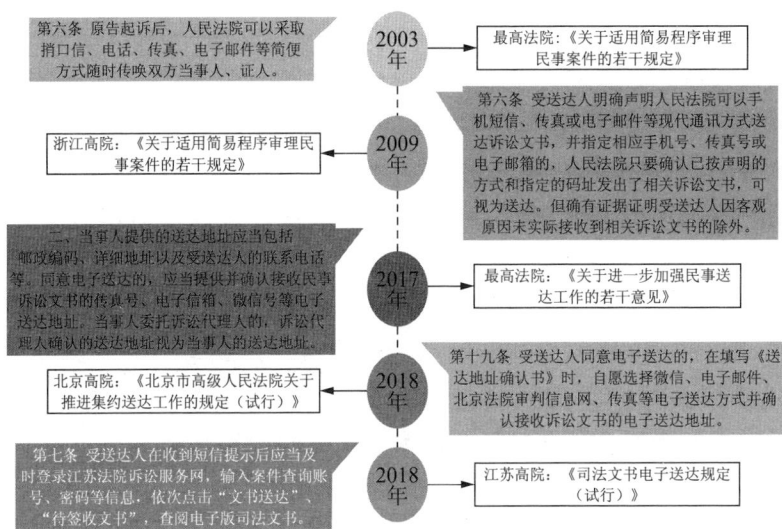

图 1　涉及电子送达的规则演变

---

① 比如,北京、杭州的互联网法院,但因其受理的案件范围一般局限于互联网领域,比如《杭州互联网法院诉讼平台审理规程》明确表示杭州互联网法院诉讼平台为网上审理涉网纠纷的专门平台,从其列举的受案范围来说也均与互联网相关,实践操作与普通民事领域差异性较大,其规则的可借鉴性有限,故下文不再对互联网法院的电子送达做过多解释。

② 最高人民法院在海事诉讼领域及涉台、涉港澳、涉外的方面出台了一系列规定,比如2002年的《关于适用〈海事诉讼特别程序法〉若干问题的解释》、2006年的《关于涉外民事或商事案件司法文书送达问题若干规定》、2008年《关于涉台民事诉讼文书送达的若干规定》及2009年颁布的《关于涉港澳民商事案件司法文书送达问题若干规定》等,其中亦有涉及电子送达的内容,但本文仅讨论的是普通民事领域且不涉港澳台及国外的电子送达制度的构建,故对上述规定不再赘述。

各地法院在积极探索规则制定的同时亦开始了各类送达实践,比如上海法院使用"12368"向当事人告知庭审时间、组织、程序变更等信息,也可以发送各类通知书。第三中级人民法院与新浪进行合作,开通专属邮箱进行电子送达。2015年广东法院和网易公司联合开发了用于法院送达的邮箱,在广东省内使用邮箱对包括受理通知书、答辩状及开庭传票等在内的多种文书及起诉状副本、证据副本等当事人提供的材料进行电子送达,而且广东法院受理的民事、刑事、行政、执行、再审案件,需要向诉讼参与人送达诉讼文书的,均可使用电子送达方式。①

从以上可以看出,虽然我国对于电子送达进行了多种有益尝试,但国内的电子送达仍未形成统一的标准,对于适用的案件范围以及使用的文书种类没有明确的规定,关于进行电子送达都是由各地法院自由发挥,而且通常只在某一地区内适用。就现状而言,多数法院仍采用传统的送达方式,这同时也体现了电子送达作为新兴的送达手段,无论对于法院本身还是对于当事人,都需要一定的时间学习与接受。

二、我国电子送达现存问题

(一)适用的案件种类及文书范围尚未明确

广义而言,民事案件的案由类型繁多,而广义的民事诉讼又包含诉讼以及非诉程序,其中诉讼程序又分为简易程序、普通程序、二审、再审程序和执行程序,民事非诉程序包含督促程序、特别程序、公示催告程序。对于上述哪些程序适用电子送达,立法并没有作出统一的规定。就电子送达的文书范围来说,立法也没有明确,各地的操作也不尽相同,比如北京市第三中级人民法院实践操作②和江苏省高院制定的《司法文书电子送达规

---

① 载 http://www.huaxia.com/gdtb/gdyw/mttt/2015/01/4218873.html,2019年6月30日。

② 三中院使用电子送达系统的文书范围为人民法院制作的程序性诉讼文书,主要包括:受理案件通知书、应诉通知书、举证通知书、传票(出庭通知书)、合议庭成员告知书、廉政监督卡、当事人参加诉讼须知等七类诉讼文书,载 http://finance.sina.com.cn/sf/news/2016-07-28/171639088.html,2019年6月30日。

定(试行)》①就存在一定的差异。

（二）判决书、裁定书、调解书与电子送达的相容性存疑

《民事诉讼法》第87条明确排除了判决书、裁定书、调解书适用电子送达。但2017年7月19日，最高人民法院发布的《关于进一步加强民事送达工作的若干意见》第2条肯定了当事人可以使用传真号、电子信箱、微信号等电子送达地址接收民事诉讼文书的，并在第11—14条规定了采用传真、电子邮件及短信、微信等甚至拨打电话方式对当事人进行送达法律文书的具体要求。但值得注意的是，《若干意见》第14条特别提及采取电话送达的方式送达的情形下，不可送达判决书、裁定书、调解书，而第11—13条并没有特别说明除去上述三种法律文书，这是否代表着《若干意见》一定意义上扩大了2012年《民事诉讼法》规定的电子送达适用的法律文书范围，这是值得探究的。

（三）电子送达的具体化方式及配套措施尚未完善

由之前的图1可以看出，尽管都是采用电子送达，但具体的手段还是存在区别。而且每种类型的文书所能适用的电子送达手段种类也并不完全相同。立法始终采用"列举＋等"的模式进行规定，这无可厚非，因为伴随科技水平的逐步提高，新的电子科技手段会不断涌现，立法只能通过列举当下通行且合理的技术手段进行定性描述，再结合"等"为后续可能适用的方式留白。但需要注意的是，不管是采取哪种具体的电子化方式，都需要后续的配套措施跟进。例如，对于手机号码送达时，从如何发送、如何收集送达回证、如何肯定确定收到、送达回证的收集每个环节都需要进一步细化。

（四）各地区发展不均衡

我国幅员辽阔，各地经济发展不均衡且地区差异较大。而电子送达以信息科技为依托，电子送达虽然可以节省法院使用快递送达的成本但

---

① 《司法文书电子送达规定（试行）》第4条规定，除法律规定的判决书、裁定书、调解书、决定书不得适用电子送达外，下列文书可以适用电子送达：（一）案件受理通知书；（二）应诉通知书；（三）告知当事人审判组织组成人员通知书、告知当事人权利义务通知书、审判组织变更通知书；（四）开庭传票；（五）听证通知书；（六）举证通知书；（七）执行通知书；（八）限期履行通知书；（九）缴费、缴款通知书；（十）审判信息查询须知；（十一）其他诉讼文书。

并不意味没有成本,其仍需要配备相关的硬件设施,且电子送达平台的建立及维护需要一定的资金支持。电子送达如果要对当事人产生送达效力需要经过当事人的事先同意,故当事人对于电子送达这种信息化手段的接受度对其发展至关重要。在电子送达的普及过程中肯定会产生很多问题,做好群众的答疑解惑工作也尤为重要。综上,各地的经济发展水平、信息科技化水平、群众的可接受度以及电子送达的推广工作等多种因素都将直接影响电子送达的发展水平。

综合我国现状分析,我国东部地区较西部地区经济更为发达,在互联网信息技术的普及率也更高,群众对信息化手段的接受程度也更高,故应谨慎推行西部地区的电子送达,不可无视现实情况强行适用。如何平衡东西部的差异,在全国范围内逐步推广最终普及电子送达是需要国家的资金支持加上各种配套措施供给的。

(五)文书真实性与传输安全性无法保障

纸质版的文书在送达过程中最多只会破损,但信息网络容易遭到黑客攻击、数据窃取导致数据在传输中可能被破坏、被篡改,也由此导致了司法文书的真伪存疑,如何解决信息传输过程中的安全隐患是电子送达的发展中的重中之重。

但保障文书的真实性和传输的安全性归根到底是技术问题,随着科学技术水平的提升,这些问题终归可以得到解决,比如可以通过采用不容易被伪造、篡改的文件格式传输文书、完善电子数位签章、文件加密、入侵检测、防病毒等安全保障系统等手段,具体的手段升级依赖科学技术的发展,故本文针对技术问题不再赘述。

(六)大数据联合尚未形成

但就目前而言,法院与其他政府部门或者企业之间的大数据联通机制尚没有完全建立。一方面,法院与公安局等政府部门之间的信息交流依旧不足。另一方面,法院和企业之间,尤其是拥有庞大用户的互联网企业,出于对用户信息的保护,不愿意将信息随意与外部即使是政府部门共享,因为一旦产生了对接,即扩大了信息泄露的缺口。而且实现信息对接是否一定程度上侵犯了广大用户的隐私权,亦是需要谨慎对待的问题。

三、我国电子送达制度的完善路径

（一）制度保障——细化电子送达相关的法律法规

1. 明确电子送达的适用范围和文书种类

（1）非裁判文书的各类通知书的送达

目前已经有法院对大多数程序类型开放了电子送达的通道。①我认为，在当事人同意使用电子送达的情形，在民事诉讼的各个诉讼程序，不管是一审的简易程序、还是普通程序皆可使用电子送达，而且如果一审程序中当事人明确同意使用电子送达，只要在二审、再审中当事人没有提出相反意见，在二审、再审程序中都可采用电子送达。

目前针对一定地区内可适用电子送达的司法文书类型已经有所明确，比如江苏省高院出台的《司法文书电子送达规定（试行）》，但欠缺全国性统一的规定，在将来制定全国性的电子送达法律法规时可参照江苏高院的做法，尽可能对诉讼中涉及的文书进行详细列举加上兜底的其他诉讼文书以统一电子送达的适用文书类型。

（2）判决书、裁定书、调解书适宜的送达方式

有观点认为，电子送达尚未成熟，在这三种文书上适用电子送达，可能会影响当事人行使上诉的权利。但实际上即使是采取法院通行的邮寄送达方式，法院按照当事人事先填写的送达地址确认书填写快递单，由邮政人员上门送达，就算当事人在快递底单上签名，同样也无法辨认是否本人签收。因此，向当事人送达地址确认书上填写的地址送达文书即视为送达成功，并不等同于当事人实际知悉。同理，《民事诉讼法》第87条第2款规定"以传真、电子邮件等到达受送达人特定系统的日期为送达日期"是拟制的送达成功，也不等同于当事人实际查看。因此，这两者在当事人实际知悉的范畴上是没有区别的，在这个意义上电子送达对于当事人上

---

① 广东省法院受理的民事、刑事、行政、执行、再审案件，需要向诉讼参与人送达诉讼文书的，均可适用电子送达方式，http://www.huaxia.com/gdtb/gdyw/mttt/2015/01/4218873.html，2019-06-30。

诉权利的行使并没有产生实际影响。

但值得注意的是,电子送达和传统方式的最大区别是无纸化形式,纸质版的司法文书加上法院授权的快递送达,文书的真伪一般是不用存疑的,但电子途径容易引发文书真伪这一问题,传输过程中的安全问题将直接导致文书真伪存疑。裁判文书是对案件实体法律关系或重大程序问题进行的终局性认定,其与当事人权利义务关系密切,裁判文书在电子送达过程中出现问题比非裁判文书影响更大。①因为现阶段科学技术的局限,电子传输存在文书被篡改的风险,故对当事人权利义务影响较大的判决书、裁定书、调解书,立法采取审慎的态度笔者是赞同的。即使在杭州互联网法院这种采用全程电子化的法院,对于判决书还是采取了线上线下相结合的方式。但不可否认,在技术成熟的未来,判决书、裁定书、调解书亦可以只采取电子送达的方式。综上,从文书范围上,在技术发展水平到达足以保障安全的程度下所有司法文书都可使用电子送达,而且电子送达可作为唯一手段。但现阶段的技术条件下,判决书、裁定书、调解书适宜尝试电子和线下结合的方式,但应当以当事人收到的纸质版文书的内容为准,送达时间也应当以纸质版文书送达的时间为准。

2. 送达瑕疵时的证明责任分配

《民诉法司法解释》第 135 条规定,"民事诉讼法第 87 条第 2 款规定的到达受送达人特定系统的日期,为人民法院对应系统显示发送成功的日期"。司法文书经电子送达至收件人的账户,但不管技术如何发达都难以避免会存在送达瑕疵的情况,法院的终端发出文书,但受送达人接收到的文书格式错乱无法进行查阅或文书内容已经被篡改,此时虽然从过程上完成送达但其内容是有瑕疵的。倘若一刀切一致以到达指定系统的时间为生效时间,无疑会损害受送达人的权利。应当视情况合理分配双方的举证责任,原则上应当以到达受送达人指定的电子账号的时间作为送达时间,这也是送达主体法院应当证明的事项,但特殊情况下比如文书存在瑕疵时,受送达人应当举证证明文件存在无法打开或者被篡改、伪造的情况。

---

① 吴逸、裴崇毅:《我国民事诉讼电子送达的法律问题研究——以杭州互联网法院诉讼规程汇编为例》,《北京邮电大学学报》(社会科学版)2018 年第 10 期。

（二）平台建设——以构建长三角地区统一的电子送达平台为试点

综合长三角地区的地区特点、经济发展水平、互联网信息水平等因素，可尝试建立长三角地区统一的电子送达平台。选择长三角地区的原因是该地区相对而言经济发展水平较高，使用手机、通过互联网上网的人比例较高，另外长三角地区的各省情市情相差不大，设置相同的电子送达规则更容易进行推广。在长三角地区的试点获得成功后可进一步向外扩大区域，最终实现《五五纲要》中建立全国统一电子平台的目标。以下是针对长三角地区统一电子平台如何设计的一些可供参考方案。

1. 人员配置：设置专门的电子送达小组

承担传统送达工作的主体主要是书记员、法官助理或法警，但由于电子送达所必要的是对平台本身的操作，负责传统送达的主体未必具备操作平台所需要的计算机技能。一旦送达过程中出现技术性故障，负责传统送达的主体很难自己解决。而且针对受送达人对送达平台提出的一些技术性操作疑问时，上述人员也可能无法进行及时的答疑解惑。德国设法院执达员专门负责电子送达工作，我国重庆江北法院设立送达组专门负责电子送达工作。在法院内部可成立送达小组，由小组人员专门负责电子送达工作，使得法官助理、书记员等可从送达工作中脱身，则其可将有限的时间和精力放于庭审记录、案件处理、法律知识的学习或其他的非送达事务方面。电子送达建立在电子信息技术上，故对送达小组成员的基本要求理应是掌握基础的法律知识同时兼备一定的计算机操作技能。这也是集约化送达要求。

2. 具体方式：设置邮箱作为主要送达手段的合理性

德国法院和当事人的电子送达可使用四种途径，即通过德邮账户、律师或公证员的专用电子邮箱、电子法院政务邮箱以及官署电子邮箱，上述四种方式均属于《德国民事诉讼法典》第 130a.4 条规定的安全的电子联络途径。[①]其中重点介绍一下德邮账户，其是带德邮次级域名的电子邮件账户，由 2011 年 4 月 28 日颁布的《德邮法》引入，该账户只能由德国联邦信息技术安全局授权的网络服务商提供，授权可保障服务商提供的是满足

---

① 周翠：《德国司法的电子应用方式改革》，《环球法律评论》2016 年第 1 期。

高安全性的验证身份服务和文件储藏服务。而且德邮账户是一一对应的，每个账户对应唯一用户且只能由其使用，因此，使用德邮可保障信息传递的安全性，同时能准确无误地识别发送人和收件人。

我国可以借鉴德国的做法，但我并没有否认通过手机号码、微信等方式进行电子送达的可能性，只是在现有科技水平下电子邮箱相比手机号码、微信等有其专门的优势，通过授权专门的服务商可设置法院的专有邮箱，该专有邮箱可以精准匹配到每个当事人。法院专有邮箱可以设置成直接绑定身份证号，即一号一邮箱，真正实现一对一，相较于容易变更的手机号码、易受信息化水平影响的微信、微博等其他电子账号更为合理。

而且针对当事人另行起诉或者将来又涉讼的情形，这一专有邮箱可反复使用。遇到涉及以前参与过诉讼的当事人的案件时，可进入专有邮箱数据库通过检索身份证号码从而锁定当事人的专有邮箱，由此亦可知晓当事人绑定的手机号码，在原告提供的信息不足难以联系到当事人时，这种方式无疑加快了诉讼进程。

同时，我们亦可为律师开设独有的与法院对接的律师邮箱，其邮箱对应的功能可与律师的多项权利相匹配。在电子送达推广的初期，可让律师先行先试，通过试错来改善电子送达流程的具体设计。

针对如何确认送达的问题，专有邮箱将通过多重验证登录模式保证查阅邮件的是当事人本人。系统发出自动生成"发送状态报告和阅读报告"，邮箱后台管理员可通过查看报告，了解受送达人是否已查阅邮件，并可打印报告页面附卷留档，证实邮件已被查收。

3. 效果确保：多种提醒方式相结合

以法院专属邮箱送达为例，当事人使用该专有邮箱时可绑定一至多个手机号码甚至微信、微博、支付宝等 APP。法院通过邮箱发送司法文书后，平台将自动发短信至绑定的手机号码，同时也可以通过微信公众号、关注的微博账号、本人绑定的支付宝账号推送消息至当事人的上述各类账号上，通过多种途径相结合的方式提醒当事人尽快查收司法文书。

（三）数据支撑——扩大法院与外部的信息联动

如前所述，本文的电子送达包含在当事人未同意前进行的送达，大数据的联通让法院得以使用多种途径进行送达，降低公告送达率。法院与其他政府部门如公安部门、掌握大量用户数据的移动、联通等运营商以及阿里巴巴、京东等互联网企业之间的信息交流机制尚未完善，如果可以实现数据互通，无疑能极大程度上促进电子送达的发展。以下以法院与企业之间共享机制的建立为例提出一些建议。

1. 建立法院与运营商之间的信息共享机制

法院可与移动、联通等运营商合作共享信息，我国手机号码基本实现实名制，将当事人向法院提供的身份信息与移动、电信、联通运营商的登记信息进行对比即确定当事人电话号码，在根据原告提供的信息无法联系上被告时可通过链接运营商提供的数据，再根据活跃度对当事人名下的所有手机号码进行筛选、排序，自动过滤出已被强制停机以及近几个月内没有通话记录的、无上网流量的无效号码，并对经过多重筛选出来的有效号码进行电子送达。（见图2）

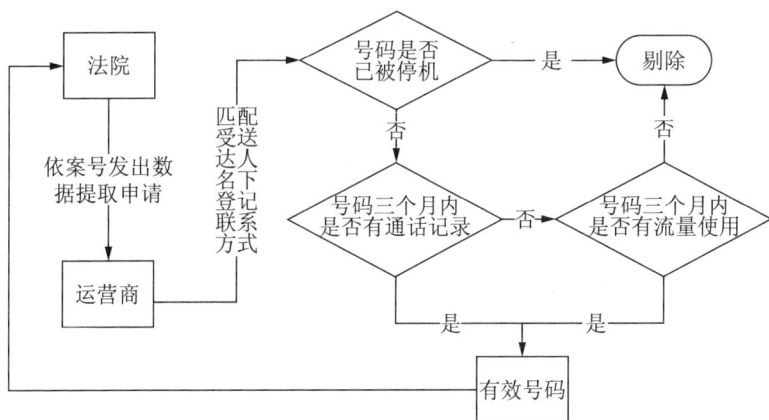

图 2　法院与运营商数据合作模式

2. 实现法院与各大互联网企业的数据联通

如浙江省高级人民法院就与阿里巴巴签署了战略合作协议，在五计算、大数据等方面进行合作，在案件的审判和执行领域运用新一代的信息技术。[①]这只是典型的个例，同时也彰显了法院和大数据联合的可能性。互联网时代背景下，法院可以寻求互联网企业的合作，共同打造司法大数据服务体系，对于获取当事人的手机号码、收件地址等具体信息将大有

---

① http://www.chinaiprlaw.cn/index.php?id=3085，2019-06-30.

助益。

其实实现数据互通对于互联网企业也是有利的。在大数据时代,包括案件的裁判结果、执行情况在内的司法审判大数据,对于阿里巴巴、腾讯这类科技企业来说,是一笔宝贵的资源和财富。[①]比如,支付宝 APP 的芝麻信用需要通过多种途径收集用户的信用数据,芝麻信用到一定的分值即可以办理多项涉及借贷、出行、消费的业务。如果其与法院的大数据接入,一旦当事人拒绝执行生效判决成为老赖,这将直接影响其芝麻信用的积分,既可以扩大互联网企业的信息渠道,同时也实现了法院对于送达的需求。由此可见,实现数据互通是互惠双赢的,也正因为如此,"互联网+"背景下的民事送达新路径才具有实现的现实可能性。但为了减少因数据互通带来的隐私权侵犯包括信息泄露问题,可对法院获取相关当事人信息的权限加以限制,比如法院仅可查找案件案号自动匹配的当事人的手机号码、收件地址等与送达直接相关的信息,具体实现路径见图 3。

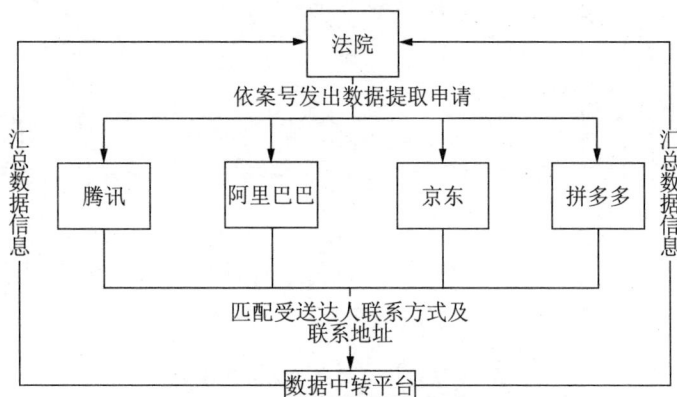

图 3　法院与互联网企业的数据联通模式

民事诉讼案件呈现逐年递增趋势,单纯内部管理的信息化已经无法满足基本需求,将信息化技术手段运用于司法中促进外部诉讼的信息化发展应运而生。如何解决送达难始终是我国司法改革绕不开的问题,电子送达提出已经由来已久,但对于电子送达制度如何设计、如何充分其发

---

① 梁峙涛:《"互联网+"时代下民事送达新路径探索——以实名制手机支付软件为核心的电子送达方式》,《科技与法律》2019 年第 2 期。

挥其效用以彻底解决送达难问题，是我们在改革之路上需要一直思考的问题。我国电子送达制度博弈的实质是效率价值与其他价值的权衡，既然立法已经肯定了其适用的应然性和合法性，出台具体的实然性规则和进行多方试点在日后是必不可少的，希望在未来的制度建设中电子送达能够实现其既定的目标，真正对民事诉讼效率的提高起到助推作用。

数据权益之内涵划分及归属判断

张　翔[*]

内容摘要:数据作为新生产要素,建立与之配套的权益分配机制是数据经济建成的基础。对数据权益如何分配的问题,学术界暂无定论,目前主要有三派观点:权益分配给数据生产者的数据生产、流通理论,民法个人信息保护倾向下的个人信息自决理论,公法系统上的"分享—控制"一体化理论。基于上述观点,以数据的内涵与性质为基础,将数据权益之内涵界定为数据利用过程中的价值发现与实现,并在平衡各方利益的基础上寻求最佳的权益分配机制,同时对个人数据、企业数据、公共数据进行焦点问题的讨论以补充权益分配框架。

关键词:数据权益　数据利用　法益保护分配

一、数据权益分配问题的不同学理解读

伴随着新技术的产生与发展,生产要素形式得到再次扩充,数据成为互联网时代日益重要的生产资料。[①]数据的流通与分享也由最初的互联网企业间扩展至社会的各个主体,数据的生产与利用的方式也逐步多元化,数据的潜在价值不断被挖掘、开发,依靠数据所得的巨大利益也逐渐被各个主体所发现,数据带来的已不仅是实在的利润回报,还会为企业带来无形的资产利益和市场竞争优势为政府提供公共服务制造便利。

生产要素的变革必然会催生与之配套的利益分配机制变革。也正是因为数据的潜在价值不断被揭露,且数据的价值是由于多元主

---

　* 中国人民大学法学院本科生。

　① 参见韩旭至:《数据确权的困境及破解之道》,《东方法学》2020 年第 1 期;李爱君:《数据权利属性与法律特征》,《东方法学》2018 年第 3 期。

体共同参与数据的生产、流通、共享过程的结果,因而关于数据权益分配的问题便成了数据经济塑成之际一个亟待讨论、研究的话题。

对数据权益分配问题向下拆分,首先需要明确的是何为数据及其法律定位,其次便是数据权益的内容与外延问题,第三是最优权益分配机制的选择。但对于这一问题,目前学术界仍存在较大的分歧,不同学者皆站在不同的立足点证成其观点。从大方向上看,目前主要有三派观点:

首先是以高富平为代表提出数据生产理论①与数据流通理论②,认为数据并非天然存在,而是被生产出来的,其拥有的价值依靠数据流通实现,因而完整的数据价值实现过程不仅仅是最后对数据进行分析处理形成"智慧、知识"这一阶段,此前还应包括数据生产阶段,且这一阶段较之数据分析更为重要。数据生产者是数据控制者,其对数据价值生成付出的智力、体力、资本投入不应被忽视,因而可以对数据享有一定的"使用控制权"③,能够与提供算力支持的数据分析处理者依照合同约定对数据分析结果(知识产权保护范畴)共享利益和回报。而由于数据的价值和能力在于其大量性与多维度性,作为被采集或获取数据的个人则不被认为对数据价值生产有所贡献,④因而个人向数据控制者提供数据的情形不被包含在数据流通领域,个人仅仅具有基于数据的人格属性提出消极抗辩的权利。

其次是民法学者基于个人信息保护的角度,对数据权益分配持有较为保守的观点,普遍认为应将个人信息纳入民法人格权保护的范畴,作为数据所有者的个人有排他的权利,至于个人信息的法律基础与法律定位究竟为何则存在一定分歧。杨立新在区分个人信息与个人数据的基础上认为个人信息应是民法权利,其权利属性为人格权,权利客体既包括精神性人格利益,也包括财产性人格利益,个人可以依据后者取得报酬请求。⑤而王利明、石佳友皆认为个人信息权(或个人信息法益,关于民事权利与

① 参见高富平:《数据生产理论——数据资源权利配置的基础理论》,《交大法学》2019年第4期。
②③④ 参见高富平:《数据流通理论——数据资源权利配置的基础》,《中外法学》2019年第6期。
⑤ 参见杨立新:《个人信息:法益抑或民事权利——对〈民法总则〉第111条规定的"个人信息"之解读》,《法学论坛》2018年第1期。

法益的分野在此不论）的法律目的在于提高个人信息保护意识，因而个人信息权的法律基础应是信息自决权，①任何数据控制者或处理者在收集、获取、处理数据前都需要获得个人的"明示同意"，而不赞成忽视数据上附着的个人人格尊严的数据商业化趋势。②

最后是以梅夏英为代表，对前两派观点进行调和，采取更为中立的态度，认为对数据保护的法律讨论应当破除"私法保护"路径及基于其上的公法干预原理的限制，引入提出"分享—控制"一体化理论。③该理论认为"数据分享是前提性的，而数据控制需要理由"。④此理论逻辑证成的基点在于数据的天然属性，认为数据是天然的公共服务品，因而具有天然的互惠分享属性，因而法律意义上的数据控制体系之建设尝试应基于数据分享这一前提之上。具体而言，数据的分享由于其天然的公共性而不需要人为的介入，但是在分享过程中产生的数据法益保护问题则需要进一步研究，梅夏英认为这一问题应当交由网络空间数据操作系统规则通过规范操作者的数据利用行为来解决；至于控制方面，梅夏英虽赞成个人信息保护，但提出公共目的意义上的个人信息保护以及风险规避意义上的个人信息保护之区分，认为对数据"可识别性"的强调以及将"知情同意"作为数据利用者利用数据的前提都是在规避风险的意义上讨论个人信息保护，存在保护程度过高阻碍数据流通共享之嫌，需要将个人信息保护的立足点转移至公共目的之上。由此，数据的流通、分享与个人信息保护之间的间隙缩小，因而得以互通一体。

除上述三类主要的观点流派外，亦有不少学者从更为微观的角度提出新的见解。如在企业数据利益分配情形下，丁晓东提出对企业数据不应采取绝对化排他化的财产权保护，应基于不同类型化、场景化的企业数据进行不同程度和不同方式的保护；熊丙万则提出"开放数据束"概念，并探讨了数据定价路径。

基于上述各流派观点，我试图依照数据内容、数据权益、分配机制的

---

① 参见王利明：《民法典人格权编的亮点与创新》，《中国法学》2020年第4期。

② 参见石佳友：《网络环境下的个人信息保护立法》，《苏州大学学报（哲学社会科学版）》2012年第6期。

③④ 参见梅夏英：《在分享和控制之间——数据保护法局限和公共秩序构建》，《中外法学》2019年第4期。

逻辑顺序构建数据权益分配的基本框架,在此框架下讨论不同数据类型权益分配的例外与特殊之处。

二、何 谓 数 据?

在讨论数据的性质前,首先需要明确数据的概念、外延及何谓数据的问题。本文所称的数据是指基于网络技术、设施,记录并承载人、物、组织的行为或行为轨迹信息的载体。

在大多数情况下,数据与信息往往被不加区别地使用。但若细究数据与信息的历史与发展,不难看出数据是与新技术相伴而生的,有着与生俱来的网络技术依赖性,依赖数字编码技术从而外化为以二进制为基础的比特或比特流,虽然其价值内核在于所记录的信息,但数据的本质还是信息的承载与运输工具,或称信息载体,只是随着网络技术的进一步发展,得益于日益先进的应用代码才能够迅速且毫无障碍地与其承载的信息互相转化,两者似乎等同。

虽然数据与信息的这一差别在数据市场上显得无足轻重,因为对于消费者而言,只有数据的价值性能够被利用而值得关注,至于其工具特征则属于网络代码编译程序研究领域。但在数据权益被提出之际,数据不再是一个单纯的为市场消费者所享用的公共服务品,对数据的利用也不再仅仅是单纯的信息提取过程,围绕数据展开的收集、挑选、分析、处理都在进一步挖掘数据本身的潜在价值。换而言之,虽然数据的价值本质在于信息,但如若没有数据作为中间媒介,将无法完成对海量的不同质的信息进行统一的收集整合、分析处理,数据使一些虚无缥缈的信息被记录下来,将实在或非实在的、或为图片或为文字甚至其他形式的信息统一为计算机网络能够处理的数字编码,进而创造了利益喷涌的大数据时代。因此,数据的工具性虽然由于此前的技术发展而被弱化,但在数据权益分配的话题下,理应再一次得到重视,数据的这一性质不仅是区分数据与信息的关键,更在于为解决数据流通与个人信息保护之矛盾提供解决路径,进而为数据权益提供可分配前提。

除了对数据工具性的强调之外,数据的可识别性也不容忽视,这是数据与信息同一的特征。信息之所以为信息便是在于其可溯源至特定的对象,①数据是信息的载体,自然而然地继承了这一属性;且从反向来看,数据的价值基础便在其能够识别单个对象或某对象群,以此对被识别的对象进行分析,作出决策。在此需要区分的是,基于个人信息保护的目的所提出的去除可识别特征的数据,这类数据所称的"不可识别"针对的是受个人信息保护的对象,在个人信息保护外延之外的可识别性数据最终也会识别到特定的对象群,至于多大范围的特定对象群能够落在个人信息保护的外延之外,在此不作讨论。因此,数据具有可识别性,能够溯源到特定的被识别对象。

其次是数据与知识的差别,从数据到知识是一个前后递进的过程。单纯的数据或信息往往无法应用于决策,而需要基于一定的算力、技术基础,通过对数据注入一定的专业性内容,使其能够成为一种新的知识或智慧以辅助决策。换言之,即"人工智能开启了一种新的知识和智慧形成或供给方式",而数据是这一智慧供给方式的重要一环。

三、数据权益内涵及其分配机制

(一)数据财产权概念之否定

数据权益不等同于数据财产权。财产权的核心是所有权,即对财产的全部权利,从本质上讲也是一种自由权,②即对财产享有的绝对的自决的自由。虽然民法学者在对个人信息权进行论证时没有明确采用"财产权"一说,但将个人信息权的法律基础定位于自决权利,实际上也是间接表达了数据财产化的倾向。

从历史上看,财产权相关的法律是从物的基础上发展起来的,虽然此后也有无形财产纳入其中,但是都不曾改变排他的所有权在财产权中的核心地位,即便是知识与智慧也能够通过知识产权法被赋予法律意义上

① 参见高富平:《数据流通理论——数据资源权利配置的基础》,《中外法学》2019 年第 6 期。
② 参见易继明、李辉凤:《财产权及其哲学基础》,《政法论坛(中国政法大学学报)》2000年第 3 期。

的排他以抵消天然的非排他性。

但是数据却与有形财产或无形财产皆不同,数据的工具性决定了未经任何处理的数据本身是无价值的,其价值呈现在数据被利用的过程。数据的利用具体包括数据价值的发现以及数据价值的实现两个部分,而数据价值的挖掘或生产是数据价值发现的必然条件,数据在市场上的流通、分享则是数据价值实现的必由之路,即数据流通理论所说的,"数据流通即是实现数据社会化利用和实现数据资源价值的必然路径,正是有社会化数据流通和利用,才能形成数据经济"①。因而讨论单纯地基于数据的财产权是没有意义的,除非开拓、重构传统财产权的内涵,但与其推倒以所有权作为核心的传统财产权架构,倒不如立足于数据价值本身,根据其特殊价值产生路径,配之以特殊的权利内容。数据的价值在利用中产生,因而对数据的利用而产生的权益进行分配才是数据权益分配所应讨论的内容。

(二)数据利用及权益分配机制

如前所述,数据权益分配问题之下待分配的是数据利用权益,换言之,即数据在价值发现与价值实现过程中产生的权益分配问题,基于此,首先需要明确的是数据利用的内涵。

数据利用的最终目的是为了实现价值,创造智慧,以供决策。因而从逻辑上看,数据的利用包含两个方面:一是数据价值的发现,因为数据的工具性,所以单纯的数据本身是没有价值的,需要人利用智能技术去发现其价值;二是数据价值的实现,价值实现需要通过市场主体之间的横向分享与纵向流通来完成,即便是将挖掘、生产、分析、处理过程合一的主体,也存在内部的数据分享与流通。

1. 数据价值的发现及其权益分配

数据价值的发现应当包含两个部分,一是数据潜在初始价值的挖掘,二是数据价值的生产与增值。

数据是信息的载体,因此单个信息的价值由其数据载体继承,成为数据的潜在初始价值。从信息主体看,大多数情况下其发出信息的行为是

---

① 高富平:《数据流通理论——数据资源权利配置的基础》,《中外法学》2019年第6期。

不自觉的,而信息接受主体接收信息的过程也不一定是主动的,甚至往往是被动接收。从这一点看,信息具有公共性,大量信息的分享与自动进入公共领域的现实决定了信息主体无法对其信息取得绝对的控制与自决。而数据也在一定程度上继受了信息的这一特性,对数据的潜在初始价值的发现并非是价值增值,而是对已有公共性价值的挖掘。能够轻易得到而不需要投入太多劳动与资本的价值挖掘过程并不能给挖掘者带来对数据的控制权,而仅仅能够换取对数据的使用权,即能够对这一部分数据进行进一步的利用,但不能够以积极的控制权排除他人对这一部分数据的获取。

但从投入产出的角度看,为了填平数据挖掘者在挖掘数据初始价值过程中付出的一定量的劳动与资本,可以在确认这部分数据的公共性与可分享的前提下,给予挖掘主体消极的自决权,即允许挖掘主体对这一部分数据通过加密等技术实现暂时的控制,当其他主体请求获取这部分数据时,挖掘主体可以自行决定是否分享这部分数据以及数据分享的条件,如订立合同获取对价;但挖掘主体不能以消极的自决权来对抗其他主体通过网络爬虫技术等技术获取该部分数据的权利,即消极的自决权之下是对数据的消极的、事前的控制,一旦数据被其他主体以合法的技术手段获取,该自决权不能与之对抗。换而言之,即仅保护当前控制的状态不被非法击破,而不是给予其专有权利。至于破解初始数据的加密技术是否会侵犯知识产权,暂且不论。

数据价值的生产与增值过程则是指在原始数据的基础上,破除原始数据之间的孤岛状态,对数据进行净化、提炼、汇集,实现数据间的互通,即汇集性数据处理,[1]但不包括借助算力与专业性技术对数据集分析、处理之后生成知识与智慧这一创造性过程。在数据价值的生产与增值过程中,由于需要根据一定的目的或主题,对无序的海量数据投入一定量的劳动、资本来筛选、提炼、汇集得出相对有序的数据集,数据的本质没有发生变化,数据的价值却得到了增值,在固有的初始价值之外,通过连线孤立数据,增加了初级辅助决策的功能,能够作为每一领域决策知识的原材

---

① 参见高富平:《数据流通理论——数据资源权利配置的基础》,《中外法学》2019年第6期。

料。因此,由于数据集的生产者为数据添附了新的价值,而数据价值是数据利用的核心内容,因而数据集生产者能够对其生产的数据集中的原创性部分取得专有的控制权且有权独享数据集带来的收益,至于其中的基础性、事实性的数据仍然为公共、共享的范畴。

2. 数据价值的实现及其权益分配

数据价值的实现过程包括两个部分:一是初始数据潜在价值的分享过程;二是类似生产链的数据流通过程,即数据在不同主体间流动而不断增值的过程。

分享、共享初始数据潜在价值的基础点是数据的公共性,即非竞争性和非排他性,数据天然的公共性服从固有的互惠分享的原理。[①]因而初始数据在不同主体之间的横向的流通不应该有分享成本的壁垒。如前所述,初始数据所拥有的潜在价值核心即其所载的信息,而信息分享由于时效性和聚集性而无法实现经济上的分割和交易,[②]初始数据的分享模式也在逻辑上继受了这一特点。另外,基础数据的共享互惠也是数字经济发展的要求,如若将基础数据纳入产权保护的范畴,无异于从根源上切断了利用数据、创造价值的过程。

而实现数据价值增值的流通过程,主要包含数据从数据收集者流向数据集生产者、从数据集生产者流向数据分析者两个阶段。由于数据具有积累性与非消耗性[③],数据在流通的过程中其价值不减反增,因此除却上述数据价值在单个主体内部实现增值外,流通亦是通过不同主体间的外部联系完成数据价值增值以及价值最终实现的基础,因而参与数据流通的主体有其分享数据权益的正当性。

在取得流通数据权益分配的正当性之后,接着需要思考的是:在数据流通的第一个阶段,数据收集者可否分享数据集生产者基于数据库所得的收益;在数据流通的第二个阶段,数据集生产者可否分享数据分析处理者基于辅助决策的知识所得收益;以及综合两个阶段看,数据收集者是否可以越过中间步骤,以数据供给源的身份与数据集生产者一起共享数据

---

①② 参见梅夏英:《在分享和控制之间——数据保护法局限和公共秩序构建》,《中外法学》2019 年第 4 期。

③ 参见高富平:《数据流通理论——数据资源权利配置的基础》,《中外法学》2019 年第 6 期。

分析处理者基于辅助决策的知识所得收益。

首先,基于上述论证的数据集生产者能够基于新价值添附而对数据集取得排他的控制权且有权独享数据集带来的收益,可知数据收集者无权分享数据集生产者基于数据库所得的收益。其次,基于此前所论证的,数据集在经过分析、处理后被注入专业性的价值内涵而被用于辅助决策时,其本身也不再属于数据范畴,而更接近于知识、智慧,应当被置于产权保护的制度之下,数据集的生产者与数据分析者之间的收益分配问题可以交由合同解决;而数据收集者虽然在理论上也有权通过合同约定来分享知识带来的收益,但由于收集者与分析者之间缺少直接的联系,且在实务中三个主体之间的关系往往不是一对一的形式,而是多对多的交叉纵横状态,因而数据收集者通过合同约定来分享收益在实践操作上存在障碍。

3. 小结

总的来说,数据权益的内涵应该限定在数据利用过程中发现与实现的价值利益。而不同主体之间的数据权益分配矛盾根源在于,传统投入产出平衡导致的数据的私有化与数据天然的公共服务品性质之间的对抗。

我试图拆分数据利用过程为数据价值的发现与数据价值的实现,前者包含在主体内部实现的数据潜在价值的挖掘与数据新价值增值,后者包括数据在主体间的分享与流通,并在各个阶段根据在数据利用过程中的承担的功能来类型化不同主体,最终基于对各个主体类型在数据利用过程中的投入与贡献来分配数据权益,以求兼顾市场公平原则与数据公共服务品性质。数据的发现是内部性的,而数据的流通则是外部性的,内外的共同运作才能实现数字经济的发展,因此对同一个主体可享受数据权益进行分析时,需要从内外两个方面对其进行综合分配。而在明晰了每个主体类型的权益分配机制之后,多功能合一的主体权益分配亦由此明晰。但由于数据权益边界并没有严格且明晰的界定,因此在这一统合性分配规则下具体的权益分配大小问题则需要根据具体的场景来决定。

四、特殊数据类型情景下之权益分配再考量

由于个人、企业以及政府都可能是数据利用过程的参与者,而三者之间的性质、能力的差异都将影响数据权益的分配机制。因此,在对数据权益分配进行了总括性的分析之后,需要进一步再考量由不同数据类型的特殊性导致的数据权益分配相关问题:个人信息保护问题、企业数据权益分配尤其是商业秘密保护问题、公共数据在转化为企业数据时其强公共性与企业数据私权化的对抗问题。

(一)个人数据:个人信息保护

当数据来源是个人时,由于个人信息具有人格属性,导致数据主题往往与个人相关,数据流通亦有可能因此陷入困境。因此对个人信息保护的讨论与研究,不仅仅是为了确认作为数据来源的个人的权益取得与保护,更是在为此类数据的流通寻求正当性基础。

虽然此前学术界关于个人信息究竟是法益还是民事权利有较大的观点的分野,但从最新颁布的《民法典》"人格权编"第1034—1039条的规定,法律上对于个人信息的定位应该是一项人格权益,且自然人就其个人信息不仅享有人格利益,还享有财产性人格利益。由此可知,作为民事权益的个人信息权益已囊括了人格与经济两方面的利益,而不需要再从财产权的角度对个人信息权益加以确认。[①]这一立法路径确实能够实现"个人在保护自己人格利益的情形下,可以自主决定是否通过信息许可或交易来获利"[②],且能够解决原先的人格权兼财产权说导致的法律规定"个人同意"的例外情况与财产权产权保护之冲突以及财产权权利属性与数据天然公共属性之间的矛盾问题,但是,仍然无法解决信息交互性[③]问题带来的可能法益冲突与权益分配。同时,将该理论应用于数据权益分配的问题,把个人的"同意"作为信息处理者处理信息的前提,不仅存在实践上的

---

① 参见程啸:《论我国民法典中个人信息权益的性质》,《政治与法律》2020年第8期。
②③ 梅夏英:《在分享和控制之间——数据保护法局限和公共秩序构建》,《中外法学》2019年第4期。

无意义,因为个人在作出"同意"时是否足够谨慎、该"同意"是否表达了用户的真实意愿仍然存疑;而且还会阻碍数据的流通,徒增信息处理者收集信息的成本。

虽然继续从个人信息私法保护的法律属性上来寻求一条路径以平衡数据流通与个人信息保护有其实现的可能,但是从数据天然的公共性出发,探寻公法意义上的个人信息保护以支持数字经济的发展现状可能不失为明智之举。以"用户同意"为例,由于法律上规定的"用户同意"实质上是关于用户是否愿意自担数据利用产生风险的同意,其建立在用户信息可能被滥用的基础上为用户提供一个事前的自我信息保护选择机制,因此可以理解为"规避风险意义上的个人信息保护"①。但是由于风险的存在与否以及风险的高低皆有很大的差异,如果以统一的较高的风险规避标准来寻求数据流通中的个人信息保护,无异于是对数据流通的过度限制,因此可以从个人信息保护的公共目的出发来限缩个人信息保护的法益范围,在具体风险上再作出规避性的保护措施,以此来避免如"用户同意"此类保护措施带来的数据流通障碍,实现数据流通与个人信息保护的平衡,为个人数据流通构筑其正当性的同时,也可以从"隐形对价"等角度进一步寻求个人数据被收集到数据收集者过程中的利益均衡。

(二)企业数据:商业秘密法律定位与数据场景化保护

企业数据中较为特殊的一类是商业秘密。《民法典》第123条将商业秘密归至知识产权的保护客体,将其法律属性界定为专有的权利,我对这一点存疑。我国反不正当竞争法定义的商业秘密是指"不为公众所知悉、具有商业价值并经权利人采取相应保密措施的技术信息、经营信息等商业信息"。商业秘密具体而言包括管理方法、产销策略、客户名单、货源情报等经营信息,生产配方、工艺流程、技术诀窍、设计图纸等技术信息。从商业秘密的范围上看,商业秘密囊括的数据类型具有多样性,只要满足秘密性、实用性与保密性的企业数据,即便是非知识性的,类似于客户名单这类基础性数据或数据集都可以成为商业秘密的范畴,并能够依法获得专有的知识产权权利属性。

---

① 梅夏英:《在分享和控制之间——数据保护的私法局限和公共秩序构建》,《中外法学》2019年第4期。

但是,虽然数据在流通过程中实现的价值增值能够为其建立私权性质的产权保护提供一定的正当性,然而数据天然的公共性质仍然决定了"法律对其的保护原则是以公有保护为原则,以私有保护为例外"[1],私有保护的界限也应以原创性的新增价值为判断标准,基础性数据仍然应处于公有领域;然而民法典对商业秘密采取的"专有权利"的定位与保护,使得一些基础性的企业数据也得到了较强的专有保护,如此无论是在逻辑上还是促进流通的目的上皆有不妥之处,我认为将其作为法益而非"专有权利"进行保护更为合理。

除却商业秘密之外,其他的企业数据之权益分配与保护,需在前述的数据权益分配大框架之下采取区别化、场景化的保护措施:对于企业的非公开数据、半公开数据与公开数据采取不同的保护模式与保护力度,并通过自下而上的个案来构建企业数据保护体系。[2]

（三）公共数据:法益位阶之对抗

公共数据包含两部分的内容:政府机构的政务数据与各类主体在公共空间产生的非私人化数据。[3]公共数据相较于个人数据或企业数据,更强调其社会性,即非排他性和非专有性,因此对公共数据的保护路径呈现了管理化特征。

而有关公共数据权益分配需要区分公共数据自身生成权益的分配与其转化为企业数据后的权益分配机制问题。关于公共数据自身生成权益的分配,仍然以公有性和社会性为主,可以通过基础设施、政府红利等方式惠及社会公众。因此需要关注的问题仍然在于,当公共数据转化为企业数据时的数据权益分配问题,更进一步说,需要讨论的是在这一数据转化的过程中公共数据的公共性与社会性是否能够得以保留。

根据前述的数据权益分配的观点,当数据被转化为企业数据时,获得价值增值部分的数据即为企业所专有,企业能够获得控制权和独享收益

① 丁晓东:《论企业数据权益的法律保护——基于数据法律性质的分析》,《法律科学》(西北政法大学学报)2020年第2期。

② 参见丁晓东:《数据到底属于谁?——从网络爬虫看平台数据权属与数据保护》,《华东政法大学学报》2019年第5期。

③ 参见李扬、李晓宇:《大数据时代企业数据边界的界定与澄清——兼谈不同类型数据之间的分野与勾连》,《福建论坛》(人文社会科学版)2019年第11期。

的权利。这一结论并不因基础数据为公共数据而被推翻,因为企业在运用公共利益的过程中也会有大量的劳动、资本的投入,在实现公共数据价值增值过程中也可能会付出巨额成本,同时该数据也有可能在经过企业的加工处理之后成为企业的核心数据资产,具备类似于无形财产的属性,因此为了实现激励企业进行数据处理、促进数据经济发展的目的,以及为了实现市场公平竞争,应该赋予企业对价值增值部分的数据以一定的控制权益,但是,当该数据上的公共利益与企业利益相冲突时,根据权益位阶应当首先实现公共利益,再追求企业利益的获得。

总　　结

数据作为新型生产要素,相较于传统的所有生产要素具有其独有的特性,因而对数据权益分配机制的讨论在数据经济建成与发展之际显得尤为重要。

对数据权益分配问题的探讨,从逻辑上看主要是三个问题:何谓数据,数据权益的内涵与外延,最佳分配机制之选择。

数据是指基于网络技术、设施,记录并承载人、物、组织的行为或行为轨迹信息的载体。数据的工具性与可溯源性是其主要属性,基于数据的工具性可以将其与信息相区分,数据的工具性使得对海量且不同质的信息进行统一处理成为可能;数据的可识别性则是数据价值存在的前提与基础,没有可识别性的数据是没有价值的。从数据的利用过程上看,还需要对数据与知识加以区分,后者已经跳脱了数据的范畴,对其也应从产权角度加以保护与规制,只有对前者的利用产生的权利与收益问题才是数据权益的讨论范畴。

数据权益产生的根本在于数据价值的实现,而数据价值的实现基于对数据的利用,即通过利用数据获得收益,基于收益而产生权益分配问题。数据的利用可从内部与外部两个视角分为数据价值的发现与数据价值的实现,前者包括对数据初始潜在价值的挖掘和数据价值的生产与增值,后者包括基础数据价值的分享与流动。由于数据天然的公共性,因此数据初始潜在价值的挖掘以及基础数据价值的分享过程皆强调公有性与社会性。而数据集生产者在投入一定的成本对数据进行挑选、净化、汇集以作为决策辅助的数据基础时,单个数据之间的孤立状态被打破,数据间的互通产生了新的数据价值,即实现了价值增值,数据汇集者对这一部分价值增值数据享有一定的控制权和收益权。而又由于数据价值实现的根本是数据的流动,因而不可否认数据在主体间的流动过程对数据价值增值的贡献,但是基于数据原生的公共性以及数据集生产者理论上的控制权可以认为数据收集者对价值增值的数据集不享有共享收益的权益,而数据收集者、数据集生产者与数据处理者对最终知识的收益分配问题,在学理上可以通过合同约定来解决,但收集者与处理者之间的非直接关联,以及数据主体之间数据分享、流动关系网的纵横交错,导致两者之间通过合同约定分享知识收益的机制缺乏实践意义。

在上述框架之下,由于数据利用过程参与主体的多样性,因而还需要依据不同主体的特殊性进一步讨论分配机制的主体差异。个人数据方面,纷争往往多发于个体的行为数据,可以通过在数据流通过程中采用以公共目的为基准,以具体风险规避为特例的个人信息保护目标,从而解决个人信息保护与数据流通之间的平衡问题;在企业数据方面,由于互联网企业的开放性,往往容易引起数据的垄断纷争,因而需要注意企业数据的专有性与非排他性的平衡以及商业秘密的定位,可以依据类型化、场景化的企业数据来解决相关问题;公共数据领域则需要注意公共数据的强公有性与数据利用过程中的私权化保护之间的对抗,尤其是公共数据转化为企业数据的情况,需要在保证公共数据的公有性与社会性不被破坏的情况下,尽可能实现企业数据权益的最大化。

数据竞争的法律制度基础

丁文联[*]

内容摘要:数字经济时代,数据资源成为关键竞争资源,数据竞争引发新的法律关切,其核心在于数据共享与专享之间、数据控制与使用之间的数据资源配置方式。现有法律制度规则在数据产权安排、数据行为基本秩序和数据行为竞争规则三个层次上都不能适应数据资源的特点与数据竞争的需要,需要重新考虑数据资源的排他性与非排他性产权安排,需要将数据行为的规制重点由前端的数据采集转向后端的使用行为,在严格保护隐私和商业秘密的基础上设计促进数据利用的数据收集、抓取与使用规则,还需要研究适用于数据竞争的反不正当竞争、反垄断分析框架。

关键词:数字资源 数据竞争 数据控制 数据产权 数据行为

数字经济的时代是一个以数据为核心竞争力、资源共享的时代,数据资源的取得与利用成为这个时代极为重要的一种资源配置。区别于传统的数据资源,大数据技术及数字经济背景下的数据资源,具有一系列新的经济特征,包括数据载体的多栖性、数据使用的非排他性、数据使用的高营利性、数据价值的差异性、数据使用方式的差异性、数据具体用途的不可预测性、数据使用效果的外部性。数字经济时代,如何以合理的制度规则促进有效率的数据竞争,需要在法律与经济两个维度之间找到准确的坐标点。

一、数据竞争与法律关切

2017 年,几起涉及数据竞争的诉讼案件特别引人关注。如美国的 HiQ 诉 LinkedIn 案,中国的新浪诉脉脉案、汉涛诉百度案,都涉

---

* 金杜律师事务所高级顾问。

及经营者在经营过程中所收集的数据信息能否被其他经营者自由抓取，或能否被其他经营者使用、以何种方式使用等问题。除了诉讼案件，2017年，其他一些涉及数据竞争的事件也受到反垄断法的关注。比如，菜鸟与顺丰相互关闭与对方的数据接口，在国家邮政局的干预下，才恢复开放数据接口。

以上这些案例，不仅共同凸显了数字经济时代企业对数据资源的重视与争夺，更展示了数据竞争中共同的法律争议、利益冲突与法律关切。可以看到，在数据竞争中都存在的法律争议包括：数据信息的所有权归于谁，是通过自身属性和行为而产生信息的用户，还是数据收集、加工企业？数据收集、加工企业基于其收集、加工数据的资金与人力投入，对数据信息是否应当享有权利，或享有何种权利和享有多大的权利范围？可否禁止其他经营者抓取、使用数据？如果其他经营者可以抓取数据，那么这些经营者可以以何种方式使用数据，是否可以通过市场的方式来实现数据的交易？

透过这些法律争议，可以进一步看到，在数据竞争中都存在这样四类群体的利益需要协调平衡，包括：第一，产生数据信息的用户。他们的个人隐私与财产权益在数据收集、加工和使用过程中如何得到保护。第二，数据收集、加工者。如何保护他们通过收集、加工数据可以获得的利益，以保护他们收集、加工数据的积极性和前期的资本投入。第三，数据使用者。如何保护他们充分使用数据的权利与利益，以鼓励他们在数据使用上的创新行为。第四，消费者。如何通过促进有效率的数据竞争，获得由数据竞争和有效使用所带来的溢出效应，进而从繁荣发展的数据市场中长期获益。

厘清上述各种法律争议与利益诉求后，更深层次的问题是：什么才应该是数据竞争中最核心的法律关切？比较而言，在诸多需要考虑的问题中，以下两个问题可能最为重要。一是对用户个人隐私的保护。用户个人隐私属于人身权利的一部分，充分保护用户隐私不仅是因为人身权利在所有法律权利中位阶最高，还因为如果没有隐私安全保障，用户就没有意愿令其个人数据信息被收集、加工，数字经济便失去最基本的信息来源基础。而在当前的技术背景下，诸多因素共同决定了，用户在与企业就行为信息的采集的潜在角力过程中,几乎必然落于下风。①二是对数据资源的配置方式,如何在数据经营者之间安排数据共享或专享,如何配置数据信息的控制权与使用权。这是数字经济发展的一个核心问题,如果不能促进数据的共享和利用,大数据将失去其巨大的经济和社会价值,数字经济的种种愿景将成为幻影。但如果不保护数据经营者在数据收集、加工和研发上应该获得的利益,又同样会削减对数据收集、加工和研发行为的激励,数字经济同样成为无源之水,断流枯竭终将成其宿命。数字经济的商业运营和竞争方式已经有别于传统领域,且数据具有非排他性、非竞争性及产权不明等技术和经济特征,这导致涉数据不正当竞争行为的认定难以沿用传统分析路径,而需要厘清数据的内涵、分类、价值和权属等前置性问题,并对认定不正当竞争行为的一般思路进行有针对性的调适。②个人隐私保护与数据资源配置,一个是数字经济发展需要解决的基础权利保障问题,另一个是数字经济发展的关键机制设计问题,两者是数据竞争中最为核心的法律关切。鉴于本文主题在于讨论如何构架合理的制度以促进数据竞争的经济效率,本文重点讨论后一问题,即数据资源的配置方式问题。对个人隐私保护的讨论可以在未来的研究中进行展开。

二、数据资源的经济特征与当前制度存在的问题

迄今为止,人类创造的法律制度,依据各种实物资源的自然属性与经济特征,比较好地解决了各种实物资源的权利配置问题,比如英美法系财产法、大陆法系物权法对于有体物财产权利的安排,以及各国法律对于智力成果的知识产权安排。现在面临的问题是,数据信息区别于以往各种实物资源,有其特别的物理属性与经济特征,需要特别的法律制度安排。

诚然,数据信息并不是最近产生的新鲜事物,在大数据技术和数字经济兴起之前,数据信息已然存在,并且也纳入各国法律框架。比如,符合商

---

① 郑佳宁:《知情同意原则在信息采集中的适用与规则构建》,《东方法学》2020年第2期。

② 刁云芸:《涉数据不正当竞争行为的法律规制》,《知识产权》2019年第12期。

业秘密、作品条件的数据信息,可以被作为商业秘密、作品受到保护;作为数据集合的数据库,在某些国家或地区受到特别法保护,在另一些国家或地区,根据具体情况被作为汇编作品保护或适用反不正当竞争法调整。但是,在大数据技术与数字经济兴起之后,数据信息的生产与使用方式发生翻天覆地的变化,信息技术使得数据的巨大经济价值和社会价值经商业运作后而日益凸显,既有的法律制度不能满足现实需要,数据竞争对法律制度的健全和完善提出了新的需求。

（一）数据资源的经济特征

与以往数据资源相比,大数据技术与数字经济背景下的数据资源,具有以下七个新的经济特征:

第一,数据载体上的多栖性。在数字经济时代,由于产业链由上下游直线型转化为多边网络型,数据信息产生和传递的方式变得更加复杂和多元化,数据往往不是栖息于一个主体,而是栖息于多个载体,具有"多栖性"。一方面,数据信息在产生过程中,往往涉及多个主体,而导致数据信息栖息于多个载体。另一方面,越来越多的用户使用越来越多的数字产品,包括各种网站、APP 提供的服务,以及各种终端设备,用户的数据信息广泛栖息于网站、APP 和终端设备这些载体。因此,不同于以往的实物资源,也不同于数字经济之前的数据信息,大数据时代数据资源的稀缺性只是相对的,而不是绝对的,换句话说,从某种角度而言数据资源相对不是那么稀缺。

第二,数据使用的非排他性。[①]在经济学中,排他性是稀缺性成立的一个基础。而数据信息在使用上,和专利技术、技术诀窍、科学艺术作品等智力成果一样,具有非排他性,即一个数据经营者使用数据信息时,不妨碍另一数据经营者同时使用该数据信息。这意味着,数据信息在物理上可以被共享和多次使用,并由此可能产生更大经济和社会价值。

第三,数据使用的高营利性。比起传统工业经济体系内的实物资源,由于数据采集、加工和研发的成本相对很低,而数据使用所产生的收益非常大,数据信息在使用上具有相对较高的营利性。一方面,数据信息的收集、加工主要为固定资产和人力的固定成本投入,其边际成本很低,甚至

---

① 参见刁云芸:《涉数据不正当竞争行为的法律规制》,《知识产权》2019 年第 12 期。

接近于零,随着大数据技术的进步,数据开发运用的成本也在不断降低。另一方面,大数据分析和机器学习利用在精准识别、描述、触达、转化、评估、预测上的超强能力,可以产生巨大的潜在商业价值,同时也可以在公共服务方面产生巨大的社会价值。

第四,数据价值的差异性。尽管数据信息都具有巨大价值且具有非排他性,但由于不同数据主体持有数据的完整性不同,不同数据主体所持有的数据在价值上也存在差异。例如,菜鸟与顺丰的数据之争中,虽然菜鸟拥有阿里电商平台的订单数据和部分快递数据,但依然想获得顺丰的快递数据,是因为顺丰的快递数据对于规划和优化干线运输业务更有价值。再如,点餐 APP 作为软件平台的提供方,对供需双方的信息数据掌握最为全面,不仅了解生成订单的终端用户和被选中的餐饮店信息,更了解终端用户的搜索偏好、餐饮店提供餐饮的品类价格等动态信息,能够优化匹配结果,为供需双方进行定向广告信息推送。而快递公司获得的是订单生成后的售后静态信息,其信息量弱于前端 APP 平台,并很少主动向供需双方推送定向广告。

第五,数据使用方式的差异性。即便是相同的数据信息,不同使用主体的收集、使用和开发方式也不尽相同,从而得出不同的分析结果和服务品类。例如,点餐 APP 为了连接终端消费者和餐饮店铺,为彼此匹配和完成交易寻找成本最优的交易模式,所以该经济行为的发生是为了完成产品和服务的销售,而数据本身只是交易行为的副产品,并非经济行为的主要目的。点餐 APP 可以收集终端消费者的消费信息和餐饮店铺的销售信息,送餐快递公司也可以获取相同的信息,点餐 APP 获取该信息后可以优化供需双方的匹配,使双方可以更精准地找到彼此,而送餐快递公司获取该信息后可以优化配送物流的安排,使递送可以更及时、送餐人员可以进一步优化其配送路径。相同的数据对不同的使用主体价值是不同的,因而使用方式也存在差异。

第六,数据具体用途的难以预测性。数据信息的用途不仅有赖于数据使用方的先验经验,更有赖于使用方对数据利用的联想,有时甚至是天才的想象,即便如此,数据未来的用途也未完全被现有的方法所涵盖和发现。比如,Google 在 2009 年在对数十亿条网络用户搜索信息进行分析后,在美国成功地预测了甲型 H1N1 流感在何时何地爆发。比如,手机定位信息被广泛用于各种与位置相关的服务,未来也必将更广泛地用于未知的领域。大数据的开发利用不但依赖于当前实时发生的数据,还依赖于人类社会的历史数据积累。数据信息在被收集、加工时,使用方未必能确定这些数据信息未来的具体用途,但仍然有必要收集、加工这些数据。

第七,数据使用效果的外部性。数据信息在开发利用后,其效果往往远远超出原来产生数据信息的用户范围,而扩及更大的用户范围,甚至是扩及很大范围内的社会成员,体现出很强的外部效应。例如,点餐 APP 平台在分析了点餐终端消费者的搜索偏好之后,可以定向推荐在该餐厅消费过的消费者去过的其他餐厅;同样的,对于某一类型的餐厅,APP 平台也可以根据点餐终端消费者的搜索偏好,将该餐厅推荐给有类似偏好的消费者。正是通过对数据的优化和分析,APP 平台提升了精准营销的转化率。

（二）数据资源与现有法律制度的不匹配

数据资源区别于以往各种实物资源的特有经济特征,使得现有法律制度在调整这种实物资源上显现出很大的局限,在数据产权安排、数据行为基本秩序和数据行为竞争规则三个层次上,都很难产生理想的效果。

1. 现有法律制度很难解决数据产权制度的安排问题

现有法律制度中的权利类型很难适应数据产权安排的需要,具体来说有三个方面:一是针对有体物的财产权安排。由于对有体物的使用具有排他性,所以采用"一物一权"原则,不允许在同一财产上同时具有相互冲突的权利,与一部分"单栖"的数据相适应,但不适应大部分数据信息的前述"多栖性"特征。事实上,数据所有权的主张在根本上亦与物权不符,其实质上并不强调一种唯一的独占权利,而是强调数据访问和利用的权利。[①]二是针对智力成果的专利与版权制度。考虑到鼓励智力创新的利益激励,将专利与版权设计成较长期限内的排他权利,在利益激励上符合鼓励收集、加工数据信息的需要,但如个人数据,其中绝大部分内容是对事实信息的记载,具备个人识别意义(如身份证号码)或仅仅是个人行为的记录(如运动轨迹),这些数据只是对客观事实的反映,不具有独创性。这既不是生成该数据的自然人的作品,也不是记录该数据的机构或企业的

---

① 韩旭至:《数据确权的困境及破解之道》,《东方法学》2020 年第 1 期。

作品,更不是智力成果,显然不能成为知识产权的客体,无法适用知识产权法律制度。①因此,给予数据信息较长期限的排他性权利与收集、加工数据所作出的贡献不相称。此外,排他性的权利安排不适应于那些具有"多栖性"的数据。三是物权、知识产权以外的其他非排他性财产权利安排。比如合同债权、法定债权,由于完全不具有排他性,难以形成对收集、加工数据信息特别是创造高价值数据的利益激励。所以,现有的数据产权需要一个介于绝对排他性和非排他性之间的制度安排。

2. 现有法律制度很难解决数据行为的基本秩序问题

在数据收集问题上,如果适用现有法律制度的"知情权"规则,那么必须在用户详细知晓数据具体用途情况下,才可以在用户授权下收集数据。但数据的具体用途在很多时候难以预测,适用"知情权"规则必然阻碍数据收集。此外,在数据抓取、使用行为规则上,哪些数据可以被抓取,哪些数据不能被抓取,哪些数据使用行为需要得到数据控制者的许可,哪些数据使用行为不需要得到数据控制者的许可,这些问题在现有法律制度中既没有具体规则,又因为数据资源的特殊性找不到合适的参照原则。所以,现有的数据行为急需相应的法律制度来规范其基本秩序。

3. 现有法律制度很难解决数据行为竞争规则问题

企业支持数据发展的意愿和努力,最终取决于企业数据能否得到充分、合理和有效的法律保护,特别是私法保护。②现有竞争法规则本身在市场的不确定性面前就常常力不从心,而数据信息比任何以往实物资源具有更强的不确定性,使得现有制度规则在解决数据竞争纠纷上更加乏力。在反不正当竞争法的适用上,现行法律以"违背商业道德—损害竞争秩序"为认定不正当竞争行为的基本框架,如虚假宣传、商业诋毁、商业贿赂、仿冒商业标识这样的行为在商业道德与损害竞争秩序、效率上具有明显的一致性,但数据的商业使用行为很难在道德上进行评价,数据使用行为的效果也很不确定,很难用"违背商业道德—损害竞争秩序"这个框架作出分析判断。

在反垄断法适用上,现行法律理论与法律实践基本以"结构—行为—

---

① 李爱君:《数据权利属性与法律特征》,《东方法学》2018 年第 3 期。
② 龙卫球:《再论企业数据保护的财产权化路径》,《东方法学》2018 年第 3 期。

效果"(SCP)为基本分析框架,由于数据资源具体用途与价值的不确定和差异性,数据资源会在哪些竞争领域、在多大程度上增加市场力量,数据使用行为会在哪些竞争领域、在多大程度上增进或降低市场效率,这会使得相关市场界定、市场力量测度、市场效果分析都变得模糊,而且,数据竞争是否遵循"结构—行为—效果"的逻辑,也是值得重新思考的问题。所以,数据竞争需要根据实际竞争状况对现有的分析框架进行调整,突破现有制度规则的局限。

三、数据竞争的制度基础

与传统实物资源相比,数据资源具有栖息于多个载体、使用上非排他、成本低而收益高、价值和使用方式存在差异、未来用途难以预测、存在外部效应等多方面的经济特征。现有法律制度不能在数据产权安排、数据行为基本秩序、数据行为竞争规则三个层次上很好地发挥作用。本文提出对于这三个层次制度建设的政策建议。

（一）数据产权安排

在产权制度上,考虑到数据信息的丰富多样和数据信息的经济特征,可以沿着以下路径探索数据产权的制度设计。一是以是否公开、迁徙、交易等为因素,确定是否给予排他性权利。首先,可以通过公开渠道获得的数据信息,不宜赋予排他性权利;其次,与具体用户相关的数据可以根据用户选择在不同经营者之间迁徙,经营者对此不具有排他性权利,不得妨碍数据迁徙;最后,数据进行交易后,原则上原数据控制主体不享有对原数据的排他性权利,但原数据控制者只是许可合同相对方使用数据的除外。二是以数据控制权替代所有权作为排他性权利安排。中国存在"所有权—使用权"的法理范式,即使用权来源于所有权,类似于"皮之不存毛将焉附",没有所有权就没有使用权。但鉴于数据信息的多栖性,数据所有权实际很难确定属于某个主体,而不确定数据所有权未必一定影响数据其他权利的配置。因此,建议突破"所有权—使用权"的法理范式,依据数据资源的物理属性与经济特征,不设置数据所有权,只设置具有排他效应的数据控制权。数据控制者可以决定是否将其控制的数据予以公开、许可使用或是转让他人。

（二）数据收集、抓取、使用行为的基本秩序

用户个人数据信息在被收集时往往不能确定未来数据的具体用途，因此，"知情权"规则很难适用于数据采集行为。这种情况下，用户对于数据被采集只能表示概括的同意或不同意。保护用户利益的路径，要将重心从前端转向于后端，即从用户的同意转向数据使用者的使用行为，从规范数据使用行为入手保护用户人身权利等权利。对于数据使用行为则应规定严格的保护隐私、商业秘密的义务。至于哪些数据可以被抓取、使用，可以与数据产权安排相对应，公开的数据信息应该允许被自由抓取、使用，非公开的数据信息原则上需要经数据控制者许可才可以抓取、使用。

（三）数据竞争规则的基本框架

在反不正当竞争领域，虽然"违背商业道德—损害竞争秩序"的法理框架可以沿用于传统商业行为，但针对数据竞争的特点，应该建立新的分析框架，纵观反不正当竞争法所禁止的虚假宣传、商业诋毁、商业贿赂、串通投标、仿冒商业标识等传统不正当竞争行为，以及互联网技术发展以来司法实践上所认定的干扰他人转件运行、诱导他人用户转移使用网络服务等行为，本质上都是通过直接攫取他人竞争优势，或破坏他人的经营基础来获得竞争优势或交易机会的行为，其不当性在道德上评判是所谓"违反商业道德"。如果以客观标准衡量，从市场机制的运作原理看，则应该是通过扭曲市场的信号传递机制阻碍、误导市场信号的产生与传递，使得市场资源发生错配，降低市场效率，从而损害社会福利。因此，反不正当竞争领域"违背商业道德—损害竞争秩序"的分析框架，也许可以由"扭曲市场信号传递机制—损害市场效率与竞争秩序"这样一个新的分析框架代替。在这个分析框架中衡量数据竞争行为的核心问题，将是数据抓取与使用行为会不会产生阻碍数据信息产生和传递的效果。譬如，在汉涛诉百度案中，如果百度地图移用大众点评用户信息的行为导致大众点评降低数据信息的采集、加工和供应，破坏竞争秩序，那么百度的行为将是一个扭曲市场信号传递机制而应被认定不正当竞争的行为。

反垄断领域，为适应数据竞争，同样存在一个法理分析框架需要重新检视和调整的问题。互联网兴起以来，传统的"结构—行为—绩效"的法理框架就越来越受到挑战。数据控制者的反垄断规制，旨在防止数据市场

的寡头化,推动数据要素的流动。①在软件、互联网等新兴产业中,市场份额一般不足以反映市场力量,网络效应、锁定效应往往更能带来市场力量,市场结构与市场力量之间的联系并不那么确定。大数据技术与数字经济兴起后,数据资源成为关键的生产要素,同时数据资源成为市场力量至关重要的要素,市场结构在测度市场力量上的作用更加降低,分析市场结构的重要性,将逐渐让位于对数据竞争力的分析。在数据竞争领域,"结构—行为—绩效"框架也许可以由"数据竞争力—数据行为—市场效果"代替。对数据竞争力的分析,对于数据行为的分析,都需要在总结实践经验的基础上及时提炼出具体规则,确定不同类型数据所具有的不同竞争力,在此基础上重新检视和调整反垄断法上纵向垄断协议、滥用市场支配地位、经营者集中这三种以市场结构为前提基础的现有反垄断分析方法与分析标准,以适应数据竞争的新特点。

---

① 李安:《人工智能时代数据竞争行为的法律边界》,《科技与法律》2019 年第 1 期。

电商平台经营者社会责任的内容与实现机制研究

林怡婷 *

内容摘要：我国企业社会责任立法和理论缺陷使其司法实现路径存在障碍。电商平台经营者是兼具市场和企业的集合，电商平台经营者承担社会责任的根本来源于其准公共性特征、直接依据是平台经济的负外部性、电商平台的经济本质为平台履行社会责任提供内在驱动力。在企业社会责任的区分视角下，企业社会责任包括一般性社会责任和特殊社会责任。电商平台经营者特有的社会责任包括以下内容：发挥平台的技术优势，承担监管职责；正视平台的信息掌控者角色，重视数据安全；利用平台号召力，发挥平台在带动公益行动的优势。平台经营者社会责任的实现机制应遵循多方协同治理原则；规则治理、技术中立与市场约束互补原则；信息透明度原则，落实企业社会责任报告。

关键词：企业社会责任　电商平台　经营者类型化梳理

一、我国企业社会责任的立法司法实证研究

（一）我国企业社会责任的基础理论

从企业社会责任在西方的发展过程来看，在自由主义经济时代，企业被视为一种投资工具，其唯一责任在于实现股东利益最大化。但随着企业规模的膨胀，其影响力不断扩大，以企业为核心的相关者群体之利益与企业活动息息相关，消费者、劳工和环境保护思潮不断兴起，社会期待企业承担的社会责任逐渐多样化和复杂化。故在企业社会责任诞生之初，学界就企业应否承担社会责任展开一番激烈的讨论。反对者认为企业社会责任与企业本质背道而驰，损害自由经济之发展。而支持者同样认为社会责任是在企业的经济责任之外独立的，与其并列的新型企业责

---

* 中国政法大学法学院硕士研究生。

任。后来随着理论学说的发展,支持者为谋求企业社会责任一席之地,将企业社会责任内涵扩大化,将经济责任解释为企业社会责任的下位概念。1991 年,卡罗尔将企业社会责任划分出四个层次:经济责任、法律责任、伦理责任以及慈善责任,此即为金字塔理论。①

金字塔理论下的企业社会责任是一种广义的社会责任,即几乎等同于企业责任。本文仅讨论狭义的企业社会责任,即企业出于为股东之外的利益相关者利益考虑而承担的义务。公司承担社会责任不能构成对公司本质的违背。公司本质的学说有很多种,工具说、相关利益团体者说、社会公民说等,但无论这些学说对公司本质作何解释,都不能改变公司营利性的核心目标。公司承担社会责任的公益目标与公司营利最大化的利润目标之间虽然存在紧张关系,但两者并非完全对立。要理顺两者关系应当谨记以下几点:

公司运营状况良好并且可持续是公司有能力承担社会责任的前提和基础。若公司无法营利,那么公司便没有能力承担社会责任,社会责任便成了无源之水无本之木。

在公司的利润目标与公益目标之间虽然存在冲突,但是可以协调两者关系,使得公司承担社会责任的同时促进利润目标的实现从而为公司主动承担社会责任寻求内生动力。②

公司社会责任是一个动态的时代概念,虽然公司社会责任的出现是对股东利润最大化原则的修正,但随着公司社会责任理论的演变和公司社会责任在经营管理中的融入,公司社会责任的承担对于公司长期利益至关重要。"如果企业滥用优势地位,拒绝承担企业社会责任,则在自毁形象和商誉,在市场竞争中失去未来和长远利益。"③

(二)我国企业社会责任的立法实证研究

1. 通过原则性条款统摄企业社会责任

《民法典》"总则编"第三章第二节第 6 条④规定营利法人的社会责任,

① Archie B. Carroll, Stakeholder Thinking in Three Models of Management Morality: A Perspective with Strategic Implications, in The Corporation and Its Stakeholders: Classic and Contanporary Readings〔M〕. Edited by Max B. E. Clarkson, University of Toronto Press, 1998, pp.139—170.
② 付饶:《企业社会责任与财务管理目标之间的关系》,《现代商业》2010 年,第 23 期。
③ 胡鸿高:《论企业社会责任》,《东方法学》2008 年第 1 期。
④ 《民法典》第三章第二节第 6 条规定:营利法人从事经营活动,应当遵守商业道德,维护交易安全,接受政府和社会的监督,承担社会责任。

同时第76条①对营利法人的定义及类型进行了规定。从历史解释的视角而言,该条系直接来自《民法总则》第86条,立法者在设立民法典时并未对该条款进行修改。根据文义解释来看,营利法人所应当承担的义务包括遵守商业道德、维护交易安全、接受监督、承担社会责任。②对于本条款列举的四大义务,法律条文本身并未就该四大核心义务之间的逻辑关系作出解释。我国《公司法》第5条就我国企业社会责任作出了进一步解释。该条将社会责任的承担主体进一步限定为公司,将场景限定在经营活动的从事期间,并规定企业负有守法义务、遵守社会公德和商业道德的义务、遵守诚实守信原则的义务、接受政府和公众监管的义务,承担社会责任的义务。③本条既强调公司社会责任的法律责任,更是将"尊重社会公德、商业道德、诚实守信"作为道德责任的内容一并进行规定,进一步论证了公司实际上是道德责任与法律责任的集合体的合理性。学者根据《民法典》"总则编"第6条的"应当"和《公司法》第5条的"必须"中体现的强制性色彩,提出企业承担社会责任是一种法定的强制性义务。若企业社会责任之承担属于法定强制性义务,则上述两条款应属于强行性规范,若违反强行性规范则应承担相应的法律责任。同时,因企业违反社会责任受害的权利人拥有民事诉权,即公司社会责任应具有可诉性。但从体系解释来看,将本条款规定视为一种宣示性条款更为妥当。现有法律规定并未针对行为人违反《公司法》第5条是否需要承担责任以及承担何种责任进行明确。另一方面,本条规定的社会责任过于宽泛抽象,对于社会责任的内涵与外延并未予以明确,不同营利法人甚至是不同规模、不同领域的企业所应承担的社会责任是否需要进行类型化讨论,法律条款均未予以明确规定。故在司法实践中难以直接适用。就目前司法实务状况来看,法院在援引公司法第5条时往往将其作为补充说理的论据并结合具体案情适用相关的法律规则。

---

① 《民法典》第76条规定:以取得利润并分配给股东等出资人为目的成立的法人,为营利法人。营利法人包括有限责任公司、股份有限公司和其他企业法人等。

② 参见《民法典》第6条规定:营利法人从事经营活动,应当遵守商业道德,维护交易安全,接受政府和社会的监督,承担社会责任。

③ 参见《中华人民共和国公司法》第5条规定:公司从事经营活动,必须遵守法律、行政法规,遵守社会公德、商业道德,诚实守信,接受政府和社会公众的监管,承担社会责任。

2. 通过具体立法确定企业社会责任

企业社会责任的客体是受企业利益关系影响的群体,其中包括公司债权人、公司职工、公司股东、消费者以及环境和社区。对公司债权人的责任主要规定在公司法、民法典合同编中,例如《公司法》第 20 条[①]的人格否定制度、第 189 条的破产清算制度;《公司法》第 18 条、第 44 条、第 51 条、第 67 条、第 17 条规定的对职工权益保护与职业教育、保证职工参与公司经营管理的制度。除此之外,劳动法也通过对劳动者利益的倾斜保护要求企业承担对职工的社会责任。对消费者利益的保护主要体现在侵权责任法、消费者权益保护法以及产品质量法中。对中小竞争者的保护主要体现在反垄断法和反不正当竞争法中。除此之外,环境保护法也体现了企业社会责任。学者指出,部门法中与"企业社会责任"相关的立法不应将其作为以企业社会责任为核心的监管规范,其理由如下:一方面上述部门法涉及企业社会责任的规制早于企业社会责任在中国的出现;另一方面,上述部门法着眼于社会而非企业,而"企业社会责任的核心在于将环境与社会因素融入企业经营管理以及处理企业利益相关者的关系"[②]故其得出,社会责任只是上述部门法的"折射利益",我国法律规范层面以企业社会责任为核心的监管规范仍处于缺失地位。[③]

3. 通过软法监督企业履行社会责任

在软法机制上,主要包括但不限于以下几个文件、部门规章级别包括《中国银行业金融机构企业社会责任指引》,其他规范性文件包括但不限于《中国保监会关于保险业履行社会责任的指导意见》(强调保险业社会企业社会责任的多元共治,实现经济、环境和社会综合效益的统一,提升透明度,突出保险业特点,制定社会责任规划,健全社会责任工作体系)《关

---

① 《中华人民共和国公司法》第 20 条规定:公司股东应当遵守法律、行政法规和公司章程,依法行使股东权利,不得滥用股东权利损害公司或者其他股东的利益;不得滥用公司法人独立地位和股东有限责任损害公司债权人的利益。

② Prieto Carrón, Marina, et al. "Critical perspectives on CSR and development: what we know, what we don't know, and what we need to know", International Affairs, No. 5 (2006). 转引自华忆昕:《印度强制性企业社会责任立法的中国启示》,《华中科技大学学报》2018 年第 3 期。

③ 华忆昕:《印度强制性企业社会责任立法的中国启示》,《华中科技大学学报》2018 年第 3 期。

于中央企业履行社会责任的指导意见》《深圳证券交易所上市公司社会责任指引》(强调对公司利益相关人的责任并强调建立社会责任制度,实现信息披露)以及网信办发布的《2018中国互联网企业履行社会责任倡议》。通过分析上述文件,可得出以下结论:第一,软法规范效力层级较低,仅有部分强制性、建议性、引导性;第二,软法规范未呈现体系化,较为分散,针对不同行业的企业所应承担的社会责任作出相应规定;第三,上述文件均强调以下内容,(1)深化对企业社会责任的认识,将企业社会责任融入企业经营管理中;(2)针对特定行业的特点,发挥其在社会责任承担上的个体性优势;(3)健全企业社会责任制度化建设,提高透明度,加强信息披露;(4)构建针对不同利益相关者的社会责任体系。

综上所述,从我国关于企业社会责任的立法现状分析来看,我国在法律层面仅以宣示性、原则性条文,表明立法者的态度,但就社会责任的具体落实尚缺乏强制性法律规范。但我国企业社会责任的具体规定并非一片空白,我国主要通过软法对企业履行社会责任提出倡议性意见,其背后立法缘由在于,"我国立法者期待企业应当知晓社会对其的期待,并以满足社会期待的方式规范其行为",①引导企业发布企业社会责任报告,从而加强对利益相关者的保护。

(三)我国企业责任的司法实证研究

借助"法信"平台以"社会责任""公司法""民事案件"作为关键词进行检索,一共检索出294份符合条件的裁判文书。并再一次通过关键词"公司法第五条""社会责任",检索出67份典型案例。除去两次检索结果中的重复案件和系列案件,择取其中87份案件进行分析。初步分析结果如下:

87份裁判文书中有55份文书,法官在审理过程中直接在裁判文书中援引《公司法》第5条,但无一例外均将第5条作为法律原则予以适用,在存在具体法律规则的情况下,其作为辅助说理手段。法官在援引第5条时主要存在以下几个问题:

对于条款规定的诚实信用原则、守法义务、遵守商业道德社会公德义

---

① Hess, David. "Social reporting: A reflexive law approach to corporate social responsiveness". J. CoRP. 1. No.25 (1999). 转引自华忆昕:《印度强制性企业社会责任立法的中国启示》,《华中科技大学学报》2018年第3期。

务以及承担社会责任之间的关系无法厘清。因此,在适用《公司法》第5条时,大量存在对条款含义的理解片面化的现象。

滥用《公司法》第5条,部分裁判文书中存在在"本院认为"的开头部分直接援引第5条,之后再针对案件的争议焦点援引相关法律规则进行说理。从整体来看,法律原则的援引与下文的说理部分脱节。其本质上是由于第5条对公司社会责任的内涵和外延规范不清,导致法官说理不充分。

《公司法》第5条缺乏可诉性,且公司社会责任的对象具有模糊性,违背该条的法律后果不明晰。在戴平、唐德电子(中国)有限公司劳动合同纠纷①一案中,一审法院在基于第5条的社会责任条款和人道主义考量酌定被告向原审原告支付资助款。原审被告以适用法律错误为由上诉。其主张第5条不具有强制力,是一种倡导性规范。同时,企业社会责任针对的是整个社会道德,而非具体到某个个体。二审法院主张该条是关于公司的社会责任的原则性规定。要求公司作为企业法人,同时又是社会成员,在以营利为目的的同时,必须承担社会责任,同时提出公司社会责任的对象具有不确定性,至少针对的是利益集团的整体利益。

部分裁判文书中在援引《公司法》第5条后结合案件具体情况,分析涉诉公司或涉诉项目的特殊性,在这一基础上要求涉诉公司承担特定的社会责任。②从有限的样本来看,涉诉公司或项目通常具有公私协作色彩。这一系列的裁判文书为我们提供了具体化公司社会责任时应注意类型化思维的新思路,从而解决公司社会责任的内涵与外延不清晰的立法漏洞。

就案件样本来看,我国司法实务就公司社会责任的承担对象采用利益相关者理论。例如,在股东起诉公司解散时,司法实务要求满足两大要件,

---

① 戴平、唐德电子(中国)有限公司劳动合同纠纷二审民事判决书,〔2011〕惠中法民一终字第113号。

② 成都地铁运营有限公司与夏宏、邱洁侵权责任纠纷二审〔2016〕川01民终5463号民事判决书,深圳市太阳城实业有限公司与南阳市高速公路有限公司公司解散纠纷一审〔2017〕豫13民初13号民事判决书,梁军与徐州裕隆房地产开发有限公司公司解散纠纷一审〔2019〕苏0324民初4644号民事判决书,原告吴战民、刘艳霞与被告宁夏泰和房地产有限公司公司解散纠纷一审〔2018〕宁0122民初3105号民事判决书,陶尚九、颜重汉、何伟奇与张家界云玉土地开发有限责任公司公司解散纠纷一案一审〔2019〕湘0822民初1940号民事判决书,北京通厦投资开发集团有限公司与中奥联合置业有限公司公司解散纠纷一审〔2016〕渝0117民初10374号民事判决书,陈福寿、裴培与江苏景天置业有限公司公司解散纠纷一审〔2016〕苏0324民初4843号民事判决书。

一方面是否存在公司僵局,另一方面结合公司的经营范围考察公司解散后果对于社会的影响,为公司维持原则作补充说理。但司法实务中同样存在相反观点认为公司社会责任的承担不能成为阻碍公司解散的理由。①

综上所述,我国公司社会责任的原则性立法的缺憾无一不暴露在司法实务中。公司社会责任的可诉性、公司社会责任的法律化边界、公司社会责任的实现机制如何把握成为公司法学理论研究的痛点。为厘清上述问题,应当注意以下几点:

摒弃法律万能论,法律是社会关系强有力的调整器,但不是万能的工具。法律的作用具有局限性,在一些需要由道德、诚信、社会习俗、纪律调节的领域,法律不宜越俎代庖。有些社会关系不宜受法律调整,同时法律作用的发挥在很大程度上依靠人的作用,依靠经济、政治、道德、文化等各种因素的配合;再次受由社会制约的社会法律利用程度的局限,法律作用的发挥达不到由社会制约的程度,或者相反超过这种限度,都可能会带来消极的后果。

公司社会责任法律化的趋势不可避免,甚至出现强制性社会责任立法,例如印度设立百分之二为最低企业社会责任支出标准的强制性企业社会责任立法,是"全球首次由一个国家认为应当在税收和企业自身意愿之外规定企业对于社会公共利益的强制支出水平"。②但出于法律的谦抑性与企业可持续发展考量,企业社会责任的落实应通过激励引导为主,以法律强制为辅,并严格把控社会责任法律化的边界。

在社会责任区分化的视角下,公司社会责任的内容应由一般性社会责任和特殊社会责任组成。针对公司社会责任的特定内容,应采用类型化的分析方法加以界定,综合考量公司的经营范围、行业特性、商业模式、公司规模等因素对公司所应承担的社会责任作出界定。例如,以产业的生产要素作为划分标准,劳动力密集型产业、资本密集型产业以及技术导向型企业所应当承担的社会责任有所不同,劳动力密集型企业更多关注劳动者权益保护问题,技术导向型企业更多关注技术发展前景以及技术

① 严鑫森、谢宪忠与苏州市浒关新力五化交有限公司公司解散纠纷二审〔2013〕苏中商终字第 0216 号民事判决书。

② 华忆昕:《印度强制性社会责任立法的中国启示》,《华中科技大学学报》2018 年第 3 期。

的合理使用问题,资本密集型企业更多关注资源的合理开发与环境保护问题。同样,国企与民企的社会责任应当有所区分,[1]大型民营企业与中小型民营企业所应当承担的社会责任强度也有所不同。

二、电商平台经营者承担社会责任的理论基础

（一）平台经营者承担社会责任的根本源于平台的准公共性

平台的准公共性主要体现在平台的造市功能以及平台规模两个方面。首先,在平台的造市功能上,电子商务平台提供了一个虚拟网络空间供买卖双方或多方进行独立交易,形成一个跨地域、跨时间限制的虚拟交易市场,该虚拟交易市场具备公共场所开放性、共享性和秩序性的基本特征。[2]开放性意味着平台处于公众随时可得状态的同时拥有场所交易资格的公众具备一定的普遍性。在平台内经营者在提交相应的资质以及信息并缴纳一定金额的保证金,用户填写相应的个人信息之后即可进入平台内进行交易。共享性意味着该场所交易具有非排他性,可容纳数个交易同时进行,电商平台同样具备这一特征;秩序性体现在进入该交易场所的交易双方应当遵守平台上特殊的协议规则以保证交易的有序进行。而基于危险控制理论,平台经营者是一个融合了市场角色和企业角色的集合体,平台经营者作为虚拟平台的所有者,对依附于平台建立的虚拟交易市场负有监控义务,从技术手段来说,其通过算法保障交易安全和平稳运行、控制商品和服务信息在交易两端之间的流动;从法律手段来看,电商平台经营者与平台内经营者签订服务协议并制定交易规则约束平台内的用户行为。其次,我国电商经济发展迅猛,2018年电子商务交易额达到31.63万亿元,占全国GDP总额的1/3,继续保持世界最大网络零售市场地位,电子商务市场分布更加均衡。[3]在电子商务交易迅速普及的同时,电

---

① 参见张胜荣:《农业企业社会责任研究——基于企业和消费者两个层面的考察》,福建农林大学2013年博士学位论文。

② 李丽峰、李岩:《人格权:从传统走向现代——理论与实务双重视角》,中国法制出版社2007年版,第129—131页。

③ 商务部电子商务和信息化司:《中国电子商务报告2018》。

商平台更是呈现出寡头化趋势。平台的寡头化意味着单体平台所占市场份额不断提高,规模不断扩张,行业影响力不断扩大,当平台规模发展到一定阶段时,平台中的秩序就具有一定的公共属性。基于这一公共属性,平台秩序稳定与否不仅仅关系平台企业在市场中的生存状况,更涉及平台上数以万计双边用户的合法权益保护,关乎电子商务经济的发展前景。

(二)平台履行社会责任的直接依据是平台经济的负外部性

电商平台在21世纪创造出全新的商业生态模式,法律的滞后性和谦抑性给予了这一新兴业态野蛮生长的空间,其在极大拉动经济增长的同时也给社会造成许多安全隐患:购销类平台上的售假行为屡禁不止,甚至出现销售违禁物品危害消费者的人身财产安全;打车平台上屡次出现司机伤害乘客的事件;外卖服务类平台上外卖配送员利用工作之便闯入消费者住宅盗窃的事件;网络直播和视频平台上充斥的大量打擦边球甚至是色情淫秽的信息内容;第三方支付平台上个人信息和财产状况的泄露。这一系列潜在的安全隐患正是平台业态发展过程中产生的负外部性,同时电子商务的虚拟性、跨越时空性以及平台的垄断性特征加剧了平台经济负外部性的辐射范围和影响程度。而平台企业作为社会公民,企业对其在经营过程中对社会造成的负外部性以及社会问题应当承担相应的社会义务。

(三)电商平台的经济本质为平台履行社会责任提供内在驱动力

与传统经济不同,传统企业需要通过不断优化产品性能以提高产品竞争力实现客户关系的经营。而电商平台经济体现为一种头部经济,这由其交叉网络外部性所决定。电商平台是典型的双边市场,其定价模式与传统企业的定价模式显著不同。根据双边市场理论,"平台一边的用户从平台获得的效用不仅与同一边的用户数量正相关,而且还取决于平台另一边的用户数量"。[①]基于这一商业模式,平台经济突破传统企业以产品生产为核心的既有思路,转向以用户使用感受为核心,扩大平台用户基数并提高用户对平台的黏性成为平台生存的关键。而电商平台经营者通过

① 王法涛:《电子商务平台纵向关系治理及竞争策略研究》,北京邮电大学2014年博士学位论文。

增加信息的连接和获取,并在交易的每个侧面加入高科技因素,从而为双方降低交易成本。①网络时代是信息为王的时代,电商平台经营者拥有越多的用户数量,其所获取的用户信息、交易信息越多,其通过算法技术越能够实现更为精准的用户定位,进一步降低交易成本。而获取用户的关键便在于提供一个公平合理的市场环境,优化平台算法以提升用户满意度,主动承担社会责任以树立良好的企业文化和形象。

三、电商平台经营者企业社会责任的框架建构

(一)发挥平台的技术优势,承担平台监管职责

平台在线上交易中扮演虚拟空间提供者角色,故其对该虚拟交易场所承担管理者责任,这是以法律形式确定下来的社会责任。平台不直接参与交易,并非交易合同法律关系主体,但管理者责任要求其维护良好的交易秩序,平衡供需双方之间的利益关系,以创造公平正义的交易环境,这是平台企业社会责任的体现。从长远来看,良好的交易秩序能够扩大平台用户规模并提高用户对平台的黏性,实现平台企业的可持续发展。从政府与平台之间关系来看,平台经营者监管平台内用户,政府相关部门监管平台经营者的双层架构是电商领域内公私协作的结果。其背后是国家治理变迁的分权逻辑使电子商务平台成为公共权力让渡与转移的重要承载者。《电子商务法》规定的一系列平台经营者有权对平台内用户的违法违规行为采取处置措施,其本质上是要求电商平台经营者基于其技术优势、信息优势对平台尽到监控义务。整体来看,根据我国法律规定,平台的管理者责任主要体现在以下环节:在市场准入环节,平台对入驻平台的经营者身份负有审查义务;在交易环节,平台负有违法经营处置义务;在售后环节,平台负有协助争议解决的义务;在基础设施建设环节,平台负有交易规则和用户协议的制定与公示义务以保障系统安全、稳定运行的义务。

---

① 周学峰、李平主编:《网络平台治理与法律责任》,中国法治出版社2018年版,第14页。

随着电子商务经营模式的不断演变,社交电商、直播带货、短视频带货等新型商业模式出现。而上述新型模式中的"类平台经营者"对于平台内搭载的商业模式,基于平台经营者社会责任的理论基础,其仍然应当承担对于平台内交易行为的监控义务。但由于其电商属性是其社交娱乐功能的衍生品,同时类平台经营者对于平台内交易行为的控制能力不如传统的电商平台经营者,类平台经营者所应当承担的社会责任应当予以减轻,通过鼓励引导的方式使其在特定的平台内商业版块搭建一套类似于传统电商平台的交易规则,以实现消费者权益保护与鼓励新型商业模式发展之间的平衡。

（二）正视平台的信息掌控者角色,重视数据安全

电商平台经营者为交易双方提供虚拟网络市场的基础功能,在市场准入阶段要求平台消费者提交个人真实信息进行实名认证,要求平台内经营者提交经营资质和经营地址等信息资料并定期核验。在双方交易撮合阶段,平台消费者每一次搜索、点击、下单行为都会被收集起来利用算法形成用户画像,平台空间上承载了大量的交易信息,包括但不限于购买记录、收货地址、消费偏好、消费习惯等。结合售后阶段的交易双方之间的评价记录,平台经营者会形成用户个体的数据信息库,包括但不限于其消费能力、信用指数、个人信息。这一信息数据库在网络时代具有巨大的经济利益。但平台用户的信息数据库往往涉及用户的隐私权和个人信息权,平台经营者对于平台用户的信息进行收集处理加工的过程都有可能构成对用户个人信息的泄露。故而,平台经营者作为信息的实际掌控者,其应当以在信息、数据、网络等领域的能力优势来践行社会责任,一方面既要发挥信息的巨大经济价值和社会价值,同时也要为个人数据安全保驾护航。

（三）利用平台号召力,发挥平台在带动公益行动的优势

电商平台企业与传统企业在践行公益上最大的不同就在于平台企业的影响力和号召力远远超出传统企业。这种影响力和号召力是由电商平台的市场属性所决定的。从社会系统来看,网络平台是一种特殊的社会沟通媒介,网络媒介的存在使得远距离沟通成为可能。平台载体在网络两端的分散个体之间搭建桥梁,使其形成非常紧密的耦合关系。互联网

平台使得沟通与人际关系抽象化,产生了一种互联网原生型的沟通,①即通过互联网的媒介才可能建立的沟通。电商平台的社区功能就是这种互联网原生型沟通的典型代表。电商平台经营者应将社会责任嵌入其商业模式中,利用平台在信息畅通方面的优势,借助科技手段,倡导绿色生活方式,推广全民可参与的绿色生活方式。电商平台可提供激励机制吸引扶贫产品、绿色环保产品经营者的入驻,并上线旧物再利用的服务,实现循环消费,通过将环保与消费场景高度融合,来提升平台用户的绿色消费观念。例如2018年阿里巴巴推出"绿色星球计划",吸收支付宝、菜鸟、饿了么、咸鱼、飞猪等阿里巴巴经济体成员,将更多低碳生活场景与蚂蚁森林打通。这种"商业手法 + 公益心态"②的结合使得电商平台经营者在践行公益时无需耗费过多的经济成本,从而不会对电商平台经营者造成过多的负担。

四、电商平台经营者社会责任的多元化实现机制

(一)坚持多方利益主体协同共治原则

电商平台经营者的社会责任承担要求电商平台经营者应关注多方利益主体的不同利益诉求,给予多方利益主体发表意见的机会并对其发表的意见赋予一定的权重。③这是电商平台经营者作为监管者制定平台规则的题中应有之义。互联网环境下,信息的生产和传播从集中走向分散,信息的跨区域流通得以实现,使得每一个普通个体的发声都可能引起社会的关注。故而,电商平台经营者的监管应当关注平台内消费者、平台内经营者等多方利益主体的利益,提高公众对平台规则制定的参与度。

(二)坚持规则治理、技术中立与市场约束互补原则

双层监管模式的架构使得平台经营者成为规则实施过程中居于中心

---

① 参见周学峰、李平主编:《网络平台治理与法律责任》,中国法治出版社 2018 年版。

② 《2018 年阿里巴巴社会责任报告》,阿里巴巴公益基金会网站,http://esr.alibaba.com/category/104,2020-06-28。

③ 周学峰、李平主编:《网络平台治理与法律责任》,中国法治出版社 2018 年版,第 35 页。

地位的责任主体,虽然良好的市场环境是平台可持续发展的必要条件,但这一角色安排与平台经营者利润最大化并非完全兼容。平台的监管权力从政府公权力那里继受而来,平台为实施监管而采取的一些制度安排需要耗费平台企业一定的成本。平台本质上仍然属于私主体,在监管成本大于监管收益的情况下,平台经营者就没有足够的动力来回应社会的伦理期待。若完全依靠法律责任的震慑,而无相应的激励机制,平台负担过重,最终将影响到电商平台经济的可持续发展。因此,平台社会责任的法律化应当具有一定的限度,应遵循法治原则和比例原则。从另一个角度来说,规则治理除了法律规范之外还包括行业和平台经营者自身的自律规则。电商平台作为一种新型社会现象,其不仅涉及新型商业模式的产生也改变了原有的社会关系,法律的滞后性和稳定性决定了其永远落后于社会发展的需要,面对新的社会矛盾,仓促立法只会徒增不必要的成本,督促互联网行业采取一定的自律措施,尊重平台企业及其行业行之有效的治理规则。①

其次,应当重视技术规则在电商平台经营者承担社会责任过程中的重要作用。鼓励电商平台经营者通过人工智能、算法、大数据手段等新兴技术赋能平台社会责任的承担。例如,屏蔽敏感性关键词、利用技术实现对海量数据信息的审核。同时,应当积极提高算法透明度,减少算法黑箱,尽可能保障技术治理的内容与法律规则的要求相一致。但在要求实现算法透明度的同时,应当注意平台企业的商业秘密与用户个人隐私的保护。

最后,应当充分发挥市场机制的激励和约束作用。电商平台经济的本质是一种注意力经济模式。平台内用户流量越多,平台广告越多,平台营利越高。若平台经营者无法为用户提供良好的购物体验和使用感受,就会发生用户流量在平台之间的转换。此时,就是市场这只看不见的手在无形中引导平台经营者主动回应社会的期待,平衡平台内交易双方的利益,营造公平竞争有序的交易市场。"平台企业的社会责任应内生于商业模式,并与公司发展战略融为一体,只有社会责任成为企业内在的核心基因,才能具备恒久性和可持续性。脱离商业模式、发展战略与核心价值

---

① 周学峰、李平主编:《网络平台治理与法律责任》,中国法治出版社 2018 年版,第 39 页。

体系等企业立身之本,去架构社会责任的做法,将很难获得持续推进的内在动力,很难行之久远。"①

（三）发挥企业社会责任报告的实质作用,加强信息透明度

客观的社会责任标准认证是检验企业社会责任践行效果的重要依据。社会责任标准认证则是在政府的认证之下,由非政府组织出面建立独立的第三方认证和审核机构,从社会、经济、环境等多个方面对企业履行社会责任的情况给予客观的评估和审核,并定期公布评估结果,使之成为权威的参考依据。②目前国际上最具有权威性的社会责任标准认证是SA8000(Social Accountability 8000)标准,SA8000 标准是一套关注企业道德规范的国际标准,旨在关注劳工工作环境,身心健康,保障劳工权益。其主要从禁止雇佣童工、不支持强迫性劳动、安全良好的工作环境等九个方面对企业进行规范。③截至 2014 年年底,我国已有 601 家企业通过SA8000 认证,因此不难看出,以 SA8000 为代表的一系列社会责任标准认证在客观上可以为公司承担社会责任提供一套行之有效的约束机制,促使公司积极主动地自觉承担社会责任,有助于改善劳工的工作环境与工作条件,提高公司在社会责任上的实施能力与相关意识。与此同时,社会责任标准认证在我国仍然是一个相对陌生的领域,目前在实施的过程中仍然面临许多难题,例如尚未形成完整的企业社会责任认证推进体系、政府与企业间合作程度不高、尚未建立系统的监督体系、推进企业进行认证的措施不足等,仍需在未来进一步完善。

① 《阿里巴巴集团 2007 年社会责任报告》,载于阿里巴巴公益基金会网站,http://csr. alibaba.com/category/104, 2020 年 6 月 28 日。

② 史际春、肖竹、冯辉:《论公司社会责任:法律义务、道德责任及其他》,《首都师范大学学报》(社会科学版)2008 年第 2 期。

③ 参见王璨、李娴:《SA8000 标准在中国的认证现状及思考》,《经济视角》(下旬刊)2013 年第 9 期。

基于区块链的数字作品发行权用尽研究

郭雅菲[*]

内容摘要：数字作品适用发行权用尽的困境在于发行权与其他权利的交叉、所有权转移或许可的判断、无形复制件的影响和各方利益平衡。区块链契合数字作品转售需求，打破上述困境，谷歌电子书《宇宙爆炸》和游戏平台 Robot Cache 是此类商业实践。区块链通过解决数字作品复制件所有权证明问题，保障其转售交付过程，构建数字所有权；从著作权人确权、控制复制件数量和控制交易过程安全透明三方面解决以往数字环境中著作权人无法控制数字作品复制件和侵权成本低的问题；通过区块链存证优势，解决举证难的问题。我国对于发行权用尽问题应保留数字环境立法空间、著作权法添加原则规定，司法解释加以细化。

关键词：区块链 著作权 发行权 用尽数字作品

2019 年 9 月，巴黎一审法院对法国联邦消费者联合会起诉 Valve 公司案（Valve 电子游戏案）作出裁定，发行权用尽原则适用于下载的无形视频游戏。[①]而 2019 年 12 月，欧盟联邦法院最终判决 Tom Kabinet 二手电子书案[②]不适用发行权用尽原则，构成侵权。相比于法律实务界的争议，商界在不断积极创新。2017 年 4 月，通过区块链技术，谷歌合作项目 Editions At Play 推出了 100 本电子书《宇宙爆炸》，实现了电子书同纸质书一样的特点，从而构建了所有权以及其转移的概念。区块链以及其他相关技术的发展和应用，能否解决发行权用尽原则适用的问题值得思考。

---

[*] 中国政法大学民商经济法学院硕士研究生。

① 目前本案在上诉过程中，内容参见法国消费者组织 UFC 网站 https://www.que-choisir.org/action-ufc-que-choisir-condamnation-de—steam-l-ufc-que-choisir-fait-reconnaitre-le-droit-de-revente-de-jeux-video-n70803/，2020-03-29。

② Nederlands Uitgeversverbond, Groep Algemene Uitgevers v Tom Kabinet Internet BV, Tom Kabinet Holding BV, Tom Kabinet Uitgeverij BV.

一、数字环境中发行权用尽问题

（一）理论基础

知识产权法上的权利用尽具体到著作权法中,就是指发行权用尽原则。[1]这是著作权法上的特有制度,著作权人在将作品的原件或者其复制件第一次卖出后,购买者就可以通过行使所有权而自由处分该原件或者复制件,并不会构成对著作权的侵犯。虽然都是针对物本身,与专利法和商标法中的权利用尽原则不同,著作权法是率直剑指发行权的,一是防止过度干预作品本身的交易与流通,二是著作权人不能因一件作品的原件或者其复制件而反复获得市场回报。[2]发行权用尽原则从民事权利角度看,是对于著作财产权的一种限制,控制发行权的边界,以免触及社会公共利益和他人权利。如果没有发生著作权转移,作品本身就是一直属于著作权人的,但是其载体的所有权归属会随着交易的完成发生转移。在市场交易中,著作权人在一件作品原件或者复制件首次交易的定价中被认为已经获得应有的利益。如果赋予著作权人可以追及后续交易中的利益,实际上很难实现。即使可以实现,降低首次交易中的成交价格,著作权人也无法在第一时间享受作品全部利益,并且影响购买者再次交易的决定,从而降低二手市场活跃度。

各国的发行权用尽原则存在一些差别。美国、英国、日本、德国以及欧盟等明文规定发行权用尽原则,并且已经存在很多司法案例。我国没有明确在法律中规定发行权用尽原则,但是司法实践默认存在这样的原则。根据我国法律,复制品的发行者可以进行合法来源抗辩,需要承担侵权责任的情况是无法提供证明其复制品有合法来源的证据。这一规定主要是站在证明责任的角度规定被告证明义务,但有法院引用上述法律条文作为发行权用尽的法律依据。在我国,虽然并没有在法律中明确规定"发行

---

[1]　美国版权法指的是首次销售原则(the First Sale Doctrine)。

[2]　参见朱喆琳:《"发行权穷竭"理论对我国版权产业影响研究》,《科技与出版》2018年第1期。

权用尽",但是该原则在学界和司法实务界却得到了普遍承认。司法实践也有通过论述知识产权的权利用尽在著作权领域的内涵,而作出适用与否判断的案例。并且,早在 1996 年地方法院发布的解答中就有发行权用尽原则的表述了。①

在我国数字作品方面的适用也有比较典型的案例。激光公司计算机软件著作权纠纷案,在国内较早确定了计算机软件的发行权用尽原则。②再如,2016 年 11 月审结的代代读公司诉阿帕比公司、国家图书馆著作权侵权纠纷,是我国涉及数字作品转售适用发行权用尽原则的典型案例。③本案审判长张江洲法官指出,首先著作权法上的权利用尽原则不能忽略信息网络传播权的保护,接着对于涉案数字数据库的性质、对著作权人的影响、双方合同约定、具体使用方式以及国家图书馆公益的性质进行分析,明确上述因素决定了本案可以适用。④换言之,虽然一般情况下,互联网环境中无法适用发行权用尽原则,但是仍存在特定条件下的网络数据载体同样可以适用该原则的情况。既然我国在数字环境中也存在发行权用尽原则适用的空间,那么如何把握立法目标和适用条件就成为讨论焦点,数字作品适用的各项难题构成当前的困境。

（二）数字作品的适用困境

1. 发行权与关联著作权的界限

发行权用尽不代表作者失去了对作品著作权的一切主张。对于在数字环境中如何理解和区分发行权用尽原则的边界,首先需要与作者的复制权、传播权等关联权利进行区分。

美国版权法司法实践的关注点集中在区分互联网环境中数字化作品的复制权和发行权。虽然美国版权法把互联网环境中的发行也归为发行

---

① 北京市高级人民法院《关于审理著作权纠纷案件若干问题的解答》（以下简称"北京高院解答"）规定如下:"18.他人购买了著作权人许可发行的作品复制后,如果再次出售,是否可以不经著作权人同意? 答:经著作权人许可发行了作品的复制件后,著作权人对该批作品复制件的出售权便一次用尽,不能再行使了。他人购买著作权人许可发行的作品复制件后再次出售的,不用经著作权人同意。"

② 参见浙江省温州市中级人民法院〔2005〕温民三初字第 24 号判决书。

③ 参见北京市海淀区人民法院〔2015〕海民（知）初字第 26904 号判决书。

④ 参见张江洲:《数字图书数据库纠纷能否适用"权利用尽原则"?》,载综合审判业务研究公众号"审判前沿",2020 年 3 月 29 日。

行为,但也不能直接适用发行权用尽原则。原因是,网络发行行为往往伴随着复制行为,而复制行为并没有权利用尽的规定。在二手音乐案中,Re-Digi 公司将用户在 iTunes 购买的音乐进行二手交易。法院认为,转售时的操作导致进行至少一次未经授权的复制,不能作为合理使用而予以原谅,被告侵犯了原告的复制权。①本案法院回避了发行权用尽原则是否适用的问题,但是可以看出不得侵犯复制权在发行权用尽原则适用中具有的前提地位。

相比之下,欧盟著作权法的重点在于将发行权区别于向公众传播权。在 Tom Kabinet 二手电子书案中,涉案网站向用户提供电子书交易二手平台,要求出售者交易正版电子书并且在交易后删除其复制件,荷兰出版商协会对其申请禁令。一审法院指出,无法确定发行权用尽适用于电子书,但其商业模式并不属于"盗版网站",故驳回。二审法院裁定,涉案网站可以转售电子书,但由于未采取有效措施阻止盗版电子书的流通,因此暂时维持禁令。2019 年 9 月,欧盟最高法院总顾问斯普纳(Maciej Szpunar)就该案相关问题发表意见,认为 2001 年欧盟《信息社会版权指令》第 4 条规定的发行权,②其范围仅限于复制件所有权转让行为,而通过下载永久使用的方式在线供应电子书不在发行权的范围内,而构成该指令第 3.3 条向公众传播权的范围。③2019 年 12 月,欧洲联盟法院判决转售行为违法。④法院遵循总顾问的观点,指出本案不适用于 2012 年欧盟法院 UsedSoft 案⑤关于计算机软件发行权用尽的结论,应适用版权指令。法院认为在公开网站上提供作品的行为先于实际传播的情况,在该提供阶段已经符合"传

① Capitol Records,LLC v. ReDigi Inc.(2d Cir. 2018).

② 2001 年 5 月 22 日欧洲议会和理事会《关于协调信息社会中版权和相关权利某些方面的指令》(2001/29/EC 指令)。

③ OPINION OF ADVOCATE GENERAL SZPUNAR delivered on 10 September 2019(1). http://curia.europa.eu/juris/document/document.jsf?text=&docid=217552&pageIndex=0&doclang=EN&mode=req&dir=&occ=first&part=1&cid=12761903,2020-03-29.

④ JUDGMENT OF THE COURT(Grand Chamber).(EU Court of Justice Case C?263/18.)http://curia.europa.eu/juris/document/document.jsf?text=&docid=221807&pageIndex=0&doclang=EN&mode=req&dir=&occ=first&part=1&cid=8894536,2020-03-29.

⑤ UsedSoft GmbH v Oracle International Corp.,C—128/11,July 3,2012(ECJ),该案依据的是 2009 年 4 月 23 日《欧洲议会和理事会关于计算机程序法律保护的第 2009/24/EC 号指令》。

播"行为,并且对于该案中同时访问、连续访问同一作品的人数,对比电子书许可与技术保护措施,亦符合"公众"的判断,故构成侵犯向公众传播权。

而在我国,发行权需要区别于信息网络传播权。例如,在北京大学出版社诉超星公司著作权纠纷中,超星公司超出与北京大学出版社约定的数字图书授权期限,继续为绵阳市图书馆提供镜像技术图书复制服务,超星公司主张其服务系销售数字图书的行为,适用发行权用尽原则。法院指出,根据目前我国著作权立法情况,将发行权用尽原则引入互联网传播领域仍存在阻碍,即使可以引入该原则,也应符合两个基本要件:一是涉案所有权已经转移;二是通过互联网传输数字作品再行转让后应确保已经删除被存储的作品文件。若非如此,将使得权利人无法控制复制件数量,从而损害其权益。法院认为超星公司与绵阳市图书馆之间的服务属于许可而非转让,通过互联网超星公司、绵阳市图书馆向公众提供数字图书时并未删除其存储的复制件,故无法适用发行权用尽。①从本案例中,也可以判断我国法院对于在互联网环境中发行权用尽原则的理解,如果可以用技术、协议安排等多种手段实现本案中法院提出的所有权转移和删除原存储文件的基本条件,那么实际上存在数字作品适用空间。

2. 销售还是许可

其次,需要明确合同双方传输数字化著作权产品的行为是属于销售还是许可。著作权人可以通过合同约定将数字化著作权产品的财产权许可给相对方,也可以将数字化著作权产品直接出售给相对方。②这两者之间的效果均表现为任意时间自由使用。区别主要有两方面,实质上,许可不涉及所有权的转让,而销售是所有权转移的依据;效果上,被许可人是无法再次许可他人的,而购买者可以根据发行权用尽原则转售该数字化著作权产品。故需要根据具体情况和合同内容加以分析。一般而言,许可是有期限的,而销售与所有权转移没有期限限制。如欧盟 UsedSoft 案中,著作权人授权他人将计算机软件复制件从互联网下载到数据载体上,并收费或者免费授予他无限期使用该复制件的权利,在这种情况下计算机

---

① 参见北京知识产权法院〔2019〕京 73 民终 3870 号判决书。
② 参见陶乾:《电子书转售的合法性分析》,《法学杂志》2015 年第 7 期。

软件复制件的发行权已经用尽,因此后续转售的新购买者被视为计算机程序复制件的合法获取者。但期限不应是唯一的判断标准,还可以从合同目的、合同价款、合同中对消费者的限制等因素考察。合同的目的是否明确为许可或者是所有权转移? 合同价款中,消费者付费获得的利益是个人使用即能实现的,还是允许转售进行利益补偿? 合同中是否有明确禁止转售的约定限制或者技术限制? 而这样的约定是否有效力、是否违背合同目的? 回答上述问题有助于我们判断销售还是许可的问题。

3. 有形复制件与无形复制件

数字复制件属于无形复制件,与在有形实体介质上的作品复制件存在差异。数字复制件不会随着使用和时间的流逝而变化,使用过的复制件可以完美替代新的复制件;并且,转移数字复制件是轻而易举的事情,也不需要花费额外的成本。这个问题是对于数字作品难以适用发行权用尽原则的重要原因。在 Tom Kabinet 二手电子书案等案中有相关论述。起初数字作品只有落实在具体的实物,比如磁带、光盘的转售,并且不存在复制行为,数字作品也得以适用发行权用尽原则。欧盟《版权指令》也是这样认为的,并指出每一次对无形对象的数字传输,均需要获得著作权人的许可或者授权。数字化的著作权产品能否在互联网中实现非复制性转移,也是计算机网络技术需要回答的问题。由于目前无法做到判断每一个产品转移是复制性的还是非复制性的,并且伴随着著作权保护技术的进步,著作权人采取了一刀切的保护方法,例如,有的著作权人直接将数字化产品通过加密等技术固定在电子产品硬件上,无法轻易实现数字化内容的单独转移;或者追踪数字化产品的传输流向,并向接收者收取费用。技术保护措施的全覆盖的问题,不仅造成社会公众合理使用的障碍,也是对发行权用尽原则的挑战。同样地,技术保护措施也可以试图实现网络传输中只存在一份有特殊标号的授权的正版产品复制件在市场流通,即一旦购买者再次售出,其就不再占有该复制件,分离复制行为和发行行为,实现控制流通中复制件数量的效果,也可以通过首次交易的定价使得著作权人实现其合理收益。

4. 数字环境中适用的利益平衡

最后需要考察的是,发行权用尽原则在互联网环境中推行的利益平衡机制考量。除开现有法律基础的分析,站在法律政策制定的视角,需要对产业发展情况以及对于著作权人、发行传播者、消费者之间的利益平衡关系进行再次考察。

认为发行权用尽原则不应适用于网络环境的理由,主要是网络传播的数字化著作权产品不存在有形载体的磨损和折旧的问题,通过众多较为成熟的网络平台可以很快找到下一个买家,转售成本极低,即使转售因技术措施转售者不再享有该数字产品,其复制件的数量未变,消费者会倾向于购买低廉的二手数字化著作权产品,侵害著作权人的利益。是否要对数字作品二手市场人为干预、制造障碍以保护著作权人利益?实际上,二手市场的活跃反而刺激了市场竞争,并且消费者很可能在一手市场购买数字作品复制件的积极性也会更高,因为他们能够通过转售收回部分支出。其次,毕竟互联网世界受"眼球经济"影响,网友关注度是能转化为经济利益的。因此,二手市场的繁荣可以扩大数字作品的受众范围,增加著作权人的曝光度和知名度,从而在多个方面使得著作权人获益。

认为发行权用尽原则应该适用于网络环境的理由,主要是站在物权、财产权的不可侵犯性这一重要的法律规则和长期形成的生活常识和日常习惯,虚拟物形成的交易习惯仍建立在原有有形物规则的基础上,不应被"人造的""后来的"知识产权制度所根本改变,因此,在承认权利用尽也适用于网络环境的同时,可以对于适用条件加以限制,如控制复制件数量等使得虚拟物符合有形载体特征的构造,防止对于著作权人的利益产生重大不利影响。①在平衡上述两者的基础上,也有观点提出施行网络环境中的权利有限用尽规则,对于发行权用尽原则进行附条件、附期限性的改良,即转售即删除复制件的技术措施的条件,配合在一定期限内方能自由处分,超期则不得处分。②

在网络环境中的选择目前还没有定论,可讨论的空间很多。究竟是根据著作权产业环境变化制定新的方案?还是遵循法的稳定性,守住法律传统背后的真理,使得新事物向法律传统靠拢?实际上这并不是一个非此即彼的关系。重点是在技术和市场的环境中和法律制度构建中把握

---

① 参见夏扬:《发行权理论在信息技术条件下的变迁》,《出版发行研究》2012年第12期。

② 参见黄玉烨、何蓉:《数字环境下首次销售原则的适用困境与出路》,《浙江大学学报》(人文社会科学版)2018年第6期。

新与旧、传统与革新的关系,综合优缺点实现合理的各方利益平衡。区块链技术的逐渐成熟使得这个问题有了新的回应。

二、区块链技术在数字作品转售中应用的原因

(一)区块链技术适应数字作品的著作权保护

1. 区块链的概念

区块链是指一种分布式记账技术。随着近十年的发展,从新型支付系统到智能合约的构建再到大规模协作组织的探索,其已经发展为一种独立的革命性技术。根据其运用的技术和目标的角度,区块链是在网络环境中,利用加密技术储存、检验数据,通过共识算法变更数据,根据在区块链上奔跑的代码(即智能合约)保障自动强制执行的去中心化或者多中心化的分布式数据库。①区块链呈现出自内而外的多层次构架系统特点,包括数据、网络、共识三种内部基础构架,激励、合约的创新机制,以及具体实践的应用场景与案例。各层次中的核心技术特点构成区块链的突出优势,即去中心化、组织扁平化、技术背书的信用性、匿名化、数据完整可追溯、难以篡改性等。在知识产权领域,尤其是著作权方面,对于区块链技术的应用与融合也引起知识产权密集型企业、科研机构、相关学者的关注和讨论。

2. 区块链的特点契合数字作品的著作权保护

网络环境中,在解决由于著作权特性导致的创造确权、运营用权和保

---

① 相关研究,参见石超:《区块链技术的信任制造及其应用的治理逻辑》,《东方法学》2020 年第 1 期;[美]凯文·沃巴赫:《信任,但需要验证:论区块链为何需要法律》,林少伟译,《东方法学》2018 年第 4 期;郭少飞:《区块链智能合约的合同法分析》,《东方法学》2019 年第 3 期;陈吉栋:《智能合约的法律构造》,《东方法学》2019 年第 3 期;夏庆锋:《区块链智能合同的适用主张》,《东方法学》2019 年第 3 期;许可:《决策十字阵中的智能合约》,《东方法学》2019 年第 3 期;崔志伟:《区块链金融:创新、风险及其法律规制》,《东方法学》2019 年第 3 期;张玉洁:《区块链技术的司法适用、体系难题与证据法革新》,《东方法学》2019 年第 3 期;史明洲:《区块链时代的民事司法》,《东方法学》2019 年第 3 期;王冠:《基于区块链技术 ICO 行为之刑法规制》,《东方法学》2019 年第 3 期;王熠珏:《"区块链 + "时代比特币侵财犯罪研究》,《东方法学》2019 年第 3 期;蔡一博:《智能合约与私法体系契合问题研究》,《东方法学》2019 年第 2 期;郑戈:《区块链与未来法治》,《东方法学》2018 年第 3 期;陈立洋:《区块链研究的法学反思:基于知识工程的视角》,《东方法学》2018 年第 3 期。

护维权等问题上,区块链技术基于其优势特点提供了新的解决方案。区块链技术具有去中心化、加盖时间戳、难以篡改性、开放性与保密性、可编程性的特点,适用于解决著作权确权、用权的成本高、效率低,侵权现象泛滥而不易举证等痛点。目前,区块链在著作权领域应用在技术原理方面的问题已经得到解决,市场上也出现了很多提供著作权服务的区块链应用平台,例如"唯链""法链""纸贵""百度图腾"等。区块链技术在数字作品保护方面具有以下特点:

(1) 去中心化

分布式共管共享的模式是区块链最大的特点,这意味着区块链系统中不存在一个绝对的管控中心,因此无需担心中心机构数据添加、存储、变更的错误。完全计算机语言构建的各个节点"势均力敌",产生值得信赖的制约关系,是一种信用模式的变革。"人无信不立,业无信不兴。"在著作权领域,信用的意义更为突出。由于著作权具有无形性,权利人不容易确定,著作权交易履行相关争议复杂,侵权成本低而侵权人的追索很难。区块链的去中心化特点对于解决著作权创造、运用、保护过程中的信任问题起到关键作用,为著作权制度运行打下坚实的新型信用基础。

(2) 加盖时间戳

区块链上的每一个数据都带着无法磨灭的时间印记,数据内容扩展了一重时间维度。这可以解决著作权法律认定中的时间顺序要求,例如,为著作权法上的接触可能、许可时间、内容等提供值得信赖的证据。明确著作权法律关系产生、变更、消灭的时间点,区块链可以将潜在争议化于无形。

(3) 不可篡改性

因为每一个节点都保存着一致的数据,除非破坏超过51%的节点,数据才可能被伪造,而这样的可能性几乎为零。再加上节点数量的不断增长,区块链的安全系数非常高。著作权的评估价值动辄上数万,再加上难以弥补的严重损失,安全真实可靠是著作权数据管理的终极追求。而相比之下,数字作品在区块链存证的成本较低。

(4) 开放性与保密性

区块链是向所有主体开放的,用户可以登录系统查询交易相关信息。基于以上特点,区块链无需建立传统意义上的信任基础,即可建立交易关系,因此用户完全可以隐匿身份,将私有信息加密,利于交易者隐私保护。这种开放与保密的平衡关系,一方面增大了著作权交易对象的选择范围,提高了著作权运营效率;另一方面保护了著作权权利人,尊重其人身性权利,也保护了企业相关著作权信息不被恶意竞争者通过著作权交易知晓。

（5）可编程性

区块链中的编程设置最典型也最有影响力的是智能合约。其几乎与互联网同时出现,是区块链研究的主要方向。通过获取、编辑区块链中的数据,将已录入的固定程序作为执行标准,在符合条件的情况下自动按照指定内容作出反应,无需交易方自身或者外界的其他机构组织协助便能直接执行。这为数字作品价值的稳定、交易结果的可预期提供了保障。由于著作权本身具有法定保护期限,再加上数字作品价值根据市场情况是动态变化的,著作权价值评估具有时效性。应用在数字作品交易上,智能合约的自动执行性使得著作权价值变动导致的违约风险被化解。反过来,数字作品交易的稳定也为著作权价值的稳定起到一定的作用,因为数字作品被运用的情况也是评估著作权价值的一项重要指标。

3. 区块链的技术局限性带来的法律问题

区块链技术作为前沿技术,其发展历史比较短,尤其是将区块链技术应用在知识产权领域,更多还处于探索和创新的阶段,还存在着很多无法加以控制的风险。

首先,区块链存在技术风险。包括计算语言的运用的技术限制,节点增长的计算和存储压力、智能合约执行的局限等等。在区块链技术下数字作品复制件存储存在安全性问题。数字作品转售可能会间接披露用户隐私。限定在私有区块链上的转售,需要邀请和验证才能加入,会影响转售自由。此外,在代码即法律的观念中,区块链技术可能被滥用。区块链难以篡改特性的背面,就意味着错误的不可逆转、无法修正,可以说,区块链技术没有"撤销""返回"这类的操作。这也体现了技术的两面性。

其次,区块链存在法律和监管风险。各国都逐步对于区块链技术进行立法,但是立法本身存在滞后性,导致区块链与现行立法存在一定时间的磨合期。例如,区块链可能遭受黑客攻击或被不当利用以达成非法目的;智能合约程序有设定错误、存在漏洞的可能以及对此的救济方式尚未明确;由于与传统合同法在要约承诺的过程、履行形态、违约情况等方面的差异，智能合约无法直接适用合同法的问题；司法、行政机关与区块链应用平台的衔接和互动模式，并不明晰；现有的区块链相关案例非常有限，国内司法案例研究不足。

另外，对于区块链与加密货币结合的常见安排，还需要考虑的就是加密货币的风险问题。由于加密货币具有投资属性，加上市场尚未成熟，少数人的拥有可能会导致价格操控的情形。再加上加密货币信用体系的脆弱，监管方式的混乱，在加密货币的流通中完整构建区块链技术下的数字作品转售平台，仍存在很多阻力。

（二）区块链技术在数字作品转售中的应用场景

1. 应用实例介绍

2016年，谷歌创意实验室合作组建 Editions At Play 电子书平台。[①] 2017年4月该平台推出小说《宇宙爆炸》，这是首个将区块链技术应用于构建以数字化为目的编写和开发的电子书的实践。该小说由谷歌创意实验室总监 Tea Uglow 撰写，运用智能合约"管理图书所有权转移，存储和检索区块链中的更改、奉献和所有者名称"。[②]网友可以免费阅读，但原书复制件的所有权仅能传送给一百个人。Tea Uglow 为这本书设计了两条规则。一是读者要拥有这本书，就必须在每一页上删除至少两个字，加上一个字。这些书最初是相同的，但很快就变得独特了——每一本书都有所有者、献词和添加或删除的单词的区别。二是当一个所有者写完书后，他们必须把书送给另一个人。这相当于按"提交"，为每个"复制件"创建定制标记，并允许所有者将其所有权记录到"文化区块"。除此之外，项目发起者几乎无法控制其他情况，这使得《宇宙爆炸》很像一本普通的书。[③]

谷歌的区块链电子书项目最为核心的一个概念是"所有权"。在物理世界，一本共享的书会被撕成碎片、被弄脏，而破坏行为是所有权的特权。该项目试图通过技术使得数字图书可以模拟和重现实体图书，通过区块

---

① 参见 Editions At Play 官网，https://editionsatplay.withgoogle.com/#!/，2020-03-29。

② This Disintegrating E—Book Cleverly Shows How Blockchains Work（2017.9.5）https://www.fastcompany.com/90436824/silicon-valleys-psychedelic-wonder-drug-is-almost-here，2020-03-29.

③ A Universe Explodes：A Blockchain Book，from Editions At Play（2017.4.4）https://medium.com/@teau/a-universe-explodes-a-blockchain-book-ab75be83f28，2020-03-29.

链技术实现所有权证明成为可见的方法。项目团队的目的在于探索数字作品的所有权可以不同于流媒体或访问许可证,同时,技术也可以激励作者发挥形式的潜力创作。

应用区块链的游戏平台目前仍处于新生阶段,比对于电子书的应用来得更晚一些。创立于2018年1月的游戏平台Robot Cache,是业界较早应用区块链技术支持用户转售数字游戏的平台。①当用户不使用其显卡时,可以把它登记到矿中,并获得可以用来购买游戏的"IRON"奖励(基于ERC—20标准的加密货币)。当用户完成游戏后或者不想再玩时,可以通过该游戏平台卖掉其游戏,用户将得到原本销售价格的25%对应的IRON或真实货币。Robot Cache允许用户通过其设置的服务进行游戏销售,并且使用加密的区块链来追踪交易情况,取代了由集中式服务器来完成的通常方式。在将游戏挂在平台上销售时,用户仍然可以玩该游戏,但是一旦游戏售出,平台就可以从用户的展架上将其彻底删除。

使用区块链作为数字版权管理(DRM)技术是一个游戏界的大胆创新。Robot Cache建立在区块链上有两个原因:一是确保游戏交易的安全性,防止盗版的产生;二是允许用户在不使用机器的情况下挖矿并获得IRON奖励。这样的游戏销售模式,一方面,相比于传统电子游戏出售方式,降低了实现游戏销售的运营成本,另一方面,使得游戏销售和转售收益的更大比率留给游戏开发商和发行商,即通过给予转售中收益的70%保障其权益,Robot Cache收取其余5%的手续费。②Robot Cache的首席执行官雅各布森(Lee Jacobson)预计,游戏的转售在近两年将成为游戏产业的常态。③通过游戏销售和转售的高收益,Robot Cache试图吸引更多的游戏开发者在该平台上发行售卖游戏,从而形成一个稳固的合作关系;同时,也希望这样实现游戏转售的操作可以获得用户玩家的认同。

---

① 参见Robot Cache官网,载https://www.robotcache.com/,2020-03-29。

② Sinclair,Brendan(January 16,2018). "Brian Fargo creating blockchain-powered PC game storefront". Games Industry. biz. Retrieved January 17, 2018. https://www.gamesindustry. biz/articles/2018-01-16-brian-fargo-creating-blockchain-powered-pcgame-storefront, 2020-03-29.

③ Wes Fenlon. "Robot Cache hopes to woo PC gamers who like 'free stuff' and hate Epic's exclusives". April 09, 2019. https://www.pcgamer.com/robot-cache-hopes-to-woo-pc-gamers-who-like-free-stuff-and-hate-epics-exclusives/, 2020-03-29.

2. 应用场景分析及展望

对于谷歌区块链电子书的合理性最大的考验，可能在于要求所有者必须在其电子书上删改文字，以示所有权的同时造成复制件的"折旧"。但问题是，这样的设计有无必要？数字作品复制件经过多重转售后仍完整如初、不存在质量下降的问题，使得著作权人在转售数字作品的情况下处于不利地位。区块链技术可以通过智能合约要求所有者故意"破坏"复制件，以便实现同有形复制件转售一样很可能出现的磨损、老旧问题。但是没有法律规定只有在给定数字作品复制件的质量恶化才能适用发行权用尽原则。①除此之外，在转售计算机软件复制件的情况中，欧盟法院已经承认发行权用尽的应用，②而计算机软件就和电子书等其他数字作品一样，在转售时也不会发生损坏。这样"故意破坏"数字作品复制件的行为，可能非但不必要，还会产生一系列问题。第一，未经著作权人授权的故意删改数字作品内容的行为，是否构成侵犯著作权人保护作品完整权？第二，即使获得了著作权人的同意，如谷歌电子书的作者同时也是制定规则的开发者，那么经过折损的数字作品复制件，是否还是一个"复制件"？复制以及复制权的概念都是建立在同一的基础上的。如果说仅仅改动了极个别的地方，是可以忽略不计的，那在什么样的情况下，原本细微的量的变化会通往质的变化？复制件折旧问题的本质仍然是希望平衡著作权人、传播者和消费者的利益，跳出物理折旧的特点，通过限制转售和规范转售价格等其他方式，其实是可以实现同样的利益平衡效果的。数字作品复制件折旧没有必要刻意而为。

对于游戏平台而言，通过区块链技术确立所有权，并且在此基础上实现所有权的转移是很有发展潜力的。通常意义上，用户从热门游戏商店购买游戏时，实际上仅是在购买一种类似租赁的权益以访问该段游戏代码。这是电子游戏中被低估的问题。在游戏通过光盘的形式出售的时代，用户拥有该游戏复制件，可以随心所欲地使用它，包括转售。区块链技术的运用使游戏开发者可以轻松地追踪到游戏交易过程，并且实现在电子

---

① Péter Mezei, Copyright Exhaustion: Law and Policy in the United States and the European Union(Cambridge University Press 2018), 158.

② UsedSoft GmbH v Oracle International Corp., C-128/11, July 3, 2012(ECJ).

游戏出售时所有权就已得到适当地转让,进而允许用户合法转售。

除上面谈到的电子书和电子游戏,互联网环境中在区块链技术的支持下是可以实现自由购买音乐复制件、电影复制件、软件复制件等数字作品的,其实也是有空间进行所有权转移和转售的,应用区块链技术绝不只是盲目追随流行趋势,而是一种回归,是对于发行权用尽原则之下利益平衡的追求。

(三)区块链技术对于发行权用尽难题的回应

1. 数字作品复制件所有权的构建

构建数字作品复制件的所有权是数字作品转售的前提和基础。在数字作品转售涉及的合同行为中,标的物是数字作品复制件本身,标的是买卖关系对应的权利义务,其中销售方最主要的义务是交付标的物,从而使得数字作品复制件的所有权移转。而根据上文的分析,发行权用尽原则适用难点之一,就是在数字作品许可使用作为目前做法的情况下,区分许可行为和销售行为。因此,关键点之一就是首先需要数字作品复制件有一个切实的物权。

应当赋予数字作品复制件以所有权的属性。第一,数字作品复制件可以通过不同的方式和原理存储在服务器或电子设备等一定的介质上,占据一定的空间,如磁盘存储空间,并且,数字作品复制件虽然作为网络数据和算法的排列,但呈现一定的存在形态,是可以被感知的。例如电子书具有封面、目录、文字、插图,并且有的还配置具有放大、链接跳转、添加笔记等功能。第二,数字作品复制件具有价值和使用价值,其产生、传播和存在都消耗着一定的资源,一定的社会必要劳动时间,因此与货币价值直接挂钩。虽然非法复制的成本很低,但不代表合法的正版数字作品的存储、传播的成本也可以忽略不计。事实上,正版数字作品的推广同样和实体图书、音乐的售卖一样在各个环节需要投入大量资金。只是相比于实体经营方式,这样的线上经营方式减少的成本被租用或者购买服务器、雇佣线上客服等成本替代,并且事实证明,线上经营的受众面更广,可能更有经营效率,但由于线上经营也存在激烈的市场竞争,因此线上经营同样存在经营风险,这样的成本和风险表现出来的就是市场定价。第三,数字作品复制件可以接受个人控制和管理,并处于个人领地中供个人处置,所有权的构建符合消费者期望。例如个人移动设备中存储的数字图书、数字音乐等,通过技术处理,可以被个人修改文件名称、截取片段或者删除。

数字作品复制件在立法中能够作为网络虚拟财产得到保护。虽然我国《民法总则》已经指出了数据、网络虚拟财产的法律地位,但我国法律尚未具体加以规范。①首先,数字作品复制件的本质就是存在于互联网环境中一串数据,但是在所有权构建以后,更适合归入网络虚拟财产的范畴。将眼光投向域外,各国对于网络虚拟财产的保护存在共性,也有差异。②而我国《民法总则》留下了的立法空间,也给了发行权用尽原则适用带来一定程度的指引。所以这并不妨碍对于数字作品复制件在转售中的保护。

那么,如何使得互联网环境中的一串数据或者虚拟的一种作品呈现方式,拥有独立于知识产权的物权呢? 在区块链技术的加持下,这个问题有了新的思路。

区块链技术可以解决数字作品复制件所有权证明问题。在互联网环境中,一系列的二进制数字代码本身的"物理位置"是很难确定的,使得数字作品复制件保持清晰可见状态,这是以往信息网络技术解决不了的问题。不同于可以被编辑和更改的常规数据库,区块链技术可以为以网站等电子形态存在的数字作品复制件确定一个唯一的哈希值并创建一个变更列表,将相关权利原始信息和更新信息落实在区块链的分布式记账中,而这样的账本在互联网环境中是公开可见和永久存在的,任何人都可以看到特定数字作品复制件的所有者,并且所有者是谁无法被任何人、包括网络服务提供者更改,除非按照事先写好的智能合约,达成新的转售交易,转移所有权。

区块链技术的应用使得数字作品复制件具有排他性控制和支配的可能性。所有者可以对数字作品复制件的内容进行增添、修订、删除,正如谷歌的区块链电子书开发者所希望的那样对自己的电子书复制件任意而

---

① 《中华人民共和国民法总则》第 127 条规定:"法律对数据、网络虚拟财产的保护有规定的,依照其规定。"

② 美国将网络虚拟财产作为公民的合法财产,同其他常规物品一样征税和保护。韩国最开始是规范网络游戏当中涉及的数字资产,规范和管理网络虚拟财产的运营主体,后来逐步明确网络运营服务商仅是提供服务平台的作用,消费者才是网络虚拟财产的所有者。日本则没有对此进行专门立法,但明确网络虚拟财产可以适用《物权法》等民事法律或者偷盗类刑事法律,在法律判例方面,日本甚至支持网络游戏用户对于失去的网络虚拟财产提供精神补偿。

为。同时,由于区块链采用非对称加密技术,在公钥和私钥的安全设计下,①所有者可以防止其他人增添、修订、删除自己的数字作品复制件。

区块链技术保障数字作品复制件的转售交付过程,购买方在得到数字复制件的同时会删除销售方已经售出的复制件。保障数字作品复制件所有权转移的核心就是保障该复制件的唯一性。这种唯一性体现交易中只能存在一个复制件,不可能有两个区块链标签也完全相同的复制件。实际上,移转后删除复制件是一个很简单的技术。在美国的 ReDigi 二手音乐案中,ReDigi 公司就提供了转移音乐文件后永久删除的操作。但是该案还是被法院认定为非法的商业模式。②这只能说明转移后删除的技术应用不是数字作品发行权用尽原则适用的决定性条件,但仍需要认识到这一举动具有法律意义。在区块链全方位的记录和跟踪下,任何操作都会被不可逆地记录下来。因此,用户交易一定会产生数字作品复制件从出售方一端消失,而显现在购买方那里的效果。

由于数字作品复制件不是独立存在的,网络运营、服务提供商一旦停止服务,是否可能会导致侵犯购买者的所有权? 对于其依赖性,不妨给数字作品复制件根据其特性设置一定的所有权存续期限,就像不动产也有70 年的期限一样。目前法律规定超出期限的不动产可以向有关部门申请续交土地出让金而延期。对于网络虚拟财产而言,网络世界更多是瞬息万变、信息数据迭代更新速度快,可以通过探究如何设计期限的长短和到期后的措施加以解决,在法律仍存在空白的阶段,应遵照相关民事法律法规,由网络运营服务商和消费者签订的协议加以规范上述问题。

2. 著作权人对数字作品复制件的控制

数字作品难以适用发行权用尽原则的一个重要原因是,著作权人无法控制低成本非法复制的情况发生,并遭受严重的损失。区块链技术可以从著作权人确权、复制件数量可控、交易过程透明可控三个方面,加强著作权人对于数字作品复制件的控制,从而最大程度平衡著作权人的利益。

---

① 指区块链技术下,使用对外公开的公钥将交易信息加密,使用参与者自己保管的私钥解密。这样,面对不同交易者可以使用相同的密钥,加强了密钥的使用效率。

② Capitol Records, LLC v. ReDigi Inc., No.12 Civ.95(RJS)(S.D.N.Y. Mar. 30, 2013).

加强著作权人控制的前提和第一步是解决确权问题,区块链技术的优势特点可以成为著作权登记的新选择。区块链的匿名性避免了在作品许可使用等交易中暴露作者的隐私,且区块链登记确权的时间消耗和金钱成本较低。我国有利用区块链技术加固的版权申请服务平台"版权家""纸贵",基于区块链的数字出版平台"亿书"、从图片版权登记起步的"百度图腾",等等。此类平台一般采用"区块链技术＋国家版权局"双重登记的方式,在全球范围产生登记效力,作者提交申请时间和系统处理时间都以秒为单位。因此,数字作品转售平台可以通过与上述平台合作或者自行开发的方式实现确权。可见,在应用方面,区块链在作品登记上存在较强的可行性。这也是可以加强著作权人控制的基础,即先在区块链上找到著作权人。

控制数字作品复制件的数量是关键。著作权人享有复制权,著作权法禁止未经权利人许可的作品复制,这实际上是在著作权领域生成了"人为稀缺性"这一经济学的概念。然而,由于数字作品的相同复制件可以被轻松地制作、传播,数字作品打破了"人为稀缺性",著作权侵权在数字世界中已变得十分普遍。通常情况下,数字指纹技术、数字水印技术或其他数字版权管理技术可以限制数字作品的访问、使用,作为对著作权法在互联网世界的补充。[①]然而,由于无法准确区分各个文件形式的数字作品复制件,这些措施具有明显的局限性。

区块链技术的应用可以将"人为稀缺性"这一概念进一步引入数字作品复制件转售的市场。[②]做到数量控制的重要方法,就是把数字作品复制件特定化。每一个数字作品复制件都是独一无二的,是带有区块链技术标签的。通过利用区块链技术的透明公开和不可篡改性,可以通过将每个数字作品复制件链接到区块链上的特定通证,[③]来实现数字作品的唯一性和可转让性。有专家提出区块链可以作为避免多份拷贝的负面后果的

---

① 辛悦、王云云:《数字版权管理技术(DRM)在视听行业中的应用》,知识产权出版社2019年版,第321—336页。

② Filippi P D, Hassan S. Blockchain Technology as a Regulatory Technology: From Code is Law to Law is Code, First Monday, 2018, 21(12).

③ 通证在网络通信领域意为"令牌、信令"(Token),是一种可以流通的加密数字权益证明。

一种方法。①在数字作品网络传播之前,利用 DNA 标签技术在每一个合法授权的数字作品复制件上面加入永久标签或者标记,这样数字作品复制件无论以何种方式传播、传播了多少次、传播到哪里,都可以通过不可篡改的区块链实现回溯,都能被跳转到合法授权页面,提示购买者知识产权信息,帮助交易自助并持续地发生。同样,若无合法著作权授权的数字作品复制件,无法确定其唯一性,也就不在发行权用尽原则适用的考虑范围。

著作权人实现权利的必然要求是控制转售交易过程。区块链技术可以实现交易实时全过程的透明化、可视化。由于区块链信息加盖了难以篡改的时间戳,转售双方可以将交易过程同时记录在区块链上,作品状态数据得到真实记载。区块链的公开性,使得这种"交易"方式具有公示公信的效果。区块链上存在公钥和私钥两种密钥和相应的网络地址,用以证明所有者的身份。在数字作品复制件转售的场合,私钥由拟转售方享有,用于标识所有者身份,私钥可以生成公钥;而相关作品信息绑定着唯一公钥和相应网络地址,如果有人希望获得某特定数字作品复制件的所有权,可以通过相应公钥和网络地址获取该数字作品复制件,通过事先制定的智能合约完成数字作品复制件的交付和所有权转让以及交易费用的支付。由于无需专门机构和人员负责这样的登记管理工作,区块链上著作权转售交易登记成本非常低,并且效率极高。②

3. 著作权侵权的遏制和预防

在著作权的保护与维权方面,利用区块链技术获得的数据信息具有良好的证明作用。为预防侵权纠纷,知识产权人可以事先做好区块链的存证工作,在争议发生后,知识产权人不仅可以通过区块链应用平台获得确权的证据,还可以进行侵权行为的取证并准确定位到侵权人。区块链技术支持的证据形式属于电子证据,与一般意义上容易被篡改的电子证据相比,在认定法律效力的方式上存在其特性。我国已经存在区块链证据的相关司法解释,规定电子证据通过区块链等技术手段固定的法律证

---

① Tom Kulik：A Digital Take on the First-Sale Doctrine. Above The Law(Nov.13, 2017). Available online at https://abovethelaw.com/2017/11/a-digital-take-on-the-first-sale-doctrine/, 2020-03-29.

② 参见吴健、高力、朱静宁:《基于区块链技术的数字版权保护》,《广播电视信息》2016年第7期。

明意义。①区块链技术支持的证据需要满足真实性、合法性和关联性。法院需要考虑区块链平台的资质,是否获得相应资格证书,以及与当事人是否存在利害关系,技术手段分析证据是否容易被篡改,操作过程是否有录像等形式的记录等因素,综合认定区块链技术下形成的证据的法律效力。②

三、构建数字作品的发行权用尽原则的对策建议

（一）基于区块链的数字作品发行权用尽的适用判断

1. 转移数字作品复制件所有权

根据前文的分析,所有权的转移是发行权用尽原则适用的基础条件之一,并且区块链技术的支持下,数字作品复制件所有权的构建和转移的可行的。所有权的转移的前提是著作权人通过一定的方式行使了其发行权,数字作品复制件是依法制作和传播的,而发行权的行使就表明转售这类后续流通行为经过了著作权人的同意或者许可。因此,数字作品复制件的来源应该是清晰的,在此基础上对于所有权是否发生转移进行判断。

判断所有权转移需要根据交易项目的特点和合同具体约定综合考虑,将许可的情况排除在外。是否存在期限限制是判断交易本质是许可还是销售的重要因素,但是可以有例外规定。假设销售平台明确在其协议中销售的是数字作品复制件本身,但是对于该复制件实现效果的服务期限进行了限制,例如,销售后的一定时期内提供服务或者销售平台的商业主体存续期间提供服务,从而避免无期限对于数字作品复制件服务不能实现而导致的侵害物权或者违约的风险,那么这样的约定并不违背所有权交易的内涵,因此,不能因为约定期限的局限就否认交易本质为销

---

① 参见 2018 年 9 月 7 日起施行的《最高人民法院关于互联网法院审理案件若干问题的规定》第 11 条第 2 款。

② 例如,杭州互联网法院在 2018 年 6 月 27 日审结的信息网络传播权纠纷案是全国首个认定区块链存证的法律效力的案件。参见杭州互联网法院〔2018〕浙 0192 民初 81 号判决书。

售。合同交易价格确定的条款中,价格的多少一定程度可以反映交易者对价是消费者私人使用就能满足的,还是存在转售的可能以实现利益的补偿。如果首次销售的合同中明确约定禁止转售,或者采取了经过提示的技术限制,需要结合其他条款判断限制约定的效力,一般而言未严重损害消费者权利的,可以认为双方之间是访问权许可关系,因为访问权或者使用权许可本身是合法的商业模式,即使在区块链环境中,仍然可以得到实现。

对于所有权转移的形式,一般而言,下载到本地是获得所有权的重要表现。欧盟 UsedSoft 案中,①经过著作权人授权的下述行为属于计算机软件所有权的转移——从互联网特定区域下载到本地存储设备上,并约定软件购买者或者合法获取者对该复制件的无限期使用的权利。另外,储存在交易平台或者设置的区块链上的特定位置,但是由购买者掌握对应密钥和指定链接的方式,也可以认定为所有权转移的方式。在这种情况下,消费者是有能力控制和管理其数字作品复制件,并且排除未授权者的访问和干预的。区块链技术为数字作品复制件提供的安全、稳定的环境,可以实现链接形式控制的效果。

2. 未不合理侵犯著作权相关权利

由于发行权用尽原则是对于著作权人发行权的限制,因此这样的限制不波及著作权人的其他权利,包括复制权、向公众传播权、信息网络传播权、出租权、公共借阅权、追续权、关于技术保护措施的权利等财产性权利,以及署名权、发表权、修改权等人身性权利。

具体而言,对于复制权来讲,所有权转移过程中,不能存在未经著作权人许可的复制。由于区块链在上传和记录数字作品时可能会进行复制,即使这样的复制并不会侵害到著作权人实际的利益或者给著作权人带来损失,但仍可能构成侵犯复制权。预防复制权侵权的解决方法,一方面是可以事先获得著作权人的授权,许可以记载为目的的将作品内容复制上传到区块链上;另一方面,是可以进行一些技术性的变通,例如,可以通过设置作品复制件特定链接并存储于特定位置的方式,通过密钥访问数字作品,这样在记录时并未将作品内容全部复制在区块链上,而只需复

---

① UsedSoft GmbH v Oracle International Corp., C-128/11, July 3, 2012(ECJ).

制链接。腾讯公司提交申请的一项区块链专利中指出了该方法。①该方法的优点不仅是腾讯公司指出的可以减轻区块链存储压力，还有可以合理避让对于作品内容的多余复制、进一步区别于一般情况下复制到服务器中存储的行为。

对于向公众传播权和信息网络传播权这类的对外传播类权利，在不侵犯复制权的基础上，可以在区块链非对称加密技术的支持下，限制数字作品复制件的受众，设置私有区块链规范入链人选，目的是使得"公众"无法接收作品内容；选择和设计商业模式，在不构成传播作品的情况下，宣传作品交易信息，避免构成"提供"作品复制件；利用区块链的保密性和认证技术，只允许特定化的正当交易，比较区块链上作品的相似性，保持区块链上不存在内容重复的作品，避免落入侵犯信息网络传播权的服务器标准，保护著作权人利益。

对于出租权、公共借阅权、追续权等用于限制发行权用尽原则的著作权人权利，在区块链技术的应用下仍需要采取措施注意保护。在数字作品复制件的类型上，需要注意计算机程序等特定作品或录制品，这类作品的著作权人享有出租权，即使消费者得到了数字作品复制件的所有权，也不得以出租的形式牟利，侵害著作权人权益；如果购买者为图书馆、唱片中心等公众可获得数字作品复制件的机构，则需要考虑有的国家的法律中规定的公共借阅权的问题；另外，还需要注意数字作品复制件是否涉及追续权，即对于特定作品加强保护，规定再次转售的报酬请求权的法律规定。

除了未不合理侵犯著作权人的上述财产性权利，还要注意保护著作权人的人身性权利。著作权人将作品在区块链上进行记录和认证这一行为，目的是著作权人确权，而不代表著作权人行使了发表权。所以后续流通的数字作品复制件，应该是著作权人通过公开的方式行使发表权后的合法复制件，因此在区块链技术下，仍然要保护著作权人的发表权。复制件上应绑定相关权利信息，尊重和保护著作权人的署名权。除非得到著作权人的明确授权，不必刻意追求复制件的折旧和磨损，防止侵犯

---

① 参见"媒体文件上链方法和装置、存储介质及电子装置"（申请号：CN201911083364. X）的说明书第6页。截至2020年3月31日，该专利申请尚未获得我国的授权。

著作权人对于作品的保护作品完整权。另外,可以在区块链上设置查询功能,著作权人可以查询到其作品流转情况,增强其在互联网环境中对作品复制件的控制,以平衡数字作品在互联网环境中肆意传播的风险。

3. 可以保留著作权人及开发商的获酬空间

学术界在审视数字环境中发行权用尽的问题时,曾尝试提出"数字发行权有限用尽原则",即,在有限次数或者一定范围之下发行权未用尽。具体以电子书为例,一种方法是通过设置一本电子书容纳同时登录设备的数量,如目前有的电子书商规定的 4 个或 5 个设备,赋予消费者在数量之内的自由转售权限,剩余的权限就是自由的边界;[①]另一种方法是在一定范围内,著作权人一定次数内发行权不用尽,保障著作权人对于电子书的转售也享有一定的权利和收益,从而平衡数字化环境中的创作成本与利润。[②]

发行权有限用尽的想法,是对于自由转售的限制,转售所得留一部分给著作权人,平衡了数字环境中作品价值和创作成本的关系,实际上是商业环境促成的,目前也存在相关的区块链技术和商业模式。例如,书链(Book Chain)是我国比较典型的区块链数字作品销售和转售平台。作为一个区块链电子出版物平台,著作权人可以通过事先拟定的智能合约控制数字作品转售时的价格上限和下限,并且,著作权人和出版商能在转售时按照智能合约约定的收入比例获得相应的收益。[③]我国现在还存在很多正在申请中的基于区块链技术的专利,提供了针对数字音乐、电子书等作品或者数字媒体产品发行销售和转售的解决方案。索尼公司 2014 年在我国申请的关于数字媒体产品转售的一项专利中,指出其技术方案将使得媒体出版商和其他利益相关者能够参与转售市场并从中获利。[④]例如,针

---

① 参见武光太:《试论电子图书数字首次销售原则的构建》,《中国出版》2013 年第 13 期。

② 参见何炼红、邓欣欣:《数字作品转售行为的著作权法规制——兼论数字发行权有限用尽原则的确立》,《法商研究》2014 年第 5 期。

③ 参见张冰清、李琳:《基于区块链技术的数字版权利益平衡》,《中国出版》2019 年第 11 期。

④ 参见"用于转售媒体封包的数字市场",申请号:CN201410045105.9。截至 2020 年 3 月 31 日,该专利申请尚未获得我国的授权。

对音乐市场发行与多级转发的现状,为解决著作权人和发行者、推广转发者之间的利益分配不透明、不公正的问题,有专利申请提供一种应用区块链将用户付费积分化并合理分配的系统。①

在区块链技术和区块链应用商业模式中,可以秉持契约自由的精神,确认发行权有限用尽的情况,为著作权人以及首次销售发行商保留一定的获酬空间。但如果首次销售的协议中未进行相关限制,则著作权人或者发行商不能因为未从后续转售中获益而主张报酬,这样的报酬更多应该属于约定报酬,而在未约定的情况下,消费者转售则受到发行权用尽原则的保护。

(二)构建中国发行权用尽原则的立法建议

1. 应留足立法与司法解释空间

互联网环境中传输的数字作品日渐普遍,甚至有取代传统纸质或者CD等有形载体的趋势,由此带来的发行权用尽原则问题也时常出现在各国的司法判例、政府报告以及学界研究目录当中。2016年美国商务部发布一份著作权白皮书,首次将销售问题作为白皮书三个专题之一,其在白皮书中指出,根据目前市场或者技术的发展情况,不建议修改立法以实现对于版权作品的数字传播适用首次销售原则这样的扩展。该白皮书在当时呈现出美国政府的观望态度。②法国Valve电子游戏案虽然一审法院支持了电子游戏发行权用尽的主张,但是该案还在上诉过程中,最终结果悬而未决。而欧盟法院对于Tom Kabinet二手电子书案的最终判决,给数字作品复制件转售蒙上一层迷雾。

在这样的环境中,迅速将区块链这个新生儿一样的技术推上场,对抗发行权用尽问题的层层争议,显得有些力不从心。因此,本文并没有决断性地咬定发行权用尽原则在数字作品转售中的障碍已经被区块链技术完全解决,而是负责任地指出,区块链技术是解决数字环境发行权用尽的很好的工具,希望得到学界更多的研究,并且鼓励商界能在此方向上积极创新,创造出更多人性化的商业实践。因此,结合国外对于数字环境中发行

---

① 参见"一种应用区块链的音乐收费数据处理方法及设备",申请号:CN201910771872.0。截至2020年3月31日,该专利申请尚未获得我国的授权。

② 《混音、首次销售和法定损害赔偿金白皮书》。

权用尽的立法和司法尚未稳定的状态,再根据我国发行权用尽原则本身存在的著作权法立法空白和案件量少且不够典型的情况,我国跳过传统发行权用尽原则入法的步骤,直接考虑超前地增加数字环境发行权用尽原则的规定,是没有必要而且为时过早的。数字环境中针对发行权用尽原则的规定在著作权法上直接落笔的时机尚未到来,但是这个问题要随着时代、技术和商业环境的发展进行不断的思考和修正。

从法律层面看,法律需要明确发行权用尽原则的基本规定和内涵,从而能够指引商业主体的行为,同时,要给数字环境的发行权用尽适用保留一定的空间,进而促进和鼓励数字作品传播的万众创新。下面,对于我国立法体系的构建,提出两点建议,一是在著作权法上原则性规定发行权用尽问题,二是通过我国特色的司法解释制度对发行权用尽原则加以解释和说明,规范和统一具体案件审理思路,使之成为发行权用尽原则确立的过渡地带,待其成熟后纳入著作权法。

2. 在著作权法上原则性规定

对于发行权用尽原则的立法例,基本上存在两种选择。德国等国家的立法模式是将发行权用尽原则紧跟发行权定义进行规定。[①]我国有观点在此基础上进一步提出,直接将发行权规定为作品原件或者复制件首次公开提供并转让所有权的权利。这样定义的好处是,明确发行权为一次性权利,将权利限制的内涵直接融合在权利本身,而不是单独附加一个限制。但是这样直截了当的定义也存在僵化死板的问题,可能无法适应数字时代的商业环境,对于著作权人的权利限制过紧,例如通过协议约定数字作品转售的次数、范围限制以及获酬机会,与商业发展趋势不符。美国等国家则把发行权用尽原则作为权利限制,与合理使用制度等规定为一类。针对我国著作权法公布的修订草案送审稿,新增第四章专章规定权利的限制,在这里增加一条发行权用尽原则的总体规定是可行的。

为使发行权用尽原则更加完善和具体,首先需要对于发行权本身进行恰当的定义。一方面,发行权不宜封闭式定义,我国现行著作权法"出售或者赠与"无法涵盖新型的所有权转让方式,例如,通过区块链进行的所

---

① 例如,德国《著作权法》第17.1条规定了发行权的内容,第17.2条规定了发行权用尽原则。

有权转让的方式,所有权的打包转让、分部分转让或者按比例转让等方式。针对这个问题,修订草案送审稿已经采取相关国际条约的开放式定义的做法。①另一方面,发行权不宜直接规定限于有形载体,因为通过前文的分析,借助区块链技术,无形载体也是可以实现构建和转移所有权的。所以,在此之前曾提出将发行权针对有形载体进行定义,从而和信息网络传播权相区分的主张,在技术的不断发展变化中显得没有必要了。与此相关的问题是复制权的定义是否需要与发行权存在呼应。我国现行法律中,复制权的概念仅强调作品份数变多,而送审稿中复制权的概念中不仅增加了数字化手段的复制,还强调了复制的结果必须是得到有形载体。②由于这里的复制的概念对应了有形载体,那么发行权呢?这里就会由于不确定性存在争议。因此,发行权的概念需要明确是可以包含无形载体的,否则除了之前论述的数字环境中发行权用尽原则无法适用的问题,也会产生无法涵盖商业实践中无实物直接数字发行的问题。③因此,建议在权利定义处作如下规定:"发行权,即以转让所有权的方式向公众提供作品的有形或者无形原件、复制件的权利。"

在此之上,对于发行权用尽原则的规定,建议专设一条,与合理适用、法定许可等条款一并构成权利的限制条款。为保持我国整体立法语言的统一性,可以借鉴其他类型知识产权中涉及的权利用尽原则的表述、语言结构和用词,④还可以参考前文提到的北京高院解答"再次出售"的表述。由于发行权用尽原则不宜在著作权法中太过具体,否则导致无法涵盖可能适用情况,因此可以较为原则性地规定,"作品原件或者复制件,由著作权人或者经其许可方行使发行权后,进入市场流通的再次出售行为,除法律另有规定或者合同另有约定外,不视为侵犯发行权"。并且在其后添加"有关数字化复制件的具体办法由国务院另行规定",从而留足不同情况下的适用余地。

---

① 规定为"出售、赠与或其他所有权转让形式"。
② 我国现行《著作权法》第10条第5款规定:"复制权,即以印刷、复印、拓印、录音、录像、翻录、翻拍等方式将作品制作一份或者多份的权利";而修订草案送审稿第13条则修订为:"复制权,即以印刷、复印、录制、翻拍以及数字化等方式将作品固定在有形载体上的权利"。
③ 即发行权到底有无行使的争议。
④ 例如我国《专利法》第68条和我国《集成电路布图设计保护条例》第24条。

3. 在司法解释中规定具体判定方法

通过案例检索可以发现，在我国的司法实践中，涉及"权利用尽""权利穷竭""首次销售""发行权用尽"等表述的著作权争议案件数量不少，分布地域较广，法院在面对当事人此类抗辩时，采取的态度、方法不同，具体论述发行权用尽原则的适用条件、适用结果等方面也存在一定的差异。而司法解释在我国的司法实践当中起到非常重要的作用，不仅法院在判决中可以援引用于说理，还能够作为司法判决的法律依据。再加上司法解释相比于法律而言，发布施行的方式更为灵活，因此，发行权用尽原则的具体判断方法更适合在司法解释中加以明确。

根据本文提出的发行权用尽原则适用条件，法院在判定中应主要关注下面三个方面的内容：转移所有权、未不合理侵犯其他相关著作权、可以保留权利人获酬空间。其中，转移所有权的问题对应的是著作权法当中对于行使发行权的规定，因此无需在司法解释中赘述，而其余两个方面需要在相应著作权法司法解释中进行细化，并且数字作品转售中是否已经转移所有权的问题可以在其中加以简要规定，从而为数字作品转售提供存在空间。

司法解释中可以作出如下规定："著作权法第 X 条规定的'再次出售'，不得不合理侵犯著作权人的其他权利。因数字化无形复制件的提供方式发生的纠纷，人民法院按照下列原则处理：有约定的按约定确定提供方式，当事人没有约定或者约定不明的，可以考虑数字作品性质、合同约定、履行情况、技术特点、商业惯例、对著作权人的影响等因素确定提供方式。"对于再次出售行为的限制，符合著作权人、传播者和消费者的利益平衡，考虑到著作权和其他法律的综合判断，较为科学可行。数字化的处理原则主要是以当事人约定优先，在尊重意思自治的同时，可以给予市场更多包容性，并且要求法院给予区块链等新兴技术更多关注，以符合社会发展规律。

结　　语

可以想象，数字作品发行权用尽原则在法律加以肯定之后，加持区块链技术会带来市场繁荣,涌现更多美好的商业模式。这些美好可能性的背后,需要解决的问题仍有很多。站在商业市场的角度,一方面,流媒体技术、使用许可模式等所有权交易的替代物仍存在较大市场空间,而数字化二手市场对于著作权人的影响并不能量化分析;另一方面,即使不考虑数字化复制件的折旧,消费者的数字资产的认定和归属以及与网络运营服务商之间的矛盾也存在问题。再加上,区块链技术在著作权方面的应用尚处于起步阶段,而著作权法本身的构建性和复杂性,让各国的发行权用尽原则的法律适用均存在疑难问题,可见区块链技术本身并未成熟到可以实现万事无忧。但是,能发现复杂问题是解决问题的第一步。考虑到区块链技术能达到的效果,发行权用尽原则的适用条件也逐渐清晰:所有权转移、其他著作权完好、获酬空间保留。鉴于我国涌现的难以统一的相关司法实践,我国有必要在立法中构建发行权用尽的法律依据,包括在著作权法中重新定义发行权、构建发行权用尽原则条款,以及在司法解释中细化再次出售的法律限制、提出涉及数字作品转售的考虑因素,为迎接未来区块链的应用保留著作权法适用空间。

图书在版编目(CIP)数据

上海法学研究.2020 第 3 卷,数字化转型中的法治/
上海市法学会编.—上海:上海人民出版社,2021
ISBN 978 - 7 - 208 - 17301 - 9

Ⅰ.①上… Ⅱ.①上… Ⅲ.①数字技术-应用-法治
-研究 Ⅳ.①D033

中国版本图书馆 CIP 数据核字(2021)第 171505 号

责任编辑 刘华鱼
封面设计 夏 芳

上海法学研究(2020 第 3 卷)
——数字化转型中的法治
上海市法学会 编

出 版	上海人民出版社	
	(200001 上海福建中路 193 号)	
发 行	上海人民出版社发行中心	
印 刷	常熟市新骅印刷有限公司	
开 本	635×965 1/16	
印 张	25.5	
插 页	4	
字 数	387,000	
版 次	2021 年 9 月第 1 版	
印 次	2021 年 9 月第 1 次印刷	

ISBN 978 - 7 - 208 - 17301 - 9/D・3822
定 价 98.00 元